LE SPÉCIALISTE

l'Opéra

ALAN RIDING
LESLIE DUNTON-DOWNER

Adaptation française :
Maïca Sanconie

GRÜND

Un livre de Dorling Kindersley

Pour l'édition anglaise
Création éditoriale : Sam Atkinson
Création artistique : Victoria Clark
PAO : Laragh Kedwell
Fabrication : Melanie Dowland

Responsable éditoriale : Debra Wolter
Responsable artistique : Karen Self
Directeur artistique : Bryn Walls
Directeur éditorial : Jonathan Metcalf

Recherche iconographique : Sarah Smithies
Suivi éditorial : Oussama Zahr
Index : Hilary Bird

Fabriqué pour Dorling Kindersley par le studio cactus

studio cactus ltd

13 SOUTHGATE STREET WINCHESTER HAMPSHIRE SO23 9DZ UK
TEL 00 44 1962 878600 EMAIL MAIL@STUDIOCACTUS.CO.UK WEBSITE WWW.STUDIOCACTUS.CO.UK

Création éditoriale : Jennifer Close
Création artistique : Dawn Terrey
PAO : Sharon Cluett, Claire Moore, Sharon Rudd
Suivi éditorial : Jane Baldock, Aaron Brown, Rob Walker

Pour l'édition française
Adaptation française : Maïca Sanconie
Secrétariat d'édition : Émilie Collet
Texte original : Alan Riding et Leslie Dunton Downer

ISBN 978-2-7000-1640-6
Dépôt légal : août 2007
PAO : PAOh ! Dole
Texte composé en Baskerville
Imprimé en Chine

SOMMAIRE

Théâtre National de l'Opéra
BORIS GODOUNOW
drame musical de Moussorgsky

MÊME LES MÉLOMANES PASSIONNÉS TROUVENT L'OPÉRA EXCESSIF, AVEC SES INTRIGUES ALAMBIQUÉES, SES PAROLES INCOMPRÉHENSIBLES, SES ORCHESTRATIONS ORAGEUSES, SES INTERPRÉTATIONS HYPERBOLIQUES, SES MISES EN SCÈNE EXOTIQUES ET SES CHANTEURS CAPRICIEUX. ET POURTANT, L'OPÉRA FASCINE LES FOULES DEPUIS DES SIÈCLES…

Nous sommes tous venus à l'opéra par des chemins différents : le charisme d'une diva à la télévision, un chœur enchanteur à la radio, ou l'envoûtement d'un spectacle. Il y a eu un instant où l'opéra a commencé à changer notre vie et nous a fait voir le monde – et nous-même – avec des yeux neufs. Cela a été notre cas à tous deux et nous espérons, grâce à ce livre, partager les plaisirs auxquels l'opéra nous a fait accéder.

L'opéra est avant tout un drame où l'histoire, les paroles et la musique sont associées pour exprimer des sentiments puissants. Si les paroles sont accessibles dans toutes les langues – les livrets dont nous parlerons ici sont écrits en italien, en allemand, en français, en russe, en tchèque, en hongrois et en anglais – la musique, elle, n'a besoin d'aucune traduction.

Il peut être tentant de penser à l'opéra comme à un art d'artifices. Né il y a à peine quatre siècles, il tient son nom de l'Italie, qui a également donné le jour à un grand nombre de compositeurs d'opéras. Pourtant le chant – qu'il exprime l'amour, la trahison, la souffrance ou la joie – est plus ancien encore et reste inséparable des passions humaines. En fait, les premiers créateurs d'opéra ont donné à des sentiments universels séculaires un nouveau mode d'expression, lyrique et dramatique.

Des générations de compositeurs ont su capter la sensibilité de leurs époques dans leurs opéras. Et au fur et à mesure que cet art gagnait en popularité, faisant surgir des théâtres conçus uniquement pour le servir, il a pris une dimension internationale. Des chanteurs, des compositeurs, des poètes et des décorateurs ont sillonné l'Europe, gagné le Nouveau Monde et diffusé l'opéra dans le monde entier.

La foule arrive pour *La Traviata* à l'ancien Metropolitan Opera à New York en 1961, cinq ans avant qu'il soit remplacé par le Met au Lincoln Center.

Des milliers de fans bravent le mauvais temps pour écouter Luciano Pavarotti lors d'un concert gratuit à Hyde Park, à Londres, à l'occasion de ses 30 ans de carrière, en juillet 1991.

Il faudrait plus d'un seul livre pour parler des milliers d'opéras qui nous sont restés. Nous avons donc choisi de parler des plus populaires et de ceux qui ont joué un rôle crucial dans l'évolution de l'opéra. Cet ouvrage se propose donc de raconter l'histoire de l'opéra à travers la présentation d'environ 165 œuvres et de leurs compositeurs.

La chronologie nous permet de savoir comment est apparue cette forme d'art et comment elle a évolué au cours des siècles, mais elle est liée à l'histoire des compositeurs. Il faut aussi parler de l'histoire des opéras : certains ont été condamnés pour subversion et d'autres sont devenus des symboles patriotiques, tandis que des arias, des duos et des chœurs sont devenus des succès populaires. C'est aussi l'histoire de chanteurs et de scénographies éblouissantes, de théâtres parfois réduits en cendres et rebâtis avec amour. Et bien sûr, tout cela ne saurait exister sans un public fervent, qui, au fil des siècles, a fait de l'opéra ce qu'il est aujourd'hui.

Nous avons tous deux commencé ce voyage dans l'univers de l'opéra par les œuvres, les compositeurs et les périodes musicales que nous préférons. Or ces analyses détaillées nous ont fait découvrir de nouveaux trésors, et admirer plus que jamais l'extraordinaire variété et la continuité de l'opéra au fil des époques. Nous espérons que ce livre sera un guide utile pour tous ceux et celles désireux d'explorer le royaume exceptionnel de l'opéra.

ALAN RIDING
LESLIE DUNTON-DOWNER
Mai 2006

Introduction à l'opéra

QU'EST-CE QUE L'OPÉRA ?

Il y a quatre siècles, en Italie, une nouvelle forme d'art appelée « opéra » rassembla musique, théâtre et danse. Son succès fut immédiat, et dès 1700 cet art divertissait toute l'Europe, rois ou roturiers. Si au fil du temps, la musique a évolué, la nature de l'opéra n'a pas changé : des chanteurs costumés racontent une histoire sur une scène de théâtre, accompagnés par un orchestre.

PARCE QU'IL REPOSE avant tout sur la voix humaine, l'opéra transmet de l'émotion même lorsqu'on ne comprend pas les paroles. Et c'est aussi grâce à cet instrument si unique et varié que s'explique le plaisir de revoir encore et encore les mêmes opéras.

En effet, si le répertoire opératique porte essentiellement sur 150 œuvres, des milliers d'opéras ont été créés. Certains, joués à guichets fermés à leur époque, ne sont plus jamais représentés aujourd'hui. D'autres, chahutés lors de leurs premières, sont devenus des classiques. Il y a eu, bien sûr, des effets de mode : ainsi le grand opéra français, autrefois porté au pinacle, a disparu tandis que l'opéra baroque et l'opéra de la Renaissance font maintenant fureur. Quant à l'opéra contemporain, si certaines œuvres sont entrées dans le répertoire il n'est encore apprécié que par une minorité.

L'intrigue de l'opéra est tout aussi importante car l'opéra repose sur une musique adaptée à un livret écrit pour la scène. Les plus grands compositeurs ont toujours exigé un bon livret, quel que soit son sujet. Sa qualité essentielle est d'utiliser la poésie de la langue pour exprimer toute une gamme d'émotions permettant aux compositeurs de travailler sur des ressorts dramatiques. Ainsi, les plus grands opéras peuvent porter aussi bien sur la violence, la cupidité, l'ambition, le complot, la trahison, la réconciliation et la mort que sur l'humour, la joie, la passion et l'amour.

UN PUBLIC POSSESSIF

Partition et livret deviennent un opéra grâce aux voix des solistes et du chœur, soutenues par l'orchestre et la mise en scène. La plupart des compositeurs n'étant plus de ce monde, ce sont les spectateurs qui jugent maintenant de la qualité de l'ensemble, et ils

À New York, lors du centenaire du Metropolitan Opera de New York le 22 octobre 1983, les interprètes d'une soirée de gala reçoivent une véritable ovation.

expriment leurs opinions avec passion, proclamant souvent leurs verdicts en applaudissant à tout rompre, ou bien à coups de sifflets et de huées.

Mais rare est l'amateur qui aime tous les opéras. Certains vont même jusqu'à se montrer sectaires, adulant un seul compositeur et dédaignant les autres. Les amoureux de Wagner, par exemple, semblent lui vouer un culte. Il y a aussi ceux qui préfèrent les opéras dramatiques de Verdi, tandis que d'autres ne jurent que par le *bel canto* (le « beau chant ») de Bellini. Les publics russes et tchèques sont très attachés à leurs opéras nationaux, tandis que les Français ont été à l'origine du renouveau de l'opéra baroque. Quoi qu'il en soit, cet art continue de faire des adeptes et le système des stars n'y est pas étranger. En effet, le nom à l'affiche de chanteurs réputés comme Renée Fleming ou Bryn Terfel suffit à faire salle comble. Des spectacles du type des *Trois Ténors* attirent aussi de nouveaux publics. Pour satisfaire cette demande, on rénove les vieux théâtres et on en construit de nouveaux. Aujourd'hui, les festivals d'opéras ne cessent de se multiplier, et il arrive que des foules entières suivent des représentations en direct sur des écrans dressés sur des places ou dans des parcs. Quatre siècles après son invention, l'opéra est donc plus vivant que jamais.

LES ORIGINES

L'opéra est issu de la Renaissance italienne, et plus particulièrement de la cité de Florence à la fin du XVIe siècle. À cette époque, soucieux de promouvoir la tragédie grecque, un groupe d'artistes, de musiciens et de

LES DIFFÉRENTS TYPES D'OPÉRA

Au XVIIIe siècle, l'*opera seria* et l'*opera buffa* étaient les modèles dominants, avec des récitatifs chantés et des arias. Il y avait aussi l'opéra tragique comme *Orfeo ed Euridice* de Gluck, ainsi que le Singspiel allemand et l'opéra comique français – qui utilisaient tous deux le dialogue parlé – et enfin le grand opéra français, comportant cinq actes et de la danse. Mais les appellations étaient souvent fantaisistes. On parla de *dramma giocose* (opéra facétieux) pour *Don Giovanni* de Mozart ou de *melodramma* pour Verdi. Wagner avait toute une gamme d'expressions et Moussorgski voyait en *Khovanchthcina* un « drame musical national ».

poètes se rassemblèrent en une « *Camerata* ». Leur véritable innovation fut de proposer de raconter ces drames comme une *opera in musica* – « une œuvre en musique » –, l'opéra était né.

On s'accorde d'ailleurs à dire que son véritable père fut Claudio Monteverdi, avec son drame lyrique intitulé *L'Orfeo*, présenté à Mantoue en 1607. Le nouvel art se répandit rapidement dans les autres cours du pays et arriva bientôt à Venise. Là s'ouvrit en 1637 le premier théâtre public d'opéra, attirant une nouvelle foule de spectateurs. À la fin du siècle, Venise possédait 17 salles d'opéra et l'amour des Italiens pour cet art ne devait plus jamais se démentir.

Vue de la cour du Palais ducal à Venise, où eut lieu pour la première fois la représentation d'un opéra public payant.

La Sérénissime donna le jour à de nombreux compositeurs, dont le plus célèbre fut Antonio Vivaldi, au début du XVIIIe siècle. Bientôt, les Italiens diffusèrent leur art dans les cours royales d'Europe, qui réclamaient ce nouveau *divertimento* (ou divertissement). Ainsi, c'est Jean-Baptiste Lully qui introduisit l'opéra en France, en tant que compositeur officiel de Louis XIV. Cependant, c'est un Allemand, Georg Friedrich Haendel, qui rendit l'opéra populaire dans le Londres du XVIIIe siècle, même si le premier opéra en anglais, *Didon et Énée*, y avait été donné dès 1689.

LA RÉFORME DE L'OPÉRA

Le modèle dominant la plus grande partie des XVIIe et XVIIIe siècles fut l'*opera seria*, avec un récit en dialogues chantés appelé récitatif, et des arias permettant aux solistes (souvent des castrats, c'est-à-dire des hommes castrés avant la puberté afin de garder

Dans cette scène de foule, l'artiste Thomas Rowlandson saisit l'opéra comme phénomène social du XVIIIe siècle.

leurs voix aiguës) de montrer leur virtuosité. L'opéra napolitain rompit avec cette solennité en introduisant l'humoristique *opera buffa* qui n'exigeait pas moins une grande prouesse de la part des chanteurs.

À la fin du XVIIIe siècle, deux compositeurs firent voler ces modèles en éclat. À Vienne, Christoph Willibald Gluck fut l'instigateur de ce qu'on a appelé la réforme : éloignant l'opéra de l'exhibitionnisme vocal, il lui rendit son expression dramatique. Son *Orfeo ed Euridice*, notamment, inspira le premier génie incontesté de l'opéra, Wolfgang Amadeus Mozart. Ce dernier était aussi l'héritier du Singspiel allemand, forme d'opéra comportant des dialogues parlés au lieu de récitatifs chantés. Il fit une synthèse des différents genres existants, et renchérit à l'audace de ses librettistes avec une musique véritablement inspirée. Sa réputation repose aujourd'hui sur ses quatre derniers chefs-d'œuvre : *Les Noces de Figaro*, *Don Giovanni*, *Così fan tutte* et *La Flûte enchantée*. En fait, on peut quasiment répartir l'histoire de l'opéra en deux périodes : avant et après Mozart.

Au XVIIIe siècle, les opéras de Christoph Willibald Gluck (1712-1787) ont accentué l'aspect dramatique du genre.

L'ESSOR DES OPÉRAS NATIONAUX

Le meilleur moyen de comprendre ce qui s'est passé ensuite est de regarder la carte de l'Europe. Au XIXe siècle, en effet, l'Italie, l'Allemagne et la région tchèque devinrent des États nations, tandis que la Russie tsariste s'ouvrait à l'Europe. C'était aussi une époque où les voyages favorisaient les échanges d'idées. Tant de changements dans l'air affectèrent inévitablement l'opéra. Influencée désormais par Gluck et Mozart, et avec son instinct pour la mélodie, l'Italie vit émerger cinq grands compositeurs.

Gioachino Rossini écrivit 39 opéras entre 17 à 37 ans, avant d'abandonner la composition. Dans ses opéras

LES TYPES DE VOIX

Les voix sont définies par leur tessiture - une échelle de notes qui couvre généralement deux octaves pour les chanteurs professionnels. Même si les rôles sont écrits pour ces tessitures, il n'est pas rare qu'on demande à un chanteur d'aller au-delà de son registre, surtout dans l'aigu pour les sopranos et les ténors. À droite, on voit les registres tonaux des six différents types de voix, de la plus haute à la plus basse. Chaque type a des subdivisions, selon que les voix sont légères ou fortes, lyriques ou dramatiques. Ainsi, il y a au moins six catégories de sopranos et de ténors. Il est donc improbable qu'un ténor wagnérien chante une aria de ténor de Mozart.

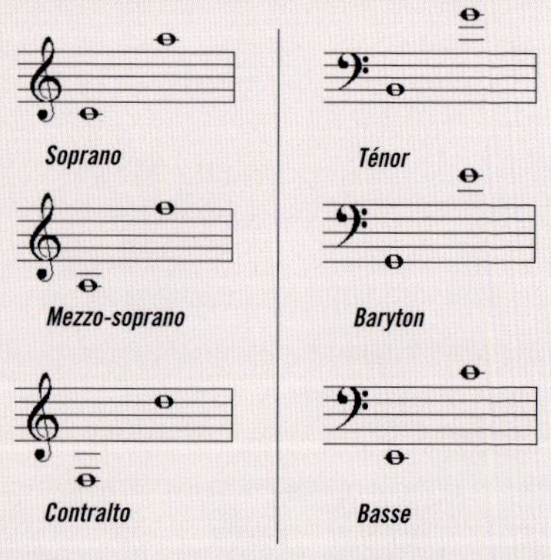

Décor de scène de 1826 représentant le port de Damiette, en Égypte, où se déroule l'acte I de l'opéra de Giacomo Meyerbeer sur la Croisade, *Il Crociato in Egitto.*

comiques comme *Le Barbier de Séville* et *La Cenerentola*, il perfectionna le *bel canto*, une forme de chant virtuose qui fut adoptée par ses successeurs, Vincenzo Bellini et Gaetano Donizetti.

Giuseppe Verdi acquit une renommée plus grande encore avec beaucoup d'œuvres mémorables. Il incarna le *Risorgimento* (la révolte de l'Italie contre l'occupation autrichienne) car plusieurs de ses opéras, notamment *Nabucco*, étaient emblématiques de cette lutte. Mais les plus populaires de ses œuvres – *Rigoletto*, *Il trovatore* et *La Traviata* – sont profondément romantiques. Son successeur, Giacomo Puccini, ne fut pas moins attiré par les histoires d'amour tragiques et les héroïnes de ses plus grands opéras (*Manon Lescaut*, *La Bohème*, *Tosca* et *Madame Butterfly*) sont toutes infortunées.

PARIS, CAPITALE EUROPÉENNE DE L'OPÉRA

En dépit du succès de l'opéra italien c'est Paris qui, dès 1820, attira les compositeurs de toute l'Europe, tels Rossini, Donizetti et Verdi. Leur influence fut considérable. Un expatrié allemand, Giacomo Meyerbeer, fut à l'origine du « grand opéra », véritable spectacle au décor grandiose, tiré de sujet historique, qui comportait cinq actes et de longs interludes de ballet. Un autre Allemand, Jacques Offenbach, inventa l'opérette – ou opéra-bouffe – qui lui valut une grande popularité à Paris et de nombreux émules dans toute l'Europe.

L'opéra français, quant à lui, se forgeait une identité. Hector Berlioz s'éloigna du « grand opéra » tandis que Charles Gounod et Jules Massenet, qui étudièrent tous deux à Rome, se firent connaître par des opéras italianisants. Georges Bizet fut moins prolifique mais sa *Carmen* le fit connaître dans le monde entier. Pourtant ce fut un autre esprit indépendant, Claude Debussy, qui produisit l'opéra français le plus révolutionnaire de son époque : *Pelléas et Mélisande*.

LE ROMANTISME ALLEMAND

Curieusement, le seul des grands compositeurs instrumentaux allemands du XIXe siècle à avoir été attiré par l'opéra fut Beethoven. Il n'en écrivit qu'un : *Fidelio*. Richard Wagner s'intéressa uniquement à cet art. Au milieu du siècle, il transforma l'opéra, avec une conception du drame intégral unissant une orchestration expressionniste à des harmonies peu orthodoxes, et donnant une ampleur nouvelle à la mélodie. S'inspirant du romantisme allemand, il se réappropria l'histoire teutonique avec une ferveur presque sacrée. Dans ses premiers opéras, *Tanhäuser* et *Lohengrin*, il forgea un style romantique qui atteignit son apogée dans *Tristan et Isolde*. Mais c'est pour son cycle monumental de quatre opéras, *Der Ring des Nibelungen*, qu'il est le plus vénéré.

Les Walkyries de Wagner ont longtemps été des caricatures. Aujourd'hui, le *Ring* de Wagner est toujours aussi populaire et ces guerrières apparaissent souvent dans des costumes modernes.

L'influence de Wagner a été telle que deux générations de compositeurs ont dû lutter pour se défaire de son ombre. Richard Strauss, dès ses premiers opéras, dépassa le radicalisme de Wagner avant de revenir à son romantisme et de s'inspirer de Mozart dans des œuvres qui n'ont rien perdu de leur popularité : *Le Chevalier à la rose*, *Arabella*, *Capriccio* et *Ariane à Naxos*.

Le XIXe siècle vit aussi l'essor de compositeurs du Nord. En Russie, Mikhaïl Ivanovitch Glinka s'inspira de la musique populaire slave, tandis que Modeste Moussorgski, avec *Boris Godounov*, porta sur scène l'histoire russe. Mais ce fut le compositeur romantique Piotr Ilich Tchaïkovski qui entra dans le répertoire occidental avec *Eugène Onéguine* et *La Dame de pique*. De même, si Bedřich Smetana est salué comme le père de l'opéra nationaliste tchèque, son compatriote Leoš Janáček écrivit des œuvres plus sophistiquées, comme *Jenůfa* et *Kát'a Kabanová*.

LES COMÉDIES MUSICALES

Tout comme l'*opera buffa* inspira des opérettes à Offenbach et à Lehár, la rencontre de l'opérette avec le jazz, le music hall et la musique populaire américaine donna naissance à la comédie musicale. George Gershwin, Cole Porter, Irving Berlin et Richard Rodgers s'y essayèrent. Ce genre a triomphé dans des spectacles allant de *Show Boat* à *West Side Story*. Londres l'adopta à son tour et Andrew Lloyd Webber créa des succès mondiaux comme *Cats* ou *Phantom of the Opera*. Aujourd'hui à l'affiche de Broadway ou du West End londonien, les comédies musicales sont autant d'invitations à entrer dans le monde de l'opéra.

***Rent*, *inspiré* de l'opéra de Puccini,** La Bohème, *relie les comédies musicales et l'opéra.*

L'OPÉRA MODERNE

Au XXe siècle, l'idée que différents mouvements d'opéra peuvent coexister s'est imposée comme une évidence. Des ondes de chocs ont bouleversé le domaine de la composition conventionnelle, notamment avec *Salomé* et *Elektra*, de Richard Strauss, puis le rejet de l'harmonie proposé par Arnold Schoenberg au profit de l'atonalité. Dans les années 1920, Alban Berg et lui ont instauré la dissonance (notes ou accords sans résolution) à l'opéra : Schoenberg avec *Erwartung* et *Moïse et Aaron*, et Berg avec *Wozzeck* et *Lulu*.

Depuis la fin de la Deuxième Guerre mondiale, l'opéra ressemble à un champ d'expérimentation. Des compositeurs comme Karlheinz Stockhausen, Luciano Berio et Philip Glass se sont essayés à de nouveaux idiomes allant du sérialisme (dans lequel les tons, les tempos et autres variables sont définis en séquences) au minimalisme (caractérisé par la répétition d'éléments musicaux) jusqu'à la musique électronique et aux explorations du silence et des bruits. Mais parmi les compositeurs de l'après-guerre, seul Benjamin Britten est, jusqu'ici, régulièrement interprété dans le monde. Avec *Peter Grimes* et *Billy Budd*, il est parvenu à l'idéal de l'opéra : adapter des livrets puissants à une musique très émouvante.

Aujourd'hui, comme par le passé, continuer à faire évoluer l'opéra est toujours un défi pour les compositeurs. Heureusement, ils sont soutenus par de nombreux théâtres qui commandent de nouvelles œuvres, au risque de perdre leur public traditionnel. Car l'histoire de l'opéra prouve que c'est peut-être parmi les plus étranges spectacles d'aujourd'hui que surgiront les chefs-d'œuvre de demain.

Adriana Mater de Kaija Saariaho, créé à Paris en 2006, décrit l'amour d'une mère dans un conflit rappelant la guerre de Bosnie des années 1990.

LIVRETS ET LIBRETTISTES

Le credo de l'opéra a toujours été « d'abord des paroles, puis de la musique ». Les compositeurs savent qu'un grand opéra commence par un livret car c'est le librettiste qui inspire la musique. Que l'histoire qu'ils racontent soit réelle ou imaginaire, comique ou tragique, les livrets les plus réussis vont de pair avec une musique passionnée et des émotions puissantes.

Les compositeurs d'opéra ont toujours recherché de bons librettistes, même si Wagner et Janáček ont écrit leurs propres livrets. Les chefs-d'œuvre de Mozart, Bellini, Verdi, Puccini, Richard Strauss et Britten ont tous résulté d'étroites collaborations avec des librettistes talentueux. Pourtant, les librettistes sont souvent les grands oubliés de l'opéra. Une fois leurs histoires mises en musique, on ne se souvient que du compositeur. Pire, si une œuvre n'a pas de succès, c'est souvent le livret qui est mis en cause.

Une telle accusation était inimaginable au tout début de l'opéra. L'*Orfeo* de Monteverdi reposait tout entier sur le livret d'Alessandro Striggio : la musique servait le texte en soulignant les qualités musicales de la langue et de l'action.

Mais les compositeurs ont toujours dû se plier aux conventions – et aux possibilités – de la période où ils vivaient, qu'ils s'inspirent d'Eschyle, d'Ovide, de Shakespeare, de Goethe, de dramaturges réputés comme Beaumarchais en France ou de poètes nationaux comme Pouchkine en Russie, de l'histoire, du folklore ou de toute autre chose. Lorsque les opéras cessèrent d'être destinés aux cours de Mantoue et de Florence, les grands librettistes durent séduire un nouveau public, d'origines très diverses. Giovanni Faustini fut très apprécié à Venise au milieu du XVIIe siècle avec des livrets comme ceux de *La Calisto* pour Francesco Cavalli, mettant en scène des amours champêtres et des actions comiques ou satiriques, souvent pimentées d'un certain érotisme. En 1643, Giovanni Francesco Busenello fut le premier à s'inspirer d'un fait historique pour *Le Couronnement de Poppée* de Monteverdi, invitant les Vénitiens à regarder le passé à travers le nouveau prisme du théâtre musical.

Lorsque l'opéra dépassa les frontières des cours et des villes italiennes, les librettistes s'adaptèrent aux langues, à l'histoire et aux traditions théâtrales des autres pays. Certains écrivirent pour des théâtres publics d'opéra, où il était vital d'attirer les spectateurs. D'autres travaillèrent à des productions de cour, où l'enjeu était de plaire au souverain.

Coûteux à monter, les opéras dépendent aussi des talents et de l'énergie de ceux qui les interprètent. Dès 1627, dans *La Selva sin amor*, la cour espagnole mit en pratique les idées florentines de l'art naissant du *recitar cantando*, ou « récital chanté », avec un texte du grand dramaturge Lope de Vega. Philippe Quinault, qui fut longtemps le librettiste de Lully, s'inspira d'une épopée héroïque pour son Roland, donné à Versailles en 1685. Conscient d'avoir affaire à des

Le premier opéra inspiré d'une chronique historique fut *Le Couronnement de Poppée* de Monteverdi, qui se déroule dans la Rome de l'empereur Néron.

Dans sa gravure *Orphée, guidant Eurydice hors des Enfers, se tourne pour la regarder et la perd à jamais* (1731), Bernard Picart illustre un épisode de la mythologie qui intéresse les librettistes depuis le tout début de l'opéra.

publics plus hétérogènes, Henry Purcell mit en musique le livret de John Dryden pour *King Arthur* en 1691, et adapta la pièce de Shakespeare, *Le Songe d'une nuit d'été* pour son opéra *La Reine des Fées*.

Pietro Trapassi dit Métastase, fut le plus important librettiste du XVIIIe siècle.

LE XVIIIe SIÈCLE

Si librettistes et compositeurs ont souvent collaboré étroitement, le plus célèbre librettiste du XVIIIe siècle resta inconnu à la plupart de ceux qu'il inspira. Métastase, poète romain travaillant pour le théâtre de la cour de Vienne, écrivit en effet des douzaines de livrets repris par Vivaldi, Haendel, Gluck, Mozart, et même Meyerbeer au XIXe siècle. Son livret sur l'empereur perse Xerxès, *Artaserse*, fut si populaire qu'il fut mis en musique une cinquantaine de fois par différents compositeurs. L'œuvre de Métastase façonna ainsi l'évolution de l'*opera seria*, qui devait dominer le XVIIIe siècle jusqu'à l'avènement de Mozart.

L'Italien Lorenzo da Ponte écrivit pour son compatriote Antonio Salieri, ainsi que pour l'Espagnol Vicente Martin y Soler et l'Allemand Peter Winter. Mais sa collaboration légendaire fut avec l'Autrichien Mozart. Le langage nouveau de Da Ponte et le dynamisme de ses actions dramatiques inspirèrent à Mozart sa meilleure musique d'opéra, à commencer par *Les Noces de Figaro*, qu'on appela à tort une *opera buffa*, car les personnages, comme l'histoire, étaient loin d'illustrer une simple farce. Pour *Don Giovanni*, Da Ponte alla encore plus loin en jouant de tensions sur le mode sérieux comme sur le mode comique. Le lyrisme et l'énergie de ces œuvres, comme aussi *Così fan tutte*, s'appuyaient sur des caractérisations dynamiques et un rythme vif. Dans le sillage de ces œuvres, les vieilles catégories d'*opera seria* et *opera buffa* devenaient obsolètes. Lorsque l'ordre social de la vieille Europe s'effondra après la Révolution française, le public exigea des histoires plus appropriées à son époque. Les intrigues inspirées de l'Antiquité semblaient désormais trop lointaines, il fallait laisser place à des histoires traitant de personnes plus réalistes, qui s'efforçaient soit d'atteindre la gloire, soit de trouver l'amour.

CARLO GOLDONI

Carlo Goldoni (1707-1793) fut le plus grand auteur comique italien de son temps, connu pour ses personnages réalistes. Enfant, il s'enfuit de l'école et rejoignit une troupe de théâtre. Avocat, il quitta le barreau à l'âge de 40 ans et écrivit pour les théâtres de Venise jusqu'en 1762, date où il fut nommé directeur de la Comédie italienne à Paris. Plus tard, il donna des cours d'italien aux filles de Louis XV, et mourut dans la misère après la Révolution française, laissant plus de 150 pièces de théâtre et 80 livrets d'opéra dont certains ont été mis en musique par Mozart et Haydn.

Librettiste recherché, *Carlo Goldoni (ici au centre, entouré d'une troupe d'acteurs itinérants) fut aussi un dramaturge accompli.*

LE XIXᵉ SIÈCLE

En France, le plus grand librettiste était Eugène Scribe, auteur de près de 60 livrets pour des opéras destinés à la classe moyenne de Paris, alors en pleine expansion. Pendant 30 ans, un livret de Scribe, dont les histoires reposaient sur une trame historique exaltant l'héroïsme, était un véritable passeport pour les compositeurs désireux d'entrer au répertoire du vénérable Opéra de Paris. Daniel Auber et Giacomo Meyerbeer ont fait plusieurs fois appel à lui, mais Scribe écrivit aussi pour Rossini, Donizetti, Bellini et même Verdi. Les principaux librettistes de ce dernier, cependant, furent Francesco Maria Piave et Arrigo Boito. Piave écrivit notamment *Macbeth*, *Rigoletto* et *La Traviata*, tandis que Boito fut l'auteur des livrets d'*Otello* et de *Falstaff*.

Richard Strauss (assis à gauche sur ce dessin de 1922) forma avec Hugo von Hofmannsthal le plus grand duo compositeur-librettiste.

À la fin du siècle, Wagner changea le cours de l'histoire de l'opéra en étant son propre librettiste. Avec sa grandiose vision de l'opéra comme « œuvre d'art total » (*Gesamtkunstwerk*) Wagner réalisa son chef-d'œuvre, le cycle *Der Ring des Nibelungen*, en fusionnant sa musique à son propre texte. Quelques années plus tard, Giuseppe Giacosa et Luigi Illica écrivirent ensemble des livrets pour Puccini en suivant le modèle romantique italien. Ainsi naquirent *La Bohème*, *Tosca* et *Madame Butterfly*. Puccini harcelait constamment ses librettistes, mais ensemble ils ont créé quelques-uns des opéras les plus prisés.

LE LIVRET MODERNE

Au XXᵉ siècle, l'opéra est resté vivant grâce à des collaborations comme celle de l'Autrichien Hugo von Hofmannsthal et de Richard Strauss, produisant une suite de chefs-d'œuvre dont *Elektra* et *Le Chevalier à la rose*. En Allemagne, Bertolt Brecht fit équipe avec Kurt Weill pour *Grandeur et décadence de la ville de Mahagonny* et *L'Opéra de quat'sous*. L'Américaine Gertrude Stein signa le livret de *Four Saints in Three Acts* et *The Mother of Us All* pour Virgil Thomson. Mais le librettiste

Giacomo Puccini (à gauche) collabora avec Giuseppe Giacosa (au centre) et Luigi Illica pour plusieurs grands opéras du début du XXᵉ siècle.

FAUST

Certaines histoires conviennent si bien à l'opéra qu'elles font l'objet de plusieurs œuvres. C'est le cas de la légende du docteur Faust, qui vendit son âme au diable en échange de connaissances occultes. Faust inspira des auteurs comme Christopher Marlowe, Johann Wolfgang Goethe et Thomas Mann, ainsi que de nombreux librettistes. En témoignent les opéras *La Damnation de Faust* de Hector Berlioz, *Faust* de Charles Gounod, *Mefistofele* d'Arrigo Boïto, et *Doktor Faust* de Ferruccio Busoni. Parmi les nombreux opéras faustiens du XXIe siècle, on citera *Faustus, La Dernière Nuit*, par le compositeur français Pascal Dusapin.

Sur la couverture d'une partition de La Damnation de Faust, *l'opéra de 1846 de Hector Berlioz, on voit le diable tenter Faust.*

qui eut la plus vaste influence après la Deuxième Guerre mondiale fut le poète américain d'origine anglaise, W. H. Auden. Pendant 30 ans, son sens du lyrisme et de l'action dramatique fit de lui une des figures les plus recherchées de la profession. Il écrivit *Paul Bunyan* pour Britten, puis – avec Chester Kallman – fut plus tard le librettiste de Hans Werner Henze pour *Élégie pour de jeunes amants* et *Les Bassarides*, et d'Igor Stravinsky pour *The Rake's Progress*. Il contribua même à *Un Re in ascolto*, l'opéra d'avant-garde de Berio inspiré par *La Tempête* de Shakespeare. À la fin du XXe siècle, le livret d'opéra s'était ouvert sur un grand nombre de nouvelles approches mais c'est l'intérêt pour l'image visuelle qui amena Robert Wilson à remplacer les paroles par des œuvres d'art pour le livret d'*Einstein on the Beach* de Philip Glass. Et Alice Goodman trouva les répliques de *Nixon in China*, de John Adams, dans les nouvelles télévisées. Le livret, malgré l'évolution des époques et des techniques, reste cependant la matière qui inspire tout compositeur d'opéra.

La visite d'État du président américain Richard Nixon en Chine en 1972 a inspiré à John Adams son *Nixon in China*.

L'OPÉRA EN SCÈNE

Si l'on peut apprécier l'opéra dans des enregistrements, il ne devient vraiment vivant que dans un décor mettant en valeur musique et paroles, interprété par des chanteurs en costumes. C'est alors que l'on sait si l'alchimie a réussi. Porter un opéra à la scène est un moment de vérité. Et lorsque le rideau tombe le soir de l'ouverture, c'est le verdict des spectateurs qui tranchera.

Le public a toujours aimé en l'opéra sa dimension de spectacle. À Venise, où a longtemps régné la *commedia dell'arte*, les théâtres publics ont rapidement trouvé des moyens ingénieux de transmettre la magie des histoires racontées. À Versailles, la cour de Louis XIV s'en est inspiré pour embellir ses propres productions et mettre de nouvelles machineries au service de l'imagination. Les décors sont rapidement changés entre les actes, les dieux arrivent ou partent dans les airs, portés par des câbles invisibles, des montagnes, des tempêtes et des monstres surgissent à l'improviste.

Après le naturalisme de Mozart, l'Opéra de Paris fut libre d'aller vers plus de réalisme dans ses épopées historiques. Des foules étaient représentées par des chœurs énormes et des armées de figurants. Le décor se fit plus complexe et il fallut, par souci d'authenticité, du velours et de la soie pour les costumes d'époque. Acrobates et mangeurs de feu peuplaient la scène, et de vrais animaux se joignaient aux scènes de chasse et aux processions royales. La marque de fabrique du grand opéra était l'opulence et les théâtres d'opéras de Vienne, Milan, Londres et Saint-Pétersbourg suivirent son exemple.

L'éclairage joua aussi un rôle central dans la formation de l'esthétique de l'opéra. Aux XVIIe et XVIIIe siècles, on jouait à la lueur d'innombrables bougies, en dépit des risques d'incendie que cela impliquait. Au XIXe siècle, l'éclairage au gaz fut introduit dans les théâtres et on développa des techniques permettant de créer de mystérieux effets de couleurs. Puis dès les années 1880, on commença à installer l'électricité dans les principaux théâtres. La salle restait maintenant dans l'ombre tandis que les projecteurs multipliaient la possibilité des effets scéniques.

ARTISTES ET METTEURS EN SCÈNE, UNE NOUVELLE ÉPOQUE

Au début du XXe siècle, le modernisme balaya tout sur son passage et l'opéra prit un nouveau visage. Le nouvel art était aussi révolutionnaire que la musique de Schoenberg et de Stravinsky et ce sont les Ballets russes de Diaghilev qui furent les premiers à oser le montrer sur scène. Parmi les artistes recrutés pour dessiner les décors et les costumes, on citera Pablo Picasso, Natalia Gontcharova, Henri Matisse, Jean Cocteau et Salvador Dali. La mise en scène de l'opéra refléta elle aussi les nouveaux mouvements artistiques, tels le constructivisme, le cubisme et le surréalisme.

Arturo Toscanini, ici représenté en train de diriger l'orchestre du Teatro alla Scala de Milan, a marqué l'opéra du XXe siècle.

Mais dans les années 1930, la montée du fascisme chassa l'avant-garde des scènes allemandes et italiennes. En Europe et aux États-Unis, l'opéra tomba sous l'emprise des musiciens, personnifiés par les compositeurs Richard Strauss et Arturo Toscanini, le *maestro* qui régna sur l'opéra jusque dans les années 1950. C'étaient désormais les chefs d'orchestre qui faisaient la loi, parmi lesquels Wilhelm Furtwängler, Herbert von Karajan, Carlos Kleiber, Leonard Bernstein, Karl Böhm et Georg Solti.

À la fin des années 1960, tout changea encore à cause de la nécessité d'adapter le répertoire au public moderne. Suivant l'exemple des dramaturges et des directeurs de théâtre d'après-guerre, l'accent était maintenant mis sur l'interprétation plutôt que sur la mise en scène. Décors et costumes devenaient secondaires pour une approche essentiellement intellectuelle.

Le metteur en scène Giorgio Strehler (*à droite*) trace les repères sur scène pour *Fidelio* au Théâtre du Châtelet, à Paris, en 1989.

MONTER UN OPÉRA

Un directeur de théâtre d'opéra doit réserver les chanteurs connus plusieurs années à l'avance, et surtout, choisir le metteur en scène. Ce dernier engage décorateurs, éclairagistes et costumiers. Puis les ateliers du théâtre construisent les décors, à mettre en mémoire les plans d'éclairage, et à fabriquer costumes et perruques. Les répétitions débutent plusieurs semaines avant le soir de la première. Les solistes et le chœur doivent connaître leurs rôles, mais c'est le metteur en scène qui décide de leur jeu. Le chef d'orchestre n'intervient que dans l'interprétation de la partition.

*Construction du décor d'*Orphée aux Enfers *d'Offenbach, à l'atelier de l'Opéra national de Paris.*

La mode fut aux représentations en vêtements de ville, et les opéras du XIXe siècle étaient montrés sous l'angle de luttes politiques. Ce fut un tournant décisif qui vit la montée du pouvoir des metteurs en scène d'opéras.

Il n'y a rien d'étonnant à ce que le monde du théâtre ait fourni de nombreux metteurs en scène d'opéras. Patrice Chéreau était déjà une star du théâtre lorsqu'il a dirigé le cycle du *Ring* de Wagner au Festival de Bayreuth de 1976 à 1980. Des metteurs en scène reconnus comme Peter Brook, Giorgio Strehler et Harry Kupfer ont aussi connu de grands succès à l'opéra, comme le Suédois Ingmar Bergman. L'influence du théâtre sur l'opéra continue encore aujourd'hui avec des metteurs en scène comme Richard Eyre, Deborah Warner, Peter Stein, Stéphane Braunschweig et Luc Bondy.

DES CHANTEURS QUI SONT AUSSI ACTEURS

C'est ainsi que les chanteurs se sont transformés en acteurs. Depuis la naissance de l'opéra, la voix et le charisme de castrats comme Farinelli, de ténors comme Enrico Caruso, ou de sopranos comme Maria Callas ont littéralement provoqué l'hystérie des foules. Mais la nouvelle génération de metteurs en scène exigeait que les chanteurs se soumettent aussi à une vision de l'opéra plus cohérente. Les deux principaux ténors de la fin du XXe siècle illustrent ce changement. Luciano Pavarotti représentait la vieille école des chanteurs comptant sur la magie de leurs voix, tandis que Plácido Domingo, véritable acteur-chanteur, a établi la norme théâtrale de l'opéra.

Aujourd'hui, les chanteurs doivent apprendre à vivre leurs rôles, à transmettre l'émotion dans des expressions physiques aussi bien que par leur voix, de chanter dans des positions apparemment impossibles, parfois de se dénuder, et même de feindre la mort avec conviction. Ils se plaignent parfois de ce que les metteurs en scène de théâtre ne comprennent pas leur besoin

Plácido Domingo est le Paillasse de Leoncavallo, dans la production de Franco Zeffirelli à la Royal Opera House de Londres en 2003.

LES COSTUMES

Jusqu'au xxe siècle, les costumes évoquaient l'époque où se déroulait l'opéra. Aujourd'hui, ils servent à illustrer l'esprit de la production : les costumes d'époque annoncent une approche traditionnelle, tandis que les vêtements modernes transmettent un message social ou politique. Mais il y a parfois de singuliers mélanges qui n'appartiennent qu'à l'opéra : des héroïnes vêtues de robes incrustées de joyaux font face à des héros en uniformes de soldats romains, ou des femmes en mousselines colorées côtoient des hommes en cuir noir. Cela n'est pas dû au hasard, ces costumes font partie intrinsèque de chaque production même.

Des costumes richement ornés, comme ici au palais Garnier, à Paris, contribuent à la magie de l'opéra.

de respirer convenablement, et on a vu alors des chefs d'orchestre et des costumiers venir à leur secours.

L'apparence compte plus que jamais : on attend des chanteurs qu'ils aient le physique de leurs rôles et il est peu probable qu'une soprano trop enrobée soit choisie pour interpréter une héroïne succombant à la consomption. Les solistes dotés d'un beau physique et à l'aise sur scène sont très courtisés par les théâtres d'opéra. Et des « couples » d'opéra – comme celui de Roberto Alagna et Angela Gheorghiu, ou plus récemment Rolando Villazón et Anna Netrebko – sont particulièrement recherchés pour les rôles romantiques.

DE NOUVELLES TENDANCES SUR SCÈNE

Au carrefour des arts, l'opéra a également attiré d'autres corps de métier. Certains metteurs en scène de cinéma – notamment Joseph Losey avec *Don Giovanni* et Francesco Rosi avec *Carmen* – ont porté des opéras à l'écran. D'autres, plus nombreux encore – dont Roman Polanski, Baz Luhrmann, Julie Taymor, Anthony Minghella et Michael Haneke – ont introduit le cinéma sur la scène de l'opéra, attirant vers l'opéra un public plus jeune.

De grands chorégraphes se sont aussi tournés vers la mise en scène d'opéra avec de longs interludes musicaux dans les œuvres des XVIIe et XVIIIe siècles, unissant chants et danse dans la même œuvre. La première incursion de Trisha Brown dans l'opéra fut dans l'*Orfeo* de Monteverdi,

Dans ce décor énorme, de *La Bohème* de Puccini au Festival Bregenz en Autriche, en 2001, les interprètes sur scène semblent minuscules.

puis elle a appliqué son vocabulaire moderne à un opéra récent, *Luci mie traditrici* de Salvatore Sciarrino. Dans son incroyable interprétation d'*Orfeo ed Euridice* de Gluck, Pina Bausch a doublé les chanteurs et les danseurs dans les trois rôles principaux, tandis que le chœur chantait dans la fosse d'orchestre. Mark Morris, qui mit aussi en scène cet opéra, choisit de placer les chanteurs dans des loges de théâtre, laissant la scène aux danseurs.

Certains metteurs en scène sont principalement connus pour leurs réalisations à l'opéra. Ainsi l'extravagance visuelle de Franco Zeffirelli est identifiée au Metropolitan Opera à New York. D'autres sont plus audacieux, notamment trois Américains. Peter Sellars, qui présenta *Così fan tutte* de Mozart comme une histoire contemporaine, approche invariablement l'opéra d'un œil neuf : pour *Tristan et Isolde* de Wagner, il a introduit sur scène de grands écrans vidéos de l'artiste américain Bill Viola Les productions minimalistes de Robert Wilson mêlent les gestes stylisés du théâtre Kabuki japonais à de remarquables effets d'éclairage, tandis que Francesca Zambello exploite la technologie scénographique moderne.

Il y a également des metteurs en scène, notamment le Catalan Calixto Bieito, qui choisissent de choquer le public avec du sexe et du sang. Ces représentations font souvent salle comble malgré les huées, mais leurs bouffonneries peuvent aussi détourner de la musique, et de nombreux chefs d'orchestre ont l'impression que leur autorité s'amoindrit d'autant. Mais lorsque la musique, l'interprétation, le décor et les costumes sont à l'unisson, l'opéra déploie toute sa splendeur.

LES SALLES ET LES FESTIVALS D'OPÉRAS

Les imposantes façades des théâtres d'opéra suggèrent davantage des temples érigés pour un culte païen que de simples théâtres. Leurs intérieurs richement décorés renforcent cette impression, où le rituel est mis en scène. Ce sont aussi eux qui gardent vivant l'art de l'opéra en commandant de nouvelles œuvres et en faisant connaître des classiques à de nouveaux publics.

LES THÉÂTRES D'OPÉRA, fort coûteux à gérer, vivent de subventions d'État ou de mécénat privé. Ils sont parfois, bien malgré eux, le cadre de luttes politiques féroces. Ainsi, des grèves de dernière minute, décidées par des techniciens sans qui les représentations ne sont pas possibles, les rendent vulnérables, et il arrive que des productions mettent les spectateurs dans des paroxysmes de rage. Mais en dépit de tous ces problèmes, les théâtres d'opéras restent un objet de passion.

Le théâtre d'opéra typique date de la fin du XVIIIe ou du XIXe siècle. Il a une architecture néoclassique, un foyer en marbre menant à une salle de spectacle rouge et or en forme de fer à cheval, et des loges autrefois réservées aux monarques ou aux nobles. Pendant longtemps, la vie sociale de la salle d'opéra était aussi importante que ce qui se passait sur scène. Vêtus de leurs plus beaux atours, les riches allaient à l'opéra pour se montrer et se rencontrer, tandis que les moins fortunés s'entassaient dans la galerie supérieure ou dans le parterre.

Les premiers théâtres publics d'opéra, bâtis à Venise au XVIIe siècle, étaient ouverts à toutes les classes sociales. C'est ce qui rendit cet art si populaire dans toute la péninsule italienne et au-delà. À Venise d'abord, puis à Bologne, Naples et Milan, plus tard à Londres, Vienne et Paris, les théâtres publics d'opéra se multiplièrent. Peu d'entre eux ont survécu. Mais au XIXe siècle, notamment dans les États italiens et les principautés allemandes, toutes les grandes villes européennes possédaient une salle d'opéra symbolisant leur prestige. Ensuite vinrent les festivals d'opéra : Wagner créa le premier à Bayreuth, en Bavière, dès 1876, puis celui de Salzbourg s'ouvrit en Autriche en 1920 et celui de Glyndebourne, en Grande-Bretagne, en 1934.

Inauguré en 1778, le Théâtre de la Scala de Milan, connu dans le monde entier, fut le cœur de la vie sociale et politique durant tout le XIXe siècle.

LES HAUTS LIEUX DE L'OPÉRA EN ITALIE

En Italie, trois théâtres symbolisent l'âge d'or de l'opéra italien. À Naples, le Théâtre San Carlo, sans doute le plus beau du pays, inauguré en 1737, fut détruit par un incendie en 1816 et reconstruit en seulement six mois. Il a accueilli toutes les premières des opéras de Rossini, de Bellini, de Donizetti et de Verdi. À Venise, le théâtre de la Fenice, joyau d'architecture, ouvrit en 1792. Ravagé par un incendie en 1826 et en 1996, il fut rebâti deux fois, fidèle à son nom de Phénix. Verdi y créa ses opéras, ainsi qu'Igor Stravinsky et Benjamin Britten au XXe siècle. Mais c'est le Théâtre de la Scala, à Milan, qui a longtemps été le véritable cœur de l'opéra italien. Tous les compositeurs italiens du XIXe siècle voulurent y créer leurs opéras. Pour les solistes aussi, la consécration à la Scala était un rite de passage essentiel. Gravement endommagé par les bombardements alliés en 1943, le théâtre ouvrit de nouveau ses portes en 1946. Puis, en 2001, il fut fermé pendant trois ans

À Venise, le splendide Théâtre de La Fenice brûla en 1996, sans doute en raison d'un incendie criminel, mais fut reconstruit et réouvrit en 2003.

pour moderniser sa machinerie, mais sa splendide salle reste pratiquement identique à celle que l'impératrice d'Autriche, Marie-Thérèse, inaugura en 1778.

Ailleurs en Europe, l'histoire des théâtres d'opéra est aussi très mouvementée. Avant que l'Opéra de Paris n'occupe le palais Garnier en 1875, pas moins de six théâtres avaient été rasés par des incendies. À Vienne, plusieurs théâtres précédèrent l'ouverture de la grandiose Hofopernhaus en 1869 qui, après l'effondrement de la monarchie des Habsbourg, devint la Staatsoper. Cette maison fut elle aussi endommagée par les bombardiers alliés en 1945 et ne rouvrit ses portes qu'en 1955.

LES ALLEMANDS ET L'OPÉRA : UNE HISTOIRE D'AMOUR

Des douzaines de théâtres allemands ont été détruits pendant la Deuxième Guerre mondiale, notamment à Berlin, Cologne, Dresde, Hambourg, Leipzig et Stuttgart. Rares ont été ceux reconstruits à l'identique comme l'élégant Staatsoper Unter den Linden à Berlin et le Bayerische Staatsoper à Munich. Par contre, la passion des Allemands pour l'opéra est restée intacte. À ce jour, aucun autre pays ne compte autant de salles d'opéras, dont la plupart fonctionnent sur un système de répertoires et l'Allemagne reste un lieu unique pour interpréter une grande quantité de rôles.

LE PATRON DE L'OPÉRA

Les théâtres d'opéra ne sont rien sans les personnalités qui les dirigent. Au XVIIIe siècle, Haendel gérait ses propres théâtres à Londres. Domenico Barbaia façonna l'opéra du XIXe siècle aussi bien à La Scala de Milan qu'au San Carlo de Naples. Parfois, l'impulsion vient des chefs d'orchestre, comme Gustav Malher au Staatsoper de Vienne, Arturo Toscanini à La Scala, et, plus récemment, James Levine au Metropolitan Opera de New York. Dans les années 1970, c'est Rolf Liebermann qui permit d'innover à l'Opéra de Paris. Le choix des meilleurs chanteurs, des productions intéressantes, et des nouvelles œuvres repose sur les épaules du patron du théâtre.

En Angleterre, la guerre a également malmené les théâtres : la Royal Opera House de Covent Garden servit de dancing et le Sadler's Wells Theatre de refuge aux Londoniens sans abri. Toujours à Londres, la Royal Opera House, inaugurée en 1858, a survécu aux hostilités et a finalement été modernisée et agrandie à la fin des années 1990. Le Sadler's Wells Theatre a déménagé en 1968 au Coliseum Theatre, où il prit le nom de English National Opera en 1974. Le Welsh National Opera, fondé en 1946 au Pays-de-Galles, eut lui aussi droit à un nouveau théâtre en 2004, le Wales Millennium Centre, à Cardiff Bay.

Le Staatsoper Unter den Linden, la plus vieille salle d'opéra de Berlin, a retrouvé son ancienne splendeur

Bâti sur l'ordre de Napoléon III et inauguré après sa chute en 1875, le palais Garnier de Paris est depuis longtemps considéré comme le summum de l'opulence opératique.

ACADEMIE NATIONALE
LANCEL
LANCEL

De nombreux chanteurs trouvent le Metropolitan Opera de New York immense et intimidant, avec ses 3 800 fauteuils, mais un début au Met reste essentiel pour faire une grande carrière.

Jusqu'à la Deuxième Guerre mondiale, il était de tradition que les opéras soient donnés dans la langue du public local. Les spectateurs voulaient entendre les paroles chantées dans leur propre langue. C'était aussi plus facile pour les chanteurs, directement employés par les théâtres. Mais aujourd'hui, les opéras sont interprétés dans leur langue d'origine. Le English National Opera à Londres, le Komische Oper à Berlin, et l'Opera Theatre à Saint-Louis, dans le Missouri, comptent parmi les rares exceptions à la règle. La raison de ce changement est d'ordre pratique. L'opéra s'est tellement internationalisé que les mêmes chanteurs se produisent dans le monde entier, ce qui ne leur laisse pas le temps d'apprendre le même rôle en plusieurs langues. Des sous-titres, projetés soit au-dessus de l'avant-scène, soit sur le dossier des fauteuils, offrent une traduction du livret dans la langue du pays.

L'OPÉRA DANS LE MONDE

On a construit des théâtres d'opéra dans le monde entier. À Prague, l'Estates Theatre a donné la première de *Don Giovanni* de Mozart en 1787. Les tsars de Russie ont bâti le Théâtre Mariinsky à Saint-Pétersbourg et le Théâtre du Bolchoï à Moscou. L'Opéra du Caire s'est ouvert en 1869, le Théâtre Colón à Buenos Aires en 1892, l'Opéra de Manaus, au cœur de l'Amazonie, en 1896 et l'Opéra de Hanoi, en Indochine française, en 1911.

Avec leur vaste population d'immigrants européens, les États-Unis ont vite ressenti la nécessité de construire des théâtres, et les villes prospères érigées dans l'Ouest près des mines d'or et d'argent ont été parmi les premières à construire des salles d'opéra. Mais c'est au Metropolitan Opera, ouvert à New York en 1883, que seront bientôt

SALZBOURG POUR TOUJOURS

Dans un calendrier rempli de festivals d'été, celui qui se tient sur le lieu de naissance de Mozart exerce évidemment une attirance spéciale. Créé dans les années 1920, notamment par Richard Strauss, le festival de Salzbourg a prospéré jusqu'à l'occupation nazie en Autriche en 1938. Puis il devient le fief d'Herbert von Karajan, qui dirigea le philharmonique de Vienne comme orchestre résident, et qui fonda le festival de Pâques de Salzbourg en 1967.

Ambiance nocturne animée *dans le quartier du Festival de Salzbourg.*

présentés les plus grands solistes des meilleurs théâtres d'Europe. Le Metropolitan a conservé sa réputation après son déménagement en 1966 au Lincoln Center, beaucoup plus vaste.

La plupart des villes américaines ont voulu se doter de leur opéra. Ainsi l'auditorium de l'Academy of Music de Philadelphie fut construit sur le modèle de La Scala en 1875. Après le tremblement de terre qui la ravagea en 1906, San Francisco installa sa nouvelle troupe d'opéra au War Memorial Opera House en 1932.

Le festival de Glyndebourne en Angleterre est réputé pour ses pique-niques dans le parc entre les représentations.

Pour l'Union soviétique aussi, l'opéra représentait un moyen d'asseoir son pouvoir politique. Dès le milieu du XXe siècle, la capitale de chaque république soviétique, de Kiev à Tachkent, eut son théâtre lyrique.

Les opéras ont fleuri dans le monde entier, et le plus emblématique d'entre eux est sans doute celui de Sydney, ouvert en 1973. On a vu s'édifier l'Opéra Bastille à Paris, des théâtres lyriques flambant neufs à Copenhague et Valence, tandis que les festivals se sont multipliés, les plus populaires étant ceux d'Aldeburgh en Angleterre, d'Aix-en-Provence, de Vérone en Italie et de Santa-Fe aux États-Unis. Mais ce qu'il y a de très nouveau, c'est l'intérêt croissant de l'Asie, où des opéras se sont ouverts à Tokyo en 1997, à Shanghai en 1998, bientôt à Beijing en 2008, et plus tard encore à Séoul.

Le festival des Chorégies d'Orange, dans le Sud de la France, se tient dans un théâtre romain qui convient bien aux représentations spectaculaires, comme Aïda.

LES IDOLES DE L'OPÉRA

L'opéra est inséparable du culte de la diva. Au fil des siècles, un petit nombre de chanteurs aux voix exceptionnelles et aux fortes personnalités ont incarné toute la passion et le drame de l'art lyrique. Le public leur a toujours manifesté son admiration ou son adulation, parfois de manière hystérique. Car ces idoles font vivre leur art sur scène comme dans la vie.

Les stars de l'opéra sont presque toujours des sopranos, appelées « divas », ou « déesses » en italien ; mais il y a aussi des ténors et les castrats d'autrefois. Comment et pourquoi deviennent-ils de véritables idoles ?

Il faut être capable d'atteindre des notes extraordinairement hautes (le contre-ut) et d'avoir un talent d'acteur (ou d'actrice) afin de faire vivre les personnages avec conviction. Le tout va souvent de pair avec une personnalité éclatante et versatile et inspire musiciens, compositeurs et chefs d'orchestre.

Mais ce sont les amateurs d'opéra qui font surtout les divas. Ils les suivent dans le monde entier, leur lancent des bouquets de fleurs sur scène et s'intéressent aux menus détails de leurs vies, au nom de leurs animaux de compagnie, à leurs amours, à leurs régimes ou aux styles de leurs coiffures. La diva en titre, ou *diva assoluta*, peut même se voir dotée d'un pseudonyme glorieux. La vénérée soprano du XXe siècle, grecque et américaine, Maria Callas, fut ainsi appellée *La Divina* (La Divine), tandis que sa rivale, Renata Tebaldi, fut surnommée *La Regina* (La Reine).

Parfois exigeants et d'humeur changeante, nombre de ces chanteurs ont aussi été capricieux et narcissiques à l'extrême, ce qu'on leur pardonne puisque leur seule présence fait salle comble. Il ne faut pas non plus oublier qu'ils sont obligés de porter des costumes encombrants, des perruques qui grattent, des accessoires disgracieux et de se soumettre à des effets spéciaux bizarres. Ils ont aussi de lourdes responsabilités commerciales. Cela explique peut-être que depuis le tout début de l'opéra, ils exigent des tarifs exorbitants. Aujourd'hui encore, ils sont payés en numéraire dans leurs loges, pendant la première entracte de la représentation.

LES CASTRATS

La voix de castrat est née dans les chorales de musique sacrée, et ses techniques ont été transmises grâce à la tradition italienne du *bel canto*. Les castrats ont été les premières stars d'opéra. Ces jeunes chanteurs prometteurs, formés dans les conservatoires italiens, recevaient les mets les plus riches et étaient logés plus confortablement que leurs autres camarades, afin de fortifier leurs voix. Ils furent extrêmement prisés pendant les deux premiers siècles de l'opéra, les femmes n'ayant le droit de chanter ni en public ni dans les églises des États de la papauté romaine.

La castration se pratiquait par le sectionnement d'un canal et non l'ablation d'un organe. Officiellement proscrite, elle était néanmoins pratiquée depuis le Moyen Âge afin de pourvoir les chorales des églises de splendides voix masculines aiguës. Au XVIIe siècle, avec l'avènement de l'opéra, les castrats chantèrent aussi bien des rôles masculins que des rôles féminins. Certains étaient exceptionnels, comme Carlo Broschi, qui fit ses débuts à Naples en 1720 et conquit les salles d'opéras et les cours

Farinelli, dont le vrai nom était Carlo Broschi (1705-1782) voyagea dans toute l'Europe. À une époque, il fit les beaux jours de l'Opera of the Nobility, à Londres.

de toute l'Europe sous le nom de Farinelli. Un autre castrat du XVIIIe siècle, Luigi Marchesi, avait tellement d'adorateurs que les théâtres acceptaient ses plus folles extravagances. Ainsi, il exigeait d'entrer sur scène à cheval en arborant un casque à plumet, et de chanter l'aria qui lui plaisait, même s'il n'était pas dans la partition.

Les castrats ont aussi légué aux divas leurs natures souvent orageuses. Au XVIIIe siècle, Gaetano Majorano fascina le public sous le nom de Caffarelli. Mais il sautait des répétitions, annulait ses apparitions selon son caprice,

UNE AFFAIRE DE POIDS

En 2003, la Royal Opera House rompit un contrat avec la soprano Deborah Voigt parce qu'elle pesait 100 kg. Un vieux débat resurgit : l'apparence comptait-elle plus que la voix ? Marietta Alboni (1824-1894) quitta la scène lorsque sa corpulence l'empêcha de rester debout assez longtemps, et Luisa Tetrazzini était célèbre pour avaler des poulets entiers au petit déjeuner. Maria Callas perdit 45 kg en un été mais sa voix ne s'en remit pas. Le vrai cauchemar des divas est le rejet du public, comme celui subi par Fanny Salvini-Donatelli, difficilement crédible dans la Violetta émaciée de *La Traviata* de Verdi, qu'elle interpréta à la Fenice, à Venise, en 1853. Elle pesait 130 kg…

Deborah Voigt, au Avery Fisher Hal, *à New York en 1998, avant l'opération qui la fit maigrir considérablement.*

critiquait bruyamment les autres chanteurs durant les représentations, et s'en prit même physiquement à d'autres artistes.

LES PRIMA DONNA

Au XVIIe et XVIIIe siècle, le phénomène des prima donna apparut dans les villes autorisant les femmes à monter sur scène. Ainsi Venise consacra Anna Renzi, la première chanteuse à remplir des salles d'opéra, qui interpréta notamment Ottavia dans *Le Couronnement de Poppée*, de Monteverdi, en 1643. À l'époque de Haendel, les Italiennes Faustina Bordoni et Francesca Cuzzoni étaient connues dans toute l'Europe autant pour leurs tempéraments explosifs que pour leurs exploits vocaux. À la fin du XVIIIe siècle, Caterina Gabrielli séduisit et offusqua les foules de la Russie à la Sicile. Comme son compatriote Caffarelli, l'impétueuse Caterina fut même brièvement emprisonnée pour conduite outrancière sur scène.

L'époque romantique mit fin aux castrats, mais accueillit de nouveaux types de voix et de divas. Toute l'Europe raffola de la soprano Angelica Catalani, même si ses tarifs et sa conduite scandalisèrent aussi bien la Grande Catherine de Russie que l'empereur Napoléon. Rossini écrivit des rôles qui virent l'émergence des divas mezzo-soprano, telle la légendaire Maria Malibran. Et dans les années 1830, la soprano Giuditta Pasta fit vibrer La Scala dans ses interprétations des rôles de Bellini.

Mais l'âge d'or des divas arriva avec Verdi. Toute prétendante au titre de diva en titre devait être Violetta dans *La Traviata*, ou interpréter le rôle-titre

Renata Scotto fut l'interprète par excellence de Puccini, dans des rôles comme celui de Musetta (*à droite*), Mimi, Cio-Cio-San et les trois héroïnes du *Triptyque*.

dans *Aïda*. L'époque voyant s'ouvrir des salles d'opéra et des conservatoires dans le monde entier, Verdi fut le premier à écrire des rôles qui parlaient immédiatement à des publics internationaux. Puis les touchantes prima donna de Puccini – Tosca, Manon Lescaut, Cio-Cio-San, Mimi – allèrent rejoindre le panthéon des rôles de divas. La superbe soprano tchèque Emmy Destinn fut d'ailleurs parmi les premières à porter la renommée des frêles héroïnes de Puccini à une échelle mondiale.

L'opéra wagnérien exigeait une endurance et une technique vocale particulière. Le *vibrato* controversé, avec la voix qui semble vaciller, permettait de dominer un orchestre devenu plus sonore et plus important. La célèbre diva Lilli Lehmann fut la plus célèbre des sopranos de l'époque, inspirant des générations de Sieglinde et de Brünnhilde. Au XXe siècle, les opéras de Richard Strauss firent naître une autre sorte de prima donna. Mais hormis quelques exceptions, la diva des temps modernes préfère les personnages dramatiques d'autrefois aux rôles plus abstraits de l'opéra contemporain.

Durant les cent dernières années, la notoriété des chanteurs s'est encore accrue grâce aux disques, comme ceux de la soprano allemande Elisabeth Schwarzkopf, de Maria Callas (*Diva assoluta*), de la mezzo-soprano italienne Cecilia Bartoldi ou de la soprano américaine Renée Fleming. Mais les meilleurs enregistrements ne peuvent rendre la magie d'une interprétation sur la scène d'un opéra.

LES TÉNORS

Depuis le déclin des castrats, les voix masculines célèbres ont surtout été celles des ténors. Les premiers divos – un terme rarement utilisé – étaient des amants romantiques passionnés ou des héros historiques ; plus tard, le Heldentenor wagnérien (littéralement « ténor héroïque ») créa un son plus vigoureux convenant aux thèmes mythiques et aux orchestres plus

La soprano russe Anna Netrebko est la toute dernière diva de l'opéra. Sa voix enchanteresse et son éclat confèrent un charme irrésistible à chacun de ses rôles, qu'ils soient écrits par Mozart ou Verdi.

importants. Dans les années 1820, Giovanni-Battista Rubini étonna avec une voix aiguë modelée et ornementée comme celle des castrats. Dans les années 1820 et 1830, le ténor français Adolphe Nourrit fit pâmer son public, surtout à l'Opéra de Paris, où il créa d'innombrables rôles. Mais on dit que la voix sensuelle du français Gilbert-Louis Duprez, qui en 1836 devint le premier ténor à atteindre le contre-ut de poitrine, a été à l'origine de l'engouement pour les ténors que l'on connaît encore aujourd'hui. De même, on a vénéré aussi bien comme interprètes d'opéra que pour leurs enregistrements l'Italien Enrico Caruso, l'Italien et le Heldentenor wagnérien danois Lauritz Melchior, dont les interprétations et les enregistrements de la première moitié du XXe siècle demeurent légendaires.

Les Trois Ténors ont chanté leur premier concert la veille de la Coupe du Monde de 1990, à Rome. Leur chanson culte est extraite de *Turandot* de Puccini et se termine sur l'éclatant *Vinceró* (« je vaincrai »).

Pour la première fois dans l'histoire de l'opéra, les plus grandes stars de la fin du XXe siècle ont été des ténors. Luciano Pavarotti et Plácido Domingo ont non seulement déclenché la frénésie des amateurs d'opéra, mais ils ont aussi, en créant le groupe des Trois Ténors avec José Carreras, fait connaître les airs d'opéra les plus populaires à un plus grand nombre. Ils ont acquis une telle renommée que théâtres, compagnies de disques et amateurs, frémissent d'espoir chaque fois que la scène révèle un jeune ténor d'exception, qui pourrait prendre leur suite. Il en va de même, bien sûr, pour les jeunes sopranos talentueuses.

DIVAS ET RIVALES

En 1727, les sopranos italiennes Faustina Bordoni et Francesca Cuzzoni se crêpèrent le chignon sur une scène londonienne, un épisode que John Gay immortalisa dans *L'Opéra des gueux* (1728). À Paris, dans les années 1840, la mezzo-soprano Rosine Stoltz, maîtresse du directeur de l'Opéra, chassa Julie Dorus-Gras de la troupe. À Londres, la soprano australienne Nellie Melba interdit l'accès de Covent Garden à Luisa Tetrazzini. Mais en 1907, rentrant de voyage, Nellie fulmina en apprenant que Luisa avait obtenu vingt rappels pour son interprétation de Violetta, dans *La Traviata* de Verdi. Toujours à propos du même opéra, Maria Callas dit en 1951 à Renata Tebaldi que sa Violetta était insignifiante. Mlle Tebaldi, qui refusait de chanter à La Scala de Milan chaque fois que la Callas y apparaissait, répliqua sèchement qu'« on ne met pas deux coqs dans le même poulailler ». Maria Callas venait de déclarer dans *Time Magazine* que sa propre voix était du champagne alors que celle de Tebaldi était du Coca-Cola…

***Caricature d'un duel** de gramophones entre L. Tetrazzini et N. Melba, dans le magazine Punch, en 1908.*

XVIIe et XVIIIe siècles

De Monteverdi à Mozart

À L'AUBE DU XVIIe SIÈCLE, lorsque Monteverdi créa un nouveau type de divertissement destiné à la cour de Mantoue, qui aurait pu prévoir le succès de cet art ? Plus de 1 000 opéras ont été créés de la Sicile à Saint-Pétersbourg avant la naissance de Mozart en 1756. Ce mélange de drame, de musique et de spectacle fascine toujours les foules avec la même intensité.

L'OPÉRA AVANT MOZART

Autrefois considérés comme trop pompeux, les opéras créés entre 1600 et 1750 sont redevenus à la mode. L'apparente raideur des premiers opéras servait d'écrin à l'expression de sentiments contradictoires : amour et jalousie, bonheur absolu et torture morale, désirs de vivre ou de mourir. En vérité, l'opéra a porté à la scène des émotions tellement extrêmes qu'elles évoquent des passions sacrées. Les grands rôles sont tirés de drames tirés de la mythologie ou d'idylles chevaleresques, inséparables du surnaturel et de la magie. Avant Mozart, l'opéra racontait l'histoire des puissants, empereurs romains ou princesses perses. Leurs émotions tumultueuses étaient exprimées par une musique superbe, et mises en valeur par des costumes et des décors grandioses, où explosaient des feux d'artifice. Ces héros et ces héroïnes immortels

Les décors pour l'opéra *Andromède* de Pierre Corneille, en 1650, furent conçus par Giacomo Torelli, qui révolutionna les techniques de la scène à Venise.

transportaient les spectateurs dans des royaumes merveilleux.

VENISE

Si l'opéra a vu le jour dans les cours de l'Italie du Nord, il a vite prospéré dans la péninsule. Venise, avec son sens des affaires, a rapidement réagi à l'intérêt populaire. Le premier théâtre à accueillir un public payant y a ouvert en 1637, et d'autres théâtres se sont

Ce dessin représentant le dieu Apollon dans *Phäeton*, l'opéra de 1683 de Jean-Baptiste Lully, illustre la splendeur des costumes d'alors.

bientôt mis en concurrence. À la fin du XVIIe siècle, environ 200 opéras avaient été créés pour satisfaire les demandes croissantes du public. Les théâtres débordaient déjà d'innovation dans les années 1640. Pour son Teatro Novissimo, Giacomo Torelli inventa une scène tournante, des machines volantes et une technologie permettant de changer le décor en quelques secondes. Monteverdi attira le public dans un théâtre rival avec *Le Couronnement de Poppée*, qui se passe à l'époque de l'empereur Néron et notamment dans la chambre à coucher de son amante. Ce fut le premier opéra à s'inspirer de l'histoire plutôt que de la mythologie. La musique sensuelle de Francesco Cavalli pour les livrets osés de Giovani Faustini, captiva des décennies d'amateurs d'opéras, dans des œuvres comme *La Calisto*. Au XVIIIe siècle, Antonio Vivaldi écrivit plus de 90 opéras. Il utilisa souvent une écriture orchestrale pour des effets somptueux, comme dans *Orlando furioso*. Venise dans les années 1730 s'était entichée de nouvelles musiques arrivant de Naples, et de castrats aussi éblouissants que Farinelli. Le « style napolitain » était tout entier consacré à la virtuosité vocale.

NAPLES

Grand centre de formation à la musique classique depuis le Moyen Âge, Naples possédait quatre conservatoires, des maîtres de musique de premier plan, et un solide vivier de talents en herbe pour faire face à la demande croissante de chanteurs d'opéra. Naples appréciait particulièrement les jeunes castrats, dont les exquises voix aiguës étaient préservées à l'âge adulte. En principe sacrilège, la castration était pratiquée sur les jeunes garçons dans le but de leur garantir des carrières lucratives. Dans l'histoire de l'opéra, le moment de gloire du castrat fut le XVIIIe siècle, avec l'aria da capo : la section initiale était reprise avec des improvisations et une ornementation sophistiquée, pareille à des trilles. Mais déjà, au XVIIIe siècle, les Napolitains Nicola Porpora

Dans ce tableau de Pietro Fabris, ce concert montre l'intense vie culturelle dans une noble maison napolitaine au milieu du XVIIIe siècle.

OPERA BUFFA

Tournant en dérision la gravité des *opera seria* de leurs maîtres, les élèves des conservatoires de Naples, au XVIIIe siècle, s'inspirèrent de l'action comique et des personnages de la *commedia dell'arte* pour créer des œuvres de musique théâtrale comiques. De jeunes compositeurs tels que Pergolèse, furent les premiers à écrire des *intermezzi*, ces œuvres interprétées entre les actes des opéras solennels. L'*opera buffa* (« opéra comique ») fut notamment illustré par Giovanni Paisiello et Domenico Cimarosa. Plus tard, Mozart mêla des éléments d'*opera seria* et d'*opera buffa* dans ses œuvres opératiques.

et Niccolò Jommelli avaient confié aux castrats des arias da capo, souvent tirées de livrets écrits par le brillant poète romain, Métastase. Les voix des castrats étaient appréciées depuis les lointaines steppes de Russie jusqu'à la pointe de l'Espagne. Comme eux, compositeurs et librettistes napolitains servirent souvent dans les cours et les théâtres étrangers.

LONDRES

En Angleterre, la guerre civile du milieu du XVIIe siècle avait fermé les théâtres, qui ne rouvrirent qu'après la Restauration de 1660. Le compositeur anglais Henry Purcell, influencé par les productions musicales des pièces de Shakespeare et le divertissement du masque – genre proche de la reconstitution historique, ou mythologique – écrivit de nombreux « semi-opéras ». Mais l'unique et véritable opéra en anglais, et en vérité le seul grand opéra en anglais avant le XXe siècle, fut le *Didon et Énée* de Purcell en 1689. Au XVIIIe siècle, Londres allait accueillir le prolifique Allemand Georg Friedrich Haendel, dans les mains de qui l'*opera seria*, l'« opéra sérieux », atteignit son apogée. Ses chefs-d'œuvre baroques, *Giulio Cesare* et *Tamerlano*, chantés en italien, furent tous deux donnés en 1724, lorsqu'il dirigeait la Royal Academy of Music. Mais la concurrence était rude. *L'Opéra des gueux* (1728),

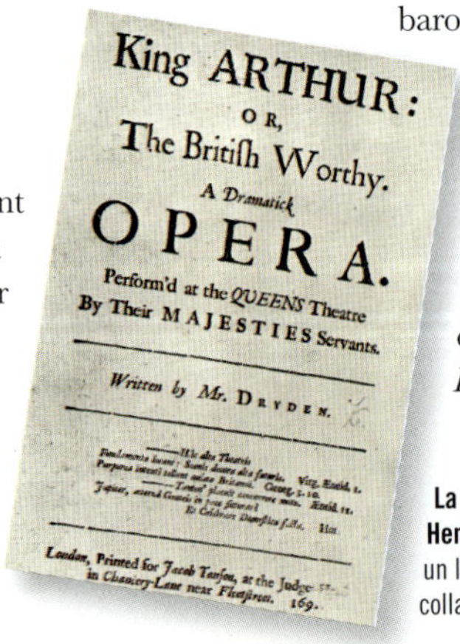

King ARTHUR:
OR,
The Britiſh Worthy.
A Dramatick
OPERA.
Perform'd at the QUEENS Theatre
By Their MAJESTIES Servants.

Written by Mr. DRYDEN.

London, Printed for Jacob Tonſon, at the Judge's Head in Chancery-Lane near Fleetſtreet. 169.

La page de titre de l'opéra de Henry Purcell, *King Arthur,* avec un livret de John Dryden, célèbre collaborateur de Purcell.

DE MONTEVERDI À MOZART

- **1598** *Dafne* de Jacopo Peri est donné à Florence
- **1600**
- **1607** L'*Orfeo* de Monteverdi est donné à Mantoue
- **1637** Le premier théâtre d'opéra s'ouvre à Venise
- **1643** *Le Couronnement de Poppée*, de Monteverdi est le premier opéra historique
- **1650**
- **1660** Restauration anglaise. Les théâtres, fermés depuis la guerre civile, ouvrent de nouveau
- **1671** *Pomone* de Cambert, le premier opéra français, fascine Paris
- **1672** Lully dirige l'Académie royale de Musique et commence à composer des opéras.
- **1675**
- **1689** *Didon et Énée* de Purcell est donné dans un pensionnat de jeunes filles à Chelsea

un « opéra-ballade » de John Gay, mêlait des airs familiers et un texte innovant, en anglais, dans un drame parlé d'une irrévérence satirique brillante. Haendel, qui à l'époque dirigeait sa propre troupe d'opéra, se livra à une concurrence farouche avec la troupe italienne appelée *Opera of the Nobility* (L'Opéra des nobles) et dirigée par le napolitain Nicola Porpora.

PARIS

En France, les divertissements spectaculaires faisaient partie intégrante de la politique de cour du roi Louis XIV. Le puissant compositeur Lully ne voulut pas entendre parler d'un opéra français jusqu'au triomphe de *Pomone* de Robert Calbert en 1671. L'opéra avait été composé sur le premier livret en français, écrit par Pierre Perrin. Lully commença aussitôt une collaboration à long terme avec le librettiste Philippe Quinault. Son amour de la danse, partagé par le roi, devait fortement marquer. Pendant trente ans, les arrangements pour la danse de Lully furent intégrés aux opéras de Jean-Philippe Rameau. Au début, les opéras de Rameau furent attaqués pour être trop différents de ceux de Lully. Mais le milieu parisien fut bientôt en proie à d'autres débats. En 1752, les Napolitains affluèrent à Paris avec la joyeuse et exubérante *Servante Maîtresse* de Pergolèse et d'autres œuvres burlesques de l'*opera buffa* italienne, ou « opéra comique ». Jean-Jacques Rousseau acclama les Italiens, attaqua le caractère artificiel de la musique française pour le théâtre, et appela une réforme de ses vœux. Ses arguments allaient porter leurs fruits à Vienne, où Christophe Willibald von Gluck et le librettiste Raniero da Calzabigi concevaient le livret non comme un squelette à qui des danses divertissantes devaient donner chair mais plutôt comme le sang et les tripes de l'opéra, la source dramatique de chaque aspect de son expression. Dans un certain sens, Gluck ramena les préoccupations de l'opéra aux racines que lui avaient données Monteverdi, dont les drames lyriques menés par le récitatif étaient aussi étayés par le texte. Mais dans les années 1770, l'approche de Gluck envers le langage et l'orchestration annonçait déjà l'arrivée de l'opéra classique. La Révolution française s'annonçait et dans son écho allait vibrer le nom d'un autre compositeur viennois : Wolfgang Amadeus Mozart.

Philosophe, écrivain, théoricien de la musique et compositeur d'opéra, Jean-Jacques Rousseau (1712-1778) déclencha la réforme de l'opéra à Paris.

1700 — 1750 — 1775

1711 *Rinaldo*, premier opéra de Haendel à Londres

1719 Haendel cofonde la Royal Academy of Music à Londres

1720 Farinelli fait ses débuts à Naples et entreprend des tournées internationales

1752 *La Servante Maîtresse* de Pergolèse introduit l'*opera buffa* à Paris

1753 L'essai de Rousseau sur la musique française de théâtre suscite un débat animé

1756 Mozart naît à Salzbourg

1762 *Orfeo ed Euridice* de Gluck est donné à Vienne

1786 Création des *Noces de Figaro*, de Mozart, à Vienne

1789 Début de la Révolution française

"Comment servir le mouvement des passions ?"

Claudio Monteverdi

CLAUDIO MONTEVERDI

Né le 15 mai 1567 à Crémone (Italie)
Mort le 29 novembre 1643 à Venise (Italie)

Claudio Monteverdi est considéré comme le père fondateur de l'opéra. Les premiers drames lyriques de Monteverdi ont vu le jour à la cour de Mantoue, tandis que ses derniers chefs-d'œuvre ont été créés dans les théâtres publics d'opéras de Venise. *Orfeo* fut le premier à rassembler les éléments constitutifs de l'opéra.

Lorsque Monteverdi arriva à Mantoue en 1590 en tant que musicien du duc Vincent de Gonzague, l'intense activité culturelle de la cour était le lieu idéal pour ce jeune compositeur doué pour la polyphonie, et doté d'un sens aigu de l'action dramatique. Après des études à Crémone, Monteverdi composa des madrigaux populaires dans toute l'Europe.

Dès la fin du XVe siècle, la cour de Mantoue avait réuni des musiciens, des poètes, des danseurs et des peintres pour mettre en scène des histoires de héros et de bergers. Un siècle plus tard, Monteverdi interpréta la musique de ces pièces vocales, et devint en 1602 maître de musique de Mantoue. C'est dans cette ville qu'eut lieu, en 1607, la première de l'*Orfeo*.

En 1613, Monteverdi devint maître de musique de la basilique Saint-Marc de Venise, ville où s'ouvrit en 1637 le premier théâtre public d'opéra. Jusque-là, les opéras avaient traité des thèmes favoris des commanditaires, vantant la noblesse et la mythologie. Désormais, c'était le public qui payait. Il voulait des décors merveilleux, des drames poignants, et des arias enivrants interprétés par des chanteurs virtuoses. Au début, Monteverdi se contenta de réviser *Arianna*, son opéra composé à l'origine pour la cour de Mantoue. Mais Venise le couvrit d'or avec *Le Retour d'Ulysse dans sa patrie* (1640) et *Le Couronnement de Poppée* (1643).

La soprano anglaise Joanne Lunn chante le rôle de Fortuna dans *Le Couronnement de Poppée* de Monteverdi, pour la production de l'English National Opera au Théâtre Coliseum de Londres, en 2000.

PREMIÈRES REPRÉSENTATIONS

1600

1607 *L'Orfeo*

1608 *Arianna* (seul le « lamento » a survécu)
Ballo delle ingrate

1610

1620

1624 *Le Combat de Tancrède et de Clorinde*

1630

1640 *Le Retour d'Ulysse dans sa patrie*

1640

1641 *Le Nozze d'Enea con Lavinia* (perdu)

1643 *Le Couronnement de Poppée*

1650

ORFEO

(Orphée)

✍ Fable en musique en 1 prologue et 5 actes, 1 h 45
⧗ vers 1607

24 février 1607, palais ducal de Mantoue
Alessandro Striggio, d'après *Euridice* (1600) d'Ottavio Rinuccini

Orfeo est souvent considéré comme le tout premier opéra, mais l'évolution de cet art a été trop progressive pour être aussi affirmatif. Toutefois cette œuvre est bien la première synthèse réussie des éléments du genre : paroles chantées, imitation dramatique, décor et musique. L'opéra décline toutes les émotions : joie puis le choc du drame, le chagrin et la lente descente dans les Enfers. L'œuvre oscille entre espoir et désespoir, louanges et lamentations. Devenu immortel, Orphée transcende les passions. Monteverdi a été l'initiateur des émotions fortes du grand opéra.

À la veille de la première de l'*Orfeo* à Mantoue, un courtisan, Carlo Magno, écrivit que dans cette œuvre, « tous les acteurs chantent leurs rôles ». Il prévoyait une salle comble et craignait même de ne pouvoir y pénétrer.

RÔLES PRINCIPAUX

La Musique, *soprano*, personnifie la musique
Orphée, *ténor*, berger et musicien
Eurydice, *soprano*, épouse d'Orphée
Silvia, *soprano*, membre de l'entourage d'Eurydice
Espérance, *soprano*, accompagne Orphée aux Enfers
Caron, *basse*, passeur du Styx
Pluton, *basse*, dieu des Enfers

L'INTRIGUE

Les Enfers, les cieux, et des lieux intermédiaires dont Thrace, dans l'Antiquité.

PROLOGUE La Musique célèbre son pouvoir d'« attirer les âmes des hommes vers les cieux. »

ACTE I Dans les vastes plaines de Thrace, bergers et nymphes célèbrent l'union d'Orphée et d'Eurydice, ainsi que la fin du tourment amoureux d'Orphée. Celui-ci invite la « Rose du ciel » – le soleil – à être témoin de sa joie, et chante son amour à Eurydice. La jeune femme lui déclare sa flamme et tous se préparent à prier pour que les dieux soient cléments avec elle. Ils remarquent que la joie est encore plus grande après la tristesse.

"Lasciate i monti"

ACTE II Orphée s'adresse aux bosquets d'arbres, leur rappelant comment il est parvenu à émouvoir des pierres. Il chante la souffrance passée qui rend la joie présente encore plus exquise. Soudain, Silvia vient lui annoncer une horrible nouvelle : Eurydice, mordue par un serpent, est morte dans ses bras. Orphée est déterminé à utiliser le pouvoir de son chant pour adoucir le cœur de Pluton, qui règne sur les Enfers, et ramener Eurydice à la vie.

"In un fiorito prato"

"Tu se morta"

En 1996, à l'English National Opera, le contact physique entre les choristes des Enfers suggérait le désir d'Orphée de retrouver Eurydice.

ACTE III L'Espérance accompagne Orphée jusqu'à la porte des Enfers. Là, Caron, le passeur du Styx, l'avertit de ne pas aller plus avant. Orphée tente de franchir le seuil grâce à sa musique, mais Caron reste insensible. Lorsqu'un nouvel air finit par endormir le passeur, Orphée entre dans les Enfers sans se faire remarquer. Les esprits du monde souterrain chantent le succès du mortel qui a courageusement surmonté ces obstacles.

"O tu ch'innanzi morte"

"Possente spirto"

ACTE IV Aux Enfers, Proserpine en appelle à son mari Pluton pour exaucer les prières d'Orphée. Ému, Pluton permet qu'Eurydice revienne à la vie à condition qu'Orphée ne la regarde pas pendant leur retour. Orphée chante les louanges de sa lyre, grâce à laquelle il a réussi. Mais, ne sachant avec certitude si Eurydice le suit, il se tourne pour voir sa bien-aimée. Elle lui apparaît dans un éclair avant de disparaître. Orphée pleure la perte de celle qu'il aimait trop puis quitte les Enfers, attiré par la lumière du jour, tandis que le chœur des esprits est témoin de son échec.

ORPHÉE ET L'OPÉRA

Le mythe d'Orphée a inspiré des opéras à toutes les époques : *Euridice* de Jacopo Peri (1600), le classique *Orfeo ed Euridice* (1762) de Christoph Willibald Gluck et sa version française, *Orphée* (1770), l'opérette *Orphée aux Enfers* de Jacques Offenbach (1858). Dans les années 1990, les films de Jean Cocteau ont inspiré au compositeur américain Philip Glass une trilogie d'opéras sur le thème d'Orphée.

Affiche de Jean Cocteau pour son film Le Testament d'Orphée

ACTE V De retour dans les plaines de Thrace, Orphée, accablé, fait le vœu de se lamenter éternellement. Écho lui renvoie ses paroles. Orphée chante les louanges de l'âme et du corps d'Eurydice, mais dit sa colère contre les autres femmes. Son père, le dieu Apollon, descend des cieux pour calmer ses excès. La vertu est récompensée lorsque père et fils remontent dans les cieux.

"Saliam cantando al cielo"

En 1998, Simon Keenlyside interprète le rôle d'Orphée dans une production dirigée par René Jacobs et chorégraphiée par Trisha Brown pour le Festival d'Aix-en-Provence.

IL RITORNO D'ULISSE IN PATRIA

(Le Retour d'Ulysse dans sa patrie)

Opéra en un prologue et cinq actes. 3 h
Inconnu
Carnaval de février 1640, Théâtre San Cassiano, Venise (Italie)
Giacomo Badoaro, d'après les chants XII à XXIII de l'*Odyssée* d'Homère (VIIIe siècle av. J.-C.)

Monteverdi avait 73 ans lorsque parut *Le Retour d'Ulysse dans sa patrie*, son premier opéra pour un théâtre public de Venise. Malgré son âge, il s'adapta aux goûts du jour, introduisit des personnages comiques comme le glouton Iro, et ajouta des effets scéniques. L'opéra eut assez de succès pour être donné à Bologne la même année, puis revenir dans la Sérénissime l'année suivante. Le premier opéra de Monteverdi, *Orfeo*, composé plus de trente ans auparavant, était construit sur des récitatifs et des arias plus rigides. Mais *Le Retour d'Ulysse dans sa patrie* utilise une autre approche, libérant l'orchestre et les voix pour explorer une gamme d'expressions plus fluides.

RÔLES PRINCIPAUX

Ulysse, *ténor*, roi d'Ithaque
Pénélope, *soprano*, fidèle épouse d'Ulysse
Télémaque, *ténor*, fils d'Ulysse et de Pénélope
Euriclée, *mezzo-soprano*, nourrice d'Ulysse
Melanto, *soprano*, servante de Pénélope
Eumete, *ténor*, vieux berger
Iro, *ténor*, noble glouton

La première grande héroïne tragique de l'opéra, Pénélope, chante un récitatif plaintif jusqu'à la dernière scène. Puis, quand elle reconnaît son mari, Ulysse, ils entonnent un superbe duo

L'INTRIGUE

Dans l'antique Ithaque, dans et autour du palais royal

PROLOGUE L'Humana Fragilità se plaint du Temps, de la Fortune, et de l'Amour.

ACTE I Pénélope attend toujours son époux après la fin de la guerre de Troie. Sa servante, Melanto, espère la voir choisir un de ses nombreux prétendants. En mer, les nymphes apaisent les vents pour qu'Ulysse puisse dormir durant son retour à Ithaque, mais le dieu de la mer, Neptune, furieux contre Ulysse, change son bateau en pierre. Ulysse se réveille sur le rivage, où il reconnaît Minerve, qui a pris l'apparence d'un berger. Elle donne à Ulysse l'aspect d'un vieil homme pour qu'il puisse affronter ses rivaux sans être reconnu. Apprenant que son serviteur Eumete l'attend, et que son fils Télémaque va arriver, Ulysse se réjouit de la force des mortels.

"Dormo ancora"

GIACOMO TORELLI

Riche en effets spéciaux, *Le Retour d'Ulysse dans sa patrie*, répondait aux attentes populaires grâce aux décors d'un ancien ingénieur de l'armée, Giacomo Torelli. Au Théâtre Novissimo, à Venise, il inventa une technologie permettant de changer des décors élaborés en quelques secondes. Il créait de telles illusions qu'elles lui valurent le titre de « Grand Sorcier » et qu'elles suffisaient parfois à attirer le public.

Anthony Rolfe Johnson a été Ulysse en 1992 à l'English National Opera. Retrouvant son arc, Ulysse tue ses rivaux avec son arme.

ACTE II Au palais, Pénélope refuse l'idée de se remarier. À une fontaine proche, Eumete chasse Iro de son troupeau et offre refuge à Ulysse, qu'il prend pour un mendiant. Dans le char de Minerve, Télémaque est médusé de voir la terre semblant avaler le « mendiant » et régurgiter son père. Réunis, Ulysse et Télémaque pleurent de joie.

"Che veggio, ohimé"

ACTE III Au palais, les prétendants échouent à amuser Pénélope. Eumete annonce le retour de Télémaque et suggère qu'Ulysse va peut-être arriver. Les prétendants se préparent alors à l'éliminer. Minerve explique son plan à Ulysse : elle assurera sa victoire à un jeu d'adresse pour le venger de ses rivaux.

"Amor è un'armonia"

ACTE IV Télémaque dit à sa mère sa fierté de s'être battu pour Hélène de Troie. Eumete fait entrer un « mendiant » qui vainc Iro lors d'une lutte. Guidée par Minerve, Pénélope propose que l'homme qui saura le mieux se servir de l'arc d'Ulysse obtiendra sa femme et son royaume. Tous les prétendants échouent, incapables de faire plier l'arc. Seul le « mendiant » tire une flèche, que Minerve détourne pour abattre les prétendants.

"Del mio lungo viaggio"

ACTE V Le gros, Iro, mort, se prépare à nourrir les vers. Pénélope refuse de croire que le tireur à l'arc est Ulysse. Dans les cieux, Neptune accepte enfin de pardonner à Ulysse. Dans le palais, Pénélope croit tout d'abord de la sorcellerie en voyant Ulysse sans son déguisement. Mais il lui parle des images de Diane qu'elle a tissées dans les draps de leur lit. Pénélope le supplie de lui pardonner et le couple se réjouit.

"Oh dolor"

L'INCORONAZIONE DI POPPEA

(Le Couronnement de Poppée)

Opéra en un prologue et trois actes. 3 h 30
Inconnu
Carnaval de 1643, Théâtre San Giovanni e Paolo, Venise (Italie)
Giovanni Francesco Busenello, d'après Tacite, Suétone et peut-être Sénèque

Chef-d'œuvre de la première heure, *Le Couronnement de Poppée*, est aussi le premier opéra qui traite d'un sujet historique. Le livret s'inspire de récits pimentés sur l'empereur Néron pour explorer les thèmes de l'adultère, du désir et de l'ambition. L'opéra fut créé pendant le carnaval, lorsque les limites de la morale semblaient plus éloignées. *Le Couronnement de Poppée* repose encore davantage que les autres opéras de Monteverdi sur la puissance des chanteurs dans des rôles impressionnants. La paternité de l'opéra a été remise en question après qu'on a découvert l'écriture d'autres compositeurs sur la partition.

L'empereur Néron, d'une décadence notoire, inspira à Busanello des scènes très érotiques. Néron à Poppée : « Lorsque je te regarde, mes yeux captent la flamme de l'esprit que j'ai répandu en toi. »

RÔLES PRINCIPAUX

Néron, *soprano*, empereur de Rome
Octavie, *mezzo-soprano*, impératrice de Rome
Poppée, *soprano*, maîtresse de Néron
Drusilla, *soprano*, servante d'Octavie
Othon, *soprano masculin*, épris de Poppée
Arnalta, *alto*, confidente de Poppée
Lucain, *ténor*, poète au service de Néron
Vénus, *soprano*, déesse de la beauté

L'INTRIGUE

Rome et ses environs sous l'empereur Néron, 64 av. J.-C.

PROLOGUE Au-dessus des nuages, la Fortune, la Vertu et l'Amour finissent par tomber d'accord : c'est l'Amour qui dirige le monde.

ACTE I Othon se tient devant la maison de sa bien-aimée Poppée et souffre de savoir qu'elle partage son lit avec l'empereur Néron. À l'intérieur, Poppée apprend avec joie que Néron projette de divorcer de l'impératrice Octavie. Arnalta, confidente de Poppée, lui déconseille de poursuivre sa liaison avec Néron, mais Poppée rêve de devenir impératrice. De son côté, Octavie se lamente sur le sort des femmes. Sa

"E pur io torno qui"

"Disprezzata regina"

Néron (Malena Ernman) reçoit un suave baiser de Poppée (Carmen Giannattasio) au Staatsoper, Berlin, 2006

nourrice la presse d'oublier l'infidélité de Néron mais elle en est incapable. Sénèque admire la force de la vertu d'Octavie. Il constate souffrances des têtes couronnées et accueille Athénée, qui descend des cieux pour le prévenir de sa mort prochaine. Puis Néron annonce à Sénèque que Poppée sera impératrice et proteste avec rage lorsque Sénèque met en doute la sagesse de son acte. Au cours de leur rendez-vous galant, Poppée pousse Néron à ordonner la mort de Sénèque. Othon se persuade de ne plus aimer Poppée et accepte les attentions de son ancienne amante, Drusilla, au service d'Octavie. Mais dans son cœur, il sait qu'il appartient à Poppée.

ACTE II Sénèque reçoit la sentence de mort de Néron. Othon se rend compte qu'il est encore très amoureux de Poppée, mais Octavie lui ordonne, sous peine de mort, de se déguiser en femme et d'assassiner Poppée. Il se confie à Drusilla, qui donne ses propres vêtements. Dans son jardin, Poppée se réjouit en apprenant la mort de Sénèque, puis dort pendant que sa nourrice, Arnalta, chante une berceuse. Déguisé en Drusilla, Othon entre dans le jardin pour la tuer. Mais l'Amour l'en empêche. Poppée se réveille et voit « Drusilla » penchée sur elle avec un couteau. Othon s'enfuit.

"Addaggiati, Poppea"

ACTE III Drusilla attend la nouvelle de la mort de sa rivale. Au lieu de cela, elle est arrêtée pour tentative de meurtre et présentée devant Néron. Pour protéger Othon, elle reconnaît le crime et est emmenée pour être exécutée. Mais Othon se confesse, expliquant qu'Octavie lui a ordonné ce meurtre. Néron envoie les trois intrigants en exil et renouvelle son serment d'amour à Poppée. Octavie fait des adieux émouvants à Rome. Dans la ville, les consuls et les tribuns couronnent Poppée. Et l'Amour couronne Poppée déesse de la beauté sur terre. Poppée et Néron sont extraordinairement heureux.

"Ne più s'interporrà noia o dimora"

"A Dio, Roma! a Dio, patria"

"Pur ti miro, pur ti godo"

PRIMA PRIMA DONNA

Anna Renzi (*ci-dessous*) fut la première interprète d'Octavie, et la première femme à faire de l'opéra son métier. Certes, dès 1600, date où les filles de Jacopo Peri chantèrent en privé dans son *Euridice*, les femmes étaient entrées dans l'opéra. Mais Anna Renzi connut la gloire dans les théâtres de Venise, où les décrets du Pape interdisant aux femmes de monter en scène n'étaient pas appliqués. Anna Renzi connut une longue carrière et fut la prima donna préférée des Vénitiens.

Jacek Laszczkowski est Néron, et Anna Caterina Antonacci, Poppée, lors de la scène de couronnement mise en scène par David Alden à l'Opéra Bastille de Paris en 2005.

PIER FRANCESCO CAVALLI

Né le 14 février 1602 à Crema (Italie)
Mort le 14 janvier 1676 à Venise (Italie)

Dès les débuts des théâtres publics, Francesco Cavalli fut le plus important compositeur d'opéra de Venise, avec une douzaine d'œuvres exquises, dont *L'Egisto* (1643), *L'Ormindo* (1644), *Giasone* (1649), et *Scipione affricano* (1664). Il collaborait avec Niccolò Minato, sans doute le premier librettiste à établir une distinction entre les arias et les récitatifs. Le père de Cavalli, maître de chapelle de la cathédrale de Crema, s'appelait Caletti. Son fils étant parti à Venise avec un mécène du nom de Cavalli, il en avait adopté le nom. Cavalli chanta dans le chœur de la basilique de Saint-Marc sous la direction de Monteverdi, et en 1668 il assuma la charge de son maître.

LA CALISTO

(Callisto)

Drame musical en un prologue et 3 actes. 2 h 30
Vers 1651
28 novembre 1651, Théâtre San Apollinare, Venise (Italie)
Giovanni Faustini

La Calisto est le neuvième des dix opéras que Cavalli a écrit sur des livrets de Giovanni Faustini. Ils se déroulent à Venise et mêlent astucieusement amour romantique, niaiserie et une pointe de scandale. Faustini réunit deux mythes grecs sur l'amour physique entre dieux et mortels : la séduction de Calisto par Jupiter, et l'engouement de Diane pour Endymion. Le sujet devient encore plus leste lorsque Jupiter se déguise en déesse Diane, et échange des caresses érotiques avec Calisto. Il peut sembler incroyable qu'un musicien de la basilique Saint-Marc compose une telle œuvre, mais la république de Venise autorisait une liberté inhabituelle dans le domaine moral ou religieux. Cavalli a su créer une musique nuancée, tendre et sensuelle.

RÔLES PRINCIPAUX

Calisto, *soprano*, au service de Diane
Jupiter, *baryton*, Dieu
Junon, *soprano*, déesse et épouse de Jupiter
Mercure, *ténor*, dieu et messager
Diane, *soprano*, déesse
Endymion, *alto*, berger amoureux de Diane

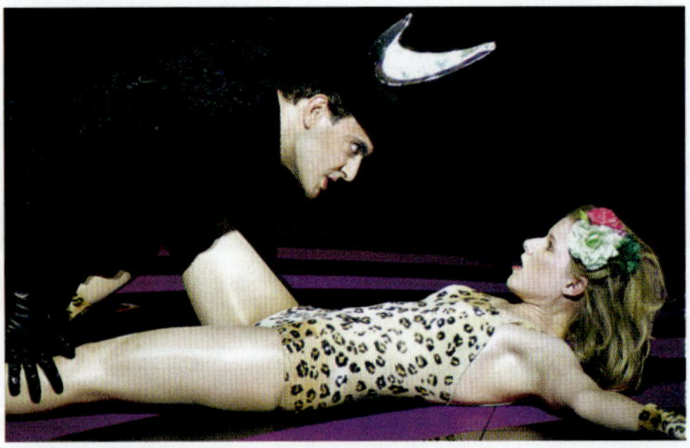

Le rôle de Jupiter est écrit pour une voix de baryton. Déguisé en Diane pour séduire Calisto, Jupiter chante dans le registre du falsetto. Certains chanteurs apprécient cette rare occasion de parodier les voix plus aiguës, en imitant leur vanité excessive.

Umberto Chiummo interprète un Jupiter agressif qui surprend Calisto, interprétée par Sally Mathews, production du Bayerische Staatsoper de Munich en 2005.

L'INTRIGUE

Sur le mont Lycée, en Arcadie

PROLOGUE Le Destin demande à la Nature d'immortaliser la nymphe Calisto pour en faire une nouvelle constellation. Calisto rejoindra le firmament et deviendra la Petite Ourse.

ACTE I Dans une forêt aride, Jupiter tombe amoureux de Calisto, chaste nymphe au service de la déesse Diane. Lorsque Calisto se plaint de la sécheresse affectant la nature, Jupiter fait jaillir de l'eau d'une fontaine. Il avoue sa flamme à cette vierge pure, qui refuse de boire et le repousse. Mercure conseille à Jupiter de prendre l'apparence de Diane, que la jeune fille adore et dont elle acceptera certainement les étreintes. Restée seule, Calisto chante son bonheur d'être libre. Elle croise le chemin de « Diane » qui lui propose d'échanger des baisers dans un lieu retiré. Le berger Endymion se réjouit de voir l'eau couler de nouveau à la fontaine. Épris de Diane, il la trouve en train de chasser et ils s'avouent mutuellement leur amour. Mais la déesse refuse de rompre ses vœux de chasteté. Outrée d'entendre Calisto, rayonnante, lui parler de leurs derniers baisers, elle chasse Calisto. Pan, lui aussi amoureux de Diane, envisage un plan pour tuer sa rivale.

"Non è maggior piacere"

"Taci lasiva, taci"

ACTE II Durant la nuit, Endymion s'endort sur le mont Lycée en admirant l'étoile de Diane. Celle-ci descend du ciel pour s'allonger près de lui, tandis qu'il rêve à elle. Lorsqu'il s'éveille et la découvre dans ses bras, il se réjouit, mais un des satyres au service de Pan les observe. Junon descend sur terre, certain que Jupiter prépare quelque mauvais tour, et découvre avec jalousie « Diane » proposant à Calisto un autre rendez-vous galant. La jalousie consume aussi Endymion lorsque « Diane » lui présente l'homme qu'« elle » aime en secret, Mercure. Pan et ses satyres tendent une embuscade à « Diane » et à Endymion. « Diane » s'enfuit mais Endymion est capturé.

"Lucidissima face"

ACTE III Calisto aime Diane sans espoir. Jalouse, Junon la transforme en ours. Mais Jupiter promet l'immortalité à sa bien-aimée. Lorsqu'elle mourra, elle restera près de lui pour toujours dans le firmament. Diane libère Endymion, ils s'avouent leur amour et partent sur l'île d'Ionia. Calisto retourne joyeusement dans sa forêt et Jupiter reste au ciel pour attendre son retour.

"Restino imbalsamate"

"Mio foco fatale"

La mezzo-soprano Louise Winter interprète une déesse Diane éperdue d'amour au Staatsoper Unter den Linden, à Berlin, en 2002.

JEAN-BAPTISTE LULLY

Né le 28 novembre 1632 à Florence (Italie)
Mort le 22 mars 1687 à Paris

Jean-Baptiste Lully a régné sur l'opéra français du XVIIe siècle avec un pouvoir aussi absolu que celui de Louis XIV. Aussi politiquement habile que musicalement doué, il composa des opéras agrémentés de danses et de divertissements, qui servirent de modèle à l'opéra français jusqu'à l'aube de la Révolution française.

Né à Florence, Lully arriva à Paris à l'âge de 13 ans. À 20 ans, c'était un violoniste célèbre de la cour du jeune roi Louis XIV. Ce compositeur en herbe s'éleva vite à des postes importants. Travaillant avec Molière dans les années 1660, il introduisit de la musique dans des pièces de théâtre, créant un nouveau genre dramatique, la comédie-ballet. Persuadé que la langue française ne convenait pas à l'opéra, Lully fut pris de court, en 1671, par le succès de *Pomone* de Robert Cambert, le premier opéra en français. Il étudia alors les cadences de la langue parlée, afin de façonner un style récitatif adapté. Les problèmes financiers de Cambert permirent bientôt à Lully de s'emparer des droits royaux du compositeur pour mettre des opéras en scène. Aucun drame musical ne pouvait être monté sans la bénédiction de Lully, qui monopolisa la scène presque exclusivement de 1672 à 1686. Les livrets de son collaborateur de longue date, Philippe Quinault, traitaient de mythes héroïques et d'exploits chevaleresques médiévaux. Lully les dota d'une musique d'une précision raffinée et d'un faste éclatant.

PREMIÈRES REPRÉSENTATIONS

1670

1672 Les Fêtes de l'amour et de Bacchus

1673 Cadmus et Hermione

1674 Alceste, ou Le triomphe d'Alcide

1675 Thésée

1676 Atys

1677 Isis

1678 Psyché

1679 Bellérophon

1680

1680 Proserpine

1682 Persée

1683 Phaëton

1684 Amadis

1685 Roland

1686 Armide
Acis et Galathée

1687 Polixène (coécrit avec Pascal Colasse)

1690

Ce dessin de costume pour Armide met l'accent sur une abondance de tissu et d'ornements. Des chaussures conçues pour la danse sur scène.

ALCESTE, OU LE TRIOMPHE D'ALCIDE

Tragédie en un prologue et cinq actes, 2 h 30
Vers 1673-1674

19 janvier 1674, Jeu de Paume du Bel-Air, Paris
Philippe Quinault, d'après *Alceste*, une tragédie d'Euripide (438 av. J.-C.)

Lully et son librettiste ne lésinèrent sur rien pour qu'Alceste plaise à Louis XIV, le Roi-Soleil. L'opéra est conçu autour du personnage du monarque, dont l'absence est regrettée dans le prologue, et dont le double symbolique, Apollon, dieu du Soleil, chante la gloire dans l'acte final. Les décors et les éblouissants effets spéciaux de Carlo Vigarani, autre collaborateur de Lully, donnaient au spectacle une grande majesté.

La première de l'opéra eut lieu à Versailles, devant le roi. Mais lorsqu'il fut donné à Paris, les ennemis de Lully se rassemblèrent dans le théâtre, pour perturber le spectacle. Cependant, Paris fut conquis.

RÔLES PRINCIPAUX

Admète, *ténor*, promis à Alceste

Alcide (autre nom d'Hercule), *baryton*, amoureux d'Alceste

Lycomède, *basse*, roi d'une île de la mer Égée

Proserpine, *soprano*, déesse des Enfers

Apollon, *haute-contre*, dieu du Soleil

L'INTRIGUE

Sur terre et dans les Enfers, dans l'Antiquité

PROLOGUE La nymphe de la Seine attend le retour d'un héros (le roi Louis XIV), dont la Gloire annonce l'arrivée.

"L'héros que j'attends ne reviendra-t-il pas"

ACTE I Alcide avoue aimer Alceste, promise à Admète. Mais durant une fête, Lycomède enlève Alceste et l'emmène dans son île.

ACTE II Alcide et d'Admète arrivent sur l'île et tuent Lycomède. Alcide libère la jeune fille mais Admète est blessé mortellement. Apollon annonce que la vie d'Admète sera épargnée si un autre mortel meurt à sa place.

"Alceste, vous pleurez! Admète, vous mourrez"

ACTE III Revenant à la vie, Admète voit Alceste mise au tombeau et comprend qu'elle a donné sa vie pour lui. Alcide propose de tenter de la ramener des Enfers, à condition qu'elle l'épouse. Admète accepte cette proposition, par amour pour sa belle et la déesse Diane vient en aide à Alcide.

En 1991, l'opéra de Lully fut mis en scène par Jean-Louis Martinoty à l'Opéra Royal de Versailles, dans une interprétation spectaculaire.

ACTE IV Alcide atteint la salle du trône du royaume des Enfers, où le dieu Pluton divertit Alceste. Grâce à l'intervention de Proserpine, Alcide et Alceste peuvent partir dans le char ailé de Pluton.

ACTE V Alceste doit quitter Admète afin d'honorer la promesse faite à Alcide, mais les amants sont éperdus de chagrin. Touché par un tel attachement, Alcide rend Alceste à son bien-aimé. Le dieu Apollon descend des cieux pour présider une somptueuse célébration de l'amour et de la générosité d'Alcide.

ATYS

✍ Tragédie lyrique en un prologue et cinq actes, 2 h 15
⌛ 1675-1678
10 janvier 1676, Saint-Germain-en-Laye
Philippe Quinault, d'après le livre V des *Fastes* d'Ovide (Ier-IVe siècle av. J.-C.)

Atys est un opéra d'une sensualité exquise, quasi érotique selon les normes du baroque français. Le livret de Quinault alterne dénégations, secrets, trahisons et passion. L'opéra abonde en moments forts et la musique d'orchestre est splendide, surtout dans la séquence du rêve d'Atys dans l'acte II. Contrairement aux autres œuvres de Lully, Atys se conclut par la mort tragique des deux amants.

Durant le règne de Louis XIV, l'œuvre était surnommée « l'Opéra du Roi » parce que c'était celui qu'il préférait. Il aurait dit s'être reconnu dans le héros tragique, Cybèle incarnait son épouse, et Sangaride sa maîtresse.

RÔLES PRINCIPAUX

Atys, *haute-contre*, berger amoureux de Sangaride

Sangaride, *soprano*, fille d'un dieu du fleuve, éprise d'Atys

Célène, *baryton*, roi de Phrygie, promis à Sangaride

Cybèle, *soprano*, déesse éprise d'Atys

Mélisse, *soprano*, confidente de Cybèle

L'INTRIGUE

Phrygie (l'actuelle Turquie), dans l'Antiquité

PROLOGUE Le Temps assure que personne ne survivra au plus brillant des héros (Louis XIV). Le Héros se laisse raconter l'histoire d'Atys.

ACTE I Atys réveille les Phrygiens pour recevoir la déesse Cybèle. Il dit à un compatriote qu'il est amoureux, mais nie devant Sangaride. Restée seule, Sangaride se lamente de devoir épouser le roi Célène alors qu'elle aime Atys. Finalement, Atys avoue ses sentiments à Sangaride.

À l'Opéra Comique de Paris, en 1989, Cybèle, la déesse jalouse (Jennifer Smith, *en haut*), a recours à la magie pour détruire Atys et sa bien-aimée.

ACTE II Dans son temple, Cybèle choisit Atys comme grand prêtre. Elle révèle à sa confidente, Mélisse, qu'elle est tombée amoureuse de ce mortel.

ACTE III Dans le palais de Cybèle, Atys sombre dans un sommeil profond et rempli de rêves. Il s'éveille et trouve Cybèle, qui lui témoigne une affection débordante. L'humeur de la déesse s'assombrit lorsqu'elle comprend qu'il aime Sangaride.

"Dormons, dormons tous"

ACTE IV Abusant de son poste de grand prêtre de Cybèle, Atys déclare illégal le mariage de Sangaride et de Célène.

ACTE V Pour punir Atys de sa trahison, Cybèle lui fait voir Sangaride sous les traits d'un monstre, et le pousse à la poignarder. Atys tente ensuite de se suicider. Mais Cybèle le change en pin et pleure sa mort avec ses nymphes.

"Ah! Quel malheur!"

ARMIDE

Tragédie lyrique en un prologue et 5 actes, 2 h 30
1685-1686

15 février 1686, Palais-Royal, Paris
Philippe Quinault, d'après les Chants II, V, X de la *Jérusalem délivrée* du Tasse (1575)

Armide résultait de l'évolution de la cour de France. La joyeuse Marie-Thérèse, première épouse de Louis XIV, était morte en 1683. La piété de sa nouvelle épouse, madame de Maintenon, ôta leur éclat aux loisirs royaux. En dépit des effets de pyrotechnie et des divertissements fantasques, le ton de l'œuvre reste moralisateur. Le célèbre solo d'Armide dans l'acte II, « Enfin il est en ma puissance », est inoubliable.

Cet opéra fut la dernière des 14 collaborations de Lully avec son librettiste Philippe Quinault. Rameau considérait *Armide* comme le chef-d'œuvre de Lully. Au XVIIIe siècle, ce fut aussi l'opéra de Lully le plus joué à Paris.

RÔLES PRINCIPAUX

Armide, *soprano*, magicienne et nièce de Hidraot
Hidraot, *basse*, magicien et roi de Damas
Renaud, *haute-contre*, chevalier chrétien héroïque
Phénice, *soprano*, confidente d'Armide
La Haine, *baryton*

L'INTRIGUE

Une Jérusalem imaginaire, à la fin de la première croisade (1099)

PROLOGUE La Sagesse et la Gloire discutent du triomphe de l'Amour.

ACTE I Sous un arc de triomphe, la magicienne Armide célèbre la victoire de son armée sur les Croisés. Tous lui rendent hommage sauf Renaud. Armide est outrée. Son oncle Hidraot la presse de choisir un époux, mais Armide fait le vœu d'épouser l'homme qui vaincra Renaud.

Stephanie Novacek est Armide, et Curtis Sullivan La Haine à l'Opéra Atelier de Toronto (Canada), en 2005.

ACTE II Renaud est retenu prisonnier sur l'île d'Armide, qui a recours à sa musique magique pour l'ensorceler. Elle ordonne ensuite aux esprits de l'emmener dans son palais.

"Enfin il est en ma puissance"

ACTE III Renaud et Armide sont maintenant épris l'un de l'autre, mais elle souffre parce ce n'est que le résultat de la magie.

ACTE IV Ubalde et le Chevalier danois sont à la recherche de Renaud. Ubalde se sert d'un bouclier magique pour vaincre les monstres et mettre fin aux sortilèges d'Armide.

ACTE V Les compagnons de Renaud arrivent pour délivrer le malheureux de son sort. Armide utilise de nombreuses tactiques pour retenir celui qu'elle aime. Lorsqu'il part, elle convoque des esprits mauvais. Mais alors qu'elle s'éloigne, son palais s'écroule sous les flammes.

"Le perfide Renaud me fuit"

MARC-ANTOINE
CHARPENTIER

Né en 1643 à Paris
Mort le 24 février 1704 à Paris

Le compositeur français Marc-Antoine Charpentier étudia à Rome avant de regagner Paris, alors sous la coupe de Jean-Baptiste Lully, grand favori du Roi-Soleil. Charpentier ne put présenter un seul opéra sur scène avant la mort du compositeur en 1687. Pendant longtemps, il dut ainsi se contenter de composer des musiques pour des pièces de théâtre, notamment *Le Malade imaginaire* de Molière (1673), des divertissements privés et des cérémonies de cour, comme l'inauguration d'une statue de Louis XIV. Il réalisa aussi des œuvres sur des thèmes bibliques pour un collège jésuite, domaine que la sphère d'influence de Lully n'avait pas tout à fait envahi.

MÉDÉE

Tragédie lyrique en un prologue et 5 actes, 3 heures
Vers 1693
4 décembre 1693, Opéra de Paris
Thomas Corneille

RÔLES PRINCIPAUX

Médée, *soprano*, magicienne étrangère
Jason, *haute-contre*, époux de Médée
Créon, *basse*, roi de Corinthe
Oronte, *basse*, roi d'Argos
Nérine, *soprano*, servante de Médée

L'antique légende grecque de Médée, une magicienne que la passion conduisit à l'infanticide, est idéale pour l'opéra. Un siècle après l'opéra de Charpentier, ce fut le sujet d'un autre chef-d'œuvre en français de Luigi Cherubini, portant le même titre. En 1693, la création de Charpentier fut un échec, sans doute parce que les partisans de Lully garantissaient l'insuccès à tout opéra qui n'était pas de lui. Si *Médée* est marqué par le règne de Louis XIV, ouvertement flatté dans le prologue, l'opéra possède un éclat intemporel. Les inconditionnels de Lully auraient été outrés de découvrir que cette œuvre, avec sa gamme harmonique époustouflante, est maintenant considérée comme le plus grand opéra français du XVIIe siècle.

Le librettiste Thomas Corneille était le frère du célèbre dramaturge Pierre Corneille, auteur de la tragédie intitulée *Médée* (1635). Inspiré par la pièce de son frère, Thomas en utilisa même quelques vers.

Vêtue d'un somptueux costume dessiné par Patrice Cauchetier, la mezzo-soprano américaine Lorraine Hunt interprète Médée à Caen en 1993.

L'INTRIGUE

À Corinthe, en Grèce, dans l'Antiquité

PROLOGUE Bergers et paysans font l'éloge du roi Louis. La Victoire et la Gloire célèbrent la France.

ACTE I Médée a fait beaucoup de sacrifices pour son époux, Jason, et il ne lui en est pas reconnaissant. Elle fait le vœu de déchaîner sa magie si Jason voit Créuse. Jason assure à son épouse son amitié à l'égard de Créuse a pour but de protéger leurs enfants en temps de guerre, et lui demande d'offrir à Créuse sa robe scintillante. Le roi Créon se réjouit lorsque Oronte et ses guerriers arrivent d'Argos pour défendre Corinthe contre la Thessalie, mais Jason est envieux : Oronte agit par amour pour Créuse. Argiens et Corinthiens se rejoignent pour danser et feindre de se battre, afin de célébrer la Victoire.

"Qu'il le cherche"

ACTE II Le roi Créon ordonne l'exil de Médée pendant la durée de la guerre. Restés seuls, Jason et Créuse savourent leur amour. Mais Oronte les rejoint et déclare sa flamme à Créuse. Puis l'Amour descend du ciel dans son char, tiré par ses prisonniers issus de diverses nations du monde. Le char emporte Oronte, Jason et Créuse dans les airs, où l'Amour apprend solennellement à Créuse à choisir un amant qui assure la Victoire.

"Goûtons l'heureux plaisir"

ACTE III Trahis par ceux qu'ils aimaient, Oronte et Médée unissent leurs forces. Jason est ému par le chagrin de Médée, mais insiste pour défendre Corinthe. Apprenant que Jason aime Créuse, Médée appelle les esprits des Enfers pour jeter du poison sur la robe scintillante qu'elle donnera à sa rivale.

"Quel prix de mon amour"

ACTE IV Créuse admire sa nouvelle robe, tandis que Médée prévient Créon qu'elle refuse de quitter Corinthe tant que Créuse n'a pas épousé Oronte. Furieux, le roi donne l'ordre d'arrêter Médée. Mais celle-ci a recours à la magie pour maîtriser les gardes et pousser Créon à la folie.

"Noires divinités"

ACTE V Les Corinthiens pleurent Créon, qui s'est suicidé. Soudain, le poison de la robe de Médée brûle la chair de Créuse. Elle meurt et Jason est accablé. Chevauchant un dragon dans les airs, Médée invite son époux à venger leurs enfants, qu'elle a tués. Elle lui ordonne de porter à jamais le deuil des malheurs qu'il a causés. À ces mots, les palais deviennent des ruines peuplées de monstres, et l'incendie s'abat sur Corinthe.

"Ah! Funeste revers"

Médée (Stephanie Novacek) dans les bras du danseur Patrick Lavoie, au Elgin Theatre, Toronto, en 2002

HENRY PURCELL

Né en 1658 ou 1659 à Londres
Mort le 21 novembre 1695 à Londres

Henry Purcell n'a écrit qu'un seul véritable opéra, *Didon et Énée*, qui pendant deux siècles, a fait de lui le plus grand compositeur d'opéra en anglais. Par son exceptionnel instinct dramatique, il a été un modèle pour Benjamin Britten et les compositeurs modernes ayant choisi l'anglais pour leurs opéras.

Purcell n'écrivit pas d'opéra avant les dernières années de sa vie. Ayant étudié à Londres, il avait principalement composé pour la cour. En 1678, il succéda à l'illustre John Blow et devint organiste à l'abbaye de Westminster. Mais dès 1689, date du début du règne austère de Guillaume III d'Orange et de son épouse Marie II Stuart, il commença à accepter des commandes. À part *Didon et Énée* (1689), il écrivit des semi-opéras pour le Théâtre Forset Garden, de Londres. La première de ces pièces de théâtre entrecoupées de scènes vocales chantées fut *The Prophetess, or the History of Dioclesian* (1690), sur un livret du célèbre acteur shakespearien Thomas Betterton. Purcell eut ensuite comme librettiste le grand écrivain John Dryden, dramaturge londonien nommé poète lauréat d'Angleterre en 1668. Dryden écrivit le livret pour le semi-opéra de Purcell intitulé *King Arthur, or the British Worthy* (1691). *The Fairy Queen* (1692), composé sur un livret anonyme, était tiré de la comédie de Shakespeare, *Le Songe d'une nuit d'été*. En 1695, Purcell composa *The Indian Queen* sur un livret inspiré par John Dryden et la tragédie éponyme de Sir Robert Howard. Il mourut en écrivant ce semi-opéra tragique, mais son jeune frère, Daniel Purcell, termina la partition.

SEMI-OPÉRAS

Les semi-opéras sont devenus populaires à Londres à la fin du XVIIe siècle, notamment grâce aux œuvres de Purcell. C'étaient essentiellement des pièces de théâtre dans lesquelles des acteurs interprétaient les rôles-titres. L'intrigue était plutôt sobre, émaillée d'épisodes musicaux où intervenaient chanteurs et danseurs. Les semi-opéras de Purcell – *The Prophetess, King Arthur, The Fairy Queen* et *The Indian Queen* – ont été créés à Londres au début des années 1690. Leurs intrigues pittoresques étaient populaires auprès du public de l'époque.

Les semi-opéras de Purcell ont été créés à Londres au Théâtre Dorset Garden (*ci-dessous*).

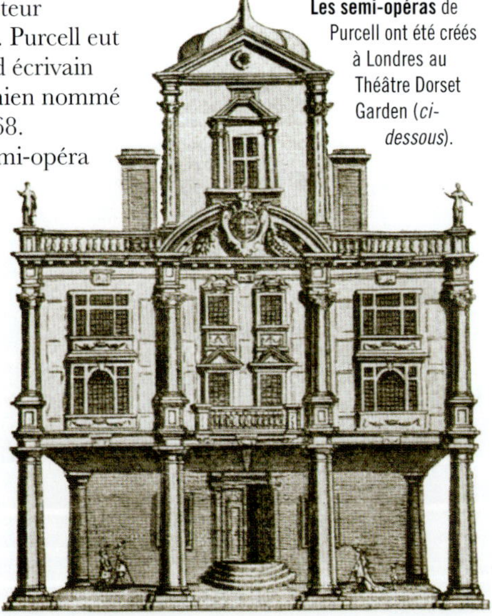

THE FAIRY QUEEN

(la Reine des fées)

✍ Semi-opéra en un prologue et 5 actes, 3 h 30 (2 h de musique)
⌛ 1691-1692 (rév. 1693)
🎭 2 mai 1692, Dorset Garden, Londres
📖 Adaptation anonyme du *Songe d'une nuit d'été* de Shakespeare

Dans ce semi-opéra traditionnel, les acteurs principaux utilisent le dialogue parlé de Shakespeare. Purcell y ajoute des scènes musicales sans rapport mais délicieuses. Le public de l'époque était las des belles paroles et désirait du spectacle. Les diversions de Purcell (ou masques) n'apparaissent pas dans le texte de Shakespeare mais illuminent la pièce. La partition fut perdue, puis tomba dans l'oubli pendant 200 ans avant sa redécouverte en 1903.

RÔLES PRINCIPAUX

Oberon, *voix parlée,* roi des fées

Titania, *voix parlée,* son épouse

Coridon, *basse,* baryton berger

Fée, *soprano,* suivante de Titania

Plaçant Titania au centre de l'action, Purcell élimina plusieurs scènes de la pièce de Shakespeare et les remplaça par des chansons ravissantes sinon arbitraires, comme La Plainte de l'acte V.

L'INTRIGUE

Un palais d'Athènes, en Grèce, et dans un bois voisin

ACTE I Le père d'Hermia veut obliger sa fille à se fiancer avec Demetrius alors qu'elle aime Lysandre. **SCÈNE MUSICALE** Dans la forêt, les fées de Titania tourmentent trois poètes ivres. L'un d'eux avoue écrire des vers de mirliton.

ACTE II Oberon et Titania se disputent. Les fées divertissent Titania, qui finit par demander une berceuse. Oberon jette des gouttes d'une potion d'amour sur les yeux de la jeune fille. **SCÈNE MUSICALE** Les fées de la Nuit, du Mystère ♁, du Secret et du Sommeil chantent pour endormir Titania.

"I am come to lock all fast"

ACTE III Par accident, Puck rend Lysandre et Demetrius amoureux d'Hélène. Titania s'éprend de Bottom et fait apparaître un paysage où le courtiser. **SCÈNE MUSICALE** Le berger Coridon implore Mopsa qui refuse de l'embrasser.

ACTE IV Oberon corrige la sottise de Puck et délivre Titania et Bottom. Il demande de la musique à Titania. **SCÈNE MUSICALE** Les fées présentent les quatre saisons.

ACTE V Les deux couples se marient. **SCÈNE MUSICALE** Oberon offre des divertissements, et ainsi apparaît un jardin exquis ♁.

"Hark, now the Echoing Air"

La soprano écossaise Janis Kelly dans la production du English National Opera en 1995. Mise en scène de David Pountney.

DIDON ET ÉNÉE

Opéra tragique en trois actes, 1 heure
1689
Printemps 1689, École de Jeunes Filles de Josias Priest, Chelsea (Angleterre)
Nahum Tate, adapté de sa tragédie *Brutus d'Albe*, d'après *L'Énéïde* de Virgile (29-19 av. J.-C.)

Didon et Énée, seule grande œuvre de théâtre lyrique en anglais avant Benjamin Britten au XXe siècle, a été pour l'Angleterre une véritable consécration. Purcell a intégré les danses de l'opéra français et mit l'accent sur les arias comme les Italiens. Mais sa création est très neuve grâce à son utilisation des paroles et son intensité dramatique. L'opéra fut donné en public en 1700 mais n'entra au répertoire qu'en 1895.

La première représentation connue de cet opéra date de 1689. Les jeunes filles d'un pensionnat de Chelsea étaient dirigées par leur directeur, Josias Priest, qui était aussi le chorégraphe du Théâtre royal de Londres.

RÔLES PRINCIPAUX

Didon, *soprano*, reine de Carthage
Belinda, *soprano*, confidente de Didon
Énée, *ténor*, prince de Troie
La Magicienne, *mezzo-soprano*
Première enchanteresse, *soprano*
L'esprit, *mezzo-soprano*
Marin, *soprano*

L'INTRIGUE

Palais de la reine Didon et ses alentours, à Carthage (Tunisie) dans l'Antiquité

ACTE I Dans le palais de la reine, à Carthage, Belinda exhorte sa sœur Didon à retrouver le sourire, mais la reine aime en secret le prince de Troie, Énée, ennemi de Carthage. En dépit des étranges pressentiments de Didon, Belinda l'encourage à avouer ses sentiments à Énée. Les courtisans voient cette union d'un œil très favorable, car elle mettrait fin au conflit politique. Belinda encourage Didon à avouer son amour. Énée survient. Sensible aux charmes de la reine, il lui demande sa main avec insistance. Il est destiné à fonder une nouvelle Troie et le rejet de

"Ah, Belinda"

Les danseurs de Mark Morris et Guillermo Resto incarnent Didon et Énée dans la production de Mark Morris Dance Group à l'English National Opera, Londres.

Didon ferait tout échouer. Belinda et le peuple de Carthage encouragent la demande en mariage d'Énée. Une danse célèbre le triomphe de l'amour.

“To the hills and the vales”

ACTE II Une Magicienne convoque des sorcières dans une grotte pour priver Didon de « gloire, de vie et d'amour ! ». Elles prévoient de provoquer un orage lorsque Énée et Didon seront à la chasse, afin d'éloigner Didon et d'attirer Énée dans leur antre. Un Esprit prenant les traits du dieu Mercure lui ordonnera de quitter Carthage le soir même et il n'osera défier les dieux. Les sorcières dansent et se réjouissent en chœur. Toute la suite de Didon danse pour leur hôte troyen. La suite de Didon s'éparpille lorsque Didon annonce l'arrivée de l'orage. Resté seul, Énée est attiré dans l'antre des sorcières où un esprit déguisé lui ordonne de partir au nom de Jupiter. Énée accepte d'obéir mais se désole de quitter Didon.

“In our deep vaulted cells”

“Haste, haste to town”

ACTE III Un marin de la flotte d'Énée veille aux derniers préparatifs de leur départ, au milieu des danses et des chants de ses compagnons. Dans la grotte, les sorcières se réjouissent du malheur de Didon et dansent elles aussi. Didon ouvre encore son cœur à Belinda et lui reproche de lui avoir conseillé d'aimer un homme qui l'a trahie. Belinda croit au chagrin sincère d'Énée mais Didon est désespérée. Elle presse Énée de partir et de fonder son empire. Énée cherche à se justifier et propose de rester, mais Didon ne veut rien entendre. Énée part donc et Didon accueille une nouvelle invitée, la Mort. Didon succombe en suppliant Belinda de se souvenir d'elle mais d'oublier son destin. Le peuple de Carthage invite alors Cupidon à veiller éternellement sur la tombe de Didon.

“When I am laid in earth”

LA LAMENTATION DE DIDON

L'aria final de Didon compte parmi les plus grandes lamentations de l'opéra. La musique semble caresser les paroles ou les porter à leur paroxysme, soulignant leur sens ou leurs limites expressives. L'opéra ouvre sur Didon en proie à un tourment intérieur. Puis l'action bascule dans un monde extérieur chaotique. La lamentation de Didon est un écho de sa première plainte, mais sa douleur est si forte qu'elle lui sera fatale.

ANTONIO VIVALDI

Né le 4 mars 1678 à Venise (Italie)
Mort le 27 ou 28 juillet 1741 à Vienne (Autriche)

Célèbre pour son œuvre instrumentale intitulée *Les Quatre Saisons*, ce compositeur ordonné prêtre (on l'appela le « Prêtre roux ») écrivit aussi une cinquantaine d'ouvrages lyriques, dont 17 seulement nous sont parvenus en entier. La musique lyrique de Vivaldi est reconnaissable à son instrumentation non-conformiste.

Comme son père, Antonio Vivaldi était un violoniste de renom. Dans sa Venise natale, il devint aussi le plus grand compositeur de concertos d'Italie, et exerça le métier d'imprésario comme son contemporain Haendel. *L'Incoronazione di Dario* fut son premier opéra, qu'il créa au Théâtre Sant'Angelo. Après avoir séjourné à Mantoue en tant que Maître de chapelle de chambre, il revint à Venise en 1720 où il subit la charge satirique de l'essai de Benedetto Marcello, *Il Teatro alla Moda*. Il séjourna à Rome et à son retour, cinq ans plus tard, la mode était à l'opéra napolitain, dans lequel l'orchestre servait principalement les chanteurs virtuoses. *Orlando furioso* et *L'Olimpiade* datent de cette période prolifique, de 1725 à 1728. À la fin de la décennie, Prague se révéla plus accueillante pour le Prêtre roux. Puis, dans les années 1730, il reprit sa casquette d'imprésario pour la dernière fois et fit une tournée d'opéras dans les provinces italiennes. Vivaldi se rendit à Vienne en 1740, où il mourut sans le sou.

PREMIÈRES REPRÉSENTATIONS

1710

- **1713** Ottone in villa
- **1717** L'Incoronazione di Dario
- **1719** Tito Manlio

1720

- **1720** La Verità in cimento
- **1724** Il Giustino
- **1726** Dorilla in Tempe
- **1727** Farnace; Orlando furioso

1730

- **1732** La Fida ninfa
- **1734** L'Olimpiade
- **1735** La Griselda; Il Tamerlano

1740

Venise. La chambre de Vivaldi à l'Ospedale della Pietà, un orphelinat pour jeunes filles où il enseigna le violon de 1704 à 1740

ORLANDO FURIOSO

(Roland furieux)

✍ Drame musical en trois actes, 4 h
⌛ Vers 1727
Automne 1727, Théâtre Sant'Angelo, Venise

📖 Grazio Braccioli, librement inspiré du poème épique de L'Arioste, *Roland furieux*

La jalousie d'Orlando avait déjà inspiré un opéra à Vivaldi en 1713. Il reprit ce thème en 1727 avec le librettiste Grazio Braccioli. Des rôles exquis, une musique splendide et des passages vocaux lumineux forment un drame vertigineux et superbe. Les plus beaux moments de l'œuvre sont ceux chantés par Alcina, ainsi que la « scène de folie » d'Orlando dans l'acte II, et l'aria veloutée de Ruggiero, *« Sol da te, mio dolce amore »*, où la voix et la flûte s'entrecroisent.

En 1726, des grenadiers menacèrent d'arrêter la contralto Maria Caterina Negri dans sa maison de Prague, pour rupture de contrat. Elle continua à incarner Bradamante dans *Orlando* et dans *Alcina* de Haendel (1735).

RÔLES PRINCIPAUX

Orlando, *contralto*, chevalier jaloux de Medoro

Alcina, *contralto*, magicienne

Medoro, *contralto*, prince fiancé d'Angelica

Angelica, *soprano*, fiancée de Medoro

Ruggiero, *contralto*, chevalier ami d'Orlando

Bradamante, *contralto*, guerrière fiancée de Ruggiero

L'INTRIGUE

L'île de la magicienne Alcina

ACTE I Alcina promet d'unir Angelica à Medoro et de la protéger d'Orlando, violemment jaloux de Medoro. À l'aide d'un anneau magique, Bradamante veut bloquer les pouvoirs d'Alcina sur celui qu'elle aime, Ruggiero. Orlando décide de découvrir la source de la magie d'Alcina : les cendres du sorcier Merlin. Alcina trouve Medoro naufragé sur le rivage. Elle utilise une potion pour que Ruggiero s'éprenne d'elle ♫. Bradamante se désespère lorsque Ruggiero, ne la reconnaît pas.

"Sol da te, mio dolce amore"

ACTE II Bradamante délivre Ruggiero de son sortilège, mais, lorsqu'elle l'abandonne, Orlando propose de la consoler ♫. Angelica envoie l'honorable Orlando dans une mission pour le piéger. Bradamante et Ruggiero sont réunis, et Angelica et Medoro célèbrent leur mariage. Orlando s'enfuit et perd ses sens lorsqu'il voit les nouveaux époux.

"Sorge l'irato nembo"

ACTE III Bradamante et Ruggiero croient qu'Orlando est mort. Ils contrecarrent la magie d'Alcina et, dans un temple, trouvent une statue de Merlin. Orlando, dément, arrive et prend la statue de Merlin pour Angelica. Il soulève la statue et détruit le pouvoir d'Alcina. Alcina part en jurant de se venger. Orlando recouvre la raison, se réconcilie avec Angelica et approuve son mariage avec Medoro.

Le chorégraphe de Zuzana Dostálová modernisa la danse baroque pour la première tchèque d'*Orlando Furioso* en 2001 au State Opera de Prague.

GIOVANNI BATTISTA PERGOLESI, DIT PERGOLÈSE

Né le 4 janvier 1710 à Jesi près d'Ancône (Italie)
Mort le 16 mars 1736 à Pouzzoles, près de Naples (Italie)

Giovanni Battista Pergolesi a la chance d'étudier à Naples, où la formation musicale était la meilleure de son temps. Adolescent, il écrivit de la musique sacrée et des oratorios et à 22 ans, son premier *opera seria* et sa première comédie. Il connut la gloire lorsqu'il ajouta un intermezzo humoristique à l'*opera seria* intitulé *Il Prigionier superbo*. Cet intermède, *La Serva Padrona*, est maintenant considéré comme l'archétype de l'*opera buffa*. Pergolèse écrivit *Adriano in Siria*, qui comprend un intermezzo, et *L'Olimpiade*, sur des livrets de Métastase. Il laissa une dernière comédie et surtout le *Stabat Mater*, son chef-d'œuvre instrumental, avant de mourir à l'âge de 26 ans.

LA SERVA PADRONA

(La Servante maîtresse)

Intermezzo en deux parties, 1 h
1733
5 septembre 1733, Théâtre San Bartolomeo, Naples (Italie)
Gennaro Antonio Federico

RÔLES PRINCIPAUX

Uberto, *basse*, vieux célibataire
Serpina, *soprano*, servante tyrannique d'Uberto
Vespone, *rôle muet*, domestique d'Uberto

Depuis sa création en 1733, *La Servante Maîtresse* a toujours été populaire. L'œuvre a ensuite servi de diversion « entre les deux actes » d'un divertissement plus solennel. En effet, *La Servante Maîtresse* fut intercalée au milieu de *Il Prigionier superbo*, un *opera seria* également de Pergolèse. Ce fut le premier *intermezzo* à être représenté indépendamment. En 20 ans, cette histoire d'un homme amoureux de sa servante enthousiasma les spectateurs de Florence, Venise, Dresde, Hambourg, Prague, Paris, Vienne, Copenhague, Londres et Barcelone. En 1752, l'œuvre fut à l'origine de la Querelle des Bouffons, une « guerre » sur les mérites respectifs des théâtres lyriques français (révérencieux) et italiens (irrévérencieux). Ainsi est née la réforme qui mènera aux opéras de Gluck et plus tard de Mozart. Donné à Baltimore (Maryland) en 1790, c'est aussi un des premiers opéras à avoir été interprété aux États-Unis.

LA SERVA PADRONA
INTERMEZZO
Del Sig.r Giõ. Batta Pergolese
Rappresentato in Parigi nell' Autunno 1752.
Aux Adresses Ordinaires
Et chez l'Editeur rüe Grenelle S.t Honoré a l'Hotel de Languedoc
Prix . 9.#   Avec Privilége du Roi.

Pergolèse n'a pas été le premier compositeur à utiliser cette intrigue, issue de la tradition comique napolitaine. Le *Pimpinone*, de Georg Philip Telemann, reposait sur la même trame et fut créé à Hambourg huit ans auparavant.

Page de titre d'une des premières éditions de l'*opera buffa* de Pergolèse, publiée à Paris.

L'INTRIGUE

Le cabinet attenant à la chambre d'Uberto, le matin

PREMIÈRE PARTIE Le vieux célibataire Uberto se plaint à son domestique muet, Vespone, de la tyrannie de sa servante, Serpina. Il l'attend depuis trois heures et elle ne lui a pas encore apporté son chocolat chaud. Serpina finit par entrer, sans le chocolat, et s'en prend à Vespone. Elle s'indigne des reproches d'Uberto et chacun de ses mots ajoute au désespoir du barbon. Désireux de mettre fin à la situation. Uberto demande à Serpina de lui apporter ses vêtements pour sortir. Mais elle exige qu'il l'écoute. Alors Uberto supplie Vespone de lui trouver une femme, même si elle ressemble à un monstre. Serpina suggère qu'il ferait mieux de l'épouser, ce à quoi il proteste violemment. Elle lui demande s'il ne la trouve pas attirante. Uberto ne cesse de répondre par la négative et elle ne cesse de lui soutenir le contraire.

"Sempre in contrasti"

"Stizzoso, mio stizzoso"

DEUXIÈME PARTIE Serpina convainc Vespone de jouer une farce à leur maître afin de le persuader de l'épouser. Uberto lui demande avec ironie si la « maîtresse » de maison lui permet de sortir. Serpina réplique qu'un certain « capitaine Tempête » l'a demandée en mariage. Elle s'excuse d'avoir été impertinente et l'informe qu'elle va partir vivre avec son mari. Uberto est déconcerté car il ne sait s'il l'aime ou s'il la plaint. Serpina revient avec Vespone déguisé en capitaine. Ce dernier exige une forte dot pour sa fiancée : 4 000 couronnes. Si Uberto ne veut pas payer, il doit épouser Serpina lui-même. Lorsqu'il finit par accepter de se marier, Vespone ôte sa fausse moustache et Serpina avoue le canular. Mais Uberto est maintenant certain qu'il l'adore et veut l'épouser quoi qu'il en soit. Ils célèbrent leur amour et Serpina remarque qu'elle est « une servante maîtresse ».

"A Serpina penserete"

"Son imbrogliato io già"

"Caro, Gioia, Oh Dio!"

Anna Maria Panzarella (Sorpina) et Angelo Romero (Uberto) au Théâtre des Champs-Élysées de Paris en 2002.

« La vraie musique est
le langage du cœur »

Jean-Philippe Rameau

JEAN-PHILIPPE RAMEAU

Baptisé le 25 septembre 1683 à Dijon
Mort le 12 septembre 1764 à Paris

Le premier grand compositeur français de naissance, Jean-Philippe Rameau, avait 50 ans lorsque son premier opéra, *Hippolyte et Aricie*, bouleversa Paris. Les réactions furent extrêmes. On tourna sa musique en ridicule, la traitant de « baroque », d'« agressive » et de « très bruyante ». Pourtant, elle suscita l'admiration, y compris celle des sommités de l'époque.

Jean-Baptiste Lully avait été si puissant à la cour de Louis XIV qu'en 1733, lorsque Rameau commença sa carrière, son fantôme hantait le monde de l'opéra de Paris. Les Lullistes attaquèrent l'œuvre de Rameau, et les Ramistes la saluèrent comme la musique du nouvel Orphée de France. La tension fut telle qu'en 1739, le librettiste lulliste Charles-Pierre Roy en vint aux poings avec le compositeur après une représentation de *Dardanus*. Rameau fut élève de son père, organiste à Dijon, métier qu'il exerça aussi dès 1702, à Paris et dans plusieurs églises de province. En 1722 il publia son livre *Traité de l'harmonie réduite à ses principes naturels* et s'installa définitivement à Paris. Son influence a perduré jusqu'au XXe siècle, notamment en raison de la modernité de sa compréhension de l'harmonie. Voltaire et Jean-Jacques Rousseau collaborèrent à ses livrets pour honorer les commandes de la cour de Louis XV. *Les Indes galantes* et *Castor et Pollux* furent créés à l'Opéra de Paris. En 1745, il s'essaya, à la demande du roi, à la comédie lyrique avec *Platée*, puis écrivit les somptueuses *Boréades*, qui ne furent jamais représentées de son vivant. Comme Lully, Rameau composa de splendides musiques de ballet, un élément vital de l'opéra français.

Nathan Berg dans le rôle du prêtre inca Huascar, et Jaël Azaretti dans le rôle de la princesse Phanu, dans *Les Indes Galantes* de Rameau, mis en scène en 2003 par Andrei Serban pour Les Arts florissants au Palais Garnier de Paris.

PREMIÈRES REPRÉSENTATIONS

1730 – 1735 – 1740 – 1745 – 1750 – 1755 – 1760 – 1765

- **1733** Hippolyte et Aricie
- **1735** Les Indes galantes
- **1737** Castor et Pollux
- **1739** Les Fêtes d'Hébé, *ou* Les Talents lyriques
- Dardanus
- **1745** La Princesse de Navarre
- Platée
- Les Fêtes de Polymnie
- Le Temple de la Gloire
- **1748** Zaïs
- Pygmalion
- **1749** Naïs
- Zoroastre
- **1751** La Guirlande, ou Les Fleurs enchantées
- Acante et Céphise, ou La Sympathie
- **1763** Les Boréades (il n'y eut que des répétitions)

LES INDES GALANTES

Opéra-ballet en un prologue et 4 entrées, 2 h 30
Inconnu
10 mars 1736, Opéra de Paris (version intégrale)
Louis Fuzelier

Les Indes galantes connut un tel succès en 1735 que pendant 40 ans on en donna plus de 300 versions différentes à Paris. C'est une suite de quatre drames lyriques indépendants reliés par un thème présenté dans le prologue : l'Amour réunit les différentes cultures. Pour son livret, Louis Fuzelier eut recours aux témoignages rapportés des « Indes », concept exotique où il englobait la Turquie, le Pérou, la Perse et l'Amérique du Nord. Rejetant les habituels dieux et magiciens du baroque, Fuzelier préféra parler de gens « normaux » qui tombent amoureux. Rameau composa une musique différente pour chaque entrée. Les lignes mélodiques, les rythmes et la richesse d'invention harmonique en font une véritable féerie.

En 1725, deux Amérindiens ont interprété des danses traditionnelles à Paris. Rameau s'en est inspiré pour composer *Les Sauvages*, une œuvre pour harpe qu'il a révisée pour en faire la quatrième entrée de cet opéra.

RÔLES PRINCIPAUX

Osman, *basse*, pacha turc
Émilie, *soprano*, jeune Française retenue captive par Osman
Phani, *soprano*, princesse péruvienne
Huascar, *basse*, prêtre inca
Tacmas, *ténor (haute-contre)*, prince persan
Fatima, *soprano*, esclave de Tacmas
Damon, *ténor (haute-contre)*, officier français
Adario, *ténor*, guerrier indien
Zima, *soprano*, fils d'un chef de tribu nord-américaine

L'INTRIGUE

Aux Indes occidentales, lieux exotiques

PROLOGUE DANS LE JARDIN D'HÉBÉ. Quatre hommes issus des quatre nations alliées, la France, l'Espagne, l'Italie et la Pologne, laissent Hébé, dieu du mariage, pour partir à la guerre. Les Cupidons au service de Hébé déclarent que, l'Europe les ayant abandonnés, il partiront pour des terres exotiques, « les Indes ».

ENTRÉE I LE TURC GÉNÉREUX. Émilie, une jeune Provençale, est devenue l'esclave du pacha Osman sur son île turque. Il est amoureux d'elle mais elle reste fidèle à Valère, officier dans la marine française. Elle ne l'a pas revu depuis le jour de leur mariage, lorsque des pirates l'ont enlevée. Par

"Il faut que l'amour s'envole"

L'exotisme des Indes de l'opéra de Rameau suscite costumes et décors pittoresques, comme dans cette mise en scène époustouflante montée à Zurich en 2004.

DANSE

La danse avait naturellement sa place dans cet opéra exotique. Mais depuis Lully, la danse et les intermèdes dansés font partie de l'opéra français. Rameau perpétua cette tradition qui continua jusqu'au XIXe siècle. L'Opéra de Paris allait alors insister pour que même des compositeurs invités comme Donizetti et Verdi incluent des morceaux de ballet dans les productions françaises de leurs opéras. L'héritage de Lully est encore bien vivant en France, où l'Opéra national de Paris a son propre corps de ballet.

chance, une tempête fait échouer le bateau de Valère sur l'île du Pacha. Là, Osman reconnaît le Français comme la personne l'ayant jadis libéré de l'esclavage et libère généreusement les amants captifs.

"Partez! On languit sur le rivage"

ENTRÉE II LES INCAS DU PÉROU. Au pied d'un volcan, Don Carlos, un officier espagnol, et Phani, une princesse péruvienne, se jurent un amour mutuel. Durant une fête en l'honneur du dieu Soleil, le volcan se réveille. Huascar, grand prêtre du Soleil et lui aussi épris de Phani, tente alors de la persuader que le dieu proteste contre son amour pour l'officier ennemi. Mais Carlos découvre que Huascar jette des rochers dans le cratère du volcan. Lorsqu'une véritable éruption a lieu, Huascar est enseveli.

"Pour jamais l'amour nous engage"

ENTRÉE III LES FLEURS, FÊTE PERSANE. Le prince Tacmas est amoureux de Zaïre, jeune esclave au service de son confident, Ali. Tacmas se déguise en femme pour se glisser dans le jardin d'Ali et connaître les sentiments de Zaïre. Or Fatima, esclave de Tacmas, entre aussi dans le jardin déguisée en homme. Elle est éprise d'Ali. Lorsque Tacmas prend Fatima pour un amant de Zaïre, il manque de la tuer d'un coup de poignard avant de la reconnaître. Tacmas et Ali échangent leurs esclaves et les deux couples sont heureux. L'Amour est célébré par une fête des fleurs.

"L'éclat des roses les plus belles"

ENTRÉE IV LES SAUVAGES. Dans une forêt d'Amérique du Nord, Zima, fille du chef de la tribu, est courtisée par deux officiers : l'Espagnol Don Alvar, très possessif, et le Français Damon, qui prêche un amour inconstant. Zima trouve l'un et l'autre trop excessifs et accorde sa main à Adario, un guerrier indien. La cérémonie du calumet de la paix marque la réconciliation entre Indiens et Européens, et célèbre l'union de Zima et d'Adario.

"Le coeur change à son gré"

PLATÉE

Comédie lyrique en un prologue et trois actes, 2 h
Vers 1744-1745
31 mars 1745, La Grande Écurie, Versailles

Adrien-Joseph Le Valois d'Orville, tiré de la pièce de théâtre de Jacques Autreau, *Platée*, ou *Junon jalouse* (1745)

Platée est un opéra burlesque racontant une parodie de mariage entre une nymphe hideuse et vaniteuse et le dieu Jupiter. Il fut écrit pour les noces du Dauphin Louis, en 1745, avec la princesse espagnole Marie-Thérèse, d'une laideur légendaire. La pièce était risquée mais elle fut bien reçue. Modifié pour l'Opéra de Paris en 1749, *Platée* connut un succès populaire et a depuis été acclamé comme un chef-d'œuvre de l'opéra comique français.

Le rôle de Platée fut créé par Pierre de Jélyotte, chanteur français qui connut la gloire pour avoir tenu d'autres rôles dans les opéras de Rameau. Travesti en grotesque nymphe des marais, il subjugua le public royal.

RÔLES PRINCIPAUX

Platée, *ténor (haute-contre)*, nymphe des marais
Jupiter, *basse*, roi des dieux
Cithéron, *basse*, roi de Grèce
Momus, *basse*, dieu du Ridicule
Mercure, *ténor (haute-contre)*, messager des dieux
Junon, *soprano*, reine des dieux

L'INTRIGUE

Un champ et des marécages au pied du mont Cithéron, dans l'Antiquité

PROLOGUE Inventeur de la Comédie, Thespis ivre conspire avec l'Amour, le dieu du Ridicule, et la muse de la Comédie pour présenter un « spectacle nouveau » montrant comment Jupiter a guéri sa femme de la jalousie.

ACTE I Mercure raconte à Cithéron, roi de Grèce, comment il compte guérir la déesse Junon de sa jalousie : son époux Jupiter, feindra d'aimer l'horrible nymphe des marais, Platée. Quand Platée apprend que Jupiter s'est épris d'elle, elle se gonfle de fierté.

"Quittez, Nymphes, quittez vos demeures profondes "

ACTE II Jupiter et Monus, dieu du Ridicule, descendent des cieux. Sous les yeux de Cithéron et de Mercure, Jupiter se transforme en âne pour ensorceler Platée. Elle est ravie. Mais lorsqu'il se métamorphose en oiseau et est chassé par des oiseaux qui lui font peur, elle se lamente. Jupiter apparaît sous ses traits et on célèbre la « fiancée » par une fête où la Folie dirige le concert.

ACTE III Platée est impatiente de célébrer les festivités nuptiales. Jalouse, Junon arrache le voile qui recouvre le visage de la future mariée et voyant la laideur de Platée, éclate de rire. Platée, ridiculisée, crie et tempête avant de s'enfuir se jeter dans ses marais.

"Chantons, célébrons en ce jour le pouvoir de l'Amour"

Mark Padmore incarne l'horrible nymphe des marais au Festival d'Édimbourg, en Écosse, en 1997.

LES BORÉADES

Tragédie en musique en cinq actes, 3h
Vers 1763
21 juillet 1982, théâtre de l'Archevêché, Aix-en-Provence
Attribué à Louis de Cahusac

Les Boréades est le dernier grand opéra de Rameau. L'identité du librettiste est incertaine et, si les répétitions ont eu lieu en 1763, il n'a pas été mis en scène avant 1982. Certains y ont reconnu des thèmes maçonniques et pensent que l'œuvre fut interdite pour subversion. Le mystère demeure entier. La musique suit l'allure rapide de ce conte de fées à l'innovation harmonique brillante, aux splendides parties vocales et émaillé de danses superbes.

Selon la légende, Rameau serait sorti de l'Opéra de Paris pendant une répétition le 12 septembre 1764 et ne serait plus jamais réapparu.

RÔLES PRINCIPAUX

Alphise, *soprano*, reine de Bactriane
Abaris, *ténor (haute-contre)*, Étranger
Borilée, *baryton*, Prince descendant de Borée
Calisis, *ténor (haute-contre)*, Prince descendant de Borée
Adamas, *basse*, Grand prêtre d'Apollon
Borée, *basse*, dieu du Vent du Nord

L'INTRIGUE

Le royaume de Bactriane, dans une Antiquité imaginaire

ACTE I La reine de Bactriane, Alphise, est éprise d'un étranger nommé Abaris. Un confident lui rappelle que Borée sera furieux si elle rompt la tradition d'épouser un prince Boréade. Or deux descendants de Borée, Borilée et Calisis, courtisent Alphise. Elle décide de consulter le dieu Apollon.

ACTE II Dans le temple d'Apollon, Alphise demande au grand prêtre Adamas d'intercéder pour elle auprès du dieu. Abaris chante leur amour et Cupidon présente à Alphise une flèche enchantée.

"Charmes trop dangereux"

ACTE III La reine donne à Abaris la flèche de Cupidon. Désireux de se venger, Borilée et Calisis font appel à Borée, qui déchaîne des vents pour enlever Alphise.

ACTE IV Tandis que la tempête de Borée fait rage, le prêtre Adamas exhorte Abaris à renoncer à Alphise. Abaris implore Apollon de sauver leur amour.

Paul Agnew, dans le rôle d'Abaris, reçoit la flèche de Cupidon au Palais Garnier, à Paris, en 2003. William Christie y dirigeait les musiciens de son ensemble, Les Arts Florissants.

ACTE V Borée ordonne aux vents de frapper la terre et menace Alphise d'esclavage si elle n'épouse pas un des Boréades. Elle s'obstine et on l'emmène. Abaris brandit sa flèche enchantée pour réduire les Boréades au silence. Alors, Apollon révèle qu'Abaris est le fils qu'il a eu avec une nymphe de la lignée de Borée. Alphise et Abaris célèbrent leurs noces.

"Obéissez, quittez vos cavernes obscures"

« Ce maître de notre art était un être inspiré »

Le compositeur Christoph Willibald Gluck

GEORG FRIEDRICH HAENDEL

Né le 23 février 1685 à Halle (Allemagne)
Mort le 14 avril 1759 à Londres

S'il est surtout connu aujourd'hui pour son *Messie* et d'autres oratorios, Georg Friedrich Haendel est aussi le maître incontesté de l'*opera seria* du XVIIIe siècle. Originaire de Saxe, il monta des opéras en italien pour le public anglophone de Londres. Ses œuvres et son étonnante carrière font de lui le premier compositeur européen.

Élève d'un organiste de Halle, Haendel avait 17 ans lorsqu'il devint organiste à la Domkirche (cathédrale) de la ville. Deux ans plus tard, il fut violoniste puis claveciniste à l'opéra de Hambourg. Ses deux premiers opéras furent créés dans cette ville en 1705 mais seul le premier, *Almira*, écrit sur un livret allemand, a survécu. Le compositeur voyagea alors à Florence, où fut créé *Rodrigo*, son premier opéra en italien – et à Venise, où il triompha avec *Agrippina*. À l'âge de 25 ans, il fut nommé maître de chapelle de la Maison de Hanovre, dont l'Électeur devint George Ier d'Angleterre en 1714. À cette date, Haendel résidait à Londres. Son premier opéra pour un public anglais, *Rinaldo*, y fut donné en 1711. Son succès phénoménal encouragea le Haymarket Theatre à continuer de prendre des risques en présentant des opéras italiens à des auditeurs anglais. En 1719, Haendel contribua à fonder la Royal Academy of Music (l'Académie royale de Musique) dont il prit la direction musicale. Le Haymarket fut rebaptisé The King's Theatre et c'est là que les chefs-d'œuvre opératiques de Haendel, y compris *Giulio Cesare*, *Rodelinda* et *Orlando* furent créés. Parmi les distributions célèbres, retenons les prima donna Faustina Bordoni et Francesca Cuzzoni, et le castra alto Senesino. En 1728, l'Academy fit faillite (la Royal Academy fut fondée en 1822), ne laissant à

La mezzo-soprano anglaise Sarah Connolly dans le rôle-titre de Giulio Cesare de Haendel, pour la production de Glyndebourne de 2005.

PREMIÈRES REPRÉSENTATIONS

- **1705** Almira
- **1711** Rinaldo
- **1720** Radamisto
- **1724** Giulio Cesare; Tamerlano
- **1725** Rodelinda
- **1733** Orlando
- **1735** Ariodante; Alcina
- **1737** Berenice
- **1738** Serse
- **1741** Deidamia

Haendel d'autre choix que de fonder sa propre compagnie.

UNE COMPAGNIE RIVALE

De nouveaux problèmes surgirent en 1733 lorsque les chanteurs vedettes rassemblés avec soin par Haendel rejoignirent la compagnie rivale, l'Opera of the Nobility, dirigée par l'influent compositeur italien Nicola Porpora. Haendel fut obligé de monter sa propre compagnie à Covent Garden. Avec le soutien des chanteurs qu'il venait de recruter, il mena alors une guerre opératique contre Porpora, remportant des victoires sporadiques. Lorsque Porpora prit le dessus, la compagnie de Haendel survécut grâce à l'introduction d'idées nouvelles. Deux opéras de cette période, *Ariodante* et *Alcina*, offraient même une troupe de ballet français.

The King's Theatre, à Londres, fut détruit par un incendie en 1789 puis rebâti. Les plus grands opéras de Haendel, y compris *Giulio Cesare* et *Tamerlano*, y furent créés.

OPÉRAS ET ORATORIOS

L'Opera of the Nobility ferma en 1737, et le public commença à se désintéresser des opéras italiens, ce qui n'empêcha pas Haendel d'en écrire encore plusieurs, dont le magnifique *Serse*. Son dernier opéra, *Deidamia*, fut donné à Londres l'année même de la création de son *Messie* à Dublin (Irlande), en 1741. Haendel abandonna alors l'opéra pour doter de qualités opératiques le genre de l'oratorio, forme non dramatique de musique vocale utilisant des thèmes religieux. Mais qu'elles soient proches de l'opéra ou de l'oratorio, ses grandes œuvres de cette période, dont *Samson, Semele, Judas Maccabée* et *Jeptha* échappent à toute classification. La puissance de leurs récits et de leurs musiques continuent à fasciner les auditeurs d'aujourd'hui.

L'OPÉRA DES GUEUX

En 1728, le public de Londres acclama *L'Opéra des Gueux* de John Gay, librettiste d'*Acis et Galatée* de Haendel (1718). Dans cette satire de la vie et de la compagnie de Haendel à Londres, Gay utilisa notamment des chansons traditionnelles ou créées par des compositeurs - dont Purcell et Haendel. Avec ses dialogues parlés et près de 70 tableaux cet « opéra ballade » fut le premier du genre. Il est à l'origine de l'opéra-comique français, du Singspiel allemand et de la comédie musicale américaine.

La scène culminante *de* L'Opéra des gueux *se passe à la Prison de Newgate, montrée ici dans une peinture de William Hogarth (1729).*

RINALDO

✍ Dramma per musica en 3 actes, 3 heures
⌛ 1710-1711 ; rév. en 1731
24 février 1711, Queen's Theatre, Haymarket, Londres
📖 Giacomo Rossi, d'après *La Jérusalem délivrée* du Tasse (1575)

Rinaldo fut le premier opéra que Haendel présenta au public londonien. Pour cette histoire d'amour au sein de fastueux royaumes magiques, il fallut employer des effets spéciaux si sophistiqués que le *Spectator* de Londres loua surtout ses « coups de tonnerre, éclairs, illuminations et feux d'artifice. » Pour écrire la partition en quelques semaines, Haendel emprunta la musique à des œuvres antérieures encore inconnues à Londres.

L'acteur-chanteur Nicolino (1673-1732), castrat qui avait fait ses débuts à Naples à l'âge de 12 ans, fut le premier Rinaldo. Célèbre à Londres avant l'arrivée de Haendel en 1710, il contribua au succès de cet opéra.

RÔLES PRINCIPAUX

Rinaldo, *alto (castrat)*, soldat chrétien

Goffredo, *alto (castrat)*, capitaine de l'armée chrétienne

Eustazio, *alto (castrato)*, frère de Goffredo

Amirena, *soprano*, fille de Goffredo

Argante, *basse*, roi de Jérusalem

Armida, *soprano*, reine de Damas et enchanteresse

L'INTRIGUE

Jérusalem imaginaire, à la fin de la première croisade (1099)

ACTE I Goffredo a offert à Rinaldo la main de sa fille Almirena, à condition qu'il prenne Jérusalem au roi Argante. Pendant que les jeunes gens se déclarent leur flamme, Armida, amante d'Argante, utilise la magie pour enlever Almirena. Rinaldo désespère. Il retrouve espoir lorsque Goffredo et Eustazio lui parlent d'un mage chrétien.

"Cara sposa, amante cara"

ACTE II Lorsqu'il va à la rencontre de l'ermite, Rinaldo est attiré dans un bateau magique qui le conduit au palais d'Armida. Argante tente d'y séduire Almirena, retenue prisonnière, mais elle le repousse. Lorsque Rinaldo arrive, Armida s'éprend de lui et prend les traits d'Almirena. Argante, croyant voir Almirena, lui fait des avances. Furieuse, Armida reprend son aspect pour déclarer la guerre à Argante.

"Lascia ch'io pianga"

ACTE III Goffredo et Eustazio rendent visite au mage, qui leur donne une baguette magique. Pendant ce temps, Rinaldo délivre Almirena. Puis Goffredo et Eustazio se servent de la baguette magique pour transformer le palais d'Armida en campagne déserte. Là, Armida et Argante se réconcilient et se préparent au combat, mais Rinaldo les fait prisonniers. Les chrétiens célèbrent leur victoire et accueillent Rinaldo et Almirina, enfin mariés.

La soprano Emma Bell joue Almirina dans une production de *Rinaldo*, au Grange Park Opera de Hampshire (Angleterre), en 2000.

GIULIO CESARE

(Jules César)

Dramma per musica en 3 actes, 3 heures 1/4
1723-1724
20 février 1724, King's Theatre, Haymarket, Londres
Nicola Francesco Haym, d'après un livret du XVIIe siècle de Giacomo Francesco Bussani

On a vu en *Giulio Cesare* la quintessence de l'*opera seria.* Ce drame lyrique digne de l'épopée n'oublie en effet aucun thème : guerre historique, amour passionné, action héroïque et tumultes intérieurs. Il contient également un nombre prodigieux d'arias, dont huit pour Cléopâtre et autant pour César. Avec *Tamerlano*, créé la même année, et *Rodelinda* en 1725, *Giulio Cesare* montre Haendel à l'apogée de son talent, alors qu'il dirigeait l'Académie royale de musique de Londres. Dès ses débuts, cet opéra eut droit à 13 saisons de représentations. Aujourd'hui, c'est l'opéra de Haendel le plus joué. De plus, ses superbes rôles principaux en font l'œuvre préférée des chanteurs du répertoire baroque.

RÔLES PRINCIPAUX

Jules César, *alto (castrat)*, empereur de Rome
Curio, *basse*, tribun romain
Cornelia, *contralto*, épouse de Pompée
Sestus Pompée, *soprano*, fils de Pompée
Cléopâtre, *soprano*, reine d'Égypte
Nireno, *alto (castrat)*, eunuque de Cléopâtre
Tolomeo, *alto (castrat)*, demi-frère de Cléopâtre
Achilla, *basse*, au service de Tolomeo

Haendel a innové avec la scène d'ouverture de l'acte II : afin de séduire César, Cléopâtre organise une petite mise en scène avec neuf muses, accompagnées de musiciens, au sommet du mont Parnasse.

L'INTRIGUE

L'Égypte, au lendemain de la victoire de Jules César sur Pompée en Grèce, 48 av. J.-C.

ACTE I Dans une plaine proche d'Alexandrie, les Égyptiens acclament César, qui revient victorieux d'une bataille menée contre Pompée. César accepte un accord de paix proposé par l'épouse et le fils de Pompée, Cornelia et Sestus. Mais Achilla, envoyé par Tolomeo, présente soudain la tête coupée de Pompée. Cornelia maudit Tolomeo pour sa barbarie mais Achilla s'éprend d'elle. Curio, le tribun romain, propose à Cornelia de l'épouser et de venger Pompée. Resté seul, Sestus décide de venger son père. Dans le palais, Cléopâtre apprend que Tolomeo a décapité Pompée. Courroucée, elle affirme qu'elle seule gouverne l'Égypte. Achilla propose de tuer César si Tolomeo lui donne Cornelia en récompense. Dans son camp, César éploré, rend hommage à Pompée ♪. Cléopâtre arrive, déguisée en servante du nom de « Lidia », et César s'éprend d'elle. Lorsque « Lidia » se lamente de l'usurpation de Tolomeo ♪, César jure de faire justice. Cornelia prend un poignard pour venger Pompée,

"Alma del gran Pompeo"

"Piangerò la sorte mia

La soprano Kathleen Battle chanta Cléopâtre, pour un *Giulio Cesare* en 1988 au Metropolitan Opera de New York.

mais son fils l'arrête car cette tâche lui revient. Toujours incognito, Cléopâtre leur propose de les conduire à Tolomeo. Ce dernier accueille César avec chaleur. L'empereur découvre le complot destiné à le tuer. Lorsque Cornelia arrive avec Sestus, Tolomeo s'éprend d'elle lui aussi et projette de trahir la promesse qu'il a faite à Achilla. Pendant ce temps, Cornelia repousse l'offre d'Achilla, qui lui propose la liberté en échange du mariage, et a le cœur brisé d'être séparée de son fils.

"Ah, sempre piangerò"

ACTE II Prétendant être Lidia, Cléopâtre séduit César grâce à une musique ensorcelante. Sestus arrive juste à temps pour empêcher sa mère de se suicider. L'eunuque de Cléopâtre, Nireno, fait venir Cornelia dans le harem de Tolomeo, promettant à Sestus une occasion de se venger. Lidia-Cléopâtre a accepté d'épouser César. Mais lorsque Curio lui annonce que des conspirateurs veulent la mort de César, Cléopâtre lui révèle sa véritable identité. César part confronter les conspirateurs, tandis qu'elle prie pour lui.

"V'adoro, pupille"

"Se pietà di me non senti"

ACTE III L'armée de Tolomeo ayant vaincu Cléopâtre, il l'emprisonne. Sestus et Nireno découvrent Achilla blessé, souhaitant maintenant la chute de Tolomeo. Avant de mourir, Achilla remet un sceau commandant une armée secrète qui permet à César de délivrer Cléopâtre et de terminer la conquête de l'Égypte. Cléopâtre, amoureuse, est en extase. Dans le palais, Tolomeo est sur le point d'abuser de Cornelia lorsque Sestus le tue. À Alexandrie, les Égyptiens se réjouissent de la mort de Tolomeo. Après des serments d'amitié avec Sestus et Cornelia, César et Cléopâtre se déclarent leur amour éternel.

"Da tempeste il legno infranto"

SENESINO

Francesco Bernardi, castrat italien charismatique et versatile (*ci-dessous à gauche*), plus connu sous le nom de Senesino, fut la principale attraction de l'opéra de Haendel pendant 13 saisons. Le rôle de Jules César était l'un des plus difficiles de l'œuvre de Haendel. En 1733, après avoir été Medoro dans *Orlando*, Senesino passa au théâtre rival, l'Opera of the Nobility. Le compositeur Nicola Porpora utilisa alors sa voix de contralto dans des opéras dont il partageait la vedette avec l'éblouissant soprano Farinelli.

Les costumes de Jules César (Kate Aldrich, *à droite*) et de Tolomeo (Martin Wölfel) au Staatsoper de Hambourg en 2005.

TAMERLANO

(Tamerlan)

✍ Dramma per musica en 3 actes, 3 heures
⌛ 1724
31 octobre 1724, King's Theatre, Haymarket, Londres
📖 Nicola Francesco Haym, d'après une pièce de théâtre de 1675 de Jacques Pradon.

Tamerlano compte parmi les plus grands opéras composés par Haendel au début des années 1720. Il oppose l'amour au devoir dans un contexte politique agité. Tamerlan, le grand conquérant d'Asie centrale, sujet populaire de l'époque, est traité dans toute sa dimension dramatique. L'opéra s'ouvre avec l'empereur prisonnier, Bajazet, qui tente de se suicider et se clôt par le succès de sa deuxième tentative.

Le ténor Francesco Borosini fut le premier Bajazet. Au XVIIIe siècle, il était rare qu'un ténor chante un rôle-titre dans un *opera seria*. On trouvait plus belles les voix plus hautes et plus ornementales des femmes et des castrats.

RÔLES PRINCIPAUX

Tamerlano (Tamerlan), *alto (castrat)*, empereur tartare

Bajazet, *ténor*, sultan ottoman prisonnier

Asteria, *soprano*, fille de Bajazet

Andronico, *alto (castrat)*, prince grec

Irene (Irène), *contralto*, princesse de Trébizonde

Leone (Léone), *basse*, ami d'Andronico

L'INTRIGUE

La ville turque de Prusa, capitale de la Bithynie, occupée par Tamerlan en 1403

Dans la production de Jonathan Miller en 2001, un décor dépouillé, deux panneaux de bronze et un trône dirigent les regards sur les personnages et leurs costumes.

ACTE I Fait prisonnier, le sultan ottoman Bajazet envisage de se suicider ♪. Amoureux de la fille du sultan, Asteria, Andronico lui demande de supplier l'empereur conquérant, Tamerlan, d'épargner Bajazet. Fiancé à Irène, Tamerlan s'éprend d'Asteria et insiste pour qu'Irène épouse Andronico. Asteria se croit trahie par son bien-aimé ♪. Irène est sous le choc de devoir épouser Andronico et Andronico est au désespoir.

"Forte e lieto"

"S'ei non mi vuol amar"

ACTE II Déguisée en messager, Irène entre dans la grande salle impériale. Tamerlan propose à Asteria de libérer son père si elle accepte de devenir impératrice. Bajazet refuse mais Asteria accepte. En montant sur le trône, elle place une dague aux pieds de Tamerlan, déclarant qu'elle ne l'a épousé que pour se venger. Outré, Tamerlan ordonne l'exécution d'Asteria et de Bajazet.

ACTE III Tamerlan aime toujours Asteria, qui renouvelle son serment d'amour à Andronico. Tamerlan fait amener Bajazet dans la salle du trône pour l'humilier devant un splendide banquet. Lorsque Irène, déguisée, voit Asteria en train de verser du poison dans la coupe de Tamerlan, elle avertit l'empereur, révélant sa véritable identité. C'est alors Bajazet qui boit la coupe en maudissant Tamerlan. Après la mort de Bajazet, Tamerlan apaisé approuve le mariage d'Andronico et d'Asteria et accepte d'épouser Irène.

RODELINDA

Dramma per musica en 3 actes, 3 heures
1725
13 février 1725, King's Theatre, Haymarket, Londres
Nicolas Francesco Haym, d'après une pièce de théâtre de 1652 de Pierre Corneille

Rodelinda est un des chefs-d'œuvre que Haendel a écrit pour l'Académie royale de musique. Avec une série de plus de 20 arias da capo et des morceaux en solo où, un par un, les chanteurs font assaut de leur talent, il contient seulement deux duos et un ensemble. Mais Haendel a su utiliser des tempos contrastés et créer par son orchestration une incroyable tension. La musique pour Rodelinda est ainsi en harmonie avec la dévotion guerrière qu'elle témoigne à son époux.

C'est sans doute pour empêcher le castrat alto Senesino de s'emparer du rôle de soprano que Haendel ajouta au rôle de Bertarido une aria sensationnelle à l'acte III, « *Vivi, tiranno* », lorsqu'il révisa l'opéra en 1725.

RÔLES PRINCIPAUX

Rodelinda, *soprano*, reine de Lombardie
Bertarido, *alto (castrat)*, son époux
Grimoaldo, *ténor*, usurpateur du trône
Eduige, *soprano*, sœur de Bertarido
Unulfo, *alto (castrat)*, conseiller de Grimoaldo, fidèle à Bertarido
Garibaldo, *basse*, ami de Grimoaldo

L'INTRIGUE

Le palais royal de Milan, en Italie

ACTE I Croyant son époux mort, Rodelinda est éplorée. L'usurpateur Grimoaldo veut l'épouser mais elle le repousse. Garibaldo offre son aide à l'usurpateur avec l'intention d'occuper le trône. Arrivant déguisé, Bertarido se languit de son épouse, mais Unulfo l'exhorte à la patience. Ils espionnent Rodelinda, qui accepte d'épouser Grimoaldo car Garibaldo menace de tuer son fils. Bertarido croit alors sa femme infidèle.

"Dove sei"

ACTE II Intriguant pour révéler l'infamie de Grimoaldo, Rodelinda accepte le mariage à condition qu'il tue son fils devant elle. Lorsque Garibaldo lui conseille d'accepter l'offre, Unulfo réprimande Garibaldo pour sa barbarie. Eduige fait le serment d'aider Bertarido et Unulfo assure à ce dernier que son épouse lui est fidèle. Lorsque les époux se retrouvent, Grimoaldo arrive pour informer Bertarido que sa dernière heure a sonné. Bertarido et Rodelinda se disent adieu en pleurant.

"Io t'abbraccio"

ACTE III Unulfo est poignardé par erreur en aidant Bertarido à s'échapper de prison. Trouvant la cellule de Bertarido vide, et son manteau ensanglanté, Rodelinda et Eduige le croient mort. Garibaldo tente d'assassiner Grimoaldo, mais Bertarido sauve l'usurpateur, qui, reconnaissant, rend le trône à Bertarido.

Paul Gay est Garibaldo et Jean Rigby, Edvige, au Festival de Glyndebourne de 2004. Eduige veut punir Grimoaldo pour l'avoir repoussée et conspire avec Garibaldo pour se partager le trône.

ORLANDO

Opera seria en 3 actes, 3 heures
1732
27 janvier 1733, King's Theatre, Haymarket, Londres
D'après le livret de Carlo Sigismondo Capece, adapté du poème de L'Arioste, *Roland furieux* (1516)

Avec *Orlando*, Haendel revint à la magie et aux effets spéciaux de ses premiers opéras, comme dans *Rinaldo*. Influencés par le « masque » anglais, où le spectacle était plus important que le drame, ces opéras se soucient peu de la crédibilité des intrigues ou des motivations. Pourtant, *Orlando* contient certaines des plus belles compositions de Haendel, notamment dans la célèbre « scène de folie » à la fin de l'acte II, où la musique épouse les fantasmes délirants de l'amant jaloux qu'est Orlando.

Le rôle de Medoro fut incarné par le castrat Senesino, et celui du magicien Zoroastro par le célèbre Montagnana. Les deux chanteurs rejoignirent une compagnie d'opéra concurrente après la création d'*Orlando*.

RÔLES PRINCIPAUX

Orlando, *alto (castrat)*, chevalier errant
Angelica, *soprano*, reine de Cathay
Medoro, *alto (castrat)*, prince africain
Dorinda, *soprano*, bergère
Zoroastro, *basse*, magicien

L'INTRIGUE

Une région boisée où Zoroastro pratique la magie

ACTE I Le magicien Zoroastro interprète le ciel nocturne : Orlando servira la Gloire. Mais Orlando se consacre à l'Amour. Celle qu'il aime, Angelica offre son cœur et son empire au prince africain Medoro. La bergère Dorinda dit à Medoro, qui la courtisait jadis, qu'elle l'aime toujours. Protégeant Angelica de la jalousie d'Orlando, Zoroastro se sert de la magie pour cacher Medoro.

ACTE II Dorinda est éplorée et Orlando follement jaloux en apprenant qu'Angelica épousera Medoro. Poursuivant les amants, Orlando est sur le point de s'emparer d'Angelica quand elle est emportée sur un nuage magique. Orlando perd la tête. Il imagine qu'Angelica est aux Enfers, que les Furies le poursuivent et que la déesse Proserpine étreint Medoro. Orlando délire jusqu'à ce que le char de Zoroastro l'emporte au loin.

"Se mi rivolgo al prato"

"Ah! perfida, qui sei"

ACTE III Medoro trouve refuge dans la petite maison de Dorinda. Mais Orlando, dément, arrive bientôt. Lorsque Zoroastro transforme le lieu en une « horrible caverne », Dorinda annonce qu'Orlando a détruit sa petite maison et laissé Medoro pour mort sous ses décombres. Dans sa folie, Orlando prend Angelica pour une sorcière, la jette dans la caverne et s'endort. Lorsque la magie de Zoroastro le libère enfin, Orlando approuve le mariage d'Angelica avec Medoro et propose de célébrer l'Amour et la Gloire.

Alice Coote (*assise*) interprète le rôle d'Orlando en 2003. Pour cette production, la Royal Opera House a accueilli le OAE Orchestra, qui joue sur des instruments d'époque.

ALCINA

Dramma per musica en 3 actes, 3 heures 1/2
1735
16 avril 1735, Covent Garden, Londres

D'après l'opéra *L'Isola d'Alcina* de Riccardo Broschi (1728), adapté des Chants VI et VII du poème épique *Roland furieux* de L'Arioste (1516)

Haendel créa *Alcina* pour attirer le public de l'Opera of the Nobility, à Londres. C'était la quatrième fois que Haendel s'inspirait du poème épique de L'Arioste, *Roland furieux*, reprenant les thèmes de l'amour passionné et de la magie. Les trois autres opéras étaient *Rinaldo*, *Orlando*, et *Ariodante*. Juste après *Alcina*, Haendel écrivit encore huit opéras. Mais c'est *Alcina* qui fut un de ses derniers succès opératiques.

Le castrat Carestini refusa d'interpréter l'aria « *Verdi parti* » de l'acte II, qu'il trouvait peu flatteuse pour sa voix. Haendel l'aurait menacé de ne pas le payer s'il ne chantait pas son rôle tel qu'il était écrit dans la partition.

RÔLES PRINCIPAUX

Alcina, *soprano*, enchanteresse

Ruggiero, *soprano (castrat)*, prisonnier d'Alcina

Morgana, *soprano*, servante d'Alcina

Oronte, *ténor*, domestique d'Alcina

Bradamante, *alto*, fiancée de Ruggiero

Melisso, *basse*, tuteur de Bradamante

L'INTRIGUE

L'île de l'enchanteresse Alcina

ACTE I Sur son île, la cruelle Alcina change les hommes en bêtes ou en rochers. Elle s'éprend de son prisonnier Ruggiero. La fiancée de ce dernier, Bradamante, est partie à sa recherche en se faisant passer pour un certain Ricciardo. Elle arrive avec Melisso, son vieux tuteur. La magie d'Alcina a fait oublier à Ruggiero l'existence de Bradamante. Le domestique d'Alcina, Oronte, est jaloux lorsque sa propre fiancée, Morgana, s'éprend du faux Ricciardo. Oronte persuade Ruggiero qu'Alcina aime « Ricciardo », espérant ainsi se débarrasser de son rival. Lorsque Morgana apprend qu'Alcina veut métamorphoser « Ricciardo », elle avoue son amour à ce dernier.

Alcina (*à droite*) a recours à la séduction pour ensorceler ses prisonniers au Staatsoper de Stuttgart de 2000.

ACTE II Melisso libère Ruggiero du sortilège d'Alcina, qui se souvient enfin de Bradamante mais feint de continuer à aimer Alcina. Lorsque la magicienne apprend que Ruggiero l'a trahie et cherche à s'enfuir, elle est folle de chagrin.

"Ah, mio cor"

Morgana est furieuse d'apprendre que Ruggiero et Bradamante ont projeté de partir ensemble. Le chagrin d'Alcina se change en stupeur lorsque sa baguette magique semble avoir perdu tout pouvoir.

ACTE III « Ricciardo » ayant été démasqué, Morgana reporte son affection sur Oronte. Alcina menace de se venger sur Ruggiero tout en essayant de le reconquérir. Bradamante met en garde son amant contre la magicienne.

"Non è amor, ne gelosia"

Ruggiero et Bradamante détruisent la source du pouvoir d'Alcina et font sombrer son palais dans la mer. Alcina disparaît et les hommes qu'elle avait métamorphosés recouvrent l'apparence humaine.

« Il semble que le roi Louis XVI et M. Gluck vont ouvrir une ère nouvelle. »

Le philosophe Jean-Jacques Rousseau

CHRISTOPH WILLIBALD **GLUCK**

Né le 2 juillet 1714 à Erasbach (Allemagne)
Mort le 15 novembre 1787 à Vienne (Autriche)

Le nom de Gluck est synonyme d'un mouvement de réforme opératique qui débuta dans les années 1750. Encouragés par Jean-Jacques Rousseau, les réformistes voulaient favoriser l'action dramatique, éviter la virtuosité vocale gratuite, et bannir tout ce qui ne servait pas l'action de l'opéra. Autant de buts que Gluck est parvenu à atteindre

Christoph Willibald Gluck écrivit plus de 40 œuvres de musique de théâtre. Après des études à Prague, Milan et Venise, il travailla dans plusieurs capitales européennes avant de s'installer à Vienne. Ses premiers opéras furent soit dans le style de l'*operia seria*, avec des livrets de Pietro Metastasio, soit dans la veine de l'opéra comique français alors à la mode à la cour de Vienne. Puis, dès 1760, Gluck prôna la réforme de l'opéra en s'attachant au livret et à sa force dramatique. Les danses, la musique divertissante et les arias da capo très ornées si appréciées des castrats et des prima donna allaient être sacrifiées au principe essentiel de l'opéra : le drame. C'est aussi le sacrifice qui fut au centre de deux chefs-d'œuvre de Gluck pour l'Opéra de Paris : *Iphigénie en Aulide* et *Iphigénie en Tauride*. Inspirées par des textes de l'Antiquité, ces œuvres clés ont été à l'origine de profonds changements. Compositeur pivot, Gluck mit fin à l'époque baroque de Monterverdi, Lully et Haendel, et ouvrit l'époque classique, qui allait s'épanouir dans les chefs-d'œuvre de Mozart et de Cherubini. Il a profondément influencé Richard Wagner et Richard Strauss.

PREMIÈRES REPRÉSENTATIONS

1750 — 1760 — 1770 — 1780

- **1750** Ezio
- **1752** La Clemenza di Tito
- **1756** Il re pastore
- **1758** L'Île de Merlin, ou Le Monde renversé
- **1762** Orfeo ed Euridice (rev. 1774 Orphée et Eurydice)
- **1764** La Rencontre imprévue
- **1765** Telemaco, o sia L'Isola di Circe
- **1767** Alceste
- **1770** Paride ed Elena
- **1774** Iphigénie en Aulide
- **1777** Armide
- **1778** Iphigénie en Tauride
- **1779** Echo et Narcisse

La soprano Marie Arnet chante Diane (Artemis) et Veronica Cangemi joue Iphigénie (*à genoux*), dans le dernier acte d'*Iphigénie en Aulide* au Festival de Glyndebourne, en 2002.

ORFEO ED EURIDICE

(Orphée et Eurydice)

Azione teatrale per musica en trois actes, 1 heure ¾
1762

5 octobre 1762, Burgtheater, Vienne (Autriche)
Raniero da Calzabigi

Orfeo ed Euridice est, à l'exception des derniers chefs-d'œuvre de Mozart, l'opéra le plus important du XVIIIe siècle. Son thème se fait l'écho des œuvres opératiques de Jacopo Peri, *Euridice* (1600) et de *L'Orfeo* de Monteverdi (1607). Mais si Gluck semble tourné vers le passé, son œuvre projeta l'opéra vers l'avenir. Tout concentrer sur l'action dramatique, voilà la nouvelle approche de Gluck. En 1774, il remania la partition pour une version française, *Orphée*, qui fut un triomphe. L'ouverture de l'opéra a une place unique dans l'histoire de la musique : un chœur cérémonieux déplore la mort d'Eurydice, tandis que l'appel bouleversant d'Orphée annonce déjà l'ère romantique. Ce mélange de deux mondes sonores est typique de Gluck.

Lorsque Orphée rencontre Cerbère, le chien gardant les Enfers, au début de l'acte II, la partition pour l'orchestre et le chœur produit un effet terrifiant, évoquant à la fois les menaces d'outre-tombe et la crainte d'Orphée.

RÔLES PRINCIPAUX

Orfeo (Oprhée), *alto*, berger et musicien

Euridice (Eurydice), *soprano*, épouse d'Orfeo

Amore (L'Amour), *soprano*, dieu de l'Amour

Chœur, bergers, nymphes, furies, démons, héros et héroïnes des Champs-Élysées

L'INTRIGUE

Dans le bois entourant la tombe d'Eurydice ; aux Enfers, dans l'Antiquité

ACTE I Bergers et nymphes portent des fleurs et de l'encens sur la tombe d'Eurydice. Pendant qu'ils se lamentent, Orphée, étendu sur un rocher, appelle sa bien-aimée. Puis Orphée demande qu'on le laisse seul avec son chagrin. En vain appelle-t-il son amour perdu, Eurydice, puisque seul l'écho lui répond. Soudain, Orphée se met en colère contre les dieux : il descendra lui-même aux Enfers chercher son épouse bien-aimée. L'Amour annonce que Jupiter s'est ému du chagrin d'Orphée et l'autorise à faire ce singulier voyage. Si la musique calme les sombres esprits du monde souterrain, Orphée pourra ramener Eurydice à la lumière du jour. Mais il la perdra et vivra dans le malheur s'il la regarde avant d'émerger des grottes où plonge le Styx. De plus, il n'a pas le droit d'expliquer les ordres de Jupiter à son épouse. Orphée relève le défi. Aussitôt, le tonnerre gronde et les éclairs zèbrent le ciel.

"Ah, se intorno a quest'urna funesta"

"Gli sguardi trattieni"

Décor aquarellé de 1911, présentant la vision du décorateur russe Aleksander Jakolevic Golovin pour une mise en scène naturaliste de cet opéra.

UNE ÉQUIPE IDÉALE

La première d'*Orfeo ed Euridice* à Vienne, en 1762, rassemblait l'équipe idéale pour la musique de Gluck : le librettiste réformiste Raniero da Calzabigi, le chorégraphe visionnaire Gaspero Angiolini, et le célèbre décorateur Giovanni Maria Quaglio, dont les décors empruntaient à la nature pour souligner la nouveauté du son de cet opéra. Le castrat Gaetano Guadagni interprétait Orphée. Il avait chanté des oratorios pour Haendel à Londres, où il avait aussi étudié le théâtre avec le célèbre acteur shakespearien David Garrick. Il était connu pour éviter les excès.

ACTE II Dans une caverne menant aux Enfers, les esprits du monde souterrain terrifient Orphée, ainsi que les aboiements de Cerbère. Mais lorsqu'il chante son chagrin, tous sont émus et lui ouvrent les portes. Orphée pénètre dans les Champs-Élysées ensoleillés, demeure des dieux et des héros. Il ne trouve pas Eurydice. Les héros et les héroïnes la lui désignent, appréciant la fidélité surhumaine d'Orphée. Sans la regarder, Orphée précède Eurydice pour la ramener sur terre.

"Chi mai dell'Erebo"

ACTE III Orphée conduit sa bien-aimée dans un labyrinthe de rochers et de plantes sauvages. Elle demande s'il est vivant, et si elle l'est aussi. Chaque question est une torture pour Orphée, qui la presse d'avancer. Lorsqu'il refuse de la serrer dans ses bras ou même de la regarder, elle finit par l'accuser de la trahir. Elle lui dit qu'elle préfèrerait être morte et il lui répond qu'il doit rester devant elle. Elle s'effondre, évanouie, et lui demande de ne pas l'oublier. Finalement, Orphée se retourne et la voit mourir sous ses yeux. Il tente en vain de la ranimer et veut la rejoindre dans la mort mais l'Amour l'en empêche et fait revenir Eurydice à la vie. Les amants sont réunis et l'Amour leur enjoint de revenir sur terre. Dans un temple dédié à l'Amour, les bergers dansent pour célébrer le retour d'Eurydice, et chantent le triomphe de l'amour et de la foi.

"Vieni, appaga il tuo consorte!"

"Che farò senza Euridice?"

La mezzo-soprano Magdalena Kožená est Orphée dans la production de Robert Wilson au Théâtre du Châtelet, à Paris (France), en 1999.

IPHIGÉNIE EN AULIDE

Tragédie-opéra en trois actes, 2 heures ½
1771-1773
19 avril 1774, Opéra de Paris

Marie François Louis Gand Leblanc du Roullet, d'après la tragédie de Jean Racine, *Iphigénie* (1674)

Iphigénie en Aulide fut le premier opéra de Gluck s'adressant au public français. L'opéra français ne devait plus jamais être le même. La sobriété de Gluck engendra des réactions mitigées mais créa un goût pour les drames poignants. La magnifique ouverture, l'orchestration complexe et la subtilité convaincante des personnages valurent à cette œuvre où s'affrontent amour et loi antique les louanges de toute l'Europe.

L'opéra fit sensation à Paris, d'autant que Gluck repoussa la date de la répétition en costumes, à laquelle Louis XVI avait prévu d'assister. Pour la première fois, le roi dut changer son programme à la dernière minute.

RÔLES PRINCIPAUX

Agamemnon, *baryton*, père d'Iphigénie
Clytemnestre, *soprano*, mère d'Iphigénie
Iphigénie, *soprano*, bien-aimée d'Achille
Achille, *ténor*, guerrier grec
Calchas, *basse*, prêtre de Diane
Diane (Artémis), *soprano*, déesse

L'INTRIGUE

Aulide, dans la Grèce antique, au début de la guerre de Troie.

ACTE I Agamemnon est désespéré : sa fille Iphigénie a été choisie pour être sacrifiée à Diane. Iphigénie se rend en Aulide en croyant qu'elle doit y épouser Achille. Le prêtre Calchas persuade Agamemnon d'approuver le sacrifice. Iphigénie apparaît dans une splendeur prénuptiale, avec sa mère, Clytemnestre. Elle est furieuse d'apprendre qu'Achille va en épouser une autre. Niant l'avoir trahie, Achille regagne l'amour de sa fiancée.

"Diane impitoyable"

ACTE II Durant les festivités, Iphigénie découvre qu'elle doit être sacrifiée sur l'autel, et non mariée. Brûlant d'amour, Achille défie Agamemnon, qui hâte le sacrifice. Mais un « remords dévorant » l'empêche de porter la main sur sa fille et il supplie Diane de le prendre à la place de la jeune fille.

ACTE III Les Grecs sont assoiffés de sang. Iphigénie accepte son sort. Clytemnestre se lamente amèrement. Tandis qu'Iphigénie s'agenouille devant l'autel au bord de la mer, le Grand prêtre lève très haut son couteau. Achille interrompt le rituel, déterminé à sauver Iphigénie en dépit du courroux des Grecs. Soudain, Diane apparaît. Émue par l'obéissance d'Iphigénie et les larmes de Clytemnestre, elle annonce que les Grecs peuvent maintenant quitter l'Aulide sans sacrifice. Tous se réjouissent, puis partent pour Troie, où leurs actes héroïques vont « étonner la postérité ».

"Jupiter, lance la foudre!"

Katarina Karnéus joue Clytemnestre au Festival de Glyndebourne en 2002

IPHIGÉNIE EN TAURIDE

Tragédie lyrique en quatre actes, 2 heures
1778
18 mai 1779, Opéra de Paris

Nicolas-François Guillard, d'après Euripide et la tragédie de Claude Guimond de la Touche (1757)

La première d'*Iphigénie en Tauride* à l'Opéra de Paris fut un triomphe. Depuis, il est considéré comme un chef-d'œuvre de l'opéra du XVIIIe siècle. Son analyse implacable d'âmes tourmentées s'inscrit dans une rapide succession de gloire retrouvée, de vengeance accomplie et de salut miséricordieux. L'opéra abonde en arias stupéfiantes mais son joyau incontesté est « Ô malheureuse Iphigénie », que chante l'héroïne à l'acte II. Bien des sopranos célèbres ont trouvé là une nouvelle gloire, depuis les toutes premières représentations.

RÔLES PRINCIPAUX

Iphigénie, *soprano*, prêtresse du temple de Diane
Oreste, *baryton*, frère d'Iphigénie
Pylade, *ténor (haute-contre)*, ami d'Oreste
Thoas, *basse*, roi des Scythes
Diane (Artémis), *soprano*, déesse

Gluck n'avait rien contre les castrats, mais en France les amateurs d'opéra les trouvaient dérangeants. Le rôle de Pylade fut donc écrit pour un haute-contre, une adaptation française du castrat italien.

L'INTRIGUE

Tauride, dans la Grèce antique

La diva française Rose Caron incarna des rôles-titres tragiques pendant 15 ans avant d'être Iphigénie, à Paris, en 1900.

ACTE I La tempête se calme mais Iphigénie se lamente sur l'orage qui agite son âme. Dans le temple de Diane, elle raconte son cauchemar : sa mère y tuait son père et elle-même tuait son frère, Oreste. Elle prie pour revoir son frère. Thoas annonce que deux étrangers sont sur le rivage. Les Scythes demandent que les prisonniers grecs soient sacrifiés.

ACTE II Oreste et son ami Pylade se plaignent de leur sort et protestent lorsque les gardes les séparent. Resté seul, Oreste se sent étrangement serein. Mais les Furies et le fantôme de sa mère le tourmentent. Iphigénie apparaît, incognito. En interrogeant avec insistance le prisonnier grec, elle apprend que son père a été assassiné par sa mère, qui à son tour a été abattue par son frère Oreste, qui « trouva la mort qu'il cherchait ». Iphigénie pleure la mort d'Oreste.

"Le calme rentre dans mon coeur"

"Ô malheureuse Iphigénie"

ACTE III Iphigénie explique qu'un prisonnier doit retourner à Mycènes, mais que l'autre doit mourir. Elle ordonne à Oreste de partir, mais il la persuade de sauver Pylade.

ACTE IV Iphigénie rassemble son courage pour accomplir le sacrifice. Lorsqu'Oreste est présenté, ils se reconnaissent. Thoas tente de les tuer mais Pylade arrive avec les gardes grecs pour l'abattre. Diane envoie Oreste et Iphigénie à Mycènes avec les statues de son temple, et tous chantent la gloire des dieux.

« J'ai un désir inexprimable d'écrire un autre opéra… J'envie quiconque est en train d'en composer un. »

Wolfgang Amadeus Mozart

WOLFGANG AMADEUS MOZART

Né le 27 janvier 1756 à Salzbourg (Autriche)
Mort le 5 décembre 1791 à Vienne (Autriche)

Wolfgang Amadeus Mozart a un statut unique dans l'histoire de l'opéra. D'autres grands compositeurs comme Verdi et Wagner ne sont associés qu'à l'opéra. Le génie de Mozart, par contre, englobe tous les genres musicaux, même s'il a toujours eu une passion et un don pour l'opéra, qu'il transforma à l'extrême durant la dernière décennie de sa vie.

Mozart fut le premier à comprendre qu'en exploitant le pouvoir émotionnel de la voix chantée, il pouvait donner chair et sang au héros *serio* ou *buffo* des opéras traditionnels. Avec *Le Nozze di Figaro, Don Giovanni, Così fan tutte*, et *Die Zauberflöte*, il alla encore plus loin. Inspiré par des livrets stimulants, il peignit des personnages complexes au fil d'orchestrations subtiles, de récitatifs harmoniquement ambitieux, d'arias mémorables et d'ensembles très élaborés. Il lui fallut 25 ans pour atteindre ce pinacle.

Son talent précoce fut immédiatement reconnu par son père, Leopold, musicien respecté de Sazbourg, qui aida même le jeune garçon dans ses premières compositions. Mais c'est comme interprète que Mozart étonna d'abord. Il n'avait que cinq ans lorsque, accompagné de sa sœur Maria Anna, il joua du clavecin devant la cour de Bavière, à Munich. Et c'est un « prodige » de huit ans qui accomplit une tournée de trois ans dans les plus grandes villes d'Europe. L'opéra ayant, depuis longtemps, brillamment franchi les frontières de l'Italie, le jeune Mozart fut bientôt attiré par ce genre. En 1767, il écrivit son premier opéra, *Apollo et Hyacinthus*, un intermezzo en trois actes en latin. L'année suivante, il composa *La Finta semplice*, un opéra bouffe en italien, pour le palais de l'archevêché à Sazbourg.

Matthias Görne est Papageno, qui montre ici les oiseaux qu'il vend, dans une scène pittoresque de la production de *Die Zauberflöte* par Achim Freyer, présentée au Festival annuel de Salzbourg en 1999.

PREMIÈRES REPRÉSENTATIONS

1760

- **1767** Apollo et Hyacinthus
- **1768** Bastien und Bastienne
- **1769** La Finta semplice
- **1770** Mitridate, re di Ponto

1770

- **1772** Lucio Silla
- **1775** La Finta Giardiniera, Il Re Pastore

1780

- **1781** Idomeneo, re di Creta
- **1782** Die Entführung aus dem Serail
- **1786** Le Nozze di Figaro
- **1787** Don Giovanni

1790

- **1790** Così fan tutte
- **1791** La Clemenza di Tito, Die Zauberflöte

1800

Et quelques mois plus tard, il présenta *Bastien und Bastienne*, un Singspiel allemand, à Vienne. Avant l'âge de 13 ans, il avait écrit des opéras dans trois langues et trois styles différents.

ÉTUDES EN ITALIE

L'Italie restait le véritable foyer de l'opéra et Mozart ressentit le besoin de compléter son éducation et d'y laisser sa marque. Dès la fin 1769, il y séjourna 15 mois. Il commença par apprendre l'art du contrepoint – superposition harmonieuse de lignes mélodiques. Puis, ayant fait ses preuves dans des récitals privés, il se vit commander par le théâtre royal de Milan un *opera seria : Mitridate, re di Ponto.* Acclamé sous le nom de « petit maître », il retourna à Milan en 1772 pour présenter *Lucio Silla.*

LES ANNÉES DE SALZBOURG

Mozart n'eut l'occasion d'écrire que deux opéras durant les neuf années suivantes : *La Finta Giardiniera* et *Il Re Pastore*, tous deux en 1775. Contrairement à la musique instrumentale, l'opéra n'était pas seulement l'objet d'une commande. Il fallait aussi un librettiste et des chanteurs, et Salzbourg n'avait ni véritable théâtre ni salle d'opéra. Mozart était aussi très occupé en tant qu'organiste de la cathédrale et de la cour. Le désespoir le gagna peu à peu, si bien qu'il voulut quitter la ville. « Savez-vous à quel point je déteste Salzbourg ? » écrivit-il à un ami. Finalement, en 1781, Munich commanda à Mozart *Idomeneo*, sa première œuvre théâtrale de l'âge mûr. Il maîtrisait à présent suffisamment l'héritage musical du passé pour être tout entier tourné vers l'avenir. Plus tard dans la même année, il quitta Salzbourg pour toujours, rompant tout lien avec le redoutable prince archevêque Colloredo en même temps qu'il échappait à la domination affectueuse de son père.

Constance Weber, l'épouse de Mozart, contribua à préserver l'héritage musical du compositeur après sa mort.

GRANDEUR OPÉRATIQUE

La décennie suivante allait l'inscrire dans la légende. Pourtant, elle fut aussi tumultueuse. En 1782, il épousa la jeune Constance Weber, dont il avait autrefois courtisé la sœur. Elle était souvent malade, et Mozart croulait sous les dettes. L'emploi de compositeur de la cour, qu'il convoitait, était occupé par Antonio Salieri. Mozart s'obligea à composer abondamment tout

Léopold Mozart accompagne le jeune Mozart et sa sœur Maria Anna à Paris en 1763.

en effectuant des voyages épuisants. En juillet 1782, il fit une entrée remarquée dans le monde de l'opéra de Vienne avec un Singspiel burlesque, *Die Entführung aus dem Serail (L'Enlèvement au sérail)*, qui connut un succès immédiat. Mais le tournant de sa carrière eut lieu en 1784, lorsqu'il rencontra le poète et librettiste italien Lorenzo da Ponte. À présent, non seulement Mozart pouvait choisir le sujet de ses opéras, mais il avait aussi accès aux livrets audacieux de Da Ponte. Ainsi *Le Nozze di Figaro*, avec ses serviteurs rebelles, fait allusion à la lutte des classes ; *Don Giovanni* décrit un aristocrate séducteur et amoral ; et *Così fan tutte* suggère que les femmes peuvent être aussi volages que les hommes. Mais c'est la musique qui a mis ses œuvres au cœur du répertoire opératique. Elle est belle, dérangeante, et parfois presque douloureusement intimiste.

UNE VIE TROP BRÈVE

En 1791, la dernière année de sa vie, Mozart donna un quatrième joyau à l'opéra, *Die Zauberflöte (La Flûte enchantée)*. Pendant qu'il y travaillait, il écrivit en hâte *La Clemenza di Tito* pour le couronnement de l'empereur Leopold II à Prague. Après la première de cet *opera seria*, Mozart se hâta de rentrer à Vienne pour finir *Die Zauberflöte*, qui s'ouvrit le 30 septembre. Mais quelques semaines plus tard, il fut pris de fièvre. Il mourut le 5 décembre 1791, sept semaines avant son 36e anniversaire, laissant inachevée sa dernière grande œuvre chorale, le *Requiem*.

LORENZO DA PONTE

Après *Le Nozze di Figaro* en 1785, Lorenzo da Ponte écrivit les livrets des trois derniers chefs-d'œuvre de Mozart. Né en 1749 dans une famille juive italienne, da Ponte devint prêtre et poète avant que des ennuis avec la justice ne le forcent à quitter Venise. À Vienne, où il bénéficia de l'amitié de l'empereur Joseph II, il travailla étroitement avec Mozart de 1784 à 1789. Puis il reprit ses vagabondages de poète, de dramaturge et de librettiste sans le sou avant d'arriver aux États-Unis, où il mourut en 1838.

Gravure de Karl Friedrich Schinkel : le spectaculaire décor céleste utilisé pour l'entrée de la Reine de la Nuit, pour une production de *La Flûte enchantée*, à Berlin, en 1816.

MITRIDATE, RE DI PONTO

(Mithridate, roi du Pont)

Opera seria en trois actes, 3 heures ½
1770
26 décembre 1770, Teatro Regio Ducal, Milan (Italie)

Vittorio Amedeo Cigna-Santi, d'après la traduction de la tragédie de Racine, *Mithridate* (1673) par Giuseppe Parini

Mozart n'avait que 14 ans lorsque le gouverneur général autrichien en Lombardie lui commanda *Mitridate*. Selon l'usage, on lui donna un livret qui avait déjà été mis en musique trois ans auparavant par Quirino Gasparini. L'opéra fut bien accueilli, les arias de brillante colorature arrachant des vivats au public et lui valant de nouvelles commandes. Pourtant *Mitridate* retomba dans l'oubli pendant deux siècles.

Les chanteurs étaient déjà les stars de l'opéra : Guglielmo Ettore exigea de Mozart qu'il réécrive trois fois de suite l'aria d'ouverture de *Mitridate*, et, lors de la première, reprit la version de Gasparini de l'aria finale.

RÔLES PRINCIPAUX

Mitridate (Mithridate), *ténor*, roi du Pont

Aspasia, *soprano*, sa fiancée

Sifare, *soprano*, fils de Mithridate, aimant Aspasia en secret

Farnace, *alto*, autre fils de Mithridate, courtisant ouvertement Aspasia

Ismene, *soprano*, princesse grecque

L'INTRIGUE

Nymphaea, en Crimée, vers 66-63 av. J.-C.

ACTE I Pendant qu'il se bat contre les Romains, le roi Mithridate laisse sa bien-aimée, Aspasia, aux soins de ses fils Sifare et Farnace. Lorsque la nouvelle de la mort du roi parvient, Farnace soutient les Romains. Les deux frères se disputent aussi Aspasia, qui préfère Sifare. Mithridate revient avec Ismene, qu'il veut fiancer à Farnace. Le roi, qui a annoncé sa propre mort pour éprouver la loyauté de ses fils, apprend que Farnace fait la cour à Aspasia et ordonne qu'il soit puni.

ACTE II Mithridate décide d'épouser Aspasia, mais devant sa réticence, il croit qu'elle l'a trompé avec Farnace. Aspasia et Sifare décident de se séparer ♪. Mithridate ordonne que Farnace soit arrêté pour avoir conspiré avec les Romains. Farnace révèle que Sifare aime Aspasia. Lorsqu'elle avoue elle aussi son amour pour Sifare, Mithridate la condamne à mourir avec ses fils.

"Lungi da te mio bene"

ACTE III Refusant d'épouser Mithridate, Aspasia se prépare à prendre du poison ♪. Le roi part pour combattre les Romains, tandis que ses fils, libérés, le rejoignent dans la bataille. Les Romains offrent le trône à Farnace mais, pris de remords pour sa trahison, il aide son père à les vaincre. Mortellement blessé, Mithridate pardonne à ses fils et, avant de mourir, bénit l'union de Sifare et d'Aspasia, de Farnace et d'Ismene.

"Pallid'ombre, che scorgete"

Sally Matthews en Sifare, et Aleksandra Kurzak, en Aspasia, renouvellent leur serment d'amour avant de se séparer. Production de la Royal Opera House de Londres, en 2005.

LUCIO SILLA

(Lucius Sulla)

Opera seria en trois actes, 3 heures ½
1772
26 décembre 1772, Teatro Regio Ducal, Milan (Italie)
Giovanni de Gamerra

Après le succès de *Mitridate*, le Teatro Regio Ducal de Milan commanda un autre opéra à Mozart, qui dut écrire les 18 arias de *Lucio Silla* en un mois. On peut cependant voir toute la maturité qu'il a acquise entre-temps, notamment dans la façon dont la musique renforce les personnalités des rôles-titres. Pourtant, cet opéra ne connut qu'un succès modéré et Mozart quitta à jamais l'Italie.

Pendant longtemps, *Lucio Silla* fut dans l'ombre des *opere serie* ultérieurs de Mozart. Il est récemment revenu au goût du jour en raison de son sujet politique, facile à présenter comme drame contemporain.

RÔLES PRINCIPAUX

Lucio Silla, *ténor*, dictateur romain
Giunia, *soprano*, l'objet de son désir
Cecilio, *soprano*, sénateur dissident fiancé à Giunia
Lucio Cinna, *soprano*, ami de Cecilio
Celia, *soprano*, sœur de Silla et jeune épouse de Cinna

L'INTRIGUE

Rome, vers 79 av. J.-C.

ACTE I Cecilio rentre d'exil, à Rome. Il apprend que son épouse Giunia a reçu l'ordre d'aller vivre dans le palais de Lucio Silla, où le despote veut la séduire. La sœur de Lucio Silla, Celia, le presse de traiter Giunia avec gentillesse. Giunia déteste Lucio Silla, le meurtrier de son père, et repousse ses avances. Apprenant qu'elle se rend chaque jour sur la tombe de son père, Cecilio va à sa rencontre et rejoint d'autres Romains afin de prier pour que meure Lucio Silla.

Giunia, chantée par la soprano Eva Oltivanyi, prie devant la tombe de son père. Production du Garsington Opera, Angleterre, 1998.

ACTE II Cinna suggère à Giunia d'épouser Lucio Silla pour le tuer mais elle refuse. Lucio Silla demande effectivement Giunia en mariage, disant que leur union mettra fin aux troubles qui rongent la république romaine déjà mal en point. Cecilio réitère son amour à Giunia. Il va même jusqu'à menacer Lucio Silla de son épée et est arrêté.

"Ah se il crudel periglio"

"Ah se a morir mi chiama"

ACTE III Désespéré, Cinna supplie Celia, sa bien-aimée, de calmer son frère, le dictateur. Cecilio attend la mort en prison et Giunia fait le vœu de mourir avec lui. Puis, de façon très inattendue, Lucio Silla pardonne à tous depuis les marches du Capitole. Il libère Cecilio et le rend à Giunia. Et même si Cinna avoue qu'il hait Silla, son frère lui pardonne et approuve son mariage avec Celia. Annonçant qu'à l'avenir il vivra comme tout citoyen romain ordinaire, Lucio Silla abdique, remplissant de joie toute la ville.

IL RE PASTORE

(Le roi pasteur)

Serenata en trois actes, 2 heures
1775
23 avril 1775, palais de l'Archevêché, Salzbourg
Métastase

Le prince-archevêque Colloredo, de Sazbourg, commanda *Il Re Pastore* pour célébrer une visite du jeune archiduc Maximilien. On donna donc à Mozart le livret d'*opera seria* de Métastase (1751), déjà mis en musique par une douzaine de compositeurs. La partition contient de superbes arias et ensembles, mais ne valut pas à Mozart de commandes. Cinq années s'écoulèrent avant qu'il n'écrive un autre opéra, qui sera sa première grande œuvre scénique, *Idomeneo*.

RÔLES PRINCIPAUX

Alexandre (Alessandro), *ténor,* Alexandre le Grand

Aminta, *soprano,* futur roi de Sidon

Elisa, *soprano,* aimée d'Aminta

Tamiri, *soprano,* fille de Straton l'usurpateur

Représenté devant un jeune archiduc, *Il Re Pastore* aurait pu passer pour une satire des conquêtes des Habsbourg, si la musique sémillante et l'intrigue burlesque n'en avaient atténué le caractère offensant.

L'INTRIGUE

Sidon, Liban, vers 330 av. J.-C.

ACTE I Le jeune berger Aminta est rejoint par sa bien-aimée Elisa. Elle lui dit qu'après avoir chassé Straton l'usurpateur du trône de Sidon, Alexandre cherche un héritier. Accompagné par Agenore, Alexandre observe Aminta et est impressionné. Pendant ce temps, Agenore retrouve sa bien-aimée Tamiri, la fille de Straton, devenue bergère auprès d'Elisa. Il supplie Tamiri de le suivre mais elle n'a pas confiance en Alexandre. Agenore acclame Aminta, le nouveau roi de Sidon. Or Aminta rejette le pouvoir jusqu'à ce qu'Elisa, lui assurant qu'ils se marieraient bientôt, le convainque d'accepter cet honneur.

"Vanne a regnar, ben mio"

Annette Dash est Aminta (en haut), et Juan José Lopera est Agenore dans une production du Théâtre de la Monnaie, à Bruxelles, en 2003.

ACTE II Agenore empêche Elisa de voir Aminta pendant qu'il parle d'affaires d'État avec Alexandre. Soucieux de faire la paix avant de partir vers de nouvelles conquêtes, Alexandre propose qu'Aminta épouse Tamiri, la fille de son ennemi. Elisa préfère mourir plutôt que de perdre Aminta, mais Tamiri est tellement furieuse qu'Agenore l'ait abandonnée qu'elle lui ordonne d'assister à son mariage. Aminta renonce à son habit royal, disant qu'il ne peut être roi sans Elisa. Finalement, reconnaissant son erreur, Alexandre nomme Aminta et Elisa souverains de Sidon, et promet de donner bientôt un royaume à Agenore et Tamiri.

"L'amerò, sarò constante"

IDOMENEO, RE DI CRETA

(Idoménée, roi de Crète)

Dramma per musica en trois actes, 3 heures ½
1780–1781
29 janvier 1781, Cuvilliés Theater, Munich (Allemagne)
Giambattista Varesco, d'après le livret de 1731 d'Antoine Danchet mis en musique par André Campra

Idomeneo, le troisième *opera seria* de Mozart, annonce ses chefs-d'œuvre ultérieurs. Écrit après une longue période de composition de musique instrumentale, il se distingue par ses arias passionnées, un quartet remarquable, des chœurs puissants et une riche orchestration. Il ne fut représenté que trois fois, après sa création. Redécouvert au milieu du XXe siècle, il est aujourd'hui considéré comme une œuvre majeure.

À 25 ans, Mozart n'avait pas le pouvoir de choisir sa distribution. Après la première d'*Idomeneo*, il décrivit les interprètes d'Idoménée et d'Idamante comme « les deux pires acteurs qu'on ait jamais vus sur scène ».

RÔLES PRINCIPAUX

Idomeneo (Idoménée), *ténor*, roi de Crète

Idamante, *mezzo-soprano* ou *ténor*, fils et héritier d'Idomeneo

Ilia, *soprano*, princesse troyenne

Elettra, *soprano*, princesse grecque

Arbace, *ténor*, aide d'Idomeneo

Grand prêtre, *ténor*

L'INTRIGUE

En Crète, vers le XIIe siècle av. J.-C.

ACTE I La princesse troyenne Ilia est prisonnière en Crète où, pour lui prouver son amour, le prince Idamante libère tous les prisonniers troyens. Rentrant chez lui après de nombreuses années, le roi Idoménée manque de se noyer. Pour assurer son salut il promet à Neptune de sacrifier la première personne qu'il rencontrera sur le rivage. Il est accueilli par un jeune homme en qui il reconnaît son fils, Idamante. Le roi sombre dans le désespoir.

ACTE II Idoménée ordonne à Idamante de partir pour Argos avec Électre, une princesse grecque amoureuse du prince. Le cœur brisé, Ilia avoue à Idoménée qu'elle aime Idamante. Pour punir la trahison d'Idoménée, Neptune envoie un monstre à l'assaut de l'île, au cours d'une tempête. Le roi s'offre en sacrifice mais Neptune, furieux, aggrave encore la tempête. Le peuple de Crète s'enfuit, terrorisé.

"Se il padre perdei"

ACTE III Pendant qu'Idamante se prépare à combattre le monstre, Ilia lui avoue enfin son amour, mais Idoménée ordonne de nouveau à son fils de partir. Idamante tue le monstre et est prêt à mourir. Mais lorsqu'Ilia propose de prendre sa place, Neptune ordonne à Idoménée d'abdiquer et de nommer Idamante et Ilia souverains de Crète.

"Andro ramingo e solo"

Norman Shankle est Idomeneo, et Karine Babajanian, Elettra, Opéra de Stuttgart, 2005.

DIE ENTFÜHRUNG AUS DEM SERAIL

(L'Enlèvement au sérail)

Singspiel en trois actes, 2 heures ¼
1781–1782
16 juillet 1782, Hofburgtheater, Vienne (Autriche)

Gottlieb Stephanie, d'après une pièce de théâtre de Christoph Friedrich Bretzner

Die Entführung aus dem Serail fut le premier opéra de Mozart pour Vienne et son premier Singspiel, un genre propre à l'opéra allemand, avec des dialogues parlés. Ce n'est pas une coïncidence si l'héroïne s'appelle Constance car un mois après la première, Mozart épousait Constance Weber. La frivolité de l'histoire à la mode de l'époque est compensée par la somptuosité de la musique, avec 21 arias, duos et ensembles.

Le public moderne peut trouver éprouvant ce long opéra en allemand, mais l'empereur Joseph II fut davantage impressionné par la partition. « Il y a vraiment beaucoup de notes, mon cher Mozart », aurait-il dit.

RÔLES PRINCIPAUX

Bassa Selim (Sélim pacha), *rôle parlé*, pacha turc
Konstanze (Constance), *soprano*, dame espagnole
Blonde (Blondine), *soprano*, suivante de Constance
Belmonte, *ténor*, fiancé de Constance
Pedrillo (Pédrille), *ténor*, serviteur de Belmonte
Osmin, baryton, gardien du sérail de Sélim

L'INTRIGUE

Aux alentours du palais de Bassa Selim dans une ville d'Afrique du Nord

ACTE I Belmonte est à la recherche de sa fiancée, Constance, prisonnière dans le palais de Sélim. Il rencontre Pedrillo, son serviteur, qui est aussi retenu en otage. Pedrillo lui dit que Constance est devenue la favorite de Sélim et que Blonde, sa suivante anglaise, a été attribuée à Osmin. Belmonte veut absolument retrouver Constance. Il entend Sélim faire une cour pressante à la jeune femme, qui le repousse. Le pacha lui donne un jour pour changer d'avis. Pedrillo présente Belmonte à la cour comme « architecte ».

"Konstanze, Konstanze"

ACTE II Blondine élude les avances d'Osmin pendant que Constance se lamente. Blonde est ravie d'apprendre que Belmonte a un plan d'évasion : Pedrillo va enivrer Osmin, qui effectivement s'endort. Belmonte tombe dans les bras de Constance, et, comme lui, Pedrillo veut s'assurer que sa belle lui a été fidèle.

"Martern aller Arten"

ACTE III Les femmes reçoivent le signal pour s'enfuir mais sont repérées et amenées à Osmin, qui leur promet un terrible châtiment. Sélim est encore plus furieux lorsqu'il apprend que le père de Belmonte est son ennemi juré. Puis, alors que Belmonte et Constance attendent la mort, Sélim décide de libérer les deux couples et tous sauf Osmin célèbrent l'événement.

Sélim (Christoph Späth) tente en vain de séduire Constance, chantée par Désirée Rancatore, dans cette production de 2006 du Teatro Lirico de Cagliari.

LA CLEMENZA DI TITO

(La Clémence de Titus)

✍ Opera seria en deux actes, 2 heures ¼
⌛ 1791
6 septembre 1791, Graflich Nostitzsches Nationaltheater, Prague (République tchèque)
📖 Caterino Tommaso Mazzolà, d'après Métastase

La Clemenza di Tito, l'avant-dernier opéra de Mozart, ressemble à ses œuvres précédentes dans la mesure où c'est un *opera seria* fondé sur un livret classique. Mozart n'eut que trois semaines pour écrire la partition, qui lui fut commandée pour le couronnement de Leopold II, sacré roi de Bohême. L'œuvre accorde une importance inhabituelle aux voix féminines, y compris dans les deux rôles de femmes jouant des hommes.

Un opéra décrivant un souverain magnanime était censé convenir au couronnement d'un empereur. Pourtant, l'épouse espagnole de Leopold II, la reine Marie-Louise, le traita de *porcheria tedesca* (cochonnerie allemande).

RÔLES PRINCIPAUX

Tito (Titus), *ténor*, empereur romain

Vitellia, *soprano*, fille de l'empereur précédent

Sesto (Sextus), *soprano* ou *mezzo-soprano*, épris de Vitellia

Servilia, *soprano*, éprise d'Annio

Annio (Annius), *soprano* ou *mezzo-soprano*, épris de Servilia

L'INTRIGUE

Rome, Italie, vers 80 av. J.-C.

Titus (Michael Schade) et et Vitellia (Dorothea Röschmann) dans la production en costumes contemporains de Martin Kusej au Festival de Salzbourg, en 2003.

ACTE I Vitellia est furieuse car Titus veut épouser une princesse étrangère. Elle demande de tuer l'empereur. Lorsque Annius l'informe que Titus a changé d'avis, Vitellia ordonne à Sextus d'attendre. En fait, Titus décide d'épouser la sœur de Sextus, Servilia qui aime Annius. Lorsque Servilia le dit à Titus, il retire généreusement sa demande en mariage. Voyant la joie de Servilia, Vitellia croit qu'elle a encore « perdu » Titus et envoie Sextus tuer l'empereur. Lorsque Vitellia apprend qu'elle a été choisie pour épouser Titus, Rome brûle. Sextus revient et lui apprend que Titus a été tué.

"Ah, perdona al primo affetto"

ACTE II Découvrant que Titus n'est pas mort, Vitellia pousse Sextus à s'enfuir mais il est arrêté pour trahison. Incrédule, Titus veut entendre Sextus avouer sa faute. Sextus lui demande de lui pardonner avant d'être livré dans l'arène. Resté seul, Titus signe la condamnation à mort, puis la détruit. Ignorant que Sextus a été gracié, Annius et Servilia demandent à Vitellia de plaider sa cause. Vitellia, pleine de remords, révèle à Titus son rôle dans l'intrigue. Stupéfait, Titus demande : « Combien d'entre vous m'ont trahi ? » Pourtant, par clémence, il leur pardonne à tous.

"Non più di fiori"

LE NOZZE DI FIGARO

(Les Noces de Figaro)

Opera buffa en quatre actes, 3 heures
1785–1786
1er mai 1786, Hofburgtheater, Vienne (Autriche)

Lorenzo da Ponte, d'après la pièce de théâtre de Beaumarchais, *La Folle Journée ou Le Mariage de Figaro* (1784)

Beaucoup considèrent *Le Nozze di Figaro* comme le plus grand des opéras de Mozart, et sans doute le plus parfait jamais écrit. Issu de la rencontre entre Mozart et le librettiste Lorenzo da Ponte, il combine arias et ensembles éblouissants à une intrigue forte et très divertissante. La musique joue un rôle central en révélant le tempérament des personnages principaux : l'arrogance du comte, la mélancolie de la comtesse, la colère de Figaro et l'espièglerie de Susanna. En deçà de l'humour, la partition de Mozart exprime de profondes vérités émotionnelles. De plus, il lie si bien arias et récitatifs que la narration est aussi harmonieuse que la partie instrumentale. Aujourd'hui, *Le Nozze di Figaro* est la pierre de touche du répertoire opératique.

La Folle Journée ou Le Mariage de Figaro fut censurée comme subversive. Mais en remplaçant la satire politique sur la lutte des classes par une rivalité amoureuse, Mozart et Da Ponte ont pu monter leur opéra bouffe

RÔLES PRINCIPAUX

Comte Almaviva, *baryton*, noble espagnol dévergondé

Comtesse Almaviva, *soprano*, son épouse

Figaro, *baryton*, valet du comte

Susanna (Suzanne), chambrière de la comtesse, fiancée à Figaro

Cherubino (Chérubin), *soprano* ou *mezzo-soprano*, page

Marcellina (Marcelline), *soprano* ou *mezzo-soprano*, duègne

Bartolo, *basse*, médecin

Basilio, *ténor*, maître de musique

L'INTRIGUE

Château d'Aguas Frescas, non loin de Séville, en Espagne

ACTE I Figaro doit épouser Susanna, la chambrière de la comtesse, mais le comte Almaviva veut exercer son droit de cuissage en passant une nuit avec la mariée. Susanna rassure Figaro, furieux. Or Marcellina assure que Figaro a promis de l'épouser en échange d'une dette. Chérubin, un jeune page qui aime la comtesse, est chassé pour avoir poursuivi de ses assiduités la fille du jardinier, Barbarina.

"Non so più cosa son, cosa faccio"

Chérubin supplie Susanna de l'aider. Lorsque le comte arrive, Chérubin se cache. Basilio, le maître de musique, apparaît et le comte se cache aussi. Le comte entend alors Chérubin avouer sa passion pour la comtesse, et il expédie le page à l'armée. Figaro l'applaudit.

"Non più andrai"

ACTE II La comtesse se désole de l'inconstance de son époux, Figaro dévoile son plan. Il dira au comte

"Porgi, amor, qualche ristoro"

La production classique de Giorgio Strehler (1980), sous la direction musicale de Sir Georg Solti, fut reprise plusieurs fois à l'Opéra national de Paris. Cette scène se déroule à l'Opéra Bastille, à Paris, en 2003.

que sa femme a un rendez-vous galant. Chérubin est impliqué malgré lui dans l'action. Lorsque le comte arrive, Chérubin se cache dans la garde-robe. La comtesse prétend que Susanna est en train d'essayer sa robe de mariée. Soupçonneux, le comte part chercher un marteau pour enfoncer la porte, permettant au page de s'enfuir et à Susanna de prendre sa place. Figaro réussit à contenir les soupçons du conte. Marcellina surgit en réclamant la main de Figaro.

ACTE III Le comte a ordonné à Figaro d'épouser Marcellina mais Figaro dit qu'il a besoin du consentement de ses propres parents, qu'il ne connaît pas. Marcellina demande s'il a une tâche de naissance sur le bras. Lorsqu'il l'admet, elle s'évanouit. Le docteur Bartolo dit être son père et Marcellina, sa mère. Voyant Figaro serrer Marcellina dans ses bras, Susanna se méprend et le gifle. Marcellina explique la situation et le comte est confus. La comtesse espère encore retrouver l'amour de son époux. Comme les célébrations du mariage de Figaro commencent, Susanna glisse une note au comte pour lui donner rendez-vous.

"Riconosci in questo amplesso"

"Dove sono"

ACTE IV Figaro se cache dans le jardin. Susanna et la comtesse, qui ont échangé leurs vêtements, arrivent. Susanna est ravie de voir Figaro, mais il ne la reconnaît pas. Le comte s'avance pour embrasser « Susanna », qui s'esquive, Figaro aperçoit la « comtesse », puis entend la voix de Susanna. Avec le comte cherchant maintenant « Susanna », Figaro proclame maintenant son amour pour « la comtesse ». Le comte est outré jusqu'à ce que « Susanna » révèle qu'elle est la comtesse. Humilié, le comte supplie qu'on lui pardonne et la comtesse accepte.

"Deh vieni, non tardar"

BRYN TERFEL

Aujourd'hui, aucun chanteur n'a été autant identifié à Figaro que le charismatique basse-baryton gallois Bryn Terfel. Incarner Figaro dans son premier rôle-titre dans les grandes salles d'opéra de Santa Fé, Londres, New York, Vienne et Milan, lui valut une renommée internationale. Avec une présence sur scène à la hauteur de sa superbe voix, Terfel a depuis élargi son répertoire pour inclure des rôles comme Scarpia dans *Tosca*, Falstaff, et Wotan dans le monumental cycle du *Ring* de Wagner.

Carla Dirlikov, jouant Cherubino, flirte avec Zorana Sadiq dans le rôle de Susanna, dans l'opéra *Le Nozze di Figaro* au Banff Festival Summer, au Canada, en 2004.

DON GIOVANNI

Dramma giocoso en deux actes, 2 heures ¾
1787
29 octobre 1787, Graflich Nostitzsches Nationaltheater, Prague (République tchèque)
Lorenzo da Ponte, d'après le livret de Giovanni Bertati pour l'opéra de 1787 de Giuseppe Gazzaniga

Pour *Don Giovanni*, commande de Prague après le succès des *Noces de Figaro*, Mozart fit de nouveau appel à Lorenzo da Ponte. Celui-ci s'inspira d'un autre opéra sur Don Giovanni, récemment présenté à Venise. La poésie et l'esprit du livret de Da Ponte inspirèrent à Mozart une brillante partition, qui sut mélanger comédie et tragédie – ainsi que des arias et des ensembles complexes – à la triste histoire d'un coureur de jupons défiant tout châtiment, jusqu'à la mort. La profonde humanité de la musique renforce l'action dramatique et influe sur l'interprétation des chanteurs.

À la fin de l'opéra, dans la scène du souper de Don Giovanni, Mozart s'amuse à « citer » trois opéras contemporains, dont *Le Nozze di Figaro*. Leporello remarque d'ailleurs : « Je connais un peu trop bien ce morceau. »

RÔLES PRINCIPAUX

Don Giovanni, *basse* ou *baryton*, jeune noble licencieux
Le Commandeur, *basse*, tué par Don Giovanni
Donna Anna, *soprano*, fille du Commandeur
Don Ottavio, *ténor*, gentilhomme fiancé à Anna
Donna Elvira, *soprano*, noble dame abandonnée par Don Giovanni
Leporello, *basse*, valet de Don Giovanni
Zerlina (Zerline), soprano, jeune paysanne
Masetto, *basse*, fiancé de Zerlina

L'INTRIGUE

À l'intérieur et dans les environs de la villa de Don Giovanni

ACTE I Don Giovanni, tente de séduire une femme de plus. Il sort en courant de la maison, masqué, poursuivi par Donna Anna. Le père de la jeune femme, le Commandeur, le provoque en duel. Don Giovanni le blesse mortellement. Donna Anna demande à son fiancé, Ottavio, de l'aider à se venger. Arrive Donna Elvira, regrettant son amant perdu, Don Giovanni, qui l'a séduite en lui promettant le mariage. Elle le reconnaît soudain et il s'éloigne, tandis que Leporello fait le compte des conquêtes de son maître. Don Giovanni est maintenant attiré par Zerlina et invite son fiancé, Masetto, à une fête dans son château.

"Madamina, il catalago è questo"

La soprano anglaise Emma Albertazzi (1814-1847) dans le rôle de Zerlina, une illustration de cet opéra.

Seul avec Zerlina, il commence à flirter.

"Là ci darem la mano"

Elvira apparaît et prévient Zerlina qu'elle a affaire à un roué. Donna Anna est maintenant certaine que Don Giovanni est l'homme masqué qui a tué son père. De son côté, Ottavio jure de découvrir la vérité. Leporello annonce qu'Elvira a perturbé la fête mais Don Giovanni veut profiter de sa nouvelle conquête. Tandis qu'Elvira, Anna et Ottavio arrivent, masqués, Don Giovanni entraîne Zerlina à l'écart. Soudain, elle appelle au secours.

"Dalla sua Pace"

"Finch'han dal vino"

Don Giovanni sort. Ottavio pointe un pistolet vers lui. Le trio enlève leurs masques et le menace. Don Giovanni parvient à s'échapper.

ACTE II Don Giovanni et Leporello échangent leurs vêtements. Don Giovanni feint de supplier Elvira de lui pardonner, puis Leporello, dans les vêtements de son maître, attire la jeune femme dans ses bras tandis que Don Giovanni chante une sérénade à la servante d'Elvira ♁. Masetto survient et reçoit une volée de coups de « Leporello ». Pendant que « Don Giovanni » s'enfuit avec Elvira, Anna et Ottavio l'interceptent et il avoue aussitôt qu'il est Leporello. Ottavio jure de tuer Don Giovanni mais Elvira aime toujours le séducteur ♁. Don Giovanni retrouve Leporello au cimetière et plaisante à propos de sa conquête. Soudain, on entend une voix lui disant que son rire sera de courte durée. Voyant la statue du Commandeur, Don Giovanni se gausse de la menace. Leporello invite la statue à dîner avec son maître et la statue hoche la tête. Don Giovanni reste insouciant et fait venir des musiciens pour accompagner son dîner. Elvira vient supplier Don Giovanni, qui l'humilie. En sortant, elle pousse un cri et la statue du Commandeur apparaît. Don Giovanni lui offre à souper mais la statue l'invite à dîner à son tour. Leporelle supplie son maître de refuser mais il accepte. Prenant la main du noble, la statue lui intime de se repentir. Don Giovanni refuse et dans un dernier cri il est consumé par les flammes. Ses ennemis arrivent et chacun décide de recommencer une nouvelle vie, satisfaits du sort de Don Giovanni.

"Deh, vieni alla finestra"

"Mi tradì, quell'alma ingrata"

DON JUAN

La légende de Don Juan était un conte moral destiné à critiquer les personnes aux mœurs relâchées. Elle fut mise en scène en 1630 dans la pièce de Tirso de Molina, *El Burlador de Sevilla*, qui inspira la célèbre pièce de Molière, *Don Juan ou le Festin de pierre*, en 1665. Plus d'un siècle plus tard, la version de Mozart parut plus légère. Il est vrai que c'était l'époque de Giacomo Casanova, qui assista probablement à la première de *Don Giovanni* à Prague.

***John Brownlee,** le grand baryton australien, fut un Don Giovanni populaire. Il chanta aussi des rôles-titres dans d'autres opéras de Mozart, Verdi et Wagner.*

Robert Lloyd est le Commandeur, et Gerald Finley, Don Giovanni, dans la scène finale et de cet opéra donné à la Royal Opera House, en 2003.

COSÌ FAN TUTTE

Dramma giocoso en deux actes, 3 heures
1789
26 janvier 1790, Hofurgtheater, Vienne (Autriche)
Lorenzo da Ponte

Così fan tutte, ossia la Scuola degli amanti, (*Ainsi font-elles toutes ou l'École des amants*) n'a pas été reconnu comme chef-d'œuvre avant le XXe siècle. Malgré les sublimes arias et duos, ainsi que deux remarquables ensembles de 19 minutes, l'intrigue était considérée comme décadente. On pouvait accepter que les hommes soient des séducteurs mais non que les femmes soient inconstantes. Aujourd'hui, cet opéra est acclamé pour son intrigue pleine d'entrain et sa partition captivante. La musique de Mozart donne à l'histoire une dimension d'un réalisme poignant, en explorant à la fois la peur universelle de la trahison et l'espoir d'un amour inattendu.

RÔLES PRINCIPAUX

Don Alfonso, *basse*, philosophe de la ville

Fiordiligi, *soprano*, dame de Ferrare

Dorabella, *mezzo-soprano*, sœur de Fiordiligi

Ferrando, *ténor*, fiancé de Dorabella

Guglielmo, *baryton*, fiancé de Fiordiligi

Despina, *soprano*, servante intrigante

Così fan tutte fait écho à des événements de la vie de Mozart : il épousa la sœur d'une femme qu'il avait aimée avant elle. Son épouse, Constance, partait souvent en cure, le laissant alors livré à lui-même.

L'INTRIGUE

Naples, Italie, XVIIIe siècle

ACTE I Don Alfonso déclare à deux officiers de l'armée, Ferrando et Guglielmo, qu'on ne peut faire confiance aux femmes. Outrés, ils se vantent de la constance de leurs fiancées, les deux sœurs Fiordiligi et Dorabella. Don Alfonso propose d'éprouver la fidélité des deux femmes dans un pari. Les officiers acceptent ses conditions : ne rien dire à leurs fiancées, et pendant 24 heures, obéir aux ordres de Don Alfonso. Pendant que Fiordiligi et Dorabella admirent les portraits de leurs amoureux dans des médaillons, Don Alfonso leur annonce que les hommes ont été mobilisés. Les deux femmes vont leur dire adieu. Elles ont le cœur brisé mais leur chambrière, Despina, déclare peu ou prou qu'un de perdu, dix de retrouvés… Don Alfonso soudoie Despina pour présenter deux hommes aux jeunes filles. Déguisés en « Albanais », Ferrando et Guglielmo se jettent aux pieds des deux sœurs. Fiordiligi déclare être d'une fidélité à

"Ah, guarda sorella"

"Soave sia il vento"

Gravure de Herrn Gunbaum de Ferrando, dans un costume albanais. En l'absence des femmes, certains ténors enlevaient la moustache de rigueur pour chanter « *Un'aura amorosa* ».

Despina (Lillian Watson), Dorabella (Wendy Dawn Thompson) et Fiordiligi (Sarah-Jane Davies). Ici les deux sœurs soignent les « Albanais », Garsington Opera, 2004.

"Come soglio immoto resta"

toute épreuve ♁. Mais lorsque Don Alfonso ordonne aux deux amis de feindre de se suicider, les sœurs se montrent enfin troublées. Un médecin (Despina déguisée) prétend soigner les « Albanais », qui réclament un baiser, mais sont repoussés.

ACTE II Lorsque Dorabella accepte l'idée de s'amuser un peu, sa sœur suggère de choisir un des deux hommes. Pour compliquer les choses, elles échangent leurs fiancés, Dorabella préférant Guglielmo et Fiordiligi Ferrando. Don Alfonso et Despina conduisent les deux femmes à leurs soupirants « albanais ». Guglielmo prétend être malade – d'amour – et

"Il core vi dono"

Dorabella lui cède ♁. Fiordiligi repousse Ferrando puis semble hésiter ♁.

"Per pietà, ben mio, perdona"

Gugliemo est fier que Fiordiligi lui soit restée fidèle, tandis que Ferrando est bouleversé d'apprendre que Dorabella a cédé. Finalement, Fiordiligi, loin d'être insensible aux charmes du nouveau venu, décide de rejoindre son amant à la guerre. Entendant cela, Ferrando lui demande de lui plonger une épée dans le cœur, et elle aussi finit par céder. Despina annonce que les deux sœurs sont prêtes à se marier. Les officiers se plaignent à Don Alfonso, qui explique qu'« ainsi font-elles toutes », *così fan tutte* ♁.

"Tutti accusan le donne"

Le notaire (Despina déguisée) lit les contrats de mariage et lorsque les femmes signent, Don Alfonso annonce le retour de leurs amoureux. Les femmes reconnaissent leurs fautes. Puis ils montrent leurs déguisements d'Albanais et elles les supplient de leur pardonner. Don Alfonso dit aux couples de se réconcilier et tous concluent qu'il vaut mieux en rire.

UN HUMOUR GRINÇANT

Les amateurs d'opéra sont depuis longtemps embarrassés par les sous-entendus cyniques de *Così fan tutte*. L'histoire est familière et son détournement, comique : cette fois, ce sont les femmes, et non les hommes, qui sont tentées d'être infidèles. Mais il s'agit en fait d'une vision blasée de l'amour romantique. En dépit de son humour et de ses bouffonneries, le ton général de *Così fan tutte* est mélancolique, ce qui est inhabituel pour un opéra bouffe.

DIE ZAUBERFLÖTE

(La Flûte enchantée)

Eine Deutsche Oper en deux actes, 2 heures
1791
30 septembre 1791, Freihaustheater auf der Wieden, Vienne (Autriche)
Emanuel Schikaneder

Die Zauberflöte, le seul opéra de Mozart écrivit pour un public populaire, est aussi délicieux que complexe. On peut y voir un conte de fées, avec sa flûte et son carillon magiques, ses animaux, son clown et son couple romantique. Mais c'est aussi une œuvre emplie de symboles francs-maçons, à la gloire de la vertu, de l'amour et de la sagesse. Parmi ses mélodies les plus célèbres, il y a l'incroyable aria de la Reine de la Nuit. Mozart écrivit cette œuvre pendant qu'il composait *La Clémence de Titus* et son *Requiem*. Il mourut d'épuisement, neuf semaines après la première.

Wagner considérait *La Flûte enchantée* comme la pierre de touche de l'opéra allemand, la décrivant comme « un chef-d'œuvre d'une perfection presque inégalable, qui exclut quasiment tout développement du genre ».

RÔLES PRINCIPAUX

Sarastro, *basse*, Grand Prêtre d'Isis et Osiris

Tamino, *ténor*, prince égyptien

La Reine de la Nuit, *soprano*, mère de Pamina

Pamina, *soprano*, princesse captive

Papageno, oiseleur

Papagena, *soprano*, sa bien-aimée

Monostatos, *ténor*, Maure au service de Sarastro

Le récitant, au temple, *basse*

Trois dames, *sopranos*

L'INTRIGUE

Dans l'Égypte ancienne, dans le château de Sarastro et dans les alentours

ACTE I Trois dames délivrent Tamino d'un serpent. Elles parlent de sa beauté à la Reine de la Nuit. Survient Papageno, qui rêve d'attraper des jeunes filles dans son filet d'oiseleur. Tamino s'éprend d'un portrait de Pamina, la fille de la reine. Cette dernière lui promet de lui donner Pamina en mariage s'il la délivre de Sarastro, dont elle est la prisonnière. On lui donne une flûte enchantée et Papageno reçoit un carillon d'argent. Au château de Sarastro, le Maure Monostatos est fou de rage d'avoir été repoussé par Pamina. Reconnaissant Pamina, Papageno lui révèle la passion que lui voue Tamino. Pendant ce temps, devant un temple, Tamino se prépare à combattre Sarastro. Des voix lui disent que Pamina est vivante, et en jouant de la flûte il charme les animaux sauvages. Papageno et Pamina se font prendre par Monostatos, mais le carillon de Papageno fait danser le Maure et les esclaves. Lorsque Sarastro arrive dans un char tiré par des lions, Pamina se plaint

"Der Vogelfänger bin ich, ja"

"O zittre nicht, mein lieber Sohn!"

"Wie stark ist nicht Zauberton"

FRANC-MAÇONNERIE

Entré dans la franc-maçonnerie en 1784, Mozart écrivit plusieurs cantates pour les cérémonies de sa loge. *La Flûte enchantée* est un hommage majestueux aux idéaux de sagesse et d'amitié de ce mouvement. Dans le livret, écrit par un autre franc-maçon, Emanuel Schikaneder, la secte mystique de Sarastro représente une loge maçonnique.

Stéphane Degout est Papageno, et Claire Ormshaw, Papagena. Production de 2005 à l'Opéra Bastille, mise en scène par Alex Olle et Carlos Padrissa. L'artiste Jaume Plensa signait les décors et les costumes.

de la brutalité du Maure. Monostatos entre en traînant Tamino, et les amoureux se reconnaissent. Sarastro décide de mettre Tamino et Pamina à l'épreuve pour les admettre dans sa communauté spirituelle.

ACTE II Tamino est prêt à se battre pour défendre les valeurs de l'amitié et de l'amour, même s'il n'a pas le droit de parler à Pamina. Monostatos tente encore de séduire la jeune fille quand la Reine de la Nuit surgit, jetant une dague à Pamina pour tuer Sarastro ♁. Papageno enfreint la consigne de silence et bientôt, une vieille sorcière lui offre de l'eau, prétendant que Papageno est son amoureux. Puis elle disparaît. On apporte de la nourriture, la flûte enchantée et le carillon à Papageno et à Tamino. Papageno se restaure joyeusement pendant que Pamina apparaît. Elle a le cœur brisé de voir que Tamino refuse de lui parler ♁. Quant à Papageno, il boit du vin et fait le vœu d'avoir une « petite épouse ». La vieille sorcière réapparaît pour lui proposer le mariage, le menaçant du pire s'il la repousse. Lorsqu'il l'accepte à contrecœur, elle se transforme en jeune fille, Papagena. Mais un prêtre dit à Papapeno qu'il n'est pas encore digne d'elle. Songeant au suicide, Pamina apprend que Tamino l'aime encore. Les jeunes gens doivent surmonter diverses épreuves du feu et de l'eau. En vain Papageno joue de son pipeau pour appeler Papagena. Lorsqu'il fait sonner le carillon, elle apparaît ♁ et ils se réjouissent. Monostatos se joint à la Reine de la Nuit mais ces forces maléfiques disparaissent au lever du soleil. Finalement, Sarastro remercie Isis et Osiris des dons de beauté et de sagesse.

"Der Hölle Rache kocht in meinem Herzen"

"Ach, ich fühl's"

"Pa, pa, pa... Papagena! Papageno!"

Vers 1800-1925

L'opéra italien

LES MUSICIENS ITALIENS, qui dominaient l'opéra, démontrèrent à nouveau leur extraordinaire inventivité au XIXe siècle. Confrontés à la concurrence nouvelle de l'opéra allemand, français, russe et tchèque, ils ont continué d'enchanter le monde entier grâce au talent de cinq compositeurs : Rossini, Bellini, Donizetti, Verdi puis, enfin, Puccini.

LES ORIGINES

Aujourd'hui, le terme même d'« opéra italien » se réfère à ces compositeurs, ainsi qu'à quelques autres. Mais cette éclosion créative ne s'est pas produite dans un vide artistique. Dès le milieu du XVIIIe siècle, les compositeurs italiens – dont Niccolò Jommelli, Giovanni Paisiello et Domenico Cimarosa – occupèrent des postes en Europe du Nord, où ils absorbèrent les influences locales. Des « réformes » eurent aussi lieu à Vienne, où Christoph Willibald Gluck mit sa musique au service de l'action dramatique. Peu après, Mozart brouilla la ligne de démarcation entre *opera seria* et *opera buffa* en créant des personnages de scène à l'image de ses contemporains.

Le théâtre de La Scala à Milan, inauguré par l'Impératrice Marie-Thérèse d'Autriche en 1778, devint rapidement le temple de l'opéra italien.

L'INFLUENCE DE MOZART

Ces changements furent importés en Italie par un admirateur de Mozart et de Haydn, un Bavarois nommé Johann Simon Mayr. On le connaît aujourd'hui en tant que professeur de Gaetano Donizetti. C'est lui qui introduisit dans l'opéra italien l'harmonie et l'instrumentation germaniques, établissant ainsi un pont musical entre Mozart et Gioacchino Rossini. Rossini triompha à 21 ans à Venise avec *Tancrède*, un opéra *seria*, ainsi qu'avec *L'Italienne à Alger*, un opéra bouffe. Ayant composé dans les deux styles tout au long de sa vie, Rossini est cependant plus célèbre pour ses opéras bouffe, notamment *Le Barbier de Séville* et *La Cenerentola (Cendrillon)*. Il fut surtout encensé pour ses éblouissantes

Affiche de 1834 de La Scala pour *Norma*, jusqu'à ce jour l'opéra le plus populaire de Bellini.

partitions vocales : leur ligne mélodique, leurs vocalises et leur vitesse en font un véritable défi pour les chanteurs et un régal pour les auditeurs. Ce style fut répertorié comme *bel canto* (le beau chant) et lorsque Rossini vint s'installer à Paris, en 1824, c'est surtout ce qu'il léguera à la postérité.

Rossini sut rester à l'écart de la politique dans une période de grand désordre national. En effet dès 1796, date à laquelle Napoléon envahit la péninsule italienne, les pouvoirs en place commencèrent à s'effondrer. Puis, après la défaite napoléonienne en 1815, les royaumes et les duchés historiques italiens retrouvèrent des régimes conservateurs : la Lombardie et la Vénétie devinrent des provinces autrichiennes ; divers duchés furent assignés aux princes de Habsbourg ; Naples et la Sicile se retrouvèrent à nouveau sous la férule d'un Bourbon et Rome resta sous la loi papale.

LA CENSURE

Pour le monde de l'opéra, cela signifiait que chaque nouveau livret devait être approuvé par une autorité à l'affût de la moindre critique de la monarchie, de l'église catholique romaine ou de l'occupant étranger. Vincenzo Bellini contourna ce problème en faisant appel à un librettiste milanais expérimenté, Felice Romani. Ses œuvres les plus connues – *Les Capulet et les Montagut, La Somnambule* et *Norma* – évitent les questions politiques ou religieuses. À sa mort en 1835, à l'âge de 33 ans, Bellini avait signé dix opéras.

Donizetti, autre ardent défenseur du *bel canto*, composa quant à lui au moins 75 opéras. Après la mort de Bellini, Rossini s'étant retiré à Paris, c'était le plus grand compositeur italien de son temps, avec notamment *L'Elixir d'amour* et *Lucie de Lammermoor*. Mais contrairement à eux, il dut subir la censure, qu'il tenta de détourner en situant ses opéras politiques, comme *Anne Boleyn* ou *Roberto Devereux*, dans l'Angleterre protestante. Mais *Marie*

Ce tableau français du début du XIXe siècle représente la scène et la salle du théâtre San Carlo de Naples, souvent considéré comme l'opéra le plus élégant d'Italie.

Stuart fut interdit par le roi de Naples en 1834, au motif que l'héroïne de cette tragédie, la reine d'Écosse, était catholique. Quatre ans plus tard, son *Polyeucte* fut également interdit à Naples. Lassé d'être en butte aux censeurs, Donizetti décida de suivre Rossini à Paris.

Si Naples et Venise restaient des centres musicaux importants, les villes de Rome, Florence, Gênes, Bologne, Turin et Palerme possédaient maintenant des théâtres publics d'opéra. En 1830, c'est le Théâtre de la Scala à Milan, la ville la plus prospère d'Italie, qui devint le temple de l'opéra italien. Et, à l'instar de Bellini et Donizetti qui acquirent une renommée internationale après leur triomphe à La Scala, Giuseppe Verdi, leur successeur, y trouva notoriété et consécration : *Oberto,* son premier opéra, fut représenté à La Scala en 1839 et *Falstaff*, le dernier, y fut créé en 1893.

VERDI, LE MAGNIFIQUE

La popularité de Verdi n'a été égalée par aucun autre compositeur italien. Il se libéra du *bel canto* et donna une nouvelle dimension dramatique à l'opéra. Il avait un talent naturel pour les mélodies obsédantes et une capacité unique à créer des personnages inoubliables incarnant les thèmes universels de l'amour, de l'honneur, du pouvoir, de la cupidité, de la trahison et de la mort.

En 1842, ses compatriotes firent de Verdi un symbole nationaliste avec la

Durant le soulèvement du nord de l'Italie contre l'Autriche, le slogan « Viva Verdi », que l'on voit ici sur un mur, était le signe de ralliement des insurgés.

L'OPÉRA ITALIEN

1814 Défaite de Napoléon et occupation d'une partie de l'Italie par les Habsbourg

1816 *Le Barbier de Séville*, de Rossini

1825

1829 *Guillaume Tell*, de Rossini, à l'Opéra de Paris

1831 *Norma*, de Bellini. Soulèvements avortés contre les occupants étrangers

1835 *Lucie de Lammermoor*, de Donizetti

1849 Défaite des indépendantistes italiens contre les Autrichiens

1850

1853 *La Traviata*, de Verdi

1861 Proclamation du royaume d'Italie

1867 *Don Carlos*, de Verdi, à l'Opéra de Paris

création de *Nabucco*, une évocation de la captivité des juifs à Babylone qui semblait refléter le sort des Italiens sous l'occupation autrichienne. Après *Nabucco*, son identification au Risorgimento – littéralement « renaissance » – fut renforcée par des œuvres comme *La Bataille de Legnano* (la Lombardie se souleva, effectivement, en 1849, mais cette rébellion fut écrasée par les Autrichiens).

Il lui restait encore de l'énergie en réserve pour plusieurs œuvres importantes, dont le toujours très populaire *Aïda* et ses deux derniers chefs-d'œuvre *Otello* et *Falstaff*. Mais une nouvelle génération de compositeurs d'opéra commença à émerger dans les années 1890, dans la mouvance d'un style plus réaliste qualifié de « vérisme ». *Cavalleria Rusticana* de Pietro Mascagni et *Paillasse* de Ruggero Leoncavallo, illustrent ce style ponctuellement adopté ensuite par Puccini, seul compositeur pouvant objectivement prétendre à la succession de Verdi. Car s'il a peu écrit, Puccini a signé certains des opéras les plus populaires jamais composés, notamment *La Bohème*, *Tosca*, *Madame Butterfly* et *Turandot*.

De fait, ce n'est qu'avec la première de *Turandot*, en 1926 – deux ans après la mort de Puccini – que s'acheva le grand cycle de l'opéra romantique italien et avec lui, sans conteste, la période la plus riche que l'opéra ait jamais connue.

Dès les années 1920, c'est à Vienne que l'opéra connut d'autres transformations avec l'introduction du mode atonal. Mais cette fois, les compositeurs et le public italiens n'adhérèrent pas à la mouvance. De leur point de vue, un opéra digne de ce nom devait être basé sur la mélodie, et jusqu'à ce jour ce sont les œuvres composées au XIXe siècle par leurs maîtres qui ont leur préférence.

LE BEL CANTO

Le *bel canto* fut perfectionné au début du XIXe siècle par Rossini, Bellini et Donizetti. Caractérisé par sa richesse mélodique, il exigeait des interprètes capables de soutenir de longues phrases musicales et d'atteindre des notes très hautes. On vit apparaître un style opératique quasi stéréotypé, où la tension dramatique était traduite par des vibratos et des explosions de virtuosité. À l'époque de Verdi et de Wagner, le *bel canto*, considéré comme simpliste et sentimental, passa de mode. Mais il a toujours offert aux chanteurs des moments de gloire, comme on le voit depuis les années 1950, avec des sopranos comme Maria Callas, Joan Sutherland ou Montserrat Caballé.

***La soprano australienne** Joan Sutherland, interprétant ici* I Puritani *de Bellini, joua un rôle capital dans le renouveau du* bel canto *au XXe siècle.*

1875

1876 *La Gioconda*, de Ponchielli

1890 *Cavalleria Rusticana*, de Mascagni

1892 *Paillasse*, de Leoncavallo

1893 *Falstaff*, de Verdi

1896 *La Bohème*, de Puccini ; *André Chénier*, de Giordano

1900

1901 Mort de Verdi

1922 Mussolini est nommé premier ministre

1924 Mort de Puccini

1925

1926 *Turandot*, de Puccini

« Donnez-moi une liste de blanchisserie et je la mettrai en musique »

Gioacchino Rossini

GIOACCHINO ROSSINI

Né le 23 février 1792 à Pesaro (Italie)
Mort le 13 novembre 1868 à Paris

Gioacchino Rossini apparut au début du XIXe siècle comme le « sauveur » de l'opéra italien. S'il est resté célèbre pour son *Barbier de Séville*, son importance dépasse de beaucoup cette charmante comédie. Non seulement, il apporta un sang neuf à l'opéra bouffe et à l'*opera seria* mais, par son goût de la virtuosité vocale, ou *bel canto*, il redonna à la voix une place centrale dans l'opéra italien.

Ce qui distingue Rossini, c'est d'abord l'exubérance de sa musique. En raison de sa profonde admiration pour Mozart, on lui reprocha d'abord d'être « trop germanique ». Mais ces réserves furent vite balayées par la puissance de ses rythmes, son orchestration richement colorée, ses mélodies entraînantes et ses prodigieuses arias. À l'évidence, sa musique était « italienne », avec une sonorité si reconnaissable qu'on la qualifie aujourd'hui de « rossinienne ». Rossini composa 35 opéras en deux décennies. Parmi ceux qui sont encore représentés aujourd'hui, on trouve surtout *Le Barbier de Séville, L'Italienne à Alger, Le Turc en Italie* et *Cendrillon (La Cenerentola)*. Comme beaucoup de grands compositeurs, Rossini est né dans une famille de musiciens. Dès son plus jeune âge, il fut à la fois interprète – pianiste, violoncelliste, chanteur – et auteur. À 21 ans, il avait déjà écrit dix opéras, surtout des comédies, et fera plus tard son entrée dans l'*opera seria* avec *Tancrède*. Au pinacle des jeunes compositeurs italiens, il était aussi à l'aise dans la tragédie que dans la comédie, avec une nette préférence pour l'opéra bouffe, créant quatre de ses plus célèbres comédies avant d'avoir 25 ans. Très sollicité en Italie, où le *bel canto* faisait rage, il écrivit pour les opéras de Venise,

Lucia Cirillo, dans le rôle de Tisbé, dans la scène du bal masqué au deuxième acte de *La Cenerentola*. Cette production du Festival de Glyndebourne en 1995, était mise en scène par Peter Hall et dirigée par Vladimir Jurowski.

PREMIÈRES REPRÉSENTATIONS

1810

- **1810** La Cambiale di Matromonio
- **1813** Tancrède, L'Italienne à Alger
- **1814** Le Turc en Italie
- **1815** Elisabeth, Reine d'Angleterre
- **1816** Le Barbier de Séville, Otello
- **1817** La Cenerentola, La Pie voleuse
- **1819** La Dame du Lac

1820

- Mahomet II
- **1822** Zelmira
- **1823** Sémiramis
- **1824** Il Viaggio a Reims (Le Voyage à Reims)
- **1829** Le Comte Ory, Guillaume Tell

1830

Isabella Colbran (1785-1845), soprano espagnole de renom, épousa Rossini en 1822 et continua à chanter les rôles-titres de plusieurs de ses opéras.

de Milan, de Rome et de Naples. En 1815, il devint le chef d'orchestre du théâtre San Carlo à Naples. Naples, berceau de l'opéra bouffe, avait maintenant un public demandeur d'*opera seria* et durant les années suivantes Rossini n'y créa pas moins de dix tragédies musicales dont la première fut *Elizabeth, Reine d'Angleterre,* et la dernière, *Zelmira,* sept ans plus tard. Il était stimulé par d'excellents solistes, capables de suivre les vocalises de ses arias, ses ensembles complexes, ses tempos rapides, ses notes aiguës et ses crescendos abrupts. De fait, il écrivit souvent pour ses interprètes, aussi bien pour la soprano espagnole Isabella Colbran, qui devint sa première épouse, que pour Giovanni Battista Velluti, le dernier castrat. Il n'autorisait cependant aucune improvisation et les chanteurs étaient priés de se conformer strictement à sa partition.

UNE RETRAITE PRÉCOCE

Déjà célèbre dans toute l'Europe, Rossini s'installa en 1824 à Paris, ville d'élection des compositeurs étrangers. Il fut nommé directeur artistique du Théâtre Italien où il présenta, en 1825, *Il Viaggio a Reims (Le Voyage à Reims)* sa dernière œuvre en langue italienne. Il écrivit ensuite sur des livrets en français, dont l'apogée fut l'imposant opéra en quatre actes, *Guillaume Tell* (1829), sa dernière œuvre. Figure de légende à seulement 37 ans, Rossini abandonna l'opéra pour des motifs restés inconnus. Il était certainement assez riche pour prendre sa retraite, mais avec les changements radicaux qui se profilaient dans le monde opératique, en France, en Italie et en Allemagne, il a peut-être tout simplement estimé que « l'ère Rossini » était révolue.

UN JOYEUX HÉRITAGE

Aujourd'hui, les comédies de Rossini continuent d'exercer leur charme, comme le notait déjà le librettiste Felice Romani en 1840 : « Elles remplissent les cassettes de tous les imprésarios de la péninsule, font la joie des Allemands, enflamment les Britanniques et font même danser les Quakers de Pennsylvanie. » Rossini revint finalement à Paris en 1855, où il mourut en 1868, à l'âge de 76 ans, adulé par le monde musical.

Rossini se fit d'abord un nom en Italie mais Paris devint sa seconde patrie. Après sa mort à Paris, le 13 novembre 1868, des milliers de personnes suivirent son cortège funèbre.

TANCREDI

(Tancrède)

Melodramma eroico en deux actes, 2 heures ¾
1812-1813 (rév. 1813)
6 février 1813, La Fenice, Venise

Gaetano Rossi, avec Luigi Lechi, d'après *Tancrède*, de Voltaire

Tancrède est le premier grand opéra écrit par Rossini, qui n'avait alors que 21 ans. Sa principale innovation réside dans la « double aria », avec son alternance répétée de rythme lent et rapide. À l'occasion d'une nouvelle mise en scène à Ferrare en 1813, Rossini remplaça l'issue heureuse par une fin tragique, plus proche de la pièce originale de Voltaire. Aujourd'hui, on préfère généralement cette dernière version.

Après la première de l'opéra à La Fenice, l'air « *Di tanti palpiti* » devint si populaire qu'il fut immédiatement adopté par les gondoliers de Venise. Aujourd'hui encore, c'est l'un des airs favoris des ténors en récital.

RÔLES PRINCIPAUX

Argirio, *ténor*, souverain de Syracuse et père d'Arménaïde

Tancrède, *contralto*, noble exilé

Orbazzano, *basse*, chef de clan et prétendant d'Arménaïde

Arménaïde, *soprano*, amante de Tancrède

Isaura, *contralto*, suivante d'Arménaïde.

L'INTRIGUE

Syracuse, en Sicile, au début du XIe siècle

ACTE I Redoutant une attaque des Sarrasins, Argirio, roi de Syracuse, a fait la paix avec Orbazzano, et lui a offert en mariage sa fille Arménaïde. Mais celle-ci aime Tancrède, à présent exilé, et supplie son père de différer le mariage. Argirio rejette sa demande et ordonne que les ennemis de la cité, Tancrède y compris, soient mis à mort.

Agnieszka Wolska dans le rôle d'Arménaïde, dans une production de l'Opéra national de Pologne en 2000, sous la direction d'Alberto Zedda, chef rossinien renommé.

"Di tanti palpiti"

Tancrède apparaît sous un déguisement ♁, mais Arménaïde le presse de s'enfuir. Orbazzano exhibe une lettre d'amour d'Arménaïde adressée au chef des Sarrasins, Solamir. Arménaïde est arrêtée et même Tancrède croit à sa culpabilité.

ACTE II Arménaïde se prépare à mourir, espérant que Tancrède apprendra un jour la vérité ♁. Tancrède, toujours déguisé, se présente soudain comme son défenseur et la libère en tuant Orbazzano. Mais il croit toujours qu'elle l'a trahi. **FIN (VENISE)** Tancrède remporte la victoire contre les Sarrasins et Solamir, mourant, atteste de l'innocence d'Arménaïde. Tancrède lui demande pardon et Argirio lui offre sa succession à la tête de Syracuse. **FIN (FERRARE)** Pour prouver son amour à Arménaïde, Tancrède prend la tête de l'armée de Syracuse contre les Sarrasins mais est mortellement blessé au combat. Persuadé par Argirio qu'Arménaïde est innocente, Tancrède lui demande de l'épouser avant de mourir.

"No, che il morir non è"

L'ITALIANA IN ALGERI

L'Italienne à Alger

✍ *Dramma giocoso per musica* en deux actes, 2 heures ¼
⌛ 1813
22 mai 1813, Teatro San Benedetto, Venise
Angello Anelli, écrit à l'origine pour Luigi Mosca

L'Italienne à Alger est l'opéra de Rossini le plus proche de la farce. Le jeune compositeur, qui l'écrivit en seulement 27 jours, mit tout son talent dans la musique. L'ouverture est l'une des plus populaires de Rossini, et sa brillante partition contient de nombreux arias et ensembles à la fois complexes et pleins d'humour. L'aria patriotique « *Pensa alla Patria* » a sans doute beaucoup contribué au succès de l'opéra.

Cet opéra bouffe exploite la fascination de l'Europe pour l'Orient exotique mais avec une tonalité féministe : d'habitude, le héros est un homme alors qu'ici c'est une femme qui sauve son amant de l'esclavage.

RÔLES PRINCIPAUX

Mustafà, *basse*, bey d'Alger
Elvira, *soprano*, son épouse
Haly, *basse*, chef des corsaires du Bey
Lindoro, *ténor*, esclave italien du Bey
Isabella, *contralto*, amoureuse et libératrice de Lindoro
Taddeo, *basse*, vieux serviteur d'Isabella

L'INTRIGUE

Dans le palais du bey d'Alger et dans les environs.

Ildar Abdrazakov, dans le rôle de Mustafà, semble sur le point de vaincre Isabella, interprétée par Daniela Barcellona dans une production du Teatro dell'Opera à Rome, en 2003.

ACTE I Lassé de son épouse Elvira, le bey Mustafà décide de la marier à son esclave italien, Lindoro. Ce dernier est épris d'Isabella, mais Mustafà lui assure qu'Elvira lui sera très dévouée. Isabella est capturée et enfermée dans le harem de Mustafà. Le bey étant séduit, elle le manipule avec des mots d'amour. Voyant que Lindoro est sur le point d'embarquer pour l'Italie avec Elvira, elle s'interpose en décrétant que Mustafà doit garder son épouse et lui offrir Lindoro comme esclave. Mustafà objecte mais Isabella passe outre.

ACTE II Lindoro finit par persuader Isabella qu'il ne s'enfuyait que pour la retrouver et ils conviennent de s'échapper ensemble. Consciente que Mustafà l'écoute, Isabella rêve à voix haute au moyen de séduire l'homme qu'elle aime ♪. Mustafà croit qu'elle s'est parée pour lui mais lorsqu'il la rejoint, elle convie malicieusement Elvira à se joindre à eux. Isabella décide d'honorer Mustafà comme *pappataci* — en argot « mari dompté ». Pendant qu'elle fait le vœu de libérer les autres esclaves italiens et réveille leur patriotisme ♪, Lindoro enivre le bey et son entourage. Lorsque Mustafà comprend enfin que ses esclaves sont en train de s'échapper, ses hommes et lui sont tous trop saouls pour les en empêcher. Reconnaissant sa défaite, il se tourne vers Elvira, implore son pardon et accorde sa bénédiction aux amoureux fugitifs.

"Per lui che adoro"

"Pensa alla patria"

IL TURCO IN ITALIA

Le Turc en Italie

✍ *Dramma buffo per musica*, en deux actes, 2 heures ¼
⌛ 1814

🎭 14 août 1814, La Scala, Milan
📖 Felice Romani, d'après le livret de Caterino Mazzola pour l'opéra de Joseph Seydelman (1788)

Avant la première de *Il Turco in Italia*, le public de La Scala suspectait Rossini d'avoir repris le sujet et la musique de *L'Italienne à Alger*, le *divertimento* oriental de l'année précédente. En réalité, l'histoire est différente et la musique originale. Si la partition offre à Fiorilla quelques très belles arias et des duos enlevés, elle repose surtout sur les ensembles pour accompagner les multiples quiproquos de cette comédie.

Les évocations mozartiennes ne sont pas une simple coïncidence. Non seulement *Così fan tutte* était à l'affiche à Milan lorsque Rossini écrivit *Il Turco in Italia*, mais les deux œuvres empruntent au même livret.

RÔLES PRINCIPAUX

Selim, *basse*, prince turc
Fiorilla, *soprano*, épouse frivole de Geronio
Geronio, *basse*, époux infortuné de Fiorilla
Narcisso, *ténor*, ancien amant de Fiorilla
Prosdocimo, *basse*, poète en quête d'inspiration
Zaïda, *soprano*, bohémienne, ancienne maîtresse de Selim

L'INTRIGUE

Naples, Italie

ACTE I Alors qu'il prepare une comédie inspirée par Fiorilla, Prosdocimo entend Zaïda prédire à Geronio son infortune. Elle lui révèle qu'elle était sur le point d'épouser un noble turc qui s'est détourné d'elle, la croyant à tort infidèle. Fiorilla s'éprend d'un prince, ce qui excite la jalousie de Narcisso. Apprenant que le prince s'appelle Selim Damalec, le poète comprend qu'il s'agit du bien-aimé de Zaïda. Selim et Fiorilla conviennent de se revoir secrètement. Mais Zaïda retrouve Selim. Lorsque Fiorilla les surprend, une dispute éclate entre les deux « rivales en amour » 🎧.

"Ah! Che il cor non m'ingannava"

ACTE II Convoquant Zaïda, Fiorilla demande à Selim de choisir entre elles deux. Comme il semble hésiter, Zaïda fulmine. Fiorilla menace alors de partir, et Selim tranche en sa faveur. Selim projette de l'enlever lors d'un bal masqué, mais Fiorilla le confond avec Narcisso tandis que Selim suit Zaïda en pensant qu'elle est Fiorilla. En voyant deux Fiorilla et deux Sélim 🎧, Geronio est perplexe. Le poète lui affirme qu'il doit demander le divorce s'il veut récupérer son épouse. Lorsque Fiorilla apprend qu'elle a perdu Selim et que Geronio veut divorcer, elle est pleine de remords. Finalement, Geronio lui pardonne et tous acceptent d'oublier leurs erreurs.

"Oh! Guardate che accidente"

Inga Kalna, dans le rôle de Fiorilla, au bal masqué. Mise en scène du Staatsoper de Hambourg en 2005.

IL BARBIERE DI SIVIGLIA

(Le Barbier de Séville)

Commedia en deux actes, 2 heures ¾
1816
20 février 1816, Teatro Argentina, Rome

Cesare Sterbini, d'après la pièce de Beaumarchais et le livret de Giuseppe Petrosellini pour l'opéra de Giovanni Paisiello (1782)

Le Barbier de Séville est l'un des plus grands opéras-comiques. Composé en deux semaines à peine, c'est un délicieux divertissement, truffé d'arias et d'ensembles merveilleusement vocalisés, de « refrains populaires » et de scènes d'un comique débridé. Comme *Les Noces de Figaro*, le grand opéra de Mozart, il est adapté d'une pièce de Beaumarchais avec une intrigue forte et habilement menée. Il exige des interprètes virtuoses qui soient en même temps d'excellents acteurs comiques. La première fut pourtant un échec car on accusa le jeune compositeur d'avoir osé s'inspirer de l'opéra éponyme de Paisiello, toujours très populaire. Conscient du problème, Rossini avait initialement intitulé son opéra *Almaviva, ossia L'inutile precauzione*. Mais après quelques représentations, le titre *Il Barbiere di Siviglia* lui fut acquis.

RÔLES PRINCIPAUX

Le comte Almaviva, *ténor*, soupirant de Rosine

Le docteur Bartolo, *basse*, tuteur et amoureux de Rosine.

Rosine, *contralto ou mezzo-soprano*, pupille de Bartolo.

Figaro, *baryton*, barbier et fripon

Basilio, *basse*, professeur de musique.

Dans le fameux air du Barbier « *Largo al factotum* », Figaro déploie ses multiples talents avec son « *Figaro-ci, Figaro-là* ».

L'INTRIGUE

Séville, Espagne

ACTE I Figaro chante les louanges de la belle Rosine. Du haut de son balcon, Rosine jette une lettre dans laquelle elle demande le nom de son soupirant et exprime le vœu d'échapper à son tuteur, qui veut l'épouser pour son argent. Le comte, désireux d'être aimé pour lui-même, déclare s'appeler « Lindoro ». Figaro lui suggère de s'introduire dans la maison de Bartolo en se faisant passer pour un soldat ivre. Pendant que Rosine écrit à « Lindoro », Basilio apprend à Bartolo que le comte Almaviva fait secrètement la cour à Rosine. Figaro déclare à Rosine que son cousin « Lindoro » est amoureux d'elle et attend une lettre de sa part. Elle en a une toute prête. Feignant d'être ivre, le comte prétend avoir été invité chez Bartolo. Alors que Bartolo proteste, le « soldat » confie en aparté à Rosine qu'il est Lindoro.

"Largo al factotum"

"Una voce poco fa"

Roberto Frontali, dans le rôle de Figaro, tente de tromper Bartolo, interprété par Ildebrando D'Arcangelo. Production du Teatro dell'Opera, à Rome, en 1997.

Antonio Siragusa (Almaviva), dans la superbe mise en scène de Dario Fo. Cette production tourne en Europe depuis 1987 (ici, au Nederlandse Opera, en 2006).

Convoqué par Bartolo, un officier vient arrêter le « soldat » qui décline sa véritable identité. Il est le seul à comprendre ce qui va arriver.

"Mi par d'esser colla testa"

ACTE II Le comte réapparaît sous le nom de Don Alonso, pour remplacer Basilio souffrant, et ne cesse de bénir son hôte. Il lui révèle que, rendant visite au comte, il est tombé sur une lettre de Rosine. Bartolo empoche la lettre et appelle Rosine pour sa leçon de chant. Elle reconnaît Lindoro. Lorsque Bartolo s'endort, ils décident de s'enfuir ensemble. Sur ces entrefaites, arrive Basilio en parfaite santé. « Alonso » le somme de repartir. Pendant que Figaro entreprend de raser Bartolo, Lindoro s'excuse d'avoir utilisé la lettre de Rosine mais Bartolo l'entend et le prie de quitter les lieux. Convoqué par Bartolo, Basilio lui dit qu'il suspecte Alonso d'être en fait le comte Almaviva. Bartolo décide donc d'épouser Rosine sur-le-champ. Il la persuade qu'Alonso et Figaro avaient l'intention de l'enlever à la demande du comte Almaviva. Se sentant trahie, elle accepte d'épouser Bartolo. Alonso et Figaro escaladent la maison dans l'intention d'empêcher ce mariage. Rosine les accuse d'imposture et décrète qu'elle aime Lindoro. Tout est pardonné lorsqu'Alonso révèle qu'il est le comte. Un notaire se présente, pensant que la nièce de Figaro doit épouser le comte Almaviva et Bartolo, à son retour, découvre que les deux amoureux sont mariés. Finalement Bartolo accepte son destin et se joint à la compagnie pour célébrer l'amour.

"Pace e gioia sia con voi"

"Buona sera, mio signore"

"Ah! Qual colpo inaspettato"

FIGARO

Figaro fut à Beaumarchais ce que Falstaff était à Shakespeare : après son apparition en 1775 dans *Le Barbier de Séville*, l'auteur le ressuscita dans *Le Mariage de Figaro* en 1784 et dans *La Mère coupable* en 1792. Cette deuxième pièce inspira à Mozart *Les Noces de Figaro*, et Rossini s'attela, trente ans plus tard, au *Barbier de Séville*. Ironie du sort, ces deux opéras sont aujourd'hui plus connus que les pièces de théâtre dont ils sont issus.

LA CENERENTOLA

(Cendrillon)

Dramma giocoso, en deux actes, 2 heures ½
1816–1817
25 janvier 1817, Teatro Valle, Rome (Italie)

Giacomo (Jacopo) Feretti, d'après *Cendrillon*, de Charles Perrault et d'autres livrets antérieurs sur le même argument.

Inspiré d'un conte de fées, *La Cenerentola* est l'opéra le plus populaire de Rossini. Une fois de plus, la partition exige une contralto ou une mezzo-soprano capable de soutenir de longues vocalises. Le rôle-titre fait appel à un certain lyrisme, mais le rythme rapide et l'exquise ornementation des ensembles sont de véritables épreuves pour les interprètes. Si l'opéra met en scène le *buffo* Don Magnifico, des thèmes sous-jacents, plus sombres, suggèrent un opéra *semi-seria*.

Dans la version de Rossini, un bracelet remplace la pantoufle de vair du conte original car on jugeait malséant, à l'époque, de montrer une femme «nu-pieds» sur scène.

RÔLES PRINCIPAUX

Angiolina (La Cenerentola), *contralto ou mezzo-soprano,* belle-fille de Don Magnifico

Don Ramiro, *ténor,* prince de Salerne

Dandini, *basse,* valet du prince

Don Magnifico, *basse,* baron et beau-père de La Cenerentola

Clorinda, *soprano* et **Tisbé,** *mezzo-soprano,* filles de Don Magnifico.

L'INTRIGUE

Salerne, Italie

ACTE I Angiolina, surnommée la Cenerentola, rêve d'un roi qui choisirait son épouse pour son innocence et sa bonté. Lorsque Alidoro, philosophe déguisé en mendiant, frappe à leur porte, ses deux sœurs le maltraitent, mais elle lui offre du pain et du café. Apprenant que le prince Ramiro a décidé de prendre épouse, les deux sœurs ordonnent à la Cenerentola de préparer leurs tenues. Réveillé de sa sieste, Don Magnifico pense que son rêve signifie que ses filles vont devenir reines. Lorsqu'on lui dit que Ramiro va choisir une épouse, il est persuadé que ce rêve va devenir réalité. Survient Ramiro, portant le costume de son valet. Quand il aperçoit la Cenerentola, c'est le coup de foudre réciproque. Son valet, Dandini, arrive alors dans les habits du prince. Les deux sœurs tentent de le séduire, mais il les considère avec mépris et annonce qu'il risque d'être déshérité s'il ne se marie pas. La Cenerentola supplie Don Magnifico de l'emmener au palais avec

"Una volta c'era un re"

"Un soave non so che"

Don Magnifico, interprété par Jonathan Veira, accable Tuva Semmingsen dans le rôle de la Cenerentola, au Royal Danish Theater en 2005.

"Signora, una parola"

ses sœurs mais il refuse en menaçant de la battre. Alidoro invite la jeune fille au bal et change ses haillons en bijoux. Au palais, Clorinda et Tisbé se disputent Dandini, le prenant toujours pour le prince. Il prévient Ramiro de leur vanité et de leur mauvais caractère. Alidoro introduit alors une mystérieuse femme voilée. Lorsqu'il entrevoit son visage, Don Magnifico remarque qu'elle ressemble à la Cenerentola.

ACTE II Troublé par cette ressemblance, Don Magnifico continue d'espérer qu'une de ses filles accédera au trône. Dandini, toujours travesti en prince, déclare son amour à la Cenerentola qui réplique qu'elle lui préfère son valet. Lorsque « le valet » surgit, la Cenerentola lui remet un bracelet qui fait partie d'une paire et lui enjoint de retrouver le deuxième. Don Magnifico presse Dandini de faire son choix mais celui-ci finit par lui avouer qu'il n'est que le valet du prince. Alidoro s'arrange pour que le carrosse de Don Ramiro s'arrête devant la maison de la Cenerentola, qui est rentrée et balaye le sol. Dandini annonce que le carrosse du prince a été renversé par un orage. Lorsque Ramiro entre dans la maison, il découvre le deuxième bracelet au bras de la Cenerentola et lui déclare son amour. Don Magnifico et les deux sœurs se répandent en insultes, Alidoro les menace du pire et Don Magnifico tombe finalement à genoux devant Angiolina, qui lui pardonne ainsi qu'à ses sœurs. Alors que tous louent sa bonté, ses longues années de misère lui semblent n'avoir été qu'un mauvais rêve.

"Sia qualunque delle filglie"

"Siete voi?"

"Non più mesta accanto al fuoco"

LES CONTRALTOS DE ROSSINI

Rossini écrivit les rôles d'Angiolina et de Rosine, dans *Le Barbier de Séville,* pour son registre préféré, le contralto. Ces rôles - aujourd'hui fréquemment des mezzo-sopranos - sont encore trop souvent utilisés comme faire-valoir pour les sopranos. Depuis les années 1950, plusieurs mezzo-sopranos ont participé au renouveau du répertoire rossinien, notamment Giullietta Simionato, Tereza Berganza (*à droite*) et Cecilia Bartoli.

LE COMTE ORY

Opéra comique en deux actes, 2 heures ¼
1828
20 août 1828, Académie royale de Musique, Paris
Eugène Scribe et C.G. Delestre-Poirson, d'après leur pièce de 1816, inspirée d'une ballade médiévale

Le Comte Ory, dernier opéra-comique de Rossini, est inspiré d'une ballade médiévale dans laquelle des nonnes se laissent séduire par des chevaliers. Dans la pièce en un acte offerte à Rossini par Eugène Scribe et Charles Gaspard Delestre-Poirson, c'est un chevalier qui se travestit en nonne pour séduire une comtesse. Rossini demanda qu'on y ajoute un premier acte. Cet opéra connut aussitôt un immense succès.

Rossini emprunta la moitié de sa partition à *Il viaggio a Reims*, composé trois ans plus tôt. Choqués par ce plagiat éhonté, les librettistes retirèrent leur nom de l'œuvre.

RÔLES PRINCIPAUX

Le Comte Ory, *ténor*, noble français libertin
Adèle, *soprano*, comtesse de Formoutiers
Isolier, *mezzo-soprano*, page du comte
Raimbaud, *baryton*, un ami du comte
Le Tuteur, *basse*
Ragonde, *mezzo-soprano*, dame de compagnie d'Adèle

L'INTRIGUE

Formoutiers, France, au XIIe siècle

ACTE I Le seigneur de Formoutiers étant parti aux Croisades avec ses hommes, le Comte Ory espère gagner le cœur de sa sœur, la noble Adèle. Déguisé en ermite, il demande à son ami Raimbaud de répandre la rumeur selon laquelle il serait expert en affaires de cœur. Ignorant la ruse de son maître, le page Isolier consulte le faux ermite sur son projet de séduire Adèle. Lorsque Adèle avoue son penchant pour le page, « l'ermite » la met en garde. À la nouvelle du retour des Croisés, Adèle convie Ory à la célébration, mais il a d'autres plans.

ACTE II On entend parmi les pèlerins des cris de femmes fuyant les hommes d'Ory. Ory, déguisé en femme trouve refuge dans le château et remercie Adèle. Les autres « pèlerins » s'enivrent dans le cellier. Isolier, qui a reconnu Ory, prévient Adèle. Dans la pénombre de sa chambre, elle se cache derrière le page qu'Ory prend pour la comtesse et Ory prend le page dans ses bras. Dans cette confusion, les trompettes retentissent pour annoncer l'arrivée des Croisés. Ory, toujours déguisé en nonne, prend la fuite avec ses hommes.

"Buvons, buvons"

"À la faveur de cette nuit obscure"

Colin Lee interprète le rôle du Comte Ory déguisé en ermite « hippie », dans une mise en scène moderne de Rupert Goold pour l'opéra de Garsington, en 2005.

GUILLAUME TELL

Opéra en quatre actes, 3 heures ¾
1828–1829
3 août 1829, Opéra de Paris

Étienne de Jouy et Hippolyte Louis-Florent Bis, d'après la pièce de Schiller, *Wilhelm Tell* (1824).

Guillaume Tell, le dernier opéra de Rossini, est également sa seule tentative de grand opéra « à la française ». Sans renoncer au lyrisme, Rossini introduisit des récitatifs déclamés et dépouilla les arias de toute fioriture excessive « à l'italienne », mettant l'accent sur les chœurs patriotiques. Destiné à établir sa renommée en France, *Guillaume Tell* clôture la carrière de Rossini sur une note dramatique.

Avec *Guillaume Tell*, Rossini était soucieux de démontrer qu'il pouvait écrire une épopée politique. Mais comme Schiller dans sa pièce intitulée *Wilhelm Tell*, il prit des libertés avec la légende fondatrice de la Suisse.

RÔLES PRINCIPAUX

Guillaume Tell, *baryton*, héros suisse rebelle
Arnold, *ténor*, fils de Melchthal
Mathilde, *soprano*, princesse autrichienne
Gesler, *basse*, gouverneur autrichien de la Suisse
Melchthal, *basse*, patriarche du village.

L'INTRIGUE

Dans le canton d'Uri, en Suisse, au début du XIVe siècle

ACTE I Lors d'une fête au village, Guillaume Tell prêche la rébellion contre l'occupant autrichien. Melchthal, le patriarche du village, presse son fils Arnold de se marier mais le jeune homme aime Mathilde, une princesse autrichienne. Leuthold a tué un Autrichien qui tentait de violer sa fille. Tandis que Tell emmène Leuthold en sûreté, les Autrichiens prennent Melchthal en otage.

ACTE II Arnold et Mathilde se déclarent leur amour lorsque Tell annonce que le gouverneur autrichien Gesler a fait exécuter Melchthal. Arnold jure de venger la mort de son père et trois cantons décident de se soulever contre les Autrichiens.

"Oui, vous l'arrachez à mon âme"

Le ténor italien, Giacomo Lauri-Volpi dans le rôle d'Arnold. Virtuose du *bel canto*, il maîtrisait également les rôles plus dramatiques du répertoire italien.

ACTE III Les Autrichiens reconnaissent en Guillaume Tell l'homme qui a aidé Leuthold à s'échapper. Gesler décrète que Tell sera sauf s'il tire à l'arc sur une pomme posée sur la tête de son propre fils. Tell réussit cet exploit, mais est emprisonné dans un château sur le lac de Lucerne.

"Sois immobile"

ACTE IV Arnold trouve des armes cachées pour soutenir la rébellion. La femme de Tell ayant en vain imploré la grâce de Gesler, Mathilde offre alors de prendre sa place. Mais lorsque le bateau qui transporte Tell est disloqué par une tempête, il sauve l'équipage et réussit à s'enfuir. Sur le rivage, il tue Gesler avec son arc tandis qu'Arnold libère la cité. Tous se réjouissent et boivent à la libération de la Suisse.

« Le drame musical doit faire pleurer, faire frémir, faire mourir, par la grâce du chant ».

Vincenzo Bellini

VINCENZO
BELLINI

Né le 3 novembre 1801 à Catania, Sicile (Italie)
Mort le 23 septembre 1835 à Puteaux, dans la région parisienne

Vincenzo Bellini est le maître du *bel canto*, cet art d'utiliser la voix pour exprimer une tension dramatique. S'il doit beaucoup à Rossini, il l'a aussi dépassé, dépouillant les arias et les ensembles de toute fioriture pour faire de la voix un véritable rayon lumineux tranchant les ténèbres. Il voulait à la fois émouvoir les cœurs et ravir l'ouïe.

Pour atteindre cet objectif, il travailla lentement et n'écrivit que dix opéras avant sa mort à 33 ans. Pourtant, entre 1827 et 1835, Bellini fut la plus brillante des étoiles du firmament de l'opéra italien. On l'encensa surtout pour sa capacité à combiner mélodie et poésie lyrique. « Je veux quelque chose qui soit tout à la fois une prière, une invocation, une menace et un délire », déclara-t-il à Felice Romani, son principal librettiste. Et son air le plus connu, le célèbre « *Casta diva* » (dans *Norma*) est tout cela à la fois.

Bellini apprit d'abord la musique avec son père et son grand-père. À l'âge de dix ans, il composait déjà de la musique d'église. À dix-huit ans, il entra au Real Collegio di Musica à Naples, où Niccolò Zingarelli, compositeur réputé d'*opera seria*, le protégea de ce qu'il considérait comme l'influence néfaste de l'avant-garde, incarnée par Rossini. Bellini avait la même considération pour Rossini que pour Mozart mais tint cependant compte de l'avis de son professeur. Selon la légende, des années plus tard, lors d'une représentation du *Pirate* – œuvre qui fit la notoriété de Bellini – le visage de Zingarelli était baigné de larmes. Bellini avait cependant connu son premier succès deux ans plus tôt, alors que simple étudiant il avait été choisi pour composer un opéra, *Adelson et Salvini*, pour le théâtre San Carlo à Naples. Le San Carlo avait également présenté son

La soprano russe Galina Gorchakova interprète le rôle-titre de Norma, dans une production de l'opéra de San Diego en 2003.

PREMIÈRES REPRÉSENTATIONS

1825
- **1825** Adelson e Salvini
- **1826** Bianca e Fernando
- **1827** Il Pirata
- **1829** La Straniera, Zaira

1830
- **1830** I Capuleti e i Montecchi
- **1831** La Sonnambula, Norma
- **1833** Beatrice di Tenda

1835

Le théâtre San Carlo de Naples, lieu de naissance du *bel canto* et cadre de la création des œuvres de Rossini, Bellini et Donizetti.

œuvre suivante, *Bianca e Fernando*, ce qui incita La Scala de Milan à lui commander *Il Pirata* en 1827. Le succès fut immédiat : Bellini était l'héritier de Rossini ! Les critiques clamèrent qu'il avait purifié le *bel canto* en simplifiant les mélodies et l'orchestration, au point que leur unique objectif n'était plus que de véhiculer l'émotion.

AU SEUIL DE LA GLOIRE

Il Pirata est important dans la carrière de Bellini car il marque le début de sa collaboration avec Romani, poète dramatique admiré et auteur de livrets pour Rossini et Donizetti. Ils continuèrent avec *La Straniera,* qui reçut un accueil honorable à La Scala, et *Zaïra*, qui fut un échec lors de l'inauguration du nouvel opéra de Parme. Puis, dans un sursaut de créativité, ils écrivirent à la suite les trois opéras les plus populaires de Bellini : *I Capuleti e i Montecchi*, *La Sonnambula*, et le monumental *Norma*, à l'apogée de la tradition du *bel canto*. Par leur intensité dramatique, ces œuvres ouvrirent la voie à Verdi et à Puccini.

UNE MORT PRÉMATURÉE

Au début de l'année 1833, Bellini se brouilla avec son librettiste à cause de *Beatrice di Tenda*. Puis, après la révélation d'une liaison illicite, il dut s'enfuir à Londres où il supervisa la première de *Norma*. Il séjourna ensuite à Paris, où Rossini négocia avec le Théâtre italien la production de son seul opéra parisien, *I Puritani*. La création de l'œuvre, en janvier 1835, fut un succès, mais Bellini était insatisfait du livret et regrettait Romani. L'espoir d'une réconciliation se profila lorsque La Scala demanda à Bellini un nouvel opéra pour la diva de l'époque, Maria Malibran. Il adapta aussitôt *I Puritani* pour sa tessiture de mezzo-soprano. La partition fut malheureusement achevée trop tard pour l'ouverture de la saison et cette version ne fut représentée qu'en 1985. Au cours de l'été 1835, Bellini décéda à Puteaux, dans la banlieue de Paris, le 23 septembre 1835.

IL PIRATA

(Le Pirate)

Melodramma (opera seria) en deux actes, 2 heures ½
1827
27 octobre 1827, La Scala, Milan

Felice Romani, inspiré par la pièce de l'Irlandais Charles Robert Maturin : *Bertram, or The Castle of Saint Aldobrand* (1816)

Le Pirate, première collaboration de Bellini avec Felice Romani, fut aussi son premier succès international. La simplicité de sa ligne mélodique se démarquait très clairement des compositions complexes de Rossini. Si les rôles dramatiques sont donnés à un ténor et à un baryton, sa tonalité tragique lui est surtout conférée par les arias poignantes écrites pour la voix de soprano d'Imogène et la terrible scène de folie du final.

Pour un compositeur méconnu, alors à peine âgé de 26 ans, Bellini fut très bien payé pour *Le Pirate* et mit ensuite un point d'honneur à exiger des cachets toujours plus élevés que ceux de ses confrères.

RÔLES PRINCIPAUX

Ernesto, *basse*, duc de Caldora

Imogène, *soprano*, femme d'Ernesto et ancien amour de Gualtiero

Gualtiero, *ténor*, comte de Montalto, devenu pirate

Goffredo (Solitario), *basse*, ermite et ancien tuteur de Gualtiero

L'INTRIGUE

La Sicile, au XIIIe siècle

ACTE I Gualtiero, devenu pirate après avoir été banni, fait partie des rescapés d'un naufrage. Lorsque son ancien tuteur l'accueille sur le rivage, il demande des nouvelles de sa bien-aimée, Imogène. Elle arrive pour porter secours aux marins et raconte qu'elle a rêvé que Gualtiero était mort. Gualtiero l'a reconnue de loin et elle tombe dans ses bras. Mais il se sent trahi quand elle lui avoue qu'elle a épousé son ennemi, Ernesto, pour sauver la vie de son père. Elle persuade Ernesto de libérer les marins. Gualtiero lui demande de le rejoindre à l'étranger mais elle le presse de partir, puis s'évanouit.

"Quando a un tratto il mio consorte"

ACTE II Remarquant la mine sombre d'Imogène, Ernesto l'accuse d'être toujours éprise de Gualtiero. Imogène réplique que son amour pour le pirate n'était pas un secret quand elle l'avait épousé. Ernesto apprend que Gualtiero a accosté et ordonne sa capture. Imogène supplie Gualtiero de s'enfuir mais Ernesto les surprend. Les deux hommes se battent en duel et Ernesto est tué. Gualtiero se rend. Imogène apparaît en sanglots et au bord du délire. Tandis que le Conseil condamne Gualtiero, Imogène l'imagine montant à l'échafaud et, sombrant dans la folie, elle expire.

"Oh! s'io potessi dissipar le nubi"

Lors de la première du *Pirate* au Metropolitan Opera, en 2002, Renée Fleming interprétait Imogène. La production avait été montée à sa demande.

I CAPULETI E I MONTECCHI

(Les Capulet et les Montagut)

Tragedia lirica en deux actes, 2 heures ¼
1830
11 mars 1830 ; La Fenice, Venise

Felice Romani, d'après une *novella* du XVIe siècle par Matteo Bandello et une pièce de théâtre de 1818 de Luigi Scola

Si *Les Capulet et les Montagut* raconte bien l'histoire de Roméo et Juliette, le livret repose sur les faits survenus durant la Renaissance italienne et élimine plusieurs des personnages de la tragédie de Shakespeare. C'est une œuvre lyrique puissante, dans laquelle Bellini donne le rôle de Roméo à une mezzo-soprano. Les arias languissantes de Roméo et de Juliette contrastent avec les confrontations orageuses entre les deux clans rivaux.

Bellini fut si contrarié par l'échec de *Zaïra* à Parme, un an plus tôt, qu'il remania huit mouvements de cet opéra afin de les réutiliser dans l'histoire des Capulet et des Montagut.

RÔLES PRINCIPAUX

Capellio, *basse*, chef du clan des Capulet

Giulietta, *soprano*, fille de Capellio

Romeo, *mezzo-soprano*, chef du clan des Montagut et amoureux de Giulietta

Tebaldo, *ténor*, futur époux de Giulietta

Lorenzo, *baryton*, conseiller de Capellio et ami de Romeo

L'INTRIGUE

Vérone, Italie, XIIIe siècle

ACTE I Dans le palais des Capulet, Capellio ignore les appels à la paix de Lorenzo et jure de tuer Romeo, le chef des Montagut. Romeo, déguisé en émissaire des Montagut, propose d'unir Romeo avec la fille de Capellio, Giulietta. Or Capellio veut lui faire épouser Tebaldo. Giulietta se résigne à son sort mais Romeo arrive avec Lorenzo, et la supplie de s'enfuir avec lui. Ne voulant pas déshonorer sa famille, elle refuse. Alors que les préparatifs du mariage de Giulietta sont en cours, Romeo se présente, vêtu en Capulet. Il est venu plaider sa cause auprès de sa bien-aimée, mais il est démasqué et un combat éclate entre les deux clans.

"Si fuggiere: non noi non resta"

"Soccorso, sostengo accordagli"

ACTE II Romeo s'étant échappé, Lorenzo propose à Giuletta une potion lui donnant toutes les apparences de la mort. Une fois ensevelie dans le tombeau des Capulet, lui affirme-t-il, Romeo viendra la ranimer. Capellio arrive. Elle avale la potion en implorant son pardon. Romeo s'approche du palais des Capulet où il croise Tebaldo. Pendant qu'ils se battent en duel, il entend un chœur pleurer la mort de Giulietta. En pénétrant dans le tombeau, il découvre le corps inerte de Giulietta et avale un poison. Quand elle reprend connaissance, horrifiée de voir son amant qui se meurt, elle se suicide à son tour. Devant les corps sans vie, les deux clans se rejettent la faute.

La mise en scène de Denis Krief pour le Festival della valle d'Itria, en 2005, situe l'opéra dans la période de l'immédiat après-guerre.

LA SONNAMBULA

(La Somnambule)

Melodramma en deux actes, 3 heures
1831
6 mars 1831, Teatro Carcano, Milan

Felice Romani, d'après l'argument d'Eugène Scribe pour le ballet *La Somnambule, ou L'Arrivée d'un nouveau seigneur*

Une charmante idylle pastorale, avec une succession d'arias et de duos qui compensent le manque d'action dramatique. L'intrigue est construite autour d'une jalousie injustifiée : l'héroïne se glisse dans le mauvais lit pendant une crise de somnambulisme. Bellini nous offre là sa partition la plus lyrique, et si mélodique que des critiques la taxèrent d'excessive. Plusieurs airs sont toujours les favoris des récitals de sopranos.

Bellini poussa le perfectionnisme jusqu'à demander à son librettiste, Felice Romani, de réécrire une dizaine de fois la première aria d'Amina, « *Ah ! non giunge uman pensiero* », avant d'être pleinement satisfait.

RÔLES PRINCIPAUX

Amina, *soprano,* jeune paysanne somnambule

Elvino, *ténor,* fiancé de Amina

Comte Rodolfo, *basse,* petit seigneur féodal

Teresa, *mezzo-soprano,* mère adoptive d'Amina.

Lisa, *soprano,* propriétaire de l'auberge

Alessio, *basse,* soupirant de Lisa

L'INTRIGUE

Un village suisse.

ACTE I Amina, jeune orpheline élevée par Teresa, doit épouser Elvino et rêve d'amour. Après la signature du contrat de mariage et l'échange des anneaux, un bel étranger arrive et, à la grande contrariété d'Elvino, flirte avec Amina. À l'auberge, Lisa s'entiche de l'étranger, en qui elle reconnaît le comte Rodolfo. Soudain, Amina entre dans la chambre du comte par une fenêtre. Lisa s'enfuit en courant, laissant tomber son mouchoir. Rodolfo réalise qu'Amina est somnambule et la laisse sur son lit, endormie. Elvino découvre Amina endormie dans le lit du comte et annule le mariage.

"Come per me sereno"

ACTE II Convaincu d'avoir été trahi, Elvino arrache son anneau de la main d'Amina. Lisa persuade Elvino de l'épouser, Rodolfo jure qu'Amina est innocente. Teresa exhibe le mouchoir de Lisa, qu'elle a trouvé dans la chambre de Rodolfo. Elvino pense à présent que Lisa l'a trahi, elle aussi. Amina apparaît en chemise de nuit et, toujours endormie, marche en direction d'un petit pont. Pendant que les villageois, effrayés, prient pour sa sauvegarde, elle franchit le pont et s'agenouille pour prier pour Elvino. Réalisant son erreur, Elvino lui repasse la bague au doigt. Elle se réveille, et après avoir pardonné à Elvino, est conduite à l'autel.

"Ah! non giunge uman pensiero"

La soprano russe Elena Kelessidi, dans le rôle d'Amina endormie, au Royal Opera House, en 2002.

NORMA

Tragedia lirica en deux actes, 2 heures ¾
1831
26 décembre 1831, La Scala, Milan

Felice Romani d'après une tragédie éponyme en vers d'Alexandre Soumet (1831)

Dans *Norma*, le plus bel opéra de Bellini et aussi le plus populaire, la musique incarne totalement le drame. Le livret de Felice Romani est bouleversant, mais c'est la partition musicale qui donne à l'œuvre toute sa grandeur. L'orchestration, d'une simplicité surprenante, soutient de longs ensembles complexes et des arias mélodieuses, notamment le poignant *« Casta diva »*. Le rôle de Norma est une véritable épreuve, exigeant une soprano dotée d'une voix d'une grande puissance, en termes d'étendue, de vigueur et de virtuosité, et un talent de tragédienne tout aussi éloquent. La première de *Norma* fut sabotée par les amis d'un compositeur rival, Giacomo Pacini, et Bellini décrivit la soirée comme « un fiasco absolu ». Mais, en quelques années, l'œuvre conquit toute l'Europe et même les États-Unis.

RÔLES PRINCIPAUX

Pollione, *ténor*, proconsul de Rome et père des enfants de Norma

Oroveso, *basse*, chef des druides et père de Norma

Norma, *soprano*, grande prêtresse druidique

Adalgisa, *soprano*, une vierge du temple

Clotilde, *soprano*, confidente de Norma

Flavio, *ténor*, centurion

Les deux enfants de Norma et Pollione, *rôles muets.*

Wagner, qui avait peu de goût pour les opéras italiens, fit une exception pour *Norma*. Après avoir entendu cet opéra, il déclara qu'« il ne faut pas avoir honte de laisser échapper une larme, ni d'exprimer une émotion ».

L'INTRIGUE

La Gaule, à l'époque de l'occupation romaine, vers 50 av. J.-C.

ACTE I Oroveso, le chef des druides, et ses disciples, espèrent que Norma, leur grande prêtresse, conduira la révolte contre les occupants romains. Pollione, proconsul de Rome et père des deux enfants secrets de Norma, avoue son amour pour une autre prêtresse, Adalgisa. Mais il redoute la fureur de Norma. S'attendant à un soulèvement, il entend Norma proclamer que seuls les dieux décideront du moment propice. En réalité, elle n'aspire qu'à regagner l'amour de Pollione. Adalgisa se sent coupable de trahir son vœu de chasteté. Elle repousse Pollione. Il l'invite à Rome et elle refuse dans un premier temps, avant de céder. Dans sa demeure, Norma est déchirée entre l'amour et la haine pour ses enfants. Adalgisa arrive et lui confesse qu'elle est éprise d'un homme en dépit de ses vœux. Lorsque Adalgisa lui raconte comment elle a

"Casta diva"

"Va crudele, al Dio spietato"

Montserrat Caballé, joua un rôle important dans le renouveau du *bel canto*, en particulier avec Norma, un de ses rôles préférés.

été conquise, Norma se souvient que Pollione avait utilisé les mêmes mots avec elle. Elle lui demande le nom de son amant. Adalgisa désigne Pollione, qui justement arrive. Se tournant vers lui en fureur, Norma affirme à Adalgisa qu'elle a été abusée. Adalgisa comprend qu'elle a volé l'amour de Norma et décide d'y renoncer.

"Oh di qual sei tu vittima"

ACTE II Désespérée, Norma envisage de tuer ses enfants mais cette idée lui répugne. Elle convoque Adalgisa, lui fait part de sa décision de mourir et lui demande de prendre soin de ses enfants à Rome. Mais Adalgisa refuse de quitter la Gaule et jure de ranimer l'amour de Pollione pour Norma. Dans la forêt sacrée, Oroveso apprend aux combattants druides qu'un chef plus redoutable que Pollione va prendre sa relève mais que Norma veut congédier ses troupes. Il demande aux guerriers de contenir leur haine. Mais Norma, apprenant que Pollione a juré d'enlever Adalgisa, vient exhorter ses guerriers au combat. Puis un soldat romain est surpris en train de violer l'enceinte sacrée du temple. Il est capturé : c'est Pollione. Ignorant les cris de son peuple qui réclame la mort du proconsul, Norma lui ordonne de partir seul et pour toujours. Pollione préfère mourir. Alors Norma décrète qu'Adalgisa sera sacrifiée à sa place. Pollione réclamant le poignard de Norma pour se suicider, celle-ci décide de sacrifier une autre victime. « Parle, donne-nous son nom ! » exigent les druides. Tandis qu'on prépare le bûcher, Norma révèle que c'est elle qui a trahi et qui doit mourir. Soudain plein de remords, Pollione veut à présent mourir avec elle. Les druides sont choqués d'apprendre la relation de Norma avec un Romain. Norma supplie son père de protéger leurs enfants. Les druides se rassemblent pour le sacrifice. Pollione s'avance pour mourir avec elle et ensemble, ils montent au bûcher.

"Mira, o Norma"

"In mia man"

"Qual cor tradisti"

MARIA CALLAS ET NORMA

Parmi les nombreuses héroïnes du *bel canto* incarnées par Maria Callas, c'est Norma qui convenait le mieux à sa voix puissante et à sa personnalité fragile. Sa propre vie tournant à la tragédie, elle embrassa le rôle avec encore plus de passion. « Dans une vie, on peut voir beaucoup de grandes choses au théâtre », se souvient Mirto Picchi, son premier Pollione, « mais voir Maria Callas dans *Norma*, que peut-il y avoir de comparable ? ».

***Maria Callas**, dans Norma, son rôle le plus fréquent, ici à l'Opéra de Paris, en 1964.*

« Je veux de l'amour, et de l'amour violent, sans cela les personnages sont froids ».

Gaetano Donizetti

GAETANO
DONIZETTI

Né le 29 novembre 1797 à Bergame (Italie)
Mort le 8 avril 1848 à Bergame (Italie)

Gaetano Donizetti est le maître sous-estimé de l'opéra romantique italien à ses débuts. Malgré le renouveau de ce style flamboyant, baptisé *bel canto,* dès les années 1950, seuls une demi-douzaine de ses quelque 75 opéras sont représentés. Pourtant, pendant plus d'une décennie à partir de 1830, ce compositeur modeste et sociable fut le musicien italien dominant de son époque.

Donizetti jette un pont entre deux géants de l'opéra, Rossini et Verdi. Comme Rossini, il croyait au *bel canto* ; et comme Verdi, il pensait que la musique devait renforcer le drame. Il élimina les excès de Rossini – crescendos, doubles arias et aria finale – et rejeta la séparation traditionnelle entre arias et récitatifs au profit d'une musique continue et de splendides mélodies.

Né dans une famille pauvre, il fut élève de Simon Mayr, prêtre d'origine bavaroise, maître de chapelle à l'église principale de Bergame et compositeur d'opéra accompli. Donizetti entra ensuite à l'académie de musique de Bologne, où il composa essentiellement de la musique sacrée. Mais il était attiré par l'opéra, d'autant que l'Italie du XIXe siècle en était très friande et qu'il avait besoin d'argent. Adepte à la fois d'*opera seria* et d'opéra bouffe, il écrivit 31 œuvres en douze ans, la plupart pour Naples. En 1830, il reçut une commande de La Scala de Milan pour une *tragedia lirica*. Le succès d'*Anna Bolena* le rendit célèbre au-delà des frontières italiennes. Dix-huit mois – et quatre opéras – plus tard, il fut à nouveau acclamé à Milan, cette fois pour *L'Elisir d'amore*, un de ses plus grands succès populaires.

Comme le précédent, cet opéra bénéficiait d'un livret signé Felice Romani, dramaturge qui collabora aussi avec

Ann Murray est Mary, reine d'Écosse, dans *Maria Stuarda*, un des opéras situés par Donizetti en Grande-Bretagne. Production de l'English National Opera en 1998.

PREMIÈRES REPRÉSENTATIONS

1820

1822 Zoraïda di Granata

1825

1830 — **1830** Anna Bolena

1832 l'Elisir d'amore

1833 Lucrezia Borgia

1834 Maria Stuarda

1835 — **1835** Lucia di Lammermoor

1837 Roberto Devereux

1840 — **1840** La Fille du régiment, La Favorite

1843 Don Pasquale, Dom Sébastien

1845

Rossini et Bellini. Donizetti composa quatre autres opéras avant que La Scala ne lui fasse un triomphe, en 1833, avec *Lucrezia Borgia*.

EN BUTTE À LA CENSURE

Donizetti situait souvent ses opéras dans l'Angleterre protestante, dans l'espoir d'apaiser les censeurs catholiques. *Maria Stuarda* fut néanmoins banni de Naples en 1834 en raison de l'allusion au conflit entre catholiques et protestants. Donizetti reprit des séquences de la partition pour son opéra *Buondelmonte,* et présenta *Maria Stuarda* à la Scala, en 1835. Ce fut de nouveau à Naples, cette même année, qu'eut lieu la création de sa plus mémorable tragédie, *Lucia di Lammermoor*. La vie de Donizetti fut elle-même marquée par la tragédie : sa femme mourut en 1837, à 29 ans, en donnant naissance à un troisième enfant, mort-né. Il composa alors *Roberto Devereux,* drame situé en Grande-Bretagne et inspiré d'une fiction historique relatant l'amour d'Élisabeth I pour le comte d'Essex. En 1838, après

Virginia Vasselli, l'épouse de Donizetti, mourut à l'âge de 29 ans en couches.

l'interdiction de son *Poliuto* à Naples, il décida de s'installer à Paris où, après la mort de Bellini et Rossini ayant pris sa retraite, il n'avait aucun rival italien.

LE TRIOMPHE EN FRANCE

À dater de cette période, trois opéras se détachent de son œuvre : *La Fille du régiment, La Favorite* et *Don Pasquale,* tous initialement représentés en français. Mais en 1843, année de la création de son œuvre ultime, *Dom Sébastien,* un grand opéra en cinq actes, la syphilis eut rapidement raison de sa santé mentale et physique. Connu pour sa patience et son charme, l'homme devint soudain irascible et incontrôlable. Le pire était à venir : en 1846, il fut interné dans un asile d'aliénés. Finalement, sa famille le ramena à Bergame où il mourut, fou, en 1848.

La frêle silhouette de Donizetti sortant d'un asile d'aliénés à Ivry où il passa ses dernières années avant d'être rapatrié en Italie, où il mourut.

ANNA BOLENA

(Anne Boleyn)

Tragedia lirica en deux actes, 3 heures ¼
1830
26 décembre 1830, Teatro Carcano, Milan

Felice Romani, d'après les pièces *Henri VIII* de Marie-Joseph Chénier et *Anna Bolena* d'Alessandro Pepoli

Anna Bolena valut à Donizetti une renommée internationale. Historiquement, cette version de l'exécution d'Anne Boleyn est irrecevable, mais l'opéra est un véritable festival de *bel canto*, avec une suite de splendides arias, un duo poignant entre l'héroïne et celle qui doit lui succéder, et un final magistral dans chaque acte. Ses représentations comportent souvent d'importantes coupures en raison de la longueur de l'œuvre.

Giuditta Pasta fit le succès d'*Anna Bolena*. Il faudra une autre diva, Maria Callas, pour sortir en 1957 cet opéra de l'oubli, dans une mémorable production de La Scala de Milan.

RÔLES PRINCIPAUX

Enrico VIII, *basse*, roi Henri VIII

Anna Bolena, *soprano*, deuxième épouse du roi

Giovanna Seymour, *mezzo-soprano*, troisième épouse du roi

Smeton, *mezzo-soprano*, musicien de la cour

Percy, *ténor*, premier amour d'Anna

L'INTRIGUE

Windsor et Londres, en Angleterre, 1536

ACTE I À Windsor, Giovanna (Jane) Seymour se sent coupable d'être la maîtresse du roi. Anne Boleyn demande à Smeton de lui chanter une chanson qui lui rappelle son premier amour, Percy. Le roi annonce à Jane qu'il officialisera bientôt leur union. Il a fait revenir Percy d'exil dans l'intention de prouver qu'il est toujours l'amant de la reine. Percy se déclare, en effet, mais Anne le repousse. Désespéré, il dégaine son épée pour se suicider. Smeton intervient. Anne s'évanouit. Le roi surprend la scène. Dans la confusion, le portrait miniature d'Anne que gardait Smeton tombe par terre. Le roi y voit la preuve de l'infidélité de la reine et ordonne son arrestation.

"In quegli sguardi impresso"

ACTE II Dans la Tour de Londres, Jane conseille à Anne de plaider coupable, avant de lui annoncer que le roi l'a désignée pour lui succéder. Horrifiée, Anne la maudit, puis lui accorde son pardon, rejetant tout le blâme sur le roi. Smeton, dans l'espoir de lui sauver la vie, « confesse » une liaison avec Anne, mais le roi utilise cet aveu. Le roi rejette toute demande. Attendant la mort dans sa cellule, Anne évoque son premier amour. Le canon résonne pour annoncer le mariage du roi lorsqu'on vient la chercher pour la conduire à l'échafaud.

"Al dolce guidami"

Darina Takova est Anna Bolena, et José Bros, Percy, son premier amour, au Teatro Regio de Turin, en 2005.

L’ELISIR D’AMORE

(L’Élixir d’amour)

Opera comica en deux actes, 2 heures
1832
12 mai 1832, Teatro Canobbiana, Milan

Felice Romani, d’après un texte d’Eugène Scribe pour l’opéra d’Auber intitulé *Le Philtre*, lui-même inspiré de la pièce *Il Filtro*, de Silvio Malaperta.

L’Elisir d’amore a longtemps été l’opéra le plus populaire de Donizetti, par la grâce d’un flot ininterrompu de mélodies enchanteresses. Étiqueté *opera buffa*, il met en scène le « bouffon » requis en la personne du charlatan Dulcamara, dans un air populaire où l’auteur réussit à compresser le maximum de mots en un minimum de temps. Mais l’intrigue de *L’Elisir d’amore* fait également place au lyrisme quand Nemorino recourt à la magie dans l’espoir de gagner le cœur de la riche et volage Adina. Les arias languissantes du ténor Nemorino contrastent avec les arias espiègles de la soprano Adina. Tous deux voguent vers le bonheur. Cette histoire avait déjà été contée l’année précédente, à l’Opéra de Paris, dans *Le Philtre*. Mais seule la version de Donizetti est parvenue jusqu’à nous.

RÔLES PRINCIPAUX

Adina, *soprano*, jeune et riche propriétaire
Nemorino, *ténor*, fermier, amoureux d’Adina
Belcore, *baryton*, sergent de passage
Dulcamara, *basse*, charlatan
Gianetta, *soprano*, jeune paysanne

En décembre 1820, Enrico Caruso cracha du sang sur scène dans le rôle de Nemorino à New York. En dépit des exhortations du public, il alla jusqu’au bout de la représentation. Il mourut neuf mois plus tard.

L’INTRIGUE

Un village basque, au XIXe siècle

ACTE I Adina est en train de lire l’histoire de Tristan et Iseut. Nemorino se dit que son amour pour elle est impossible. Adina raconte aux moissonneurs que Iseut séduisit Tristan grâce à un philtre d’amour. Arrive le sergent Belcore, avec sa compagnie. Frappé par la beauté d’Adina, il la demande en mariage et veut célébrer leurs noces immédiatement. Mais Adina n’est pas pressée et, lorsque Nemorino lui déclare enfin sa flamme, elle lui réplique qu’elle est aussi volage que le vent et lui conseille de se trouver une autre femme. Une trompette annonce l’arrivée du Dr Dulcamara, un charlatan. Nemorino l’interroge sur la potion magique d’Iseut. Dulcamara prétend posséder la formule et lui remet un flacon de vin ordinaire, en l’assurant que la boisson fera son effet dans les 24 heures. Nemorino vide le flacon et est rapidement éméché. Entre-temps, Belcore a renouvelé sa demande et Adina a fini par accepter de l’épouser dans une semaine. Mais Belcore reçoit l’ordre de quitter la ville. Adina, décontenancée par l’indifférence apparente de Nemorino, décide d’avancer son mariage au lendemain. Belcore et Adina se retrouvent devant le notaire, tandis que Nemorino, dégrisé, s’enquiert de Dulcamara.

“Quanto è bella, quanto è cara”

“Chiedi all’ aura lusinghiera”

“Esulti pur la barbara”

Donizetti observe les bouffonneries du Dr Dulcamara, lors d'une répétition de son opéra *L'Elisir d'amore.*

part à la recherche de Dulcamara. Une fille du village annonce que l'oncle de Nemorino vient de décéder et lui a légué sa fortune. Lorsque le jeune fermier est de retour, la jeune fille lui tourne autour. Il croit alors que la potion magique agit enfin.

ACTE II La noce bat son plein mais Adina n'a pas encore signé le contrat de mariage. Elle chante en duo avec Dulcamara une chanson populaire vénitienne, l'histoire d'une jeune fille qui choisit d'épouser un pauvre gondolier plutôt qu'un riche sénateur. Le notaire insiste pour formaliser le mariage. De son côté, Nemorino a besoin d'argent pour acheter un autre flacon d'élixir. Ne voyant pas d'alternative, il s'enrôle dans l'armée, touche sa solde des mains de Belcore et Dulcamara explique à Adina le comportement étrange de Nemorino et, réalisant qu'elle aime le jeune homme, lui propose son breuvage « magique ». Elle réplique qu'elle n'en a nul besoin. Surprenant une larme éloquente dans l'œil d'Adina, Nemorino comprend enfin qu'elle l'aime aussi. Adina lui avoue ses sentiments et lui annonce qu'elle a racheté sa liberté à Belcore. Dulcamara affirme que la bonne fortune de Nemorino est la preuve que sa potion apporte non seulement l'amour mais aussi la richesse, et il vend le reste de son stock de vin à la foule avant de disparaître.

"Quanto amore!"

"Una furtiva lagrima"

Bruno Pola, Dulcamara, vante les mérites de son breuvage magique, au Royal Opera House, en 1997.

LUCIA DI LAMMERMOOR

(Lucie de Lammermoor)

Dramma tragico en trois actes, 2 heures ½
1835 (version révisée en français en 1839)
26 septembre 1835, Teatro di San Carlo, Naples (Italie)
Salvatore Cammarano, d'après *The Bride of Lammermoor* de Sir Walter Scott

Lucia di Lammermoor représente l'apogée de l'opéra romantique italien et figure dans deux œuvres majeures de la littérature romantique, *Madame Bovary* de Flaubert et *Anna Karénine* de Tolstoï. La scène la plus célèbre est bien sûr la « scène de folie » du troisième acte, mais l'œuvre est pleine de mélodies obsédantes : les arias bouleversantes de Lucia et d'Edgardo, ainsi que leur émouvant duo ; le sextuor richement vocalisé qui clôt le deuxième acte et dont chaque voix exprime une émotion différente. Ce sextuor est d'ailleurs considéré comme l'un des plus beaux ensembles de tout le répertoire.

RÔLES PRINCIPAUX

Lucia di Lammermoor, *soprano*

Edgardo Ravenswood, *ténor*, bien-aimé de Lucia

Enrico Ashton, *baryton*, frère de Lucia

Raimondo, *basse*, chapelain

Arturo, *ténor*, époux de Lucia

Alisa, *mezzo-soprano*, confidente de Lucia

À Parme, durant l'occupation autrichienne, la police interrompit une représentation car les choristes portaient des robes blanches ornées de rubans verts et rouges, les couleurs du mouvement indépendantiste.

L'INTRIGUE

Dans le château et aux environs de Lammermoor, en Écosse, 1669

ACTE I Enrico Ashton se plaint de ses infortunes et du plaisir qu'elles doivent procurer à son ennemi mortel, Edgardo Ravenswood. Sa seule issue est de trouver un riche mari à sa sœur, Lucia. Raimondo lui réplique qu'elle est trop peinée par la mort de sa mère pour se marier, mais son ami Normanno affirme avoir été le témoin de ses rencontres secrètes avec un homme qui pourrait bien être Edgardo Ravenswood. Enrico est fou de rage. Dans le parc du château, Lucia se souvient d'avoir « vu » le meurtre de la maîtresse d'un autre Ravenswood. Edgardo vient lui annoncer qu'il doit partir pour la France afin de rallier des partisans et qu'il a l'intention de demander sa main avant son départ. Mais Lucia insiste pour que leur amour reste secret et ils échangent leurs anneaux avant de se dire adieu.

"Regnava nel silenzio"

"Ah! Verrano a te sull'aure"

SIR WALTER SCOTT

Incarnation du romantisme gothique, sir Walter Scott connut un immense succès dans l'Europe du XIXe siècle, et seize de ses romans ont fait l'objet d'adaptations pour l'opéra. La plus connue, *Lucia di Lammermoor* de Donizetti, n'est que l'une des six versions opératiques de *The Bride of Lammermoor*. Le dernier opéra de Bellini, *I Puritani*, était inspiré de *Old Mortality*. Rossini transforma *The Lady of the Lake* en *La Donna del lago*, et l'opéra de Bizet, *La Jolie Fille de Perth*, est entièrement basé sur *The Fair Maid of Perth*.

ACTE II Alors qu'Enrico attend Lucia, Normanno se vante d'avoir rédigé une fausse lettre d'amour qu'Edgardo aurait adressée à une autre femme. Quand Lucia arrive, Enrico lui annonce qu'il lui a choisi un époux, un homme dont il espère le soutien. Lorsqu'elle réplique qu'elle est déjà engagée, Enrico lui remet la fausse lettre d'Edgardo. Elle se résigne à l'arrivée de son futur époux, Arturo. Ce dernier a entendu des rumeurs sur l'amour secret de Lucia, mais Enrico les dément et lui enjoint de signer l'acte de mariage. Lucia signe à son tour sa « condamnation à mort ».

"Se tradirmi tu potrai"

Edgardo réapparaît, affirmant qu'il l'aime toujours. Il dégaine son épée, prêt à se battre avec Enrico, mais quand on lui montre la signature de Lucia au bas du contrat, il est stupéfié et lui rend son anneau.

"Chi mi frena in tal momento"

ACTE III Raimondo interrompt la noce pour annoncer que, entendant des cris en provenance des appartements de Lucia, il est entré dans sa chambre et a trouvé Arturo mort. Lucia tenait encore son poignard. Lucia arrive, visiblement perturbée, croyant entendre la voix d'Edgardo. Devant son délire, Enrico est plein de remords. Depuis le tombeau des Ravenswood, Edgardo aperçoit les lumières du château de Lammermoor et imagine Lucia célébrant son nouvel amour. Il entend les invités quitter le château en déplorant « l'horrible destin de la malheureuse ». Ils lui apprennent que Lucia est mourante et qu'elle l'a réclamé dans un dernier soupir. Raimondo vient le prévenir que tout est fini. Effondré, Edgardo se suicide d'un coup de poignard.

"Il dolce suono"

"Tu che a Dio spiegasti l'ali"

La soprano coréenne Sumi Jo, que l'on voit ici à l'Opéra Bastille de Paris, en 1999, a fait de Lucia di Lammermoor l'un de ses rôles favoris.

MARIA STUARDA

(Marie Stuart)

Opera seria en trois actes, 2 heures ½
1834
30 décembre 1835, La Scala, Milan

Giuseppe Badari, d'après la tragédie de Friedrich von Schiller.

Maria Stuarda possède une brillante partition lyrique, dominée par deux grands rôles de soprano, Maria et Elisabetta. Elle met aussi en valeur la voix de ténor de Leicester. L'intrigue étant riche en conflits, l'opéra comprend plusieurs duos émouvants, ainsi qu'un splendide ensemble, non moins mémorable, accompagnant la rencontre explosive entre Elisabetta et Maria dans le deuxième acte.

D'abord interdit à Naples, puis représenté à Milan, *Maria Stuarda* n'a été repris qu'en 1958. La partition originale ne fut retrouvée qu'en 1989. Aujourd'hui, on le considère comme un des plus beaux opéras de Donizetti.

RÔLES PRINCIPAUX

Maria Stuarda, *soprano,* Mary, reine d'Écosse
Elisabetta, *soprano,* reine d'Angleterre
Leicester, *ténor,* favori d'Elisabetta
Talbot, *baryton,* confident de Mary
Anna, *mezzo-soprano,* dame de compagnie de Mary
Cecil, *baryton,* Lord Chancelier

L'INTRIGUE

Angleterre, dans les années 1580

ACTE I À Wesminster, la reine Élisabeth réfléchit à la demande en mariage du roi de France lorsque les courtisans viennent lui demander de gracier sa cousine emprisonnée, la catholique Marie Stuart. La reine s'est éprise de Leicester, mais craint qu'il n'aime Marie. Il lui apporte justement un message dans lequel Marie lui demande audience. Malgré ses dénégations, elle l'accuse d'aimer Marie.

"Si! Era d'amor l'immagine"

ACTE II Au château de Fotheringhay, Marie se réjouit en entendant le bruit de la chasse royale. Leicester vient lui promettre de la libérer. Élisabeth fait irruption et Marie implore son pardon, mais la reine la maudit. Marie scelle son sort en la traitant de prostituée.

"O nube! che lieve"

ACTE III À Westminster, la reine semble hésiter à approuver la mise à mort de Marie. Mais lorsque arrive Leicester, elle la signe aussitôt. Insensible à ses protestations, la reine lui ordonne d'assister à l'exécution, exigeant que son amour meure avec Marie.

Seule au château de Fotheringhay, avec son confident Talbot, Marie se repent de ses péchés. Talbot lui révèle qu'il est prêtre catholique et reçoit son ultime confession. Leicester arrive, accablé de douleur, alors que Marie va vers son destin. Le Lord Chancelier proclame qu'avec la mort de Marie, la paix est revenue en Angleterre.

La reine Élisabeth, parée pour la chasse (Susan Parry), dans une production de l'English National Opera en 1998.

LA FILLE DU RÉGIMENT

Opéra-comique en 2 actes, 1 heure ½
1839 (1840 pour la version opera buffa avec récitatifs)
14 février 1840, Opéra Comique, Paris
JFA Bayard et Jules-Henri Vernoy de Saint-Georges

Avec *La Fille du Régiment*, son premier opéra-comique, Donizetti changea résolument de ton. Cette histoire d'amour qui s'achève sur un vibrant « Vive la France ! » conquit le public parisien. La partition est ponctuée d'arias et de duos lyriques. Les chœurs évoquent également la musique militaire. Donizetti a écrit ultérieurement une adaptation en italien. C'est souvent la version française que l'on préfère aujourd'hui.

Avec ses neuf contre-ut, l'aria « Pour mon âme » valut à Luciano Pavarotti le titre de « roi du contre-ut », en 1972. Ce même air lui fit perdre sa couronne lorsque, trente ans plus tard, il ne put atteindre les notes les plus aiguës.

RÔLES PRINCIPAUX

Marie, *soprano*, orpheline, adoptée par le régiment

Tonio, *ténor*, paysan tyrolien amoureux de Marie

Sergent Sulpice, *basse*, grenadier français

La marquise de Birkenfeld, *mezzo-soprano*

Hortensius, *basse*, valet de la marquise

L'INTRIGUE

Dans les montagnes du Tyrol suisse, 1815

ACTE I Marie suit son régiment français dans les montagnes tyroliennes. Lorsque son tuteur, le sergent Sulpice, la surprend avec un jeune homme, Tonio, elle lui raconte comment celui-ci l'a sauvée d'un précipice. Arrivent alors les soldats, avec un Tyrolien soupçonné d'espionnage dans lequel elle reconnaît son sauveur. Tonio et Marie se déclarent leur amour. Pour pouvoir épouser la « fille » du régiment, Tonio va jusqu'à s'enrôler. Lorsque la marquise de Birkenfeld vient demander un sauf-conduit, Sulpice se souvient d'avoir lu son nom sur une lettre trouvée avec Marie, bébé. Il comprend qu'elle est la tante de Marie.

"Quoi! Vous m'aimez"

L'Américaine Lily Pons (1898-1976), ici dans le rôle de Marie. Son talent lui valut des légions d'admirateurs au Metropolitan Opera à New York.

ACTE II La marquise a decidé de faire de Marie une jeune fille accomplie. Elle lui fait donner des cours de danse et de chant. Marie est malheureuse à la perspective de son mariage avec un riche héritier. Sulpice presse la marquise de la laisser épouser son amoureux, tandis que Marie et Tonio font le projet de s'enfuir ensemble. La marquise révèle alors qu'elle est la mère de Marie. Sur le point d'épouser son fiancé, Marie évoque sa vie heureuse avec le régiment. Les invités sont horrifiés mais la marquise est touchée de sa gratitude envers les soldats et décide d'accepter son mariage avec Tonio. Tous, Marie en tête, chantent la gloire de la France.

"Salut à la France"

LA FAVORITE

Grand opéra en quatre actes, 2 heures ½
1840
2 décembre 1840, Opéra de Paris

Alphonse Royer, Gustave Baez et Eugène Scribe, d'après une pièce de Baculard d'Arnaud, *Le Comte de Comminges* (1764)

La Favorite raconte l'histoire improbable d'un monarque offrant sa maîtresse à un héros de guerre. Mais, comme souvent chez ce compositeur, l'intrigue sert une partition brillante, remarquable par ses couleurs contrastées. Une succession d'arias enlevées illustre le triangle amoureux formé par Léonore, Fernand et Alphonse, tandis que les menaces de divorce et d'excommunication ajoutent des notes plus sombres en toile de fond.

Donizetti écrivit *La Favorite* dans l'urgence, empruntant une partie de la musique à *L'Ange* de Nisida, son précédent opéra sur l'histoire d'une maîtresse royale, jamais représenté à cause d'une faillite du théâtre commanditaire.

RÔLES PRINCIPAUX

Alphonse XI, *baryton*, roi de Castille
Léonore, *mezzo-soprano*, maîtresse du roi
Inès, *soprano*, confidente de Léonore
Fernand, *ténor*, jeune novice
Balthazar, *basse*, le Père supérieur
Don Gaspard, *ténor*, ministre du roi

L'INTRIGUE

Espagne, vers 1340

ACTE I Fernand, novice du monastère de Saint-Jacques-de-Compostelle, confesse à Balthazar qu'il est hanté par une belle jeune femme. Lorsque Balthazar lui rend sa liberté, Fernand retrouve la trace de la jeune femme, Léonore, et la rejoint sur une île. Elle l'aime aussi, mais n'ose lui avouer qu'elle est la maîtresse du roi.

ACTE II Ayant vaincu les Maures, le roi Alphonse XI projette de divorcer pour épouser Léonore. Se languissant de Fernand, Léonore supplie le roi de la laisser partir. Il refuse et intercepte une lettre d'amour de Fernand. Balthazar, qui est également le père de la reine, menace le roi d'excommunication s'il décide de divorcer.

ACTE III Alphonse reçoit Fernand en héros et lui offre de réaliser tous ses souhaits. Il demande la main de Léonore. Celle-ci tente de révéler son passé à Fernand avant leur mariage, mais le message ne lui parvient jamais. Lorsqu'il apprend la vérité de la bouche de Balthazar, Fernand retourne au monastère de Saint-Jacques.

"Pour tant d'amour"

Giacomo Prestia, Balthazar, menace de châtiment Alphonse (Carlos Alvarez) et Léonore (Violeta Urmana). Production du Staatsoper de Vienne en 2003.

ACTE IV La reine est morte de chagrin et, lors de ses funérailles à Saint-Jacques-de-Compostelle, Fernand se souvient de son amour. Soudain, Léonore apparaît, déguisée en novice. Elle est affaiblie et souffrante. Fernand lui enjoint de partir mais sa passion est ranimée. Il est trop tard hélas, et Léonore expire dans ses bras.

"Ange si pur"

DON PASQUALE

Opera buffa en trois actes, 2 heures
1842
3 janvier 1843, Théâtre Italien, Paris

Giovanni Ruffini et Gaetano Donizetti, d'après le livret d'Angelo Anelli pour l'opéra de Pavesi, *Ser Marc'Antonio.*

Don Pasquale est le chef-d'œuvre comique de Donizetti. L'histoire d'amour triomphe en dépit de personnages absurdes, des travestissements invraisemblables et de la grande confusion. Les scènes burlesques s'enchaînent avec des arias pour soprano et ténor, et des duos d'amour délicieux. Le personnage comique de Don Pasquale est au cœur de l'oeuvre. Dans le troisième acte, son duo avec Malatesta est considéré comme l'un des points culminants de l'opéra.

RÔLES PRINCIPAUX

Don Pasquale, *basse,* vieux célibataire excentrique
Ernesto, *ténor,* neveu de Don Pasquale
Norina, *soprano,* jeune veuve
Dr Malatesta, *baryton,* ami de Don Pasquale

L'histoire de Don Pasquale est un vieux thème emprunté à une pièce de Ben Jonson, *Epicene or The Silent Woman* (1609), qui a inspiré notamment *Die Schweigsame Frau* de Richard Strauss.

L'INTRIGUE

Une province italienne

ACTE I Le vieux Don Pasquale veut prendre femme. Malatesta lui propose sa « sœur » qui, dit-il, vient de sortir du couvent. Ravi, Don Pasquale interdit à son neveu Ernesto de se marier sous peine d'être desherité. Ce dernier aime la jolie veuve Norina, et a le cœur brisé. Malatesta persuade Norina d'épouser Don Pasquale, sous l'identité de « Sofronia », sa prétendue sœur, afin de se rapprocher d'Ernesto.

"Sogno soave e casto"

ACTE II Une fois le contrat de mariage signé, la timide fiancée de Don Pasquale se transforme en une épouse acariâtre et autoritaire. Informé du stratagème de Malatesta, Ernesto reprend espoir. Don Pasquale réalise qu'il a commis une terrible erreur.

ACTE III Don Pasquale est choqué de voir Sofronia partir au théâtre sans lui. Ils se querellent et elle le gifle. Il comprend alors qu'il doit renoncer au mariage. Norina laisse un mot ostensiblement destiné à Ernesto. Ernesto est en train de donner la sérénade à Norina lorsque Don Pasquale fait irruption pour chasser Sofronia. Malatesta annonce l'arrivée prochaine de Norina, Don Pasquale approuve le mariage de son neveu. Comprenant qu'il a été berné, Don Pasquale pardonne finalement à tous.

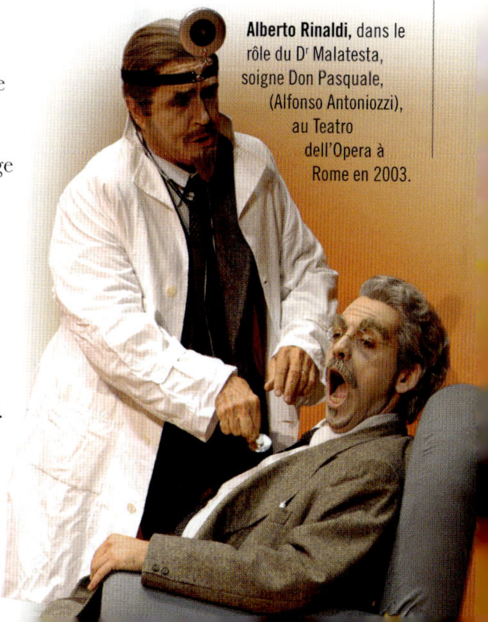

Alberto Rinaldi, dans le rôle du Dr Malatesta, soigne Don Pasquale, (Alfonso Antoniozzi), au Teatro dell'Opera à Rome en 2003.

PIETRO
MASCAGNI

Né le 7 décembre 1863 à Livourne (Italie)
Mort le 2 août 1945 à Rome

Mascagni connut une célébrité immédiate après que sa femme ait envoyé à son insu la partition de *Cavalleria rusticana* à un concours qu'il remporta. La popularité mondiale de l'œuvre encouragea d'autres compositeurs à écrire dans ce style vériste, mais Mascagni lui-même n'égala jamais ce premier succès.

CAVALLERIA RUSTICANA

Melodramma en un acte, 1 heure ¼
1889
17 mai 1890, Teatro Constanzi, Rome
Giovanni Targione-Tozetti et Guido Menasci, d'après une pièce de Giovanni Verga.

Cavalleria Rusticana dépeint la vie d'un village sicilien dans lequel l'amour, la trahison et l'honneur deviennent les éléments d'une tragédie annoncée.

La partition donne le ton avec un chœur et un hymne de Pâques, mais les arias et les duos viennent rapidement nouer le drame.

L'INTRIGUE

Un village sicilien, le dimanche de Pâques, fin du XIXe siècle

Turridu rentre du service militaire pour découvrir que sa fiancée, Lola, a épousé Alfio. Lorsque Turridu séduit une autre jeune fille, Santuzza, et l'engrosse, Lola décide de le reconquérir. Le dimanche de Pâques, Santuzza espère retrouver Turridu à l'église. Sa mère, Lucia, lui annonce qu'il est parti faire une course.

Tatiana Troyanos, dans le rôle de Santuzza, supplie Turridu, interprété par Plácido Domingo, de ne pas l'abandonner. Opéra de San Francisco, 1976.

Santuzza lui confie qu'elle craint les manœuvres de Lola. À son retour, Turridu l'écarte quand il aperçoit Lola. Brûlante de jalousie, Santuzza raconte à Alfio la trahison de Lola. Alfio provoque Turridu en duel. Turridu réclame la bénédiction de sa mère et lui demande de prendre soin de Santuzza. Un cri épouvantable annonce la mort de Turridu. Lucia et Santuzza tombent en pleurs dans les bras l'une de l'autre.

"Voi lo sapete, o mamma"

"Mamma, quel vino è generoso"

MASCAGNI ET LEONCAVALLO

Les noms de Pietro Mascagni et de Ruggero Leoncavallo sont associés. Tous deux illustrent pour l'opéra le mouvement littéraire italien de la fin du XIXe siècle baptisé vérisme, chacun avec une œuvre unique mais inoubliable : *Cavalleria Rusticana* pour Mascagni et *I Pagliacci* pour Leoncavallo.

RUGGERO LEONCAVALLO

Né le 23 avril 1857 à Naples (Italie)
Mort le 9 août 1919, à Montecatini (Italie)

Cavalleria Rusticana de Mascagni donna à Leoncavallo l'idée d'introduire le vérisme dans son travail. Le résultat, *I Pagliacci*, fut un triomphe. Mais, comme Mascagni, ses œuvres postérieures ne laissèrent guère de traces. Il écrivit une version de *La Bohème*, aussitôt reléguée dans l'ombre par celle de Puccini, créée 18 mois plus tôt.

I PAGLIACCI

(Paillasse)

✍ *Dramma*, en un prologue et deux actes, 1 heure ¼
⌛ 1891–1892
🎭 21 mai 1892, Teatro dal Verme, Milan
📖 Ruggero Leoncavallo

Paillasse est l'histoire d'une représentation de *commedia dell'arte* devenant tragique dans la vie réelle. L'action, qui se situe entre des villageois et des comédiens ambulants, place d'emblée le drame dans la veine du vérisme, contribuant ainsi à son succès.

L'INTRIGUE

Montalto, en Calabre (Italie), fin du XIXe siècle

PROLOGUE Tonio, le clown, annonce au public que les dangers de l'amour vont être mis en scène.

ACTE I Pendant que les comédiens ambulants préparent leur spectacle, Canio, leur chef, déclare espérer que la foule rira dans la pièce de l'infidélité de son épouse. Sa femme, Nedda, est inquiète. Lorsque Tonio tente de l'embrasser, elle le gifle. Elle est amoureuse de Silvio, un villageois, et accepte de s'enfuir avec lui. Tonio, qui les a surpris, convoque Canio, mais Nedda presse Silvio de partir. Lorsqu'elle refuse de révéler l'identité de son amoureux, Canio réalise qu'il est devenu le mari jaloux qu'il doit jouer sur scène 🎵.

"Vesti la giubba"

ACTE II Sur les tréteaux, Colombina (Nedda) attend son amoureux, Arlecchino (Beppe). Elle accueille ensuite Arlecchino à bras ouverts et ils se préparent à prendre la fuite. Mais revenant par surprise, Pagliaccio (Canio) entend Colombina dire à son amoureux de se sauver – avec les mêmes mots que ceux employés par Nedda quand elle s'adressait à Silvio. Il proclame qu'il n'est plus un clown et la poignarde. Elle s'écroule, mourante. Canio tue également Silvio. Tonio arrive pour annoncer que « Le spectacle est fini ».

"No, Pagliaccio non son"

Le grand ténor italien Benjamino Gigli, ici en 1946 à l'âge de 56 ans, chanta le rôle de Canio, Paillasse, tout au long de sa carrière.

UMBERTO GIORDANO

Né le 27 août 1867 à Fóggia (Italie)
Mort le 12 novembre 1948 à Milan

L'œuvre d'Umberto Giordano fut victime de la vogue de l'opéra vériste lancée par le *Cavalleria Rusticana* de Mascagni. Aujourd'hui encore, on ne se souvient plus que d'*Andrea Chénier*. Cette œuvre est située durant la Révolution française, sur un excellent livret de Luigi Illica, qui participa également à la création des opéras les plus populaires de Puccini. Après *Andrea Chénier*, aux accents dramatiques, Giordano écrivit *Fedora*, encore occasionnellement représenté de nos jours. Le reste de ses œuvres (une dizaine) a eu peu de succès, même de son vivant. Giordano a pourtant laissé de nombreuses arias pour ténor ou pour soprano, qui sont restées des pièces de récital très populaires.

ANDREA CHÉNIER

Dramma di ambiente storico, en quatre actes, 2 heures ¼
1894-1896
28 mars 1896, La Scala, Milan
Luigi Illica

Andrea Chénier est inspiré du poète romantique français, André Chénier, qui paya de sa vie son engagement contre les excès de la Révolution française. Construit autour du solide livret de Luigi Illica, l'opéra évoque le Paris révolutionnaire à travers des chansons comme *Ça ira* et *La Carmagnole*. Tout en laissant Chénier défendre son idéalisme, Giordano et Illica ont ajouté la romance au contexte politique : Chénier est en rivalité avec un défenseur de la Révolution pour l'amour d'une jeune aristocrate. Ces trois rôles témoignent du grand talent lyrique de Giordano. La mélodie la plus connue est l'aria de Maddalena, *« La mamma morta »*. Le duo final, *« Vicino a te »*, n'est pas moins poignant, lorsque Maddalena choisit de mourir avec Chénier.

RÔLES PRINCIPAUX

Andrea Chénier, *ténor*, poète
Maddalena di Coigny, *soprano*, jeune aristocrate, aimée de Chénier
Contessa di Coigny, *mezzo-soprano*, mère de Maddalena
Carlo Gérard, *baryton*, majordome dans la famille de Coigny
Roucher, *basse*, ami de Chénier
Incredibile, *ténor*, dandy, espion pour la Révolution

La muse d'André Chénier, durant les dernières semaines de sa vie, était une aristocrate du nom d'Anne de Coigny, qui ne partageait pas ses sentiments. Elle ne mentionne même pas l'existence de Chénier dans ses mémoires.

Projet de costume pour Maddalena di Coigny, dans une production de l'opéra de Giordano programmée à l'Opéra de Paris au XIXe siècle.

L'INTRIGUE

Avant et pendant la Révolution française de 1789

ACTE I Au château de Coigny, un valet, Gérard, maudit la « maison dorée ». Mais lorsqu'il aperçoit la fille de la comtesse, Maddalena, sa colère tombe. Les invités ignorent tout des troubles agitant Paris. Le poète Chénier dédie une ode à Maddalena mais les invités sont scandalisés quand il dénonce la misère du peuple.

"Un dì all'azzurro spazio"

Gérard réapparaît avec une foule de mendiants et, déchirant sa livrée, donne sa démission. La comtesse relance le bal.

ACTE II Cinq ans plus tard, dans un café parisien, Chénier est observé par un espion, Incredibile. Il refuse de s'enfuir en disant qu'il attend une femme mystérieuse qui prétend être en danger et signe ses lettres « Espoir ». Gérard, engagé dans la Révolution, est à la recherche de la même femme. Une servante conduit Chénier à Maddalena. En la reconnaissant, Chénier est submergé par l'amour et promet de la protéger au péril de sa vie. Mandaté par l'espion, Gérard est blessé lors d'un duel avec Chénier. Il le prévient néanmoins qu'il est recherché comme contre-révolutionnaire.

ACTE III Au Tribunal révolutionnaire, Incredibile annonce la capture de Chénier et presse Gérard de signer l'acte d'accusation du poète. Gérard hésite, honteux d'être gouverné par la haine et l'amour, mais finit par signer. Maddalena le supplie d'épargner Chénier. Lorsque Gérard lui rappelle qu'il l'aime, elle lui offre son corps en échange de la vie du poète. Gérard est ému par son récit de la mort de sa mère dans un incendie allumé par les révolutionnaires. Lors de son procès, Chénier plaide contre l'hypocrisie et même Gérard finit par prendre sa défense. Mais le juge ordonne son exécution.

"Nemico della patria?!"

"La mamma morta"

ACTE IV Gérard arrive avec Maddalena, qui prend la place d'une condamnée. Seuls, Chénier et Maddalena tombent dans les bras l'un de l'autre, se vouant un amour éternel. Au moment de leur exécution, ils s'écrient « Accueillons la mort ensemble ! »

Katarzyna Suska, dans le rôle de la comtesse (au centre). Représentation donnée à l'Opéra national de Pologne en 2005.

« Quand je suis seul avec mes notes, mon cœur bat et les larmes coulent de mes yeux »

Giuseppe Verdi

GIUSEPPE
VERDI

Né le 10 octobre 1813, aux Roncole, près de Busseto (Italie)
Mort le 27 janvier 1901 à Milan

Giuseppe Verdi est le compositeur le plus célèbre et le plus joué de toute l'histoire de l'opéra. S'il ne fut pas un pionnier au même titre que Mozart ou Wagner, il a contribué plus que tout autre musicien à faire de l'opéra ce qu'il est aujourd'hui. Aucune saison d'opéra dans le monde n'est complète sans au moins deux de ses œuvres.

Ses intrigues, même lorsqu'elles paraissent invraisemblables, font toujours référence aux thèmes universels de l'amour, de la trahison, de la violence, du pouvoir et de la mort. Verdi participa à la constitution de l'identité nationale italienne avec plusieurs œuvres, interprétées comme des allégories de la lutte de son pays pour la liberté et l'unification. Mais c'est avant tout son aptitude à associer des mélodies inoubliables à des situations dramatiques qui l'a fait connaître dans le monde entier. Pendant près d'un demi-siècle, Verdi a dominé l'opéra italien, ne partageant les feux de la rampe qu'avec un seul autre compositeur, Richard Wagner.

Né dans le hameau Le Roncole, près de Busseto, dans le nord de l'Italie, Verdi a eu pour premiers professeurs des organistes d'église. Il se montra assez doué pour qu'un marchand local, Antonio Barezzi, finance ses études. Mais, à 18 ans, refusé au conservatoire de Milan, il apprit l'art du contrepoint et de la fugue avec un professeur particulier. En avril 1836, il fut nommé maître de musique à Busseto et, quelques semaines plus tard, épousa son amour d'adolescence, la fille de Barezzi, Margherita. À cette date, il travaillait déjà à son premier opéra, *Oberto*, qui fut présenté à La Scala de Milan en

La soprano belge Isabelle Kabatu incarne l'exotisme du rôle-titre d'Aïda lors d'une représentation en plein air dans les thermes de Caracalla, à Rome, en 2005. Mise en scène de Paolo Micciché, et direction de Plácido Domingo.

PREMIÈRES REPRÉSENTATIONS

1830 – 1840 – 1850 – 1860 – 1870 – 1880 – 1890 – 1900

1839 Oberto
1842 Nabucco
1844 Ernani
1846 Attila
1847 Macbeth
1849 Luisa Miller
1851 Rigoletto
1853 Il Trovatore
La Traviata
1857 Simon Boccanegra I
1859 Un Ballo in maschera
1862 La Forza del destino
1867 Don Carlos
1871 Aïda
1881 Simon Boccanegra II
1887 Otello
1893 Falstaff

novembre 1839. C'est alors que la tragédie fit irruption dans sa vie. Après la mort de ses deux enfants en bas âge, son épouse décéda en juin 1840, ce qui explique sans doute que son œuvre suivante, *Un Giorno di Regno*, ait été un échec. Il n'écrira pas d'autre opéra bouffe jusqu'à *Falstaff*, plus de 50 ans plus tard.

La partition pour piano de l'opéra Nabucco, grand succès populaire de Verdi, fut publiée par les éditions Ricordi.

LE SUCCÈS

En 1842, avec *Nabucco*, la chance tourna en sa faveur. Comme il le souligna plus tard, ce fut le véritable démarrage de sa carrière. Avec ses arias saisissantes pour soprano et le célèbre « *Va, pensiero* » du chœur, ce récit de la captivité des juifs à Babylone sonnait juste aux oreilles des Italiens du Nord qui subissaient le joug autrichien. Le succès de l'opéra plaça d'emblée Verdi au sommet de l'opéra italien, détrônant Rossini (à présent retiré), Bellini (décédé) et Donizetti (installé à Paris). Soudain, il était réclamé partout, menant une vie qu'il qualifiera « de galérien ». Durant les 17 années qui suivirent, il composa 20 opéras pour les théâtres d'Italie, de Londres et de Paris. C'est également à Paris, en 1847 qu'il retrouva la soprano Giuseppina Strepponi, qui avait chanté dans *Nabucco* cinq ans plus tôt, et qu'il épousa en 1859.

LA TOUCHE POPULAIRE

Si toutes ses œuvres ultérieures ne connurent pas le même succès que *Nabucco*, *Macbeth* et *Luisa Miller* furent bien reçus. Puis une suite de trois opéras, créés entre mars 1851 et mars 1853, lui donnèrent toute son originalité. *Rigoletto*, avec son toujours très populaire « *La donna è mobile* », fut bientôt représenté dans le monde entier. *Il Trovatore*, un sombre mélodrame contenant parmi les plus belles mélodies verdiennes, fut un succès encore plus grand. Quant à *La Traviata*, son opéra le

La mort de Verdi, à l'âge de 87 ans, suscita un deuil national. Des milliers de personnes suivirent le cortège funèbre à travers Milan, le 30 janvier 1901.

plus célèbre aujourd'hui, il connut une première malheureuse à Venise, en mars 1853, mais sa version révisée fut acclamée un an plus tard. Malgré cela, tout au long des années 1850, Verdi ne ralentit pas son rythme, présentant *Les Vêpres siciliennes* à Paris puis *Un Ballo in masquera* à Rome.

Verdi faisait dorénavant partie du patrimoine national. Ayant soutenu la lutte pour l'Indépendance, il accepta de siéger comme député au parlement de Turin après l'unification de l'Italie en 1861. Il décida de consacrer plus de temps à une grande ferme qu'il avait acquise des années plus tôt, dans les environs de Busseto. Immensément riche et songeant déjà à se retirer, il accepta cependant trois commandes pour l'étranger : *La Forza del destino* pour le Théâtre impérial de Saint-Pétersbourg, en 1862 ; *Don Carlos*, un grand opéra en cinq actes créé en 1867 pour l'Opéra de Paris, et qui devint *Don Carlo* dans sa version ultérieure italienne en quatre actes ; et en 1871, son incomparable épopée pharaonique, *Aïda*, pour l'Opéra du Caire. Après quoi, Verdi retourna à sa vie de *gentleman farmer*. Mais peu de temps après, son éditeur, Giulio Ricordi, le persuada de retravailler *Simon Boccanegra* avec un jeune compositeur et librettiste, Arrigo Boito, afin de réviser le livret original. La collaboration fut fructueuse et la première de *Simon Boccanegra II*, la version jouée de nos jours, eut lieu en 1881. Les deux hommes donnèrent ensuite naissance à deux ultimes chefs-d'œuvre, *Otello* en 1887 et *Falstaff* en 1893, adaptations respectives d'*Othello* et des *Joyeuses Commères de Windsor*, de Shakespeare. Ils constituent l'apogée de la carrière de Verdi, qui avait toujours aimé Shakespeare et qui, depuis *Macbeth*, caressait le projet d'adapter *Le Roi Lear*.

Âgé de près de 80 ans à la création de *Falstaff*, Verdi passa ses dernières années révéré comme un dieu vivant. Après sa mort, le 27 janvier 1901, les 20 000 adorateurs qui se pressaient le long du cortège funèbre dans les rues de Milan entonnèrent spontanément le « *Va, pensiero* » de *Nabucco*.

LE RISORGIMENTO

Verdi n'était pas, à proprement parler, un activiste politique. Mais le ton patriotique de plusieurs de ses opéras, à commencer par *Nabucco*, en fit un symbole du Risorgimento (littéralement, « la renaissance », voir illustration ci-dessous), mouvement qui aboutit en 1861 à l'unification de l'Italie en un seul royaume. L'acclamation « Vive Verdi » était notoirement comprise comme un acronyme de « Vive Victor Emmanuel Roi d'Italie ». Des années après l'unification, Verdi continua à incarner la nation italienne. Sa mort marqua véritablement la fin d'une époque.

NABUCCO

✍ *Dramma lirico* en quatre tableaux, 2 heures ¼
⧗ 1841 (rév. 1842)
9 mars 1842, La Scala, Milan

Temistocle Solera, d'après *Nabuchodonosor*, pièce de théâtre d'Anicet Bourgeois et de Francis Cornue (1836).

Nabucco lui valut une gloire instantanée à Verdi. Non sans audace, il s'inspire de l'épisode biblique de la captivité des juifs à Babylone dans une imposante distribution de solistes et de choristes. Son air le plus mémorable « *Va, pensiero* » est un chœur chanté pratiquement à l'unisson. L'opéra comporte également de belles arias pour soprano, ténor et basse, ainsi qu'un remarquable duo dans lequel Abigaille et Nabucco se disputent le pouvoir.

Nabucco est surtout connu pour son « *Va pensiero* ». Les Italiens adoptèrent le chœur des esclaves hébreux, comme une allégorie de leur propre lutte d'indépendance contre l'occupant autrichien.

RÔLES PRINCIPAUX

Nabucco, *baryton*, roi de Babylone

Abigaille, *soprano*, ancienne esclave, sa fille adoptive

Fenena, *soprano*, fille de Nabucco

Ismaele, *ténor*, neveu du roi de Jérusalem

Zaccaria, *basse*, grand prêtre de Jérusalem

Le Grand prêtre de Babylone, *basse*.

L'INTRIGUE

Jérusalem et Babylone, VIe siècle av. J.-C.

TABLEAU I **JÉRUSALEM** Nabucco, roi de Babylone, avance sur Jérusalem où sa fille Fenena est retenue en otage. Zaccaria, le Grand prêtre, la confie à Ismaele, son amant juif secret. Abigaille, la fille adoptive de Nabucco, offre d'épargner les juifs si Ismaele accepte son amour mais ce dernier la rejette. Lorsque Nabucco apparaît, Ismaele sauve Fenena de l'épée de Zaccaria mais le Temple est détruit.

TABLEAU II **L'INCROYANT** À Babylone, Abigaille découvre qu'elle est née esclave. Pensant que Nabucco est mort, les Babyloniens la supplient de s'emparer du pouvoir. Lorsque Zaccaria annonce la conversion de Fenena au judaïsme, Nabucco réapparaît.

"Anch'io dischiuso un giorno"

TABLEAU III **LA PROPHÉTIE** Nabucco dévoile la condition d'esclave d'Abigaille mais elle déchire le document qui en atteste. Elle refuse également de céder le trône en échange de la vie de Fenena. Sur les rives de l'Euphrate, s'élève le chœur de lamentations des Hébreux captifs, nostalgiques de leur patrie.

"Va, pensiero"

Matteo Manuguerra incarne un impressionnant Nabucco, roi de Babylone, dans une production de l'opéra de San Francisco de 1982.

TABLEAU IV **L'IDOLE BRISÉE** Nabucco implore le pardon du dieu des juifs. Fenena et d'autres Hébreux se tiennent devant l'autel du sacrifice lorsque retentissent les cris de « Vive Nabucco ». Nabucco détruit la fausse idole et libère les esclaves Hébreux. Rongée de remords, Abigaille s'empoisonne tandis que Nabucco est proclamé Roi des rois.

MACBETH

✍ Opéra en quatre actes, 2 heures ¾
⧗ 1846-1847 (rév. 1864-1865)
14 mars 1847, Teatro della Pergola, Florence

📖 Francesco Maria Piave, d'après la pièce éponyme de Shakespeare (1605-1606)

Verdi exprima par sa musique la psychologie tourmentée des protagonistes. Il en résulta sans conteste le plus inventif et le plus idéaliste de ses opéras. Davantage encore que dans Shakespeare, le drame repose sur Macbeth et lady Macbeth, avec en point d'orgue leur duo du premier acte et la scène de somnambulisme de lady Macbeth au quatrième acte.

Les mésaventures liées aux représentations de la pièce de Shakespeare n'épargnèrent pas cet opéra : en 1988, durant une représentation un homme se suicida en se jetant du balcon du Metropolitan Opéra, à New York.

RÔLES PRINCIPAUX

Macbeth, *baryton*, général, devenu roi

Lady Macbeth, *soprano*

Duncan, *rôle muet*, roi d'Écosse.

Banquo, *basse*, général

Macduff, *ténor*, noble écossais

Malcolm, *ténor*, fils de Duncan

L'INTRIGUE

Écosse, XIe siècle, château de Macbeth et dans les environs

ACTE I Des sorcières prédisent que Macbeth deviendra comte de Cawdor et roi d'Écosse, et que Banquo engendrera une longue lignée de rois. Lorsque Macbeth se voit accorder le titre et les biens du rebelle Cawdor, lady Macbeth force son mari à tuer le roi Duncan, endormi dans le château. Macduff, venu réveiller le roi, trouve son cadavre.

"Vieni! T'affretta!"

ACTE II Devenu roi, Macbeth décide d'éliminer Banquo et ses descendants mais le fils de ce dernier parvient à s'échapper. Lors d'un banquet, le fantôme de Banquo apparaît. Macbeth hurle. Il est le seul à voir le spectre. Sa femme essaye de divertir les invités et de les rassurer mais Macduff décide de fuir l'Écosse pour l'Angleterre.

ACTE III Les sorcières assurent à Macbeth « qu'aucun homme né d'une femme » n'attentera à sa vie alors qu'une nouvelle apparition précise qu'il sera sauf « jusqu'à ce que la forêt de Birnam se mette en marche ». Alarmé par une vision dans laquelle il se voit surpassé par huit rois dont le dernier a les traits de Banquo, Macbeth décide de tuer le fils de Banquo ainsi que l'épouse et les enfants de Macduff.

ACTE IV Lady Macbeth, somnambule, croit voir ses mains maculées de sang. Macbeth voit la forêt de Birnam avancer sur lui mais se vante qu'aucun « homme né d'une femme » ne pourra lui porter atteinte. Macduff lui répond qu'il a été arraché au ventre de sa mère et poignarde Macbeth.

"Una macchia è qui tuttora"

Kathleen Broderick dans le rôle de lady Macbeth, au Theater an der Wien, à Vienne, Autriche, en 2000.

RIGOLETTO

Melodramma en trois actes, 2 heures
1850–1851
11 mars 1851, La Fenice, Venise

Francesco Maria Piave, d'après *Le Roi s'amuse*, tragédie de Victor Hugo (1832)

Rigoletto est l'opéra qui fonda la réputation de Verdi. En une dizaine d'années, il fut représenté dans 250 théâtres, dans le monde entier. L'aria du ténor, *« La donna è mobile »*, a contribué à sa renommée mais l'œuvre est également portée par un argument audacieux, que les censeurs vénitiens n'acceptèrent qu'après deux révisions successives. *Rigoletto* représente une nette rupture avec le passé. Verdi a supprimé les arias d'introduction et les ensembles du final, et accéléré les *recitativo cantando* (récitatifs chantés). Et, contrairement à l'usage, l'opéra est dominé par une voix de baryton.

Verdi était tellement convaincu que l'aria de « *La donna è mobile* » serait populaire qu'il avait interdit aux musiciens de l'orchestre – avant la première de l'opéra – de le siffler ou le chanter en dehors des répétitions.

RÔLES PRINCIPAUX

Le duc de Mantoue, *ténor*, noble dissolu

Rigoletto, *baryton*, son bouffon bossu

Gilda, *soprano*, fille de Rigoletto

Sparafucile, *basse*, spadassin

Maddalena, *contralto*, sœur de Sparafucile

Giovanna, *mezzo-soprano*, chaperon de Gilda

Le comte Monterone, *baryton*, ennemi du duc

La comtesse Ceprano, *mezzo-soprano*

L'INTRIGUE

Mantoue (Italie) et ses environs, XVe siècle

ACTE I Le duc de Mantoue songe à la jeune femme qu'il projette de conquérir, tout en décidant de séduire la comtesse Ceprano. Son bouffon, le bossu Rigoletto, ridiculise l'époux de la comtesse. Mais quand il s'attaque au comte Monterone, dont la fille a été séduite par le duc, celui-ci le maudit. Rigoletto est interpellé par Sparafucile, qui lui offre ses services. Le bossu le congédie et accueille sa fille Gilda. Il lui demande de ne laisser pénétrer personne en son absence. Le comte, réalisant que l'objet de ses pensées est la fille de Rigoletto, s'introduit dans sa maison et déclare sa flamme à Gilda en se faisant passer pour un étudiant. Elle tombe sous le charme. Croyant qu'elle est la maîtresse de Rigoletto, un groupe d'hommes projette de la kidnapper. Ils prétendent vouloir enlever l'épouse de Ceprano et bandent les yeux de Rigoletto qui, pour les aider, dresse une échelle contre le mur de sa propre maison.

"Questa o quella per me pari sono"

"Figlia"

"Caro nome"

La couverture du magazine italien *Musica e Musicisti* montre Rigoletto encouragé par un chef d'orchestre.

ACTE II Le duc est ravi d'apprendre qu'elle se trouve dans son palais. Rigoletto arrive, feignant l'insouciance, jusqu'à ce qu'il comprenne que Gilda est entre les mains du duc. Gilda apparaît et, une fois seule avec son père, elle lui

avoue qu'elle s'est éprise d'un jeune étudiant mais que des hommes sont venus l'enlever pour l'emmener au palais ducal. Monterone est arrêté pour avoir dénoncé le duc 🎧. Sur le chemin de la prison, il admet sa défaite. Rigoletto se lamente lui aussi et jure de se venger.

"Tutte le feste al tempio"

ACTE III Gilda aime le duc mais Rigoletto veut lui prouver qu'elle a tort. Cachée dans la maison de Sparafucile, elle reconnaît le duc travesti. Elle l'entend réclamer du vin en proclamant qu'aucune femme n'est digne de confiance. Pendant que le duc courtise Maddalena, la sœur de Sparafucile, Rigoletto le désigne au spadassin

"La donna è mobile"

Les hommes du duc de Mantoue abandonnent la dernière conquête de leur maître dans une mise en scène de David Pountey au New Israël Opera, en 2000.

comme l'homme à abattre 🎧. Il le paie en disant qu'il reviendra chercher le corps. Lorsque Maddalena comprend que son soupirant doit mourir, elle intercède en sa faveur. Sparafucile accepte de tuer à sa place la prochaine personne qui se présentera chez lui. Ayant surpris le complot, Gilda décide de sauver le duc. C'est elle qui frappe à la porte et meurt, poignardée. Rigoletto emporte le corps dans un sac, mais il entend soudain la voix du duc. Affolé, il fend le sac et trouve Gilda, agonisante. Elle implore son pardon avant de mourir.

"Bella figlia d'amore"

TITO GOBBI

Tito Gobbi, un des meilleurs barytons du milieu du *xx*e *siècle*, est sans doute plus connu pour son interprétation de Scarpia face à Maria Callas, dans *Tosca* de Puccini. Mais le rôle auquel il s'est identifié est celui de Rigoletto (*à droite*). Il convenait à son registre vocal et lui permit de montrer ses grands talents de comédien dans le rôle du bouffon odieux et sadique du cynique duc de Mantoue, et le père aimant de la malheureuse Gilda. Durant sa longue carrière, Gobbi chanta également d'autres rôles verdiens majeurs, dont Iago dans *Otello* et le rôle-titre de *Simon Boccanegra*.

IL TROVATORE

(Le Trouvère)

Dramma en quatre actes, 2 heures ¼
1851-1853 (rév. 1856)
19 janvier 1853, Teatro Apollo, Rome

Salvatore Cammarano et Leone Emanuele Bardare, d'après *El Trovador,* une pièce d'Antonio Garcia Gutiérrez (1836)

Il Trovatore connut un immense succès populaire. Avec *Rigoletto* et *La Traviata*, il forme la grande trilogie verdienne des années de maturité. C'est néanmoins le plus conventionnel des trois : un mélodrame où il est question de chevalerie, d'honneur, de valeurs et d'amour tragique, renforcé par une musique d'une intensité sans rémission. Leonora, Manrico et le comte ont tous droit à des arias passionnées. Mais Verdi s'intéressa davantage encore à Azucena, la Gitane dont le brûlant désir de vengeance est finalement récompensé par le dénouement tragique de l'opéra.

Les amateurs d'opéra italien ne manquent jamais une occasion de revivre l'histoire du Trouvère. Mais les critiques ont longtemps exprimé des réserves sur la qualité de sa musique, la trouvant trop « facile ».

RÔLES PRINCIPAUX

Le comte di Luna, *baryton,* commandant de l'armée d'Aragon

Leonora, *soprano,* dame d'honneur de la princesse d'Aragon

Manrico, *ténor,* gitan rebelle

Azucena, *mezzo-soprano,* gitane

Ferrando, *basse,* capitaine de la garde du comte

Inès, *soprano,* confidente de Leonora

Ruiz, *ténor,* soldat de la troupe de Manrico

L'INTRIGUE

*Saragosse (Aragon) et Castellor (Gascogne), début du XV*e *siècle*

PREMIÈRE PARTIE Le capitaine Ferrando raconte la terrible histoire du frère du comte di Luna : une gitane jeta un sort à l'enfant. Il tomba malade et la gitane fut brûlée comme sorcière mais sa fille tua le bébé. Le comte jura de se venger. Tandis que Leonora attend son amant trouvère, le comte, lui aussi amoureux d'elle, est tapi non loin de là. En l'entendant chanter, Leonora reconnaît son amant mais trompée par l'obscurité, embrasse le comte. Le trouvère surgit. C'est le rebelle Manrico. Les deux hommes se battent en duel.

"Tacea la notte placida"

DEUXIEME PARTIE Au camp des Gitans, Azucena raconte à son fils, Manrico, comment sa grand-mère fut condamnée par le vieux comte. Entendant les cris de la gitane, Azucena s'était emparé de celui qu'elle croyait être le fils du comte et l'avait jeté dans les flammes. Mais elle avait en fait sacrifié son propre enfant. Elle réaffirme qu'il est son fils mais lui

"Stride la vampa"

Le ténor italien Salvatore Licitra, Manrico, protège Leonora, interprétée par Barbara Frittoli à La Scala de Milan, en 2000.

AZUCENA

Les divas sont toujours des coloratures sopranos, registre favori des amateurs et des compositeurs d'opéra parce qu'il exprime le drame par des notes élevées. Mais la tessiture plus « sombre » des mezzo-sopranos est parfois plus émouvante. C'est le cas pour Azucena, un des plus beaux rôles de mezzo-soprano du répertoire, véritable défi et sans doute le plus difficile du *Trouvère*. Même les grandes arias d'Azucena sont introspectives.

Irina Mishura, *ici dans le rôle d'Azucena, au Royal Opera House en 2004.*

reproche de ne pas avoir tué le comte en duel. Manrico prétend en avoir été empêché par un cri du ciel. Le croyant mort, Leonora est entrée au couvent. Le comte, lui aussi persuadé de la mort de Manrico, projette d'enlever Leonora. Entendant les prières des nonnes, il perd courage. Mais lorsqu'il se décide à réclamer Leonora, Manrico apparaît et ses hommes le désarment.

"Il balen del suo sorriso"

TROISIÈME PARTIE Le comte et ses hommes assiègent le château de Castellor, où Manrico a emmené Leonora. Une gitane est capturée à proximité. Le comte l'interroge au sujet de l'enfant volé des années auparavant. Pendant qu'on la ligote, elle appelle Manrico à son secours. Il ordonne qu'elle soit brûlée vive, tandis que Manrico réconforte Leonora. Au milieu des préparatifs de leur mariage, Manrico aperçoit le bûcher dressé pour Azucena. Il se précipite au secours de sa mère.

"Ah si, ben mio, coll'essere"

QUATRIÈME PARTIE Devant une prison, Leonora se languit de Manrico. Elle s'offre au comte en échange de la grâce de Manrico puis avale le poison qu'elle avait caché dans sa bague. Libre, Manrico l'accuse d'avoir vendu son amour. Le suppliant de s'enfuir, elle lui révèle qu'elle est mourante. Lorsque le comte comprend qu'il a été trompé, il ordonne l'exécution de Manrico. Azucena, d'une voix triomphante, lui révèle alors qu'il vient de tuer son propre frère.

"D'amor sull'ali rosee"

"Ha quest' infame l'amor venduto"

LA TRAVIATA

Melodramma en trois actes, 2 heures
1853 (rév. 1854)
6 mars 1853, La Fenice, Venise

Francesco Maria Piave, d'après *La Dame aux Camélias* d'Alexandre Dumas fils (1852)

La Traviata est un des opéras les plus prisés au monde, et pourtant la première à Venise fut un échec. La musique n'y était pour rien avec la plus célèbre chanson à boire de tout l'opéra (*Brindisi*), le long duo entre Violetta et Giorgio Germont, l'ensemble richement orchestré qui termine le deuxième acte et le bouleversant testament de Violetta. Le talent des chanteurs de la première distribution n'était pas à la hauteur. Mais l'opéra fut acclamé peu après.

Les courtisanes firent longtemps partie de la société européenne, mais il fut jugé plus convenable de situer *La Traviata* à une époque antérieure.

RÔLES PRINCIPAUX

Violetta Valéry, *soprano*, courtisane

Alfredo Germont, *ténor*, son amant

Giorgio Germont, *baryton*, père d'Alfredo

Le baron Douphol, *baryton*, prétendant de Violetta

Flora, *mezzo-soprano*, amie de Violetta

Annina, *soprano*, servante de Violetta

L'INTRIGUE

Paris et dans les environs, 1850

ACTE I Violetta Valéry, courtisane parisienne, reçoit ses invités. On lui annonce l'arrivée d'Alfredo Germont, un admirateur. Il porte un toast à Violetta, puis déclare qu'il l'aime depuis un an mais elle dit n'avoir que son amitié à lui offrir. Après le départ de ses invités, Violetta réalise qu'elle n'a jamais vraiment aimé ni été aimée. Elle conclut que c'est sans doute son destin de « se laisser porter de plaisir en plaisir ». Soudain résonne la voix d'Alfredo, qui lui chante une sérénade.

"Libiamo ne' lieti calici"

"Sempre libera"

Violetta plonge à nouveau dans son rêve d'amour mais le rejette aussitôt, comme une folie.

ACTE II Alfredo vit désormais avec Violetta dans les environs de Paris. Il apprend par une servante qu'elle a vendu ses chevaux et ses calèches pour assurer leurs dépenses. Gêné de vivre à ses crochets, Alfredo part pour Paris. Violetta reçoit une invitation

"O mio remorso!"

Rolando Villazon, Alfredo, admire Violetta (Anna Netrebko), au Festival de Salzbourg, en 2005.

Lors d'une soirée, les invités de Violetta se retournent sur Alfredo, interprété par Marcelo Alvarez, qui lève un toast à sa ravissante hôtesse. La Scala, Milan, 2002.

à une soirée chez son amie Flora, le soir même. Giorgio Germont, père d'Alfredo, vient accuser Violetta d'avoir ruiné son fils. Quand elle lui prouve que c'est elle qui l'entretient, Germont lui reproche de vivre du gain de ses péchés et exige, pour que sa fille trouve un époux honorable, que Giorgio mette un terme à leur scandaleuse liaison. Violetta objecte puis finit par céder. Germont suggère qu'elle s'en aille sur-le-champ. Elle le supplie de raconter à sa fille son sacrifice. Avant de partir, Violetta, en larmes, écrit à Alfredo. Lorsque celui-ci revient, un messager lui remet sa lettre dans laquelle elle le conjure de l'aimer pour toujours. Alfredo aperçoit l'invitation de Flora et jure de se venger. À la soirée chez Flora, Alfredo est en train de gagner aux cartes lorsque Violetta fait son entrée au bras du baron Douphol. Le baron s'assoit à la table de jeu où il se fait dépouiller par Alfredo. Violetta supplie Alfredo de partir tout en refusant de le suivre. Choqué et furieux, Alfredo lance ses gains au visage de Violetta. La voyant vaciller, Germont sermonne son fils, à présent plein de remords. Violetta s'approche de lui en lui disant qu'un jour il comprendra.

"Pura siccome un angelo"

ACTE III Mortellement malade, Violetta relit une lettre de Germont dans laquelle il lui raconte qu'après avoir blessé le baron en duel, Alfredo a quitté le pays mais sera bientôt de retour. Elle sait qu'il est trop tard. Annina vient lui annoncer l'arrivée d'Alfredo. Ils tombent dans les bras l'un de l'autre et jurent de ne plus jamais se séparer. Violetta promet de se rétablir très vite. Elle est train d'offrir son portrait miniature à Alfredo lorsque arrive Germont, accompagné du docteur. S'écriant soudain qu'elle se sent mieux, Violetta épuisée, expire.

"Addio del passato"

"Ah! Gran Dio!"

LA VÉRITABLE TRAVIATA

Célèbre courtisane parisienne, Marie Duplessis vécut bien avant qu'Alexandre Dumas fils ne raconte leur liaison dans son roman *La Dame aux Camélias* (1848). Elle s'éleva rapidement dans la société et tint un salon fréquenté par le tout Paris. En 1847, à l'âge de 23 ans, elle mourut de phtisie. Dumas ne l'oublia jamais, évoquant des années plus tard « ses lèvres rouge cerise ». Dans *La Traviata*, Verdi est visiblement tombé, lui aussi, sous le charme de cette « femme déchue ».

UN BALLO IN MASCHERA

(Un Bal masqué)

Melodramma en trois actes, 2 heures ¼
1857-1858
17 février 1859, Teatro Apollo, Rome

Antonio Somma, d'après un livret d'Eugène Scribe pour l'opéra de Daniel Auber, Gustave III (1883)

Un Ballo in masquera est souvent considéré comme l'ode à l'amour de Verdi, son Tristan et Isolde. C'est une œuvre d'une grande sophistication, conjuguant avec brio accords lyriques et accords dramatiques, et qui passe très subtilement du comique au tragique avec un panache quasi shakespearien. Bref, c'est un opéra profondément romantique. Au deuxième acte, la rencontre clandestine entre Riccardo et Amelia nous offre peut-être le plus beau duo d'amour de Verdi.

Un Ballo in masquera relatait initialement le meurtre de Gustave III, roi de Suède. Comme un régicide ne pouvait être représenté sur une scène italienne, la victime devint gouverneur anglais dans les colonies d'Amérique.

RÔLES PRINCIPAUX

Riccardo, *comte de Warwick*, ténor, gouverneur colonial anglais

Renato, *baryton*, secrétaire de Riccardo

Amelia, *soprano*, épouse de Renato

Ulrica, *contralto*, diseuse de bonne aventure

Oscar, *soprano*, page

Samuel et Tom, *basses*, deux conspirateurs

L'INTRIGUE

Boston, Nouvelle-Angleterre, XVIIe siècle

ACTE I Riccardo est amoureux d'Amelia. Quand Renato vient l'informer d'un complot contre lui, il décide de consulter Ulrica, la diseuse de bonne aventure. Entre-temps, Amelia demande à Ulrica de l'aider à guérir de son amour pour Riccardo. Ulrica prédit ensuite à Riccardo qu'il sera assassiné par la première personne qui lui serrera la main. Alors que les deux conspirateurs, Samuel et Tom, se tiennent à l'écart, Riccardo tend la main à Renato.

ACTE II Riccardo et Amelia s'avouent leur amour. Renato vient prévenir Riccardo qu'une bande d'assaillants l'attend. Le gouverneur demande à Renato d'escorter Amelia sans chercher à voir son visage. Mais le visage d'Amelia est dévoilé dans la confusion. Renato crie vengeance.

"Non sai tu che se l'anima mia"

ACTE III Renato se joint aux conspirateurs. Riccardo décide de l'envoyer en Angleterre avec Amelia, mais ne résiste pas à son désir de la voir une dernière fois au bal masqué. Amelia reconnaît Riccardo et le supplie de s'enfuir, mais Renato apparaît et le poignarde. Avant de mourir, Riccardo pardonne aux conspirateurs et jure à Renato que son amour pour Amelia est resté chaste.

"Ma se m'è forza perderti"

Alberto Cupido, Riccardo, interroge Oscar, le page, chanté par Ofelia Sala, dans une production du Deutsche Oper de Berlin en 2002.

LA FORZA DEL DESTINO

(La Force du destin)

✍ Opéra en quatre actes, 3 heures ¼
⌛ 1861 (rév. 1867-1869)
10 novembre 1862, Théâtre impérial, Saint-Pétersbourg (Russie)
📖 Francesco Maria Piave, d'après *Don Alvaro, o la fuerza del sino*, une pièce d'Angel de Saavedra (1835)

Commande du Théâtre impérial de Saint-Pétersbourg, *La Forza del destino* est une œuvre puissante et passionnée, qui inspira en partie le monumental *Boris Godounov* de Moussorgski. La richesse des chœurs est un hommage à la créativité russe en matière de spectacle, et certaines scènes sont remarquables, comme le duo d'amour d'Alvaro et Leonora, les arias du repentir de Leonora, et le duo précédant le duel entre Alvaro et Carlo.

Verdi tenait absolument à choisir les interprètes de ses premières. Lorsqu'il arriva à Saint-Pétersbourg, il renvoya la soprano choisie pour le rôle de Leonora et refusa de répéter tant qu'elle ne serait pas remplacée.

RÔLES PRINCIPAUX

Marchese di Calatrava, *basse*
Leonora, *soprano*, fille de Calatrava
Don Carlo, *baryton*, fils de Calatrava
Don Alvaro, *ténor*, amant de Leonora, prince métis Inca
Preziosilla, *mezzo-soprano*, gitane
Le Père supérieur, *basse*

L'INTRIGUE

Espagne et Italie, XVIIIe siècle

ACTE I Leonora est déchirée entre son projet de fuir avec Alvaro, son amant sud-américain, et sa loyauté envers son père, le marquis de Calatrava. Alors qu'elle décide de partir, le marquis apparaît et défie Alvaro qui, en jetant son pistolet, le tue accidentellement.

ACTE II Carlo, le fils du marquis, annonce aux clients d'une auberge où il a fait halte qu'il poursuit un étranger ayant tué le père d'un ami proche et séduit sa sœur. Une gitane lui prédit un avenir terrible. Pendant ce temps, Leonora, déguisée en homme, trouve refuge dans un monastère.

"La Vergine degli angeli"

ACTE III Ayant rejoint l'armée espagnole en Italie, Alvaro sauve Carlo dans une bataille. Ils ne se sont pas reconnus et se lient d'amitié. Carlo trouve dans ses affaires un portrait de Leonora. Alvaro jure qu'il n'a pas déshonoré Leonora mais Carlo décrète qu'elle aussi doit mourir. Leur duel est interrompu et Alvaro décide d'entrer au monastère.

Le légendaire ténor Enrico Caruso, dans le rôle d'Alvaro, soutient Leonora agonisante, interprétée par Rosa Ponselle, mise en scène à New York en 1918.

ACTE IV Carlo retrouve la trace d'Alvaro et exige un nouveau duel. Blessé, il réclame un prêtre. Leonora se précipite pour soigner son frère. On la voit réapparaître, peu après, mortellement blessée par Carlo dans un sursaut de vengeance. Elle accorde son pardon à Alvaro avant de mourir.

"Invano Alvaro"

DON CARLOS/DON CARLO

Grand opéra en cinq actes, 3 heures ½ (3 heures pour la version en quatre actes)

1866-1867 (rév. 1872) ; 1882-1883 (version italienne)

11 mars 1867, Opéra de Paris

Joseph Méry et Camille du Locle, d'après le *Don Carlos, Infant von Spanien* (1787) de Schiller

Don Carlos a longtemps été handicapé par sa longueur. Verdi a supprimé le premier acte mais l'a restauré ultérieurement pour créer la « version de Modène », qui lui est préférée aujourd'hui. *Don Carlos* est un véritable tour de force, par sa dimension musicale autant que par son exaltation de la liberté. Les duos entre Carlos et Élisabeth, et la confrontation entre Philippe et le Grand Inquisiteur sont inoubliables.

Le public parisien était très friand de longs opéras en cinq actes mais le dernier train de banlieue quittant Paris à minuit vingt-cinq, la première version de Don Carlos dut être raccourcie de près d'une demi-heure.

RÔLES PRINCIPAUX

Philippe II, *basse*, roi d'Espagne

Don Carlos, *ténor*, héritier de la Couronne

Élisabeth de Valois, *soprano*, épouse de Philippe II

Rodrigo, marquis de Posa, *baryton*, ami de Don Carlos

Eboli, *mezzo-soprano*, dame de compagnie de la reine

Le Grand Inquisiteur, *basse*

L'INTRIGUE

France et Espagne, vers 1560

ACTE I Don Carlos voyage incognito en France pour rencontrer Élisabeth. Elle reconnaît en lui l'homme à qui elle était promise et ils célèbrent leur future union. Mais Élisabeth doit en fait épouser Philippe, le père de Don Carlos.

"De quels transports poignants"

ACTE II Carlos presse Élisabeth de demander à Philippe qu'il l'envoie se battre en Flandre. Lorsque Philippe nourrit des soupçons sur sa loyauté, elle reconnaît aimer Carlos.

ACTE III Carlos prend Eboli, la dame de compagnie de la reine, pour sa maîtresse. Comprenant que l'amour qu'il lui exprime s'adresse à une autre, Eboli jure de se venger. Carlos demande à être nommé régent de Flandre. Il essuie un refus.

ACTE IV Le Grand Inquisiteur approuve Philippe, qui fait le projet d'assassiner son fils et dénonce Rodrigo comme hérétique. Philippe, ayant trouvé le portrait de Carlos dans le coffret d'Élisabeth, accuse la reine d'adultère. Eboli aide Carlos à s'échapper.

ACTE V Élisabeth supplie Carlos de l'oublier et de sauver la Flandre. Ils échangent un dernier adieu quand surgit Philippe qui les fait arrêter. Carlos trouve refuge près du tombeau de son grand-père, Charles Quint et le spectre de l'illustre défunt l'entraînent en sûreté.

"Au revoir dans un monde"

Les mises en scène de *Don Carlos*, comme celle-ci, à l'Opéra Bastille de Paris en 1999, comportent souvent pompe royale et rituels religieux.

SIMON BOCCANEGRA

Melodramma, en un prologue et trois actes, 2 heures ¼
1880-1881 (révision de la partition de 1857)
24 mars 1881, La Scala, Milan, Italie
Francesco Maria Piave et Arrigo Boito, d'après la pièce éponyme d'Antonio García Gutiérrez (1843)

Simon Boccanegra est l'histoire d'un amour entre un père et sa fille, sur fond de drame politique. Bien que rarement représenté, c'est un opéra émouvant, dominé par les voix masculines : deux barytons et deux basses. Il comporte peu d'arias mais la richesse des duos et des ensembles transcrit parfaitement l'atmosphère de conspiration. La grande innovation de la version révisée de 1881 est la scène du Conseil dans le premier acte, l'un des finals les plus réussis de Verdi.

Verdi lui-même considérait que la version de 1857 de *Simon Boccanegra* était déprimante, froide et monotone. Il fut donc très heureux de la retravailler, vingt ans plus tard, avec le librettiste Arrigo Boito.

RÔLES PRINCIPAUX

Simon Boccanegra, *baryton*, corsaire qui deviendra Doge
Amelia Boccanegra (Grimaldi), *soprano*, la fille « disparue » de Boccanegra
Gabriele Adorno, *ténor*, l'amant d'Amelia
Jacopo Fiesco, *basse*, ancien Doge
Paolo Albiani, *basse*, plébéien
Pietro, *baryton*, plébéien

L'INTRIGUE

Gênes, Italie, milieu du XIVe siècle

PROLOGUE Nommé Doge à la succession de Fiesco, patricien détesté, le corsaire Simon Boccanegra espère retrouver Maria, la fille de celui-ci, qu'il a aimée autrefois. Fiesco, sachant que Maria est morte, décrète qu'il leur accordera son pardon le jour où il retrouvera Amelia, la fille qu'ils ont eue ensemble. Simon découvre le corps sans vie de Maria.

ACTE I Vingt-cinq ans plus tard, Gabriele, l'amant d'Amelia, et son tuteur Andrea (Fiesco) conspirent contre Simon. Lorsque Amelia révèle à Simon qu'elle est orpheline, Simon reconnaît en elle sa fille disparue. Gabriele tente d'assassiner Simon, mais Amelia s'interpose.

"Figlia!... a tal nome"

ACTE II Paolo a empoisonné l'eau de Simon et convaincu Gabriele qu'Amelia est la maîtresse de Simon. Simon boit l'eau empoisonnée et sombre dans le sommeil. Gabriele était prêt à le tuer mais, apprenant qu'il est en fait le père d'Amelia, il fait acte d'allégeance envers le Doge.

ACTE III Les cloches retentissent, célébrant le mariage d'Amelia et de Gabriele. Sous les traits d'Andrea, Simon reconnaît Fiesco. Il se réconcilie avec lui et, avant de mourir dans ses bras, désigne Gabriele comme son successeur.

"Piango, perchè mi parla"

Gabriele (Plácido Domingo, *à gauche***)** retrouve Amelia (Kallen Esperian), au Royal Opera en 1997.

AÏDA

Opéra en quatre actes, 2 heures ¼
1870 (rév. 1871)
24 décembre 1871, Opéra du Caire (Égypte)

Antonio Ghislanzoni, d'après un argument proposé par Auguste Mariette et écrit en français par Camille du Locle.

Aïda, l'œuvre la plus spectaculaire de Verdi, est un opéra exotique aux racines authentiquement égyptiennes. L'Opéra du Caire avait été inauguré avec *Rigoletto*, en novembre 1869, mais l'archéologue Auguste Mariette persuada le gouverneur turc d'Égypte de commander à Verdi un « opéra égyptien ». Mariette inventa alors l'histoire qui allait servir d'argument à Aïda. Pour créer la marche triomphale du deuxième acte, Verdi a puisé son inspiration dans l'opéra français. *Aïda* connut un succès immédiat. En une dizaine d'années, il fut représenté dans 155 Opéras à travers le monde.

RÔLES PRINCIPAUX

Le Roi d'Égypte, *basse*
Amnéris, *mezzo-soprano*, fille du roi d'Égypte
Aïda, *soprano*, princesse éthiopienne réduite en esclavage
Radamès, *ténor*, capitaine égyptien
Ramfis, *basse*, Grand Prêtre d'Isis
Amonasro, *baryton*, père d'Aïda, roi d'Éthiopie

Après la première à l'Opéra du Caire en 1871, *Aïda* fut représenté en Égypte en 1987, dans une spectaculaire mise en scène en plein air, à Louxor, devant le temple d'Aménophis III, érigé sur les rives du Nil.

L'INTRIGUE

Égypte, époque pharaonique

ACTE I Au palais royal de Memphis, Radamès, inspiré par son amour pour Aïda, princesse éthiopienne captive, espère prendre la tête des armées égyptiennes contre l'envahisseur éthiopien. Mais Radamès est également aimé d'Amnéris, princesse égyptienne. Le roi arrive et le Grand Prêtre Ramfis nomme Radamès chef des armées. Aïda s'inquiète en apprenant que Radamès va combattre son père Amonasro, roi d'Éthiopie.

"Celeste Aïda, forma divina"

"Ritorna vincitor"

LUCIANO PAVAROTTI

Davantage célébré pour le remarquable timbre de sa voix que pour ses performances de comédien, Luciano Pavarotti fut le grand ténor vedette de la fin du XXe siècle. Il couvrit la totalité du répertoire italien du XIXe siècle, depuis le bel canto de Rossini et de Donizetti jusqu'aux opéras dramatiques de Verdi et de Puccini. Radamès dans Aïda, fut indiscutablement l'un de ses meilleurs rôles.

ACTE II Des esclaves mauresques dansent. Arrive Aïda, l'air désespéré. Amnéris la met à l'épreuve en annonçant que Radamès a été tué. Devant sa détresse, Amnéris l'accuse d'aimer Radamès. Elle lui révèle alors que celui-ci est vivant et qu'elle est sa rivale. Aïda implore sa pitié mais Amnéris fait le serment de se venger. Radamès rentre victorieux à Thèbes. Soudain, Aïda reconnaît son père parmi les prisonniers du cortège. Déguisé en simple soldat, il

Fiorenza Cedolins dans le rôle d'Aïda, incite Radamès, interprété par Walter Fraccaro, à trahir son pays, dans la scène pivot du troisième acte. Mise en scène de l'opéra favori de Verdi sur la scène du Teatro Regio à Turin (Italie) en 2005.

prétend qu'Amonasro est mort au combat et demande au roi d'Égypte de libérer les prisonniers éthiopiens. Le roi y consent et offre Amnéris au vainqueur. Aïda a le cœur brisé.

ACTE III Aïda, qui attend Radamès sur la rive du Nil, pleure car elle ne reverra jamais l'Éthiopie. Son père apparaît, décidé à attaquer de nouveau l'Égypte. Il sait que Radamès l'aime et il lui demande de profiter de sa confiance pour découvrir les secrets militaires des Égyptiens. En retrouvant Aïda, Radamès lui promet d'avouer au roi son amour pour elle. Mais elle redoute la colère d'Amnéris et le supplie de s'enfuir avec elle sans plus tarder. Lorsqu'elle lui demande comment ils pourront éviter les légions égyptiennes, il lui révèle l'itinéraire des troupes. Amonasro sort de l'ombre et Radamès comprend qu'il vient de trahir son pays. Il se constitue prisonnier. Les Éthiopiens prennent la fuite.

"O patria mia"

"Fuggiam gli ardori inospiti"

ACTE IV Amnéris supplie Radamès de justifier ses actes pour qu'elle puisse plaider sa cause. Il refuse, déclarant qu'il ne veut pas qu'Aïda meure pour qu'il ait la vie sauve. Amnéris lui apprend qu'Aïda n'est pas morte mais il doit promettre de ne plus jamais la revoir. Il refuse à nouveau. Lorsque Ramfis ordonne que Radamès soit enterré dans un tombeau scellé, Amnéris s'évanouit de désespoir. Dans l'obscurité du tombeau, Radamès attend la mort lorsqu'Aïda apparaît soudain et lui annonce qu'elle veut mourir à ses côtés. Ils disent adieu au monde. Pendant qu'Aïda se meurt, on entend Amnéris réclamer la paix.

"Giò I Sacerdoti adunansi"

"O terra, addio; addio, valle di pianti"

En octobre 1998, l'Opéra du Caire a célébré le dixième anniversaire de sa rénovation et le jubilé de la guerre d'octobre 1973 en présentant *Aïda* devant la pyramide de Gizeh.

OTELLO

(Othello)

Dramma lirico en quatre actes, 2 heures ¼
1884-1886 (rév. 1887)
5 février 1887, La Scala, Milan

Arrigo Boito, d'après *Othello* de Shakespeare

Otello est considéré comme le meilleur des 200 opéras inspirés par les pièces de Shakespeare. Le livret d'Arrigo Boito a peut-être même réussi à surpasser la pièce en éliminant le premier acte et en mettant immédiatement l'accent sur les machinations diaboliques de Iago. Verdi, à son tour, a déployé une énergie colossale pour ce que certains experts considèrent comme son plus grand opéra. Il comporte l'une des partitions pour ténor les plus exigeantes de tout le répertoire. Si les arias sont peu nombreuses, Verdi fait appel à une orchestration particulièrement expressive. Le drame musical d'*Otello* évoque Wagner mais sur un plan mélodique, il reste très italien.

Lors de la première d'*Otello,* Verdi fut ovationné une quinzaine de fois durant la représentation et, au rideau final, le public tout entier se leva en criant « Viva Verdi ! »

RÔLES PRINCIPAUX

Otello, *ténor,* général vénitien d'origine maure, gouverneur de Chypre
Desdemona, *soprano,* son épouse
Iago, *baryton,* enseigne d'Otello
Emilia, *mezzo-soprano,* épouse de Iago et suivante de Desdemona
Cassio, *ténor,* officier vénitien
Roderigo, *ténor,* gentilhomme vénitien
Ludovico, *basse,* ambassadeur vénitien
Montano, *basse,* ancien gouverneur de Chypre

L'INTRIGUE

Chypre, fin du XVe siècle

Une affiche élégante pour une nouvelle mise en scène d'*Otello* au Teatro Sociale de Côme en 1899.

ACTE I Rescapé d'un terrible naufrage, Otello arrive à Chypre. C'est le nouveau gouverneur de l'île. Son enseigne, Iago, entend se venger de la promotion de Cassio à son détriment. Il persuade Roderigo que Cassio est son rival dans le cœur de Desdemona. Roderigo provoque une bagarre au cours de laquelle Cassio blesse l'ancien gouverneur de l'île. Otello, furieux de cet incident, dégrade Cassio, et se retrouve enfin en tête à tête avec Desdemona. Ils chantent leur amour.

"Già nella notte densa"

ACTE II Iago affirme à Cassio que Desdemona convaincra Otello de le réintégrer dans sa fonction. Iago célèbre sa propre perfidie dans un credo blasphématoire. Voyant Cassio en compagnie de Desdemona, Iago demande à Otello s'il a confiance en son officier. La réaction d'Otello est éloquente, mais Iago le met en garde contre sa jalousie. Desdemona demande le pardon pour Cassio. Otello se plaint d'une violente migraine. Lorsque Desdemona vient lui tamponner le front de son mouchoir, il

"Credo in un Dio crudel"

le jette au sol. Emilia le ramasse, mais Iago s'en empare aussitôt. Iago raconte qu'il a entendu Cassio dire des mots d'amour à Desdemona dans son sommeil en serrant son mouchoir dans ses mains. Otello jure de se venger.

"Si, pel ciel marmoreo giuro"

ACTE III Otello se plaint de maux de tête et réclame un mouchoir à Desdemona. Elle lui en tend un, mais il exige l'autre, celui qu'il lui avait offert. Il l'accuse de tromperie, mais elle jure qu'elle lui est fidèle. Il la chasse hors de la chambre et plonge dans le désespoir. Otello se cache pour épier Iago qui demande à Cassio, d'une voix mielleuse, des nouvelles de sa maîtresse. Il est convaincu à présent de la trahison de Desdemona. Iago lui suggère de l'étrangler dans son lit de péché. Arrivent des ambassadeurs vénitiens, annonçant qu'Otello est rappelé à Venise et que Cassio doit lui succéder. Forçant Desdemona à s'agenouiller, Otello l'oblige à pleurer. Tous sont choqués par ce comportement inexplicable, sauf Iago, qui le presse d'achever sa tâche. Iago annonce à Roderigo qu'il est temps d'assassiner Cassio.

"Dio! Mi potevi scagliar"

PLÁCIDO DOMINGO

Plébiscité autant pour sa magnifique voix expressive que pour ses prouesses d'acteur, Plácido Domingo a chanté et enregistré plus de rôles que tout autre ténor. Né en Espagne, élevé au Mexique, il fait l'unanimité dans son interprétation du Maure maudit de l'*Otello* de Verdi. Plus récemment, il s'est attaqué au répertoire wagnérien, avec *Parsifal*, un de ses rôles favoris. Musicien accompli, Domingo est également chef d'orchestre du Washington National Opera et du Los Angeles Opera.

ACTE IV Assise aux côtés d'Emilia, Desdemona chante la « chanson du Saule » qu'elle a apprise dans son enfance. Après un adieu émouvant, Emilia la laisse seule pour prier. Otello surgit, fou de rage. Desdemona, protestant de son innocence, le supplie en vain. Il l'étrangle. Emilia trouve le corps sans vie de Desdemona. Elle appelle à l'aide et, lorsque les secours arrivent, dénonce les mensonges de Iago. Détruit par le crime qu'il vient de commettre, Otello se poignarde et meurt dans un dernier baiser à Desdemona.

"Mi madre aveva"

"Ave Maria"

Après le meurtre de sa femme Desdemona, Otello, ici interprété par David Rendall, est saisi de remords en découvrant son innocence. Mise en scène de Peter Hall pour le Festival de Glyndebourne en 2005.

FALSTAFF

Commedia lirica en trois actes, 2 heures ¼
1889-1892 (rév. 1893-1894)
9 février 1893, La Scala, Milan, Italie
Arrigo Boito, d'après *Les Joyeuses Commères de Windsor* de Shakespeare

Falstaff, le dernier opéra de Verdi, est également son premier opéra comique depuis le désastre d'*Un Giorno di regno*, 53 ans plus tôt. Écrit presqu'en secret car Verdi n'était pas sûr de vivre assez longtemps pour le terminer, il prouve qu'à 79 ans le compositeur était encore plein de ressources. Comme dans *Otello*, Verdi s'inspire ici du modèle wagnérien et abandonne les séquences d'arias pour faire place à une musique continue. *Falstaff* révèle l'humour du compositeur par le biais d'une orchestration presque bavarde, avec des « fugues comiques » et des ensembles mouvementés . Verdi parodie non seulement les opéras-comiques de Rossini, mais aussi ses propres œuvres dramatiques.

Rossini trouvait Verdi « trop mélancolique et grave » pour écrire des opéras bouffes, mais *Falstaff* lui donna une nouvelle jeunesse si bien qu'à la fin de la partition, il griffonna : « *Va, vecchio John !* » [en avant, mon vieux].

RÔLES PRINCIPAUX

Sir John Falstaff, *baryton*, chevalier bedonnant et dissolu
Ford, *baryton*, riche notable local
Fenton, *ténor*, jeune gentilhomme
Dr Caïus, *ténor*, médecin local
Bardolph, *ténor et* **Pistol**, *baryton*, valets de Falstaff
Alice Ford, *soprano*, femme de Ford
Nanetta, *soprano*, fille de Ford
Mistress Quickly, *contralto*, l'aubergiste
Meg Page, *mezzo-soprano*, amie d'Alice Ford.

L'INTRIGUE

Windsor, Angleterre, début du XVe siècle

ACTE I Falstaff a besoin d'argent – pour boire. Il croit tenir la solution : il s'est entiché de deux femmes mariées, Alice Ford et Meg Page, et leur a écrit à chacune une lettre d'amour. Ses acolytes refusent de les porter mais Falstaff a sa propre conception de l'honneur : « Croyez-vous que l'honneur peut remplir votre panse ? » Alice et Meg reçoivent donc deux lettres identiques signées Falstaff et, avec la complicité de Mistress Quickly, l'aubergiste, décident de lui donner une leçon. Ayant appris que Falstaff tentait de séduire son épouse, Ford peaufine son propre plan. Tandis que les trois femmes organisent leur projet, Nannetta, la fille d'Alice, échange des baisers volés avec Fenton.

"L'Onore! Ladri!"

"Torno all'assalto"

Une édition italienne de *Falstaff* montre le chevalier à la panse rebondie contemplant une chope de bière.

ACTE II Mistress Quickly annonce à Falstaff qu'Alice est disposée à le recevoir dans l'après-midi. Ford arrive, alors déguisé en « Fontana » et déplore que son amour pour Alice Ford ne soit pas réciproque. Il propose à Falstaff de l'argent pour la séduire à

"E sogno? O realta"

À l'opéra national anglais en 1997, Alan Opie (Falstaff) porte les cornes du « chasseur noir ».

sa place et lui ouvrir la voie. Dans la maison de Ford, Falstaff déclare son amour à Alice, mais elle lui fait remarquer qu'il aime déjà Meg Page. Lorsqu'on annonce l'arrivée de Meg, Falstaff se cache derrière une tenture. Ford et sa suite surgissent pour fouiller la maison de fond en comble. Alice aide Falstaff à se cacher dans un panier de linge, mais des bruits de baisers derrière la tenture font croire à Ford qu'il a repéré Falstaff. Au lieu de quoi, il découvre Nannetta et Fenton. Alice demande à ses servantes d'emmener le panier de linge et – Falstaff – sur la berge de la Tamise.

ACTE III Falstaff se console en buvant lorsque Mistress Quickly lui annonce qu'Alice lui donne rendez-vous à minuit dans le parc de Windsor, et qu'il doit se déguiser en « Chasseur noir ». Alice demande à Nannetta de revêtir une robe de mariée tandis que Ford ordonne au Dr Caïus de passer un habit de moine et de se préparer à épouser Nannetta. Fenton se languit d'amour lorsqu'Alice vient lui remettre, à lui aussi, une capuche de moine. À minuit, Falstaff arrive sur les lieux et tente d'embrasser Alice mais, entendant des bruits étranges qui s'approchent, il se plaque au sol. Déguisés en fées, satyres et sorcières, tous se mettent à pincer et à insulter le chevalier. Il est temps de célébrer le mariage de Caïus et de Nannetta. Mais un autre couple masqué s'est joint à la scène. Lorsque la cérémonie est terminée, le Dr Caïus a épousé Bardolph par erreur. Falstaff se réjouit ne pas être le seul dindon de la farce et tous partent faire la fête.

"Mondo ladro"

"Dal labbro il canto"

FALSTAFF

Dès son apparition dans la première partie de *Henry IV* de Shakespeare, le personnage de Falstaff devint l'un des gredins les plus aimés du théâtre. Élisabeth I aurait réclamé une pièce dans laquelle Falstaff tomberait amoureux. Shakespeare rédigea promptement *Les Joyeuses Commères de Windsor* (qui inspirèrent le *Falstaff* de Verdi), redonna vie à Falstaff dans la deuxième partie de *Henry IV* et le fit assassiner dans *Henry V*. Le chevalier à la panse inspira au moins quatre opéras.

***Tito Gobbi**, baryton, dans le rôle de Falstaff à Budapest en 1968.*

« Si seulement je pouvais trouver un sujet, un sujet plein de passion et de souffrance ! »

Giacomo Puccini

GIACOMO
PUCCINI

Né le 22 décembre 1858 à Lucques (Italie)
Mort le 11 novembre 1924 à Bruxelles (Belgique)

Grâce à *La Bohème*, Giacomo Puccini occupe une place unique dans l'histoire de l'opéra. Pendant plus d'un siècle, cette tragique histoire d'amour qui se déroule à Paris dans un milieu d'artistes pauvres, a été l'œuvre la plus représentée de tout le répertoire. Ce ne fut pas, cependant, un triomphe isolé. Si Puccini n'a écrit que dix opéras en 40 ans de carrière, *Tosca*, *Madame Butterfly* et *Turandot* sont aussi portés aux nues.

Né dans une famille de musiciens toscans, Puccini apprit les rudiments de la musique avec son père et son oncle. C'est une représentation d'*Aïda* de Verdi à Pise, en 1876, qui le convertit à l'opéra. Des années plus tard, il expliqua : « Dieu m'a touché du doigt et m'a dit : "Écris pour l'opéra, seulement pour l'opéra" ». Lorsqu'il entra au conservatoire de Milan en 1880, il eut la chance d'avoir pour professeur Amilcare Ponchielli, compositeur d'opéra *(La Gioconda)*. En 1884, sa première œuvre, *Le Villi*, connut un immense succès. Mais la suivante, *Edgar*, fut un échec, ce qui incita l'éditeur de musique Giulio Ricordi à l'envoyer à Bayreuth pour tirer les enseignements de l'opéra de Wagner *Die Meistersinger von Nürnberg*. À son retour, il composa *Manon Lescaut*, la première œuvre à lui valoir une reconnaissance internationale. Puis, au cours des 12 années suivantes, *La Bohème*, *Tosca* et *Madame Butterfly* firent de lui l'héritier incontesté de Verdi.

Le point commun de tous ces opéras est une trame mélodique et dramatique d'une grande intensité, où une héroïne attachante – Manon, Mimi, Tosca et Cio-Cio-San – meurt tragiquement. La réalité brutale et violente

Tosca, dans lequel l'héroïne est elle-même une prima donna, est l'opéra le plus dramatique de Puccini. Au deuxième acte (à gauche) Tosca tue le chef de la police, Scarpia.

PREMIÈRES REPRÉSENTATIONS

1880
1884 Le Villi
1889 Edgar
1890
1893 Manon Lescaut
1896 La Bohème
1900
1900 Tosca
1907 Madame Butterfly
1910
1910 La Fanciulla del West
1917 La Rondine
1918 Il Trittico
1920
1924 Décès de Puccini
1926 Turandot
1930

qu'elles expriment les situe en plein cœur du vérisme, ce mouvement italien qui marqua le tournant du siècle. Il est vrai aussi que la vie de Puccini ne manqua pas d'événements dramatiques. Âgé d'une vingtaine d'années, il provoqua un scandale en s'enfuyant avec une femme mariée, Elvira Gemignani, dont il eut un fils avant de l'épouser en 1904. Un autre scandale éclata en 1908, lorsqu'une jeune servante de sa maison se suicida : Elvira, toujours soupçonneuse, l'avait accusée à tort de porter l'enfant de Puccini.

Cette affiche italienne représente le meurtre de Scarpia, dans l'acte II.

INCIDENTS DE PARCOURS

Puccini aimait voyager et avait une passion pour les voitures. Un grave accident d'automobile l'empêcha de travailler pendant huit mois en 1903. De plus, il tergiversait longtemps avant de choisir son sujet, écumant pièces de théâtre et romans en quête d'une bonne histoire. Il travaillait ensuite d'arrache-pied avec ses auteurs pour façonner le livret, ajoutant souvent des scènes et des personnages. Après *Madame Butterfly*, un groupe de jeunes compositeurs (aujourd'hui tombés dans l'oubli) lui reprochèrent son style « petit bourgeois ». C'est sans doute cette critique qui incita l'hypersensible Puccini à écrire son opéra suivant, *La Fanciulla del West,* construit autour d'un thème américain pour un public américain. Mais l'œuvre marque également un tournant dans sa musique, avec moins de mélodies « faciles » au profit d'une composition narrative plus élaborée. Les influences extérieures sont, par ailleurs, évidentes. Celle de Wagner, mais aussi celle de Debussy, de Richard Strauss et de Stravinsky. Toutes associées avec une merveilleuse inventivité dans l'ultime opéra – inachevé – de Puccini, *Turandot,* créé deux ans après sa mort, en 1926.

Puccini, qui aimait les voitures, est photographié ci-dessous dans une Isotta Fraschini. Sur le siège arrière, à gauche, sa femme Elvira Gemignani.

MANON LESCAUT

✍ Drame lyrique en quatre actes, 2 heures
⌛ 1889-1892 (rév. 1893 et 1922)
1er février 1893, Teatro Regio, Turin (Italie)

Ruggero Leoncavallo, entre autres, sur la base du roman de l'Abbé Prévost *L'Histoire du Chevalier des Grieux et de Manon Lescaut* (1731)

Manon Lescaut, premier succès international de Puccini, établit définitivement sa réputation. L'histoire ayant déjà été mise en musique par Auber et Massenet, il épuisa sept librettistes avant d'être pleinement satisfait. Il en résulte un opéra profondément lyrique, avec des arias inoubliables et des duos qui retracent l'amour, la frivolité et finalement l'exil de Manon jusqu'à sa mort misérable dans un lointain désert.

Pour Puccini, la version de Massenet n'était pas un obstacle. « Il a imaginé Manon comme un Français, avec de la poudre et des menuets », déclara-t-il. « Moi je la vois comme un Italien, dévorée par la passion ».

RÔLES PRINCIPAUX

Manon Lescaut, *soprano*
Il Cavaliere Renato des Grieux, *ténor*, amant de Manon
Lescaut, *baryton*, frère de Manon
Geronte di Ravoir, *basse*, riche prétendant de Manon
Edmondo, *ténor*, ami de Des Grieux

L'INTRIGUE

France et Louisiane, XVIIIe siècle

ACTE I Devant une auberge d'Amiens, Des Grieux courtise des jeunes filles lorsqu'arrivent Géronte, Manon Lescaut et son frère soldat. Des Grieux tombe aussitôt amoureux de Manon ♪. Elle se rend au couvent pour y parfaire son éducation mais en apprenant que Géronte projette de l'enlever, elle accepte de le suivre à Paris.

"Donna non vidi mai"

ACTE II À Paris, Manon soupire toujours après Des Grieux ♪. Quand il réapparaît, son amour est ravivé. Ils envisagent de fuir ensemble mais elle est réticente à l'idée d'abandonner ses bijoux. Son frère la prévient que Géronte l'a dénoncée comme prostituée et la police vient l'arrêter.

"In quelle trine morbide"

ACTE III Au Havre, Des Grieux et Lescaut espèrent libérer Manon avant qu'elle ne soit déportée en Amérique. À travers la fenêtre de sa cellule, Des Grieux tente de la rassurer mais les prisonnières sont aussitôt emmenées vers le navire-prison. Des Grieux persuade le capitaine de l'engager comme matelot.

ACTE IV Perdue dans une plaine désertique de Louisiane, Manon s'évanouit. Des Grieux la ranime et part chercher un peu d'eau. Lorsque Des Grieux revient bredouille, elle s'effondre et expire en faisant la promesse que son amour ne mourra jamais.

La soprano italienne Daniela Dessì, incarne Manon dans sa brève période d'opulence (acte II). Production de l'opéra de Puccini à Séville, en 2003.

LA BOHÈME

Opéra en quatre actes, 1 heure ¾
1893-1895 (rév. 1896)
1er février 1896, Teatro Regio, Turin (Italie)

Giuseppe Giocosa et Luigi Illica, à partir d'extraits de la pièce d'Henry Murger, *Scènes de la vie de Bohème* (1845)

La Bohème a eu une naissance orageuse. Un autre compositeur, Ruggero Leoncavallo, travaillait déjà sur la même histoire et accusa Puccini de vol. Les deux versions furent mises en scène, mais seule celle de Puccini est restée dans les mémoires, avec une partition musicale d'une grande richesse mélodique. Les arias les plus connues sont celles du premier acte, dans lequel Rodolfo et Mimi tombent amoureux l'un de l'autre. Mais le quartet du troisième acte est également un tour de force. L'histoire rappelait à Puccini ses années d'étudiant sans le sou.

À l'issue de la première, on put lire dans un journal de Turin : « De même que *La Bohème* a laissé peu d'impressions sur le public, gageons qu'elle ne laissera aucune trace dans l'histoire de l'opéra »

RÔLES PRINCIPAUX

Mimi, *soprano*, pauvre couturière
Rodolfo, *ténor*, poète
Marcello, *baryton*, peintre
Musetta, *soprano*, maîtresse de Marcello
Schaunard, *baryton*, musicien
Colline, *basse*, philosophe
Parpignol, *ténor*, marchand de jouets
Benoît, *basse*, le propriétaire

L'INTRIGUE

Paris, France, 1830

ACTE I C'est la nuit de Noël. Dans une mansarde parisienne, le poète Rodolfo et son ami, le peintre Marcello, luttent contre le froid en faisant brûler dans le poêle un manuscrit de Rodolfo. Colline, le philosophe, les rejoint. Puis deux garçons apportent des provisions, des boissons et des cigares, suivis par le musicien Schaunard qui jette des billets sur la table. Ils sont prêts à festoyer. Le propriétaire, Benoît, vient réclamer son loyer, mais les jeunes gens le distraient en lui offrant à boire. Ils décident de terminer la soirée au Café Momus. Rodolfo reste pour terminer un article. On frappe à la porte. C'est une jeune femme, venue lui demander du feu pour sa chandelle. Toussant violemment, elle s'évanouit et Rodolfo la ranime avec un peu de vin. Elle a laissé tomber sa clé, il l'aide à la chercher sur le sol lorsque soudain sa main glacée frôle la sienne. Ému, il se présente. Hésitante, Mimi lui donne son nom et lui dit qu'elle vit seule. Rodolfo et Mimi comprennent qu'ils sont tombés amoureux.

"Che gelida manina"

La page de couverture de la première édition de *La Bohème*, publiée par Giulio Ricordi, illustre la vie de bohème insouciante.

ACTE II Rodolfo achète à Mimi un chapeau rouge avant de rejoindre ses amis au Café Momus. L'ambiance est joyeuse, jusqu'à ce que Marcello aperçoive son ex-maîtresse, Musetta, au bras d'Alcindoro, un riche vieillard. Elle traite Alcindoro avec mépris et se joue de Marcello. Prétendant qu'elle a mal aux pieds, elle envoie Alcindoro lui acheter une nouvelle paire de souliers et tombe dans les bras de Marcello dès qu'il a le dos tourné. Le serveur apporte l'addition mais tous s'esquivent, laissant Alcindoro payer.

"Quando me'n vo'"

ACTE III Deux mois plus tard, Mimi confie à Marcello que la jalousie de Rodolfo est telle qu'ils songent à se séparer. Marcello promet d'intercéder. Plein de remords, Rodolfo emmène Mimi à la taverne, où elle lui fait tristement ses adieux. Ils sont alors témoins d'une dispute entre Marcello et Musetta. Rodolfo et Mimi décident alors de rester ensemble jusqu'au printemps.

"Addio. Donde lieta uscì"

ACTE IV Plus tard, dans la mansarde, Rodolfo et Marcello tentent d'oublier leurs amours perdus, Musetta arrive accompagnée de Mimi, au plus mal. Pour payer un médecin, Musetta décide de vendre ses boucles d'oreille et Colline se sépare de son manteau. Entre deux quintes de toux, Mimi avoue à Rodolfo qu'elle l'aime toujours, puis s'endort. Quand les autres reviennent, ils réalisent que les secours sont superflus. Rodolfo finit par comprendre qu'elle est morte et s'effondre en pleurs.

"O Mimì, tu più non torni"

"Vecchia zimarra"

CARUSO ET MELBA

Enrico Caruso, ténor adulé du début du XXe siècle et le premier à devenir star du disque, fit ses débuts à La Scala et à Covent Garden dans *La Bohème*. Lorsque Puccini l'entendit pour la première fois, il s'exclama : « Qui vous a envoyé ? Dieu ? » Caruso était également célèbre pour ses blagues de potache. La soprano australienne Nellie Melba fut l'une de ses victimes. Lors d'une représentation de *La Bohème* à Londres en se saisissant des « mains glacées » de la Melba au premier acte, Caruso y glissa une saucisse chaude.

Luciano Pavarotti chante Rodolfo face à Mirella Freni dans le rôle de Mimi, dans une production de l'Exhibition Hall Theatre à Pékin en 1988.

TOSCA

Opéra en trois actes, 2 heures
1896–1899
14 janvier 1900, Teatro Costanzi, Rome

Giuseppe Giacosa et Luigi Illica, d'après la pièce de Victorien Sardou, *La Tosca* (1887)

Tosca est un drame passionnel. Après avoir vu Sarah Bernhardt dans la pièce de Victorien Sardou, le compositeur pressentit aussitôt le potentiel opératique de l'œuvre. La partition est truffée d'arias et de duos bouleversants, avec au deuxième acte le terrible nœud de l'intrigue, la confrontation entre Tosca et Scarpia. Chacun utilise le désir comme une arme jusqu'à ce que Scarpia gise dans son sang aux pieds de Tosca. L'orchestration de Puccini est plus tumultueuse que jamais, en raison du rythme de l'action. Il expliqua que la passion avait pris le pas sur la poésie.

RÔLES PRINCIPAUX

Floria Tosca, *soprano*, prima donna
Mario Cavaradossi, *ténor*, son amant
Baron Scarpia, *baryton*, chef de la police de Rome
Cesare Angelotti, *basse*, rebelle fugitif
Le sacristain, *baryton*
Spoletta, *ténor*, acolyte de Scarpia

Tosca est célèbre pour ses incidents de plateau : figurants du peloton tirant sur Tosca au lieu de Cavaradossi, ou bien, Tosca, rebondissant sur le trampoline qui devait amortir sa chute, réapparaissant sur scène…

L'INTRIGUE

Rome, Italie, 17 et 18 juin 1800

ACTE I Angelotti, un républicain en fuite, se réfugie dans l'église de Sant'Andrea della Valle, où Mario Cavaradossi achève un tableau représentant Marie Madeleine. L'artiste, en peignant cette « beauté inconnue », pense à Tosca, sa maîtresse. Lorsque Angelotti sort de sa cachette, Cavaradossi lui offre son aide. C'est alors qu'arrive Tosca. Angelotti se cache à nouveau. Tosca propose à son amant de la retrouver après son concert du soir mais laisse exploser sa jalousie en reconnaissant dans le portrait de Marie Madeleine la Marchesa Attavanti, sœur d'Angelotti. Cavaradossi l'assure de son amour et la persuade de partir. Angelotti réapparaît. Soudain, une salve de canon annonce son évasion, et Cavaradossi lui offre asile dans sa villa. À la poursuite du fugitif, Scarpia, le chef de la police, ne trouve dans l'église qu'un éventail oublié par la Marchesa. Lorsque Tosca revient sur les lieux, Scarpia la provoque en déclarant que le portrait est celui d'une femme de mauvaise vie et dispose l'éventail en évidence. Furieuse, Tosca se rend dans la villa de Cavaradossi, suivie par les agents de Scarpia. Tandis qu'un Te Deum célèbre la victoire des royalistes sur Napoléon, Scarpia rêve de conquérir Tosca.

"Recondita armonia"

"Mia gelosa"

Emilio de Marchi (1851-1977), un des plus grands ténors de Puccini, créa le rôle de Cavaradossi à Rome, en 1900.

Catherine Malfitano (Tosca) semble vraiment se jeter de la terrasse du château Saint-Ange dans cette retransmission télévisée en direct de Rome (1992).

ACTE II Dans le Palais Farnese, Scarpia, soupire après Tosca. Le prisonnier évadé n'a pas été retrouvé mais on lui amène Cavaradossi. Interrogé sur Angelotti, il déclare qu'il ne sait rien. On l'emmène dans une autre salle. Lorsque Tosca se présente, elle refuse de coopérer mais les plaintes s'intensifient et elle finit par révéler la cachette d'Angelotti. Cavaradossi, se sentant trahi par sa maîtresse, est soulagé d'apprendre la défaite des royalistes et crie « Victoire ! ». Scarpia, furieux, ordonne son exécution puis annonce à Tosca qu'elle peut encore sauver la vie de son amant en se donnant à lui. Apprenant qu'Angelotti s'est suicidé, elle accepte finalement les conditions de Scarpia mais insiste pour que son amant soit libéré. Scarpia lui affirme qu'après un simulacre d'exécution ils pourront s'enfuir. Pendant qu'il signe leur sauf-conduit, Tosca le poignarde en plein cœur.

"Ha più forte sapore"

"Vissi d'arte"

MARIA CALLAS (1923–1977)

La soprano la plus charismatique du XXe siècle, Maria Callas (*ci-dessous*) était célèbre pour ses interprétations de personnages passionnés et impétueux, comme Tosca, qui correspondaient à son tempérament personnel. La voix de la Callas n'était pas belle au sens conventionnel du terme, mais exprimait une telle personnalité qu'elle avait un effet électrisant sur le public.

ACTE III Quelques heures plus tard, attendant son exécution au château Saint-Ange, Cavaradossi songe à Tosca qui surgit soudain, munie du sauf-conduit. Elle raconte à son amant comment elle a assassiné Scarpia. Elle lui dit qu'une voiture les attend mais qu'il doit d'abord se prêter au simulacre de l'exécution. Cavaradossi est conduit sur la terrasse du château et le peloton fait feu. En le voyant tomber, Tosca lui souffle de faire le mort jusqu'à ce que les soldats soient partis. Puis elle comprend avec horreur qu'il est vraiment mort. Devant les officiers venus l'arrêter, elle enjambe le parapet et se jette dans le vide.

"E lucevan le stelle"

"O dolci mani"

MADAMA BUTTERFLY

(Madame Butterfly)

✍ Tragédie japonaise en trois actes, 2 heures
⧗ 1902-1903 (rév. 1904-1906)
🎭 17 février 1904, La Scala, Milan

📖 Giuseppe Giacosa et Luigi Illica, d'après la pièce de David Belasco, *Madame Butterfly* (1900), inspirée d'une nouvelle de John Luther Long

Madame Butterfly reflète l'engouement de l'époque pour le Japon. Puccini étudia les chansons populaires et les coutumes japonaises. Mais s'il emprunte certains motifs et imite certaines mélodies traditionnelles, sa musique reste italienne. La tragédie est ici teintée de cruauté. Cio-Cio-San, âgée de 15 ans à peine et déjà geisha, rencontre Pinkerton. La pureté de son amour contraste violemment avec le cynisme prédateur de l'Américain. Cette innocence s'exprime dans le somptueux duo à la fin du premier acte, dans l'aria « *Un beau jour* » et même dans ses adieux à son enfant. Puccini disait de *Madama Butterfly* que c'était son opéra le plus « le plus sincère et le plus évocateur ».

RÔLES PRINCIPAUX

Cio-Cio-San (Madama Butterfly), *soprano*, geisha

Suzuki, *mezzo-soprano*, sa servante

B.F. Pinkerton, *ténor*, lieutenant de la marine américaine

Sharpless, *baryton*, consul des États-Unis

Kate Pinkerton, *mezzo-soprano*, épouse américaine de Pinkerton

Goro, *ténor*, le nakodo (marieur)

Dirigée par Arturo Toscanini, la première de *Madame Butterfly* fut un « véritable lynchage », selon Puccini. Des agitateurs révélèrent même aux Milanais que la soprano vedette, Rosina Storchio, avait eu un enfant de Toscanini.

L'INTRIGUE

Une maison sur la colline dominant la baie de Nagasaki, Japon, vers 1900

ACTE I Goro, le marieur, fait visiter au lieutenant Pinkerton sa nouvelle maison et lui présente Suzuki, la servante de sa future épouse. Le consul des États-Unis, Sharpless, désapprouve ce mariage. Se vantant d'avoir un amour dans chaque port ♫, Pinkerton déclare qu'il est enchanté de sa ravissante fiancée japonaise, légère « comme un papillon ». Un jour, ajoute-t-il, il aura « une véritable épouse américaine ». Butterfly (Cio-Cio-San) arrive, rayonnante de bonheur. Tandis que les invités se rassemblent en vue du mariage, elle montre à Pinkerton l'épée avec laquelle son père s'est fait hara-kiri. À l'issue de la cérémonie, son oncle, bonze, lui reproche de s'être convertie au christianisme et la maudit. Choquée, la famille de Butterfly se retire, et les jeunes époux peuvent enfin célébrer leur amour ♫.

"Dovunque al mondo"

"Viene la sera"

Affiche pour la première de l'opéra de Puccini, *Madama Butterfly* (1904)

ACTE II Butterfly est sans nouvelles de Pinkerton depuis trois ans, mais elle est convaincue qu'il reviendra ♫. Sharpless apporte une lettre de Pinkerton mais Butterfly ne lui donne pas l'occasion d'en révéler le contenu. Elle repousse les avances du riche prince Yamadori, au prétexte qu'elle est toujours mariée. Sharpless ouvre finalement la lettre et commence à lire, mais Butterfly ne cesse de l'interrompre. Quand il lui demande ce qu'elle ferait si Pinkerton ne revenait

"Un bel dì vedremo"

UN REFLET DE L'HISTOIRE

Le malentendu culturel qui sous-tend *Madame Butterfly* provient de la décision américaine de forcer le Japon à mettre fin à son isolationnisme, en 1854. Cela donna lieu à l'occidentalisation progressive du mode de vie japonais et à de fréquentes escales des vaisseaux de guerre de la Marine américaine, notamment à Nagasaki. Une liaison amoureuse entre un officier de marine américain et une geisha était assez fréquente.

***Cette gravure** représente l'arrivée à Yokohama de Matthew Perry, commandant de la Flotte américaine.*

jamais, elle répond qu'elle redeviendrait geisha ou, mieux, qu'elle se tuerait. Il la presse d'accepter la demande en mariage de Yamadori mais, à sa grande surprise, elle fait venir un enfant aux yeux bleus. Après le départ de l'enfant, Sharpless lui demande son nom. Il s'appelle Chagrin, répond-elle, mais quand son père reviendra, il portera le nom de Joie. Un coup de canon retentit dans le port pour saluer l'arrivée d'un navire. S'emparant d'une longue-vue, Butterfly reconnaît celui de Pinkerton. Elle demande de répandre des pétales de fleurs dans toute la maison. Elle revêt sa tenue de mariage.

"Che tua madre"

ACTE III Butterfly, qui a veillé toute la nuit, s'endort au moment où Pinkerton arrive avec Sharpless. Suzuki, voyant qu'une femme les accompagne, devine qu'elle est l'épouse américaine de Pinkerton. Ils lui demandent de convaincre Butterfly de leur confier l'enfant. En voyant les fleurs partout, Pinkerton est troublé et prend la fuite. Se lançant à sa recherche, Butterfly tombe sur sa nouvelle épouse. Elle finit par accepter de lui confier son fils, à la condition que Pinkerton vienne le chercher en personne. Une fois seule, Butterfly remet à l'enfant un drapeau américain et lui fait ses adieux avant de se suicider avec l'épée de son père. Pinkerton est revenu. Elle s'effondre et expire sous ses yeux.

"Addio, fiorito asil"

"Tu? tu?tu? tu? Piccolo Iddio!"

Yoko Watanabe interprète Cio-Cio-San, et Giacomo Aragall le lieutenant Pinkerton, dans la scène du mariage du premier acte, au théâtre du Capitole à Toulouse, France (1996).

LA FANCIULLA DEL WEST

(La Fille du Far-West)

Opéra en trois actes, 2 heures
1908-1910
10 décembre 1910, Metropolitan Opera, New York (États-Unis)
Guelfo Civinini et Carlo Zangarini, d'après la pièce de David Belasco *The Girl of the Golden West*

Opéra lyrique situé à l'époque de la Ruée vers l'Ouest, *La Fanciulla del West* a longtemps été considéré comme une curiosité dans l'œuvre de Puccini. Mais il ne l'écrivit pas seulement pour plaire à ses fans américains. Comme en témoignent *Madama Butterfly* et *Turandot*, il aimait les histoires exotiques. Musicalement, l'œuvre représente aussi un changement d'orientation, avec des phases narratives rapides rarement interrompues par des arias. La première, dirigée par Arturo Toscanini à New York, fut un triomphe.

RÔLES PRINCIPAUX

Minnie, *soprano*, tenancière du saloon La Polka

Dick Johnson (Ramerrez), *ténor*, bandit

Jack Rance, *baryton*, shérif

Ashby, *basse*, agent de Wells Fargo (compagnie de transports)

Le Royal Opera House présenta *La Fanciulla del West* comme « le western-spaghetti de l'opéra », parce qu'en plus de mettre en scène un hors-la-loi, il cite la musique folklorique et le ragtime américains

L'INTRIGUE

Les Cloudy Mountains, États-Unis, durant la Ruée vers l'Or, 1849-1850

ACTE I Le shérif Rance déclare à Minnie son amour. Le nom du bandit Ramerrez est sur toutes les lèvres. Un étranger entre et se présente sous le nom de Johnson. Un des hommes de Ramerrez, qui vient d'être capturé, s'arrange pour souffler à Johnson que la bande est prête à passer à l'attaque. Mais Johnson est sous le charme de Minnie, qui l'invite à lui rendre visite.

ACTE II Minnie reçoit Johnson dans sa cabane dans les montagnes. Après lui avoir raconté sa vie solitaire, elle se laisse embrasser pour la première fois. Une tempête de neige éclate. L'arrivée inopinée de Rance force Johnson à se cacher. Rance avertit Minnie que Ramerrez se cache sous l'identité de Johnson. Furieuse, Minnie renvoie Johnson, mais on tire sur lui sur le pas de sa porte. Elle le cache dans une soupente. Lorsque Rance revient, il trouve les traces de sang. Minnie le défie au poker : la vie de Johnson contre son amour. Elle triche et Rance accepte la défaite.

"Oh, se sapeste"

ACTE III Des mineurs s'emparent de Johnson, et Rance autorise un procès sommaire. Johnson est résigné à mourir. Sa seule requête est que Minnie le croit libre. Mais Minnie surgit, un pistolet au poignet, en rappelant aux mineurs tout ce qu'elle a fait pour eux. Minnie s'enfuit avec Johnson.

"Ch'ella mi creda libero "

Dans une production du Royal Opera House, en 2005, le ténor argentin José Cura, dans le rôle du fugitif Dick Johnson, fait la cour à Minnie, la charmante tenancière du saloon interprétée par la soprano américaine Andrea Gruber.

IL TRITTICO

(Le Triptyque)

Trois opéras en un acte
1915–1918

14 décembre 1918, Metropolitan Opera, New York (États-Unis)

Ces trois opéras sont rarement représentés ensemble en raison de leur longueur. Dans la plupart des cas, ils sont programmés par deux ou associés à un autre opéra de courte durée. *Gianni Schicchi*, le seul opéra-comique de Puccini, est particulièrement divertissant.

LA HOUPPELANDE

Opéra en un acte, 1 h
Giuseppe Adami
1915–1916

Paris, fin du XIXe siècle

Michele vit sur une barge sur la Seine. Il est tourmenté par la conviction que sa femme, Giorgetta, a une liaison avec Luigi, un docker. Elle donne un rendez-vous galant à Luigi, qui, apercevant une lumière dans la barge, pense que c'est le signal convenu. Mais il se retrouve face à Michele, qui l'étrangle et dissimule son corps sous une houppelande - *un tabarro* - jusqu'au retour de Giorgetta.

"Nulla, silenzio"

SŒUR ANGELICA

Opéra en un acte, 1 h
Giovacchino Forzano
1917

Italie, XVIIe siècle

La nonne Angelica a été rejetée par sa famille il y a longtemps. Sa tante, une princesse, vient lui annoncer que son enfant illégitime, motif de sa réclusion, vient de mourir. Désespérée, Angelica avale une fiole de poison avant de se rappeler que le suicide est un péché mortel. Elle prie avec ferveur et demande le salut de son âme à la Madone qui lui apparaît, avec son enfant disparu, pour la conduire au paradis.

"Senza Mamma"

GIANNI SCHICCHI

Opéra en un acte, 1 h
Giovacchino Forzano
1917–1918

Florence, Italie, XIIIe siècle

La famille de Buoso Donati, récemment décédé, apprend avec stupeur qu'il a légué sa fortune à un monastère. Gianni Schicchi est consulté et, sur l'insistance de sa fille Laurette, accepte de se faire passer pour le défunt. Ils convoquent un notaire. Schicchi, sous l'apparence de Donati mourant, rédige un nouveau testament, qui fait de lui le principal héritier de sa fortune.

"O mio babbino caro"

Sœur Angelica, interprétée par Geraldine Farrar, entre au paradis, lors de la première de cet opéra, en 1918, au Metropolitan Opera de New York.

TURANDOT

Opéra en trois actes, 1 heure ¾
1920-1924 (achevé par Franco Alfano 1925-1926)

25 avril 1926, La Scala, Milan
Giuseppe Adami et Renato Simoni, d'après *Turandotte*, une pièce de Carlo Gozzi (1762)

Turandot n'a jamais connu le succès de *La Bohème* ou de *Tosca*, mais ce spectacle extraordinaire par sa trame dramatique et par son inventivité musicale représente le zénith de la carrière de Puccini. Il comporte plusieurs arias magnifiques, dont la célèbre *« Nessun dorma »*, popularisée par Luciano Pavarotti lors de la Coupe du monde de 1990. L'opéra offre aussi un rôle pivot à la jeune esclave loyale, Liù, héroïne tragique sur le modèle de Mimi. Bon nombre des mélodies de *Turandot*, délicatement serties dans le flot narratif de la partition, suggèrent l'influence de Wagner et de Debussy. Mais Puccini y a ajouté une touche orientale.

En 1998, une mise en scène de *Turandot* dans son cadre original, la Cité interdite de Pékin, marqua l'intérêt croissant de la Chine pour l'opéra occidental.

RÔLES PRINCIPAUX

La Princesse Turandot, *soprano*
L'Empereur Altoum, *ténor*, père de Turandot
Le Prince inconnu, Calàf, *ténor*, prétendant de Turandot.
Timur, *basse*, roi de Tartarie en exil et père de Calàf
Liù, *soprano*, esclave
Ping, *baryton*, grand chancelier de Chine
Pang, *ténor*, grand maître des provisions
Pong, *ténor*, grand maître de la cuisine impériale
Un mandarin, *baryton*

L'INTRIGUE

Pékin, Chine, dans l'Antiquité

ACTE I La foule attend l'exécution du prince de Perse, le dernier prétendant à avoir échoué à l'épreuve imposée par la cruelle Turandot : élucider trois énigmes, ou mourir. Au milieu des badauds qui se pressent, une jeune femme appelle au secours car un vieil homme s'est effondré. Se précipitant pour l'aider, Calàf reconnaît son père, Timur, roi déchu de Tartarie. Il demande à la jeune femme pourquoi elle a risqué sa vie. Parce que, répond Liù, un jour le prince Calàf m'a souri. Turandot arrive en grande pompe pour l'exécution. Calàf, ébloui par sa beauté, décide de conquérir son cœur. Les ministres de l'empereur, Ping, Pang et

UNE ŒUVRE INACHEVÉE

À sa mort, en 1924, Puccini laissa inachevé le duo d'amour final de Turandot. Celui-ci fut terminé par Franco Alfano, un compositeur italien mineur, mais le mystère demeure sur les intentions musicales de Puccini. Le chef d'orchestre, Arturo Toscanini interrompit la première pour annoncer : « Cet opéra se termine ici car c'est ici que le Maestro est mort ». Après cette annonce solennelle, il exécuta le final d'Alfano.

***Gwyneth Jones** (Turando) face à Plácido Domingo (Calàf). Royal Opera House, 1984.*

Pong, tentent de le dissuader. Calàf proteste. Liù le supplie de renoncer. Il demande à Liù de s'occuper de son père. Calàf s'élance pour participer aux énigmes.

"Signore ascolta!"

"Non piangere, Liù"

ACTE II Ping, Pang et Pong font le compte des exécutions auxquelles ils ont assisté : 10 dans l'année du Chien, 13 déjà dans l'année en cours, l'année du Tigre. Les trompettes annoncent l'entrée de Turandot. Elle explique que sa cruauté et sa chasteté sont une revanche sur les souffrances endurées par une lointaine aïeule, et informe son prétendant anonyme qu'il lui faudra élucider trois énigmes pour échapper à la mort. Calàf résout les deux premières. Turandot lui pose alors la dernière et Calàf lui donne la solution. Vaincue, la princesse supplie qu'on la délivre de son engagement. Mais le prince veut obtenir son amour. Il lui offre une issue : si elle découvre son identité avant l'aube, il accepte de mourir.

"In questa reggia"

Anna Shafajinskaia (Turandot). Opéra de San Diego, 2004.

ACTE III Personne ne dort dans Pékin, mais Calàf ne craint pas de voir son secret révélé. Les ministres proclament que Turandot fera massacrer la populace si l'inconnu n'est pas identifié. Alors la populace menace de tuer Calàf. Liù, arrêtée, avoue devant Turandot qu'elle connaît le nom du prince mais refuse de le révéler, même sous la torture. Quand Turandot lui demande où elle puise une telle force, Liù répond : « Dans l'amour ». Elle prédit que la princesse connaîtra ce sentiment avant de s'emparer d'un poignard et de se suicider. Calàf arrache le voile de Turandot et l'embrasse avec passion. Humiliée et vaincue, elle accepte de le laisser partir. Il sait qu'elle est conquise, il n'a plus de secret à préserver. Il lui offre à la fois son nom et sa vie. Enfin triomphante, Turandot se tourne vers l'empereur et les courtisans, puis vers le peuple et déclare : je connais à présent le nom de l'étranger, il s'appelle Amour.

"Nessun dorma"

"Tu, che di gel sei cinta"

"Principessa di morte"

Vers 1800-1950

L'opéra allemand

L'OPÉRA ROMANTIQUE A TROUVÉ SON EXPRESSION en allemand au début du XIXe siècle, atteignant son apogée en 1876 dans le cycle monumental de Wagner, *L'Anneau du Nibelung*. Tout au long du siècle de nouveaux théâtres mirent en scène des opéras romantiques populaires, inspirés par le folklore allemand et servis par de grands orchestres symphoniques.

AVANT BEETHOVEN

Depuis le XVIIe siècle, les opéras écrits en allemand étaient des Singspiels, dont les dialogues étaient aussi bien parlés que chantés. Les plus anciens traitaient de sujets sacrés, comme *Adam und Eva* de Johann Thiele (1678), qui inaugura l'Oper am Gänsemarkt de Hambourg, premier théâtre public d'opéra hormis Venise. Au début du XVIIIe siècle, ce genre s'épanouit dans les créations des compositeurs Reinhard Keiser et Georg Philipp Telemann. Les premiers opéras de Georg Friedrich Haendel en allemand et en italien, notamment *Almira* (1705), furent aussi les premiers donnés à l'Oper am Gänsemarkt. Mais tandis que Hambourg était devenue la capitale du Singspiel, les cours de Baden Baden, de Dresde, de Hanovre, de Mannheim, de Munich, de Vienne et d'autres provinces accueillaient compositeurs et librettistes italiens pour des divertissements plus raffinés, en italien. Même les germanophones Glück et Mozart étaient surtout influencés par la musique italienne. En fait, la plupart des opéras de Mozart ont un livret en italien sauf le dernier, *Die Zauberflöte* (1791), qui redonna vie au Singspiel allemand et inspira des opéras du plus haut comique au

Scène diabolique du *Freischütz* de Weber, peinte sur des boîtes de conserve françaises, lorsque la popularité de cet opéra s'étendit hors d'Allemagne.

Richard Strauss *(devant, au centre, baguette à la main)* dirigeant l'imposant orchestre philharmonique de Berlin, en 1908.

Berlinois Albert Lortzing. Acteur et ténor accompli, Lortzing chanta même, en 1837, un rôle-titre pour la première de son œuvre *Zar und Zimmermann (Tsar et Charpentier)*, un opéra léger proche de l'opérette.

LE ROMANTISME ALLEMAND

Après la Révolution française de 1789, le romantisme submergea l'Europe. En littérature, en peinture et au théâtre, nombre de fougueux héros romantiques prônaient l'individualité, la liberté et l'amour. Ils cherchaient aussi la vérité profonde des croyances populaires et prônaient le retour à la nature. Le romantisme allemand, particulièrement intense et passionné, portait le nom de « *Strum und Drang* » (Tempête et Élan), et imprégnait les œuvres des écrivains, notamment Schiller et Goethe. C'est l'idéalisation romantique de la culture populaire qui poussa également les frères Jacob et Wilhelm Grimm à recueillir les contes de fées et les mythes traditionnels allemands. Avec un nouveau corpus littéraire à la disposition des librettistes, une nouvelle sorte d'opéra pouvait voir le jour. Créé en 1805, *Fidelio*, de Beethoven fut le premier Singspiel à servir les thèmes d'égalité, de liberté et de justice de l'humanisme romantique, avec un chœur assez vaste pour exalter les thèmes sociaux et politiques, ainsi qu'un orchestre symphonique et des solistes dont les voix pouvaient dominer l'ensemble.

La soprano Wilhelmine Schroeder-Devrient (1804-1860) suscita de fortes passions et inspira trois rôles-titres à Wagner.

CROYANCES POPULAIRES

Après avoir dirigé, à Prague, la première d'un opéra romantique dont le thème était spécifiquement allemand – *Faust*, de Louis Spohr – Carl Maria Von Weber écrivit le premier grand opéra romantique allemand, *Der Freischütz*. L'action de ce Singspiel se déroule dans une forêt familière au public de 1821 car elle appartenait au folklore allemand avec ses nombreuses parties de chasse, ses danses et ses chansons folkloriques, ses personnages surnaturels et un orage nocturne satanique. *Der Freischütz* connut un immense succès et fut à la source d'un regain d'opéras sur ces thèmes traditionnels. Ainsi le Singspiel *Hans Heiling* (1833), du compositeur de Leipzig, Heinrich Marschner

mêlait, comme Weber, musiques folklorique et symphonique pour raconter une histoire d'amour où intervenaient des forces surnaturelles. Inspiré par la littérature folklorique de Bohême, *Hans Heiling* était doté d'une machine à tonnerre, en plus de l'orchestre, et de trois trombones menaçants joués en dessous de la scène. Richard Wagner n'avait que 9 ans lorsqu'il assista à une représentation du *Freischütz* mais immédiatement après, il joua les notes de l'ouverture sur le piano familial.

L'OPERA WAGNÉRIEN

L'opéra romantique allemand atteignit son apogée avec Wagner, dont le succès fit oublier les Singspiels et les opéras italianisants dans lesquels arias, ensembles et récitatifs étaient bien séparés. Après la période révolutionnaire prussienne, de 1848 à 1850, Wagner fusionna mythes et musique symphonique dans des chefs-d'œuvre dont le plus célèbre est la Tétralogie. De nouveaux types de voix émergèrent, brillantes et vigoureuses, comme celle du Heldentenor, ou « ténor héroïque », et celle de soprano germanique. Wagner fusionna action scénique naturaliste, musique intense et paroles bouleversantes dans le but de servir l'essence dramatique de l'opéra et de créer une « forme d'art totale » ou *Gesamtkunstwerk*. Des strates de textures harmoniques, donnaient une nouvelle expression musicale à l'action dramatique et aux émotions. Wagner fit édifier un théâtre près de Munich, le Festpielhaus de Bayreuth, où il instaura de nouvelles façons de mettre en scène et d'installer le public. Il pensait que les drames musicaux devaient conduire le public à des vérités mystiques.

L'emprise de Wagner fut telle que les grands compositeurs qui lui succédèrent subirent son influence, comme celui qui fut son assistant pour *Parsifal* à Bayreuth, Engelbert Humperdinck,

Le Semper Oper, à Dresde, conçu par le célèbre architecte Gottfried Semper, fut terminé en 1841.

L'OPÉRA ALLEMAND

1800

1805 *Fidelio,* de Beethoven

1806 Fin du Saint Empire romain germanique

1816 *Faust,* de Spohr

1821 *Der Freischütz,* de Weber

1825

1833 *Hans Heiling,* de Marschner

1848-50 Période révolutionnaire prussienne

1850

1850 *Lohengrin,* de Wagner

1865 *Tristan und Isolde,* de Wagner

Richard Wagner, avec son béret caractéristique, peint à Bayreuth, Allemagne, au milieu de sa famille et des artistes qui montèrent le Ring en 1876 à la Festspielhaus, l'opéra que Wagner avait construit.

auteur de *Hänsel und Gretel* (1863). Même après la Première Guerre mondiale, dans une Vienne où il y avait pléthore d'expérimentations en matière de musique moderne, l'enfant prodige de la ville, Erich Wolfgang Korngold dut autant son succès à sa maîtrise des techniques wagnériennes qu'à son exploration personnelle du romantisme dans *Die Tote Stadt (La Ville morte)*.

L'héritier légitime de Wagner fut sans nul doute le bavarois Richard Strauss dont le père, célèbre musicien, détestait la musique de Wagner. Pourtant le premier opéra de son fils, le *Guntram* de 1894, était profondément wagnérien. Puis, dans *Salomé* (1905) et *Elektra* (1909), Strauss atteignit une tonalité qui dépassait les limites établies par Wagner pour *Tristan und Isolde*, une approche moderne qui l'éloigna à jamais de l'opéra romantique allemand. Et même si Richard Strauss a continué d'explorer divers styles, il ne quittait pas les rythmes, parlés et poétiques, de la langue allemande. Ainsi valses viennoises et échos mozartiens paraissent envelopper *Der Rosenkavalier* et *Arabella*, composés respectivement en 1911 et en 1933, tandis que sa dernière œuvre, *Capriccio* (1942) évoque les musiques encore plus anciennes de Rameau et de Gluck. Après la Deuxième Guerre mondiale, l'opéra allemand s'inspira moins de Wagner et de Mozart que de l'avant-garde du XXe siècle, illustrée par les œuvres des compositeurs Arnold Schoenberg et Alban Berg — de la seconde école viennoise — ou de celles nées de la fructueuse collaboration de Kurt Weill et de Bertold Brecht, avant que Hitler ne s'empare du pouvoir dans l'Allemagne de Weimar.

OPÉRETTES VIENNOISES

L'opérette vient de l'italien *operetta* (petit opéra). C'est un genre d'un comique débridé fusionnant airs entraînants et danses festives. Jacques Offenbach, le compositeur allemand expatrié, lui redonna vie à Paris avec des œuvres comme *La Belle Hélène*, données en tournées européennes. Mais c'est à Vienne que Johan Strauss le Jeune créa l'âge d'or de l'opérette viennoise avec son très populaire *Die Fledermaus (La Chauve-souris)*. Grisée de valses, de flots de champagne et d'espiègleries d'entremetteurs, l'opérette viennoise a ensuite adopté un ton nostalgique et doux-amer comme dans la célèbre *Veuve joyeuse* de Franz Lehár.

1875

1871 Proclamation de l'empire allemand

1874 *Die Fledermaus*, de Johan Strauss le jeune

1876 *Der Ring des Nibelungen* (cycle complet de l'*Anneau du Nibelung*), de Wagner

1893 *Hanse und Gretel*, de Humperdinck

1900

1905 *Salome*, de Richard Strauss

1909 *Elektra*, de Richard Strauss

1911 *Der Rosenkavalier*, de Richard Strauss

1918 Défaite de l'Allemagne

1920 *Die Tote Stadt*, de Korngold

1925

1933 Hitler prend le pouvoir

LUDWIG VAN
BEETHOVEN

Né le 16 décembre 1770 à Bonn (Allemagne)
Mort le 26 mars 1827 à Vienne (Autriche)

Dans l'histoire de la musique, c'est le nom de Ludwig van Beethoven qui évoque le drame le plus intense et le lyrisme le plus subtil. Mais dans sa production de quasi 400 œuvres, comprenant des symphonies, des concertos, des ballets et des chansons, on ne compte qu'un seul opéra : *Fidelio.*

Le jeune Beethoven se produisit en public à l'âge de 8 ans et publia sa première œuvre à 12 ans. Puis son talent le conduisit à Vienne, en 1787, pour rencontrer Mozart, et de nouveau, en 1792 pour étudier avec Franz Joseph Haydn et Antonio Salieri. Enthousiasmé par les créations viennoises, il écrivit un opéra sur le thème du triomphe de l'amour conjugal. Ainsi est né *Fidelio,* en 1804. À cette époque, Beethoven se plaignait déjà des problèmes auditifs qui allaient devenir une véritable surdité. Tout en composant *Fidelio*, il avait déjà abordé d'autres projets opératiques, dont un *Macbeth*, d'après la tragédie de Shakespeare. À la fin de sa vie, il travaillait sur un opéra d'après *Faust*, le récit de Johann Wolfgang von Goethe. Beethoven pensait que ce serait son chef-d'œuvre.

L'OPÉRA À SAUVETAGE

Jeune altiste, Beethoven joua dans des opéras de Mozart et de Gluck. Mais l'œuvre qui lui inspira son unique opéra fut *Lodoïska,* de Luigi Cherubini, un « opéra à sauvetage ». Les opéras à sauvetage, mettant en scène un héros ou une héroïne innocents, libérés *in extremis* d'une captivité imméritée, étaient populaires à Paris après la Révolution française. Ces opéras-comiques aux multiples rebondissements comportaient des dialogues parlés. Comme eux, *Fidelio* est parlé autant que chanté, et s'appelle donc un Singspiel.

Le piano de travail de Beethoven au manoir de Brunswick, à Martonvásár (Hongrie).

FIDELIO

Opéra en deux actes, 2 heures ¼
1804-1805, rév. 1806 et 1814
20 novembre 1805, Theater an der Wien, Vienne

Joseph Von Sonnleithner, rév. par Georg Friedrich Treitschke en 1814, d'après la pièce, *Léonore, ou L'Amour conjugal* (1789) de Pierre Gaveaux

Créé en 1805, *Fidelio* fut révisé deux fois avant de connaître le succès en 1814. L'opéra présente un double défi : les rôles-titres demandent des voix puissantes, capables de dominer le vaste orchestre allemand, et les dialogues parlés exigent de ces chanteurs d'évidentes qualités d'acteur. *Fidelio* porte la signature musicale de Beethoven, dans une superbe partition dont on apprécie particulièrement le chœur des Prisonniers à la fin de l'acte I, et l'exquise aria de Florestan à l'ouverture de l'acte II.

RÔLES PRINCIPAUX

Don Pizzaro, *baryton*, gouverneur
Florestan, *ténor*, prisonnier
Leonore (Fidelio), *soprano*, épouse de Florestan
Rocco, *basse*, geôlier
Marcellina, *soprano*, fille de Rocco

La date de la première de *Fidelio* fut la plus désastreuse de l'histoire de l'opéra : le 20 novembre 1805, quelques jours après le début de l'occupation de Vienne par Napoléon. Les clients du théâtre avaient quitté la ville, laissant un public de bruyants officiers français.

L'INTRIGUE

Dans une forteresse espagnole, au printemps,

ACTE I Dans la cour de la forteresse, Marcellina rêve d'épouser Fidelio, le nouvel assistant de son pere. Ce dernier, Rocco, approuve cette union. Mais « Fidelio » est en réalité Leonore, une femme amoureuse déguisée en homme pour libérer son époux, Florestan. Le gouverneur de la prison, Don Pizarro, complote pour tuer Florestan et ordonne à Rocco de creuser une tombe à cet effet, dans une des caves. Leonore est horrifiée mais affirme sa « foi dans l'amour conjugal ». Elle persuade Rocco de faire sortir les prisonniers. Tous sauf Florestan surgissent pour découvrir la lumière, l'air et le goût de la liberté. Furieux, Pizarro ordonne qu'on les reconduise dans leurs cellules.

"O welche Lust"

ACTE II Florestan imagine qu'un ange vient le libérer. Rocco et « Fidelio » arrivent pour creuser la tombe de Florestan. Mais lorsque Pizarro est sur le point de tuer Florestan, « Fidelio » révèle sa véritable identité. Le ministre Don Fernando, vieil ami de Florestan, surgit juste à temps pour empêcher le pire. Tous les prisonniers sont libérés, et Don Fernando est stupéfait de voir son vieil ami Florestan, qu'il croyait mort depuis longtemps. Marcellina n'est pas moins surprise de découvrir que « Fidelio » est l'épouse de Florestan. Pizarro est arrêté et sera exécuté. Leonore glorifie le courage que l'amour lui a donné pour libérer son mari.

"Gott! Welch Dunkel hier!"

Les décors signés Stéphane Braunschweig et Giorgio Barberio Corsetti évoquent la liberté face à l'emprisonnement, au Staatsoper Unter den Linden, Berlin, 1995.

CARL MARIA VON WEBER

Né le 18 novembre 1786 à Eutin (Allemagne)
Mort le 5 juin 1826 à Londres (Angleterre)

Carl Maria von Weber engagea l'opéra allemand dans le nouveau style esthétique contemporain : le romantisme. Mozart et Beethoven avaient écrit des opéras en allemand, mais Weber alla jusqu'à fusionner folklore allemand et musique classique. Sa plus grande œuvre, *Der Freischütz (Le Freischütz)*, annonce ainsi l'opéra allemand wagnérien.

Dramatique, intense, pittoresque : ces mots qualifient l'opéra aussi bien que la personne de Weber. Le compositeur grandit au milieu d'une compagnie de théâtre itinérante dirigée par son père. Cela n'empêcha pas Weber d'écrire son premier opéra (aujourd'hui perdu) à l'âge de 13 ans, à Munich. À Salzbourg, il en composa un deuxième, *Peter Schmoll und seine Nachbarn* (dont il ne reste que des fragments) qui fut mis en scène à Augsbourg en 1803. Sa formation l'entraîna à Vienne, où il fut nommé maître de chapelle au théâtre de Breslau. En dépit de ses 17 ans, Weber s'efforça pendant deux ans de réformer le répertoire du théâtre. Puis il avala accidentellement de l'acide utilisé pour graver les partitions. Après sa guérison, il accepta des postes à Prague puis à Dresde, où il composa *Der Freischütz (Le Freischütz)*. Vienne lui commanda *Euryanthe*, et Londres, *Oberon*, opéra pour lequel Weber dédaigna les ordres de son médecin et se rendit à Londres, où il mourut à l'âge de 40 ans.

PREMIÈRES REPRÉSENTATIONS

1800

1803 Peter Schmoll und seine Nachbarn

1810

1810 Silvana

1811 Abu Hassan

1820

1821 Der Freischütz

1823 Euryanthe

1826 Oberon, ou le serment du roi des fées

1830

De 1818 à 1824, le compositeur passa ses étés à Dresde. Sa maison (*à droite*) est maintenant le Carl Maria von Weber Museum, consacré à sa vie et à son œuvre.

OBERON, OU LE SERMENT DU ROI DES FÉES

Opéra romantique en 3 actes, 2 heures
1825-1826
12 avril 1826, Covent Garden, Londres, Angleterre

James Robinson Planché, d'après le poème de Christoph Martin Wieland (1780)

Lorsque Weber écrivit cet opéra, la tuberculose l'emportait. Son livret était en anglais, d'après un poème inspiré par les personnages du *Songe d'une nuit d'été*, de Shakespeare. Il comprend une ouverture populaire – avec l'appel du cor, des bois légers et des cordes expressives – et un finale « turc ». En dépit des défauts de la partition, la musique fut applaudie par des compositeurs de renom tels que Wagner.

Le librettiste, Planché, reprocha au public de ne pouvoir comprendre les « ballades, duos, chœurs et chants chorals que dans la mesure où ils n'occupaient que le plus petit nombre de minutes possible ».

RÔLES PRINCIPAUX

Oberon, *ténor*, roi des fées
Puck, *contralto*, son serviteur
Huon, *ténor*, duc de Guienne
Sherasmin, *baryton*, écuyer de Huon
Reiza, *soprano*, fille du calife
Fatima, *mezzo-soprano*, sa suivante

L'INTRIGUE

Le palais du roi des fées ; à Bagdad, à Tunis et en France, à l'époque médiévale

ACTE I Oberon, le roi des fées, s'est brouillé avec son épouse. Ils se réconcilieront s'ils rencontrent un couple d'amants restés fidèles l'un à l'autre. Puck, le serviteur d'Oberon, a sans doute trouvé ce couple : sire Huon se rend à Bagdad pour demander la main de la fille du calife, Reiza. Pour que Huon tombe amoureux de Reiza, Oberon la fait apparaître en songe à Huon, et fait de même avec Reiza.

"From boyhood trained in battlefield"

Huon chante l'amour et la gloire du combat. Reiza attend son chevalier.

ACTE II Sous la protection du cor enchanté d'Oberon, Huon surgit à la cour du calife, enlève Reiza et sa suivante. Reiza maudit

"Ocean! Thou mighty monster!"

l'océan mais, apercevant un navire, croit être sauvée. Les pirates abordent et tentent de tuer Huon, mais Reiza se jette sur lui et est capturée. Huon est abandonné.

ACTE III À Tunis, les deux suivantes, Sherasmin et Fatima, tentent de se réconforter. Huon les retrouve et découvre que Reiza est captive dans le harem de l'émir. Il s'introduit dans le harem et résiste à la tentation des femmes. L'émir condamne l'intrus. Lorsque Reiza supplie d'épargner Huon, elle est aussi condamnée à mort. Oberon apparaît pour les sauver et reconnaît la fidélité des amants.

Dans cette peinture représentant une scène de l'acte II, Huon réclame Reiza et tue son fiancé. Weber se plaignait qu'il y a trop de dialogues parlés.

DER FREISCHÜTZ

Opéra romantique en 3 actes, 2 heures ½
1817-1821
18 juin 1821, Schauspielhaus, Berlin

Johann Friedrich Kind, d'après la légende allemande rapportée par Johann August Apel et Friedrich Laun dans *Gespensterbuch* (1811)

Der Freischütz s'inspire d'une histoire du folklore allemand : un homme vend son âme pour remporter un concours d'adresse au tir. L'opéra connut un triomphe à sa création en 1821, et fut bientôt traduit dans de nombreuses langues. Weber a en effet su exprimer la force diabolique des passions et des peurs humaines. Plusieurs compositeurs, notamment Wagner, furent profondément influencés par ce thème allemand et la brillante orchestration. *Der Freischütz* est constitué de luttes cosmiques entre le bien et mal, la providence et le danger, les rêves et les réalités, l'amour et la mort. L'œuvre contient aussi de charmants solos, des chansons traditionnelles et des chœurs vigoureux. Mais une grande partie de cette musique est instrumentale.

La musique d'orage, diabolique, dans la scène de la Vallée du loup à la fin de l'acte II bouleversa les premiers spectateurs de l'opéra. Les médecins allemands parlèrent alors de *Freischützfieber* (« la fièvre du Freischütz »).

RÔLES PRINCIPAUX

Ottokar, *baryton*, prince de Bohême
Kuno (Cuno), *basse*, chef garde forestier
Kaspar (Gaspard), *basse*, premier forestier
Max, *ténor*, second forestier
Kilian, *baryton*, riche villageois
Agathe, *soprano*, fille de Cuno
Ännchen (Annette), *soprano*, sa cousine
Un ermite, *basse*
Samiel, *rôle parlé*, le chasseur fantôme

L'INTRIGUE

Une forêt de Bohême, au XVIIe siècle

ACTE I Dans la forêt, Kilian célèbre sa victoire dans un concours de tir. Cuno, le garde forestier, est inquiet car le perdant, Max, réagit violemment. Il doit participer à un autre concours pour gagner la main d'Agathe, le lendemain, à l'aube. Resté seul, Max est désespéré, craignant d'avoir perdu toute adresse au tir. Feignant l'amitié, Gaspard console Max avec du vin et prétend posséder des balles enchantées, qui garantissent le succès. Mais elles doivent être fondues à minuit dans la Vallée du Loup, qui est hantée. Par amour pour Agathe, Max accepte d'y aller à l'heure dite. Gaspard est ravi de voir Max tomber dans son piège.

"Durch die Wälder"

"Hier im ird'schen Jammerthal"

"Schweig', schweig'!"

ACTE II Chez elle, Agathe s'inquiète pour son bien-aimé. Restée seule, Agathe ne trouve pas le sommeil et admire le ciel nocturne, implorant la protection divine, jusqu'à ce que l'arrivée de Max la remplisse de

"Leise, leise, fromme Weise"

joie. Lorsque Max annonce qu'il doit se rendre dans la Vallée du Loup, Agathe est terrifiée. À minuit, dans cette vallée, Gaspard passe un pacte avec le démon Samiel : six balles atteindront leur but, et la septième atteindra la cible que Samiel aura choisie. Max rejoint Gaspard seul et ils fondent les balles. Lorsqu'un orage infernal éclate, Max appelle Samiel. Le chasseur fantôme apparaît, terrorisant les deux hommes.

ACTE III Le lendemain matin, Max et Gaspard ont tiré six balles. Max ignore que la septième balle est destinée à tuer Agathe. Chez elle, dans sa robe de mariée, Agathe croit que Dieu veille sur elle. Elle raconte un mauvais rêve à Annette : elle était une blanche colombe, et Max l'abattait. Tous se rassemblent dans la forêt pour le banquet de noces. Non loin, Gaspard grimpe dans un arbre pour observer la scène. Max se prépare à tirer sa dernière balle : Ottokar choisit une colombe blanche et Max la suit des yeux, la mettant en joue avec son fusil. Il tire à l'instant où Agathe se précipite vers lui, le suppliant de ne pas tirer. La colombe s'échappe. Agathe et Gaspard tombent en même temps. Agathe s'est évanouie, mais Gaspard, blessé par sa propre balle, meurt dans de grandes souffrances. Lorsqu'il avoue ce qu'il a fait à Ottokar, Max est chassé. Mais le vénérable ermite intervient : la faiblesse de Max était humaine et doit être pardonnée. Ottokar décrète que Max pourra épouser Agathe au bout d'un an de bonne conduite. Tous prient avec l'ermite.

"Und ob die Wolke"

UN OPÉRA ROMANTIQUE ALLEMAND

Der Freischütz marque le début de l'opéra romantique allemand. Tout au long du XIXe siècle les opéras de Heinrich Marschner, Richard Wagner et Engelbert Humperdinck évoquèrent des éléments que Weber fut le premier à intégrer dans son chef-d'œuvre opératique. Y dominaient notamment les éléments surnaturels, la forêt, les puissantes forces de la nature, la vie rurale sous forme de parties de chasse ou de festivités, et des éléments folkloriques.

***Aquarelle de la fin des années 1930**, par le décorateur de Nuremberg, Heinz Grete, représentant le monde infernal de la vallée du Loup dans le deuxième acte de l'opéra*

Carola Höhn (Agathe) au Staatsoper Unter den Linden, à Berlin, en 2006

ALBERT
LORTZING

Né le 23 octobre 1801 à Berlin, Prusse (Allemagne)
Mort le 21 janvier 1851 à Berlin, Prusse (Allemagne)

Albert Lortzing est aujourd'hui considéré comme le maître de l'opéra-comique dans l'Allemagne du XIXe siècle. Né dans une famille d'acteurs-musiciens itinérants, il se passionna dès l'enfance pour la scène. Il prit ensuite des leçons de musique mais il était surtout autodidacte. Un de ses premiers opéras traitait de son compositeur favori : *Szenen aus Mozarts Leben*. Mais son premier succès, *Zar und Zimmerman*, allait se révéler un chef-d'œuvre de comique léger. Des 14 opéras que Lortzing créa en 30 ans, son *Undine* (1945), inspiré d'un conte de fées, eut un succès mondial. Lortzing mourut d'une attaque le lendemain de la création de son dernier opéra.

ZAR UND ZIMMERMANN

(Tsar et Charpentier)

✍ Opéra-comique en trois actes, 2 heures ¾
⧗ 1837
22 décembre 1837, Theater der Stadt, Liepzig (Allemagne)
📖 Albert Lortzing, d'après la traduction par Georg Christian Römer d'une pièce de théâtre française

Zar und Zimmerman, avec sa célèbre « danse des sabots », fut créé sans grand succès à Leipzig mais devint bientôt un des opéras préférés de l'Europe germanophone. Il fut ensuite présenté à divers publics dans leurs propres langues, de Londres à Lisbonne ainsi qu'à Saint-Pétersbourg, atteignant les États-Unis en 1852. Ce Singspiel place le tsar Pierre le Grand – qui a effectivement travaillé incognito dans des chantiers navals hollandais – dans un monde imaginaire où s'entremêlent fausses identités, secrets militaires et amour romantique.

RÔLES PRINCIPAUX

Pierre Michaelov, *baryton*, Pierre le Grand, tsar de Russie, déguisé
Pierre Ivanov, *ténor*, charpentier épris de Marie
Van Bett, *basse*, bourgmestre de Saardam
Marie, *soprano*, nièce de Van Bett
Marquis de Châteauneuf, *ténor*, ambassadeur de France
La veuve Browe, *contralto*

De 1833 à 1844, Lortzing fut acteur et ténor *buffo* au Stadttheater, à Leipzig. Il y chanta le rôle de Pierre Ivanov pour la première de 1837 de *Zar und Zimmerman*. Sa mère, Charlotte Sophie Lortzing, créa le rôle de la patronne du chantier naval, la veuve Browe.

Pierre Ivanov, le charpentier, lit la lettre de Pierre le Grand dans la dernière scène, dans une production de 1954 au Städtischen Oper, à Berlin Ouest.

L'INTRIGUE

Dans les chantiers navals de Saardam (Hollande), en 1698

ACTE I Le tsar de Russie travaille sous le nom de Pierre Michaelov, en compagnie de Pierre Ivanov et d'autres charpentiers. Ivanov aime Marie, nièce de Van Bett. Mais, déserteur de l'armée russe, il craint que ce mariage ne soit impossible. Marie le presse de ne pas être jaloux des autres hommes. Le tsar Pierre reçoit de troublantes nouvelles de Moscou au moment où Van Bett arrive, gonflé d'importance. Lorsque lord Syndham, un émissaire anglais, lui offre 2 000 livres s'il retrouve le « Pierre » étranger que l'on cherche, Van Bett mène l'enquête. Pendant ce temps, l'ambassadeur de France, le marquis de Châteauneuf, reconnaît le tsar et l'assure de la loyauté de la France.

"Die Eifersucht ist eine Plage"

"O sancta justicia! Ich möchte rasen"

ACTE II Les constructeurs de navire célèbrent un mariage, et le marquis courtise Marie, provoquant la jalousie d'Ivanov. Au moment où le tsar apprend qu'une révolte a éclaté à Moscou et se prépare à rentrer en Russie, un officier hollandais arrive pour arrêter tous les étrangers qui ne sont pas en règle. Les deux Pierre sont identifiés comme tsar et Van Bett menace d'emprisonner tout le monde.

"Lebe wohl, mein flandrisch Mädchen"

ACTE III À l'hôtel de ville, Van Bett fait répéter une cantate en l'honneur d'Ivanov, qu'il croit être le tsar. Resté seul, le vrai tsar se souvient de son enfance. Ivanov s'occupe du départ de Michaelov. En échange, ce dernier lui donne une lettre, qu'il doit ouvrir plus tard. Ivanov est fêté par une « danse nationale », dont les danseurs sont en sabots. Lorsque la nouvelle de la fuite de Michaelov lui parvient, Ivanov décachette la lettre. Michaelov lui apprend qu'il est le tsar et qu'il approuve son mariage avec Marie. Les portes-fenêtres s'ouvrent en grand pour révéler que le tsar est à bord d'un navire en route vers Moscou. Tous acclament le souverain.

"Sonst spielt' ich mit Szepter, mit Krone und Stern"

Le ballet dansé en sabots est un moment très apprécié du dernier acte dans cette représentation du Theater Erfurt, à Erfurt (Allemagne) en 2003.

« J'écris la musique avec un point d'exclamation ! »

Richard Wagner

RICHARD
WAGNER

Né le 22 mai 1813 à Leipzig (Allemagne)
Mort le 13 février 1883 à Venise (Italie)

Richard Wagner poussa l'opéra à des sommets d'intensité musicale inégalée, et révolutionna la façon d'écouter l'opéra. Contrairement à Mozart et à Verdi, il veillait au moindre détail, écrivait les livrets, cherchait lui-même les chanteurs, dirigeait l'orchestre et créa même une salle d'opéra fort singulière. Son cycle monumental de quatre opéras, l'*Anneau du Nibelung*, occupe une place à part dans la culture occidentale.

Wagner était un homme des extrêmes, aussi bien dans sa vie que dans son œuvre, mais surtout dans sa musique. Son père biologique était notoirement Ludwig Geyer, l'amant de sa mère et son deuxième mari après la mort de Friedrich Wagner. Acteur en vue, Geyer suscita la passion de l'enfant pour le théâtre et le fit même monter sur les planches dans des rôles d'enfant. Richard a grandi à Dresde sous le nom de Geyer, nourrissant des ambitions de dramaturge, et dévorant les œuvres de Shakespeare et de Goethe. Il est d'ailleurs révélateur qu'il s'intéressa d'abord à la musique pour son utilisation dramatique. Il étudia à l'université de Leipzig, où il s'immergea dans Beethoven. Il écrivit son premier opéra, *Die Feen* (*Les Fées*), à l'âge de 20 ans, influencé par *Der Freischütz* de Weber. Il fut bientôt invité à diriger des salles d'opéras provinciales, dont celle de Magdebourg, où il créa son deuxième opéra, *Das Liebesverbot* (*La Défense d'aimer*), inspiré de la pièce de Shakespeare *Mesure pour mesure*. Cet opéra dut s'arrêter le soir de la première car une dispute amoureuse, dans les coulisses, se termina dans la violence.

DRESDE ET MINNA

Après une période difficile à Riga et à Paris, Wagner fut heureux de regagner Dresde pour la première de son

Les Filles du Rhin au tout début de *Das Rheingold (L'Or du Rhin)*, mis en scène et en lumière par Robert Wilson au Théâtre du Châtelet, à Paris, en 2005.

PREMIÈRES REPRÉSENTATIONS

1835

1836 Das Liebesverbot, oder Die Novize von Palermo

1842 Rienzi, der Letzte der Tribunen

1843 Der Fliegende Holländer

1845

1845 Tannhäuser

1850 Lohengrin

1855

1865 Tristan und Isolde

1868 Die Meistersinger von Nürnberg

1865

1869 Das Rheingold

1870 Die Walküre

1876 Siegfried
Götterdämmerung
Der Ring des Nibelungen

1875

1880

1882 Parsifal

Wagner dirigea la 9e symphonie de Beethoven à l'Opera House de Bayreuth, le 22 mai 1872.

opéra *Rienzi*, en 1842. Il s'y installa bientôt avec son épouse, l'actrice Christine Wilhelmine Planer, surnommée Minna. *Der Fliegende Holländer (Le Vaisseau fantôme)* fut créé à Dresde l'année suivante. S'il dérouta le public, qui attendait une œuvre italianisante comme *Rienzi*, il a depuis été reconnu comme le premier opéra à porter la signature musicale de Wagner. Chef d'orchestre doué, Wagner dirigea ensuite l'opéra de la cour de Dresde, où son *Tannhäuser* connut un meilleur sort en 1845. À cause des opinions politiques radicales du compositeur, *Lohengrin* ne put être monté dans la salle d'opéra de la cour. En 1848, l'insurrection de la Commune française suscita des rébellions dans la plupart des territoires allemands. Wagner se joignit au soulèvement de Dresde en 1849 et dut fuir. Certains de ses camarades furent emprisonnés.

L'EXIL ET MATHILDE

Exilé politique à Zurich, Wagner ne pouvait monter ses opéras dans des théâtres allemands. Il se consacra donc à la direction d'orchestre, composa, lut le philosophe Arthur Schopenhauer, et écrivit. Parmi ses principaux essais, « L'œuvre d'art de l'avenir » présentait la célèbre vision de l'opéra comme *Gesamtkunstwerk*, ou « œuvre d'art totale ». Wagner y représentait le drame musical comme un art capable de fusionner différentes formes d'expression — la poésie, la musique, le mouvement — à la mise en scène et aux décors. Sous le pseudonyme de Freigedank, ou « Libre pensée », il écrivit aussi « Le judaïsme en musique », ignoble pamphlet contre les compositeurs juifs, qui devait lui valoir un statut privilégié auprès de Hitler et de l'Allemagne nazie. Wagner explora également la poésie médiévale allemande et nordique, d'où il tira ses idées mystiques sur le pouvoir de l'amour et sur l'identité allemande. En 1852, il termina le livret de sa tétralogie, *Der Ring des Nibelungen (L'Anneau du Nibelung)* et en 1857 avait composé les deux premiers opéras du cycle, *Das Rheingold (L'Or du Rhin)* et *Die Walküre (La Walkyrie)* – ainsi qu'une partie du troisième, *Siegfried*. Mais cette année fut aussi celle de sa folle passion pour une femme mariée, Mathilde Wesendonk. Elle fut la muse de Wagner, qui s'inspira de son érotisme torride

LE ROI LOUIS II DE BAVIÈRE

Peu de temps après avoir été couronné roi de Bavière en 1864 à l'âge de 18 ans, Louis II (1845-1886) devint le mécène de Wagner. Surnommé le « roi fou », Louis avait, comme Wagner, des rêves extravagants. Un de ses projets fut le château de contes de fées de Neuschwanstein (*à droite*), qu'il avait décoré de scènes d'opéras de Wagner. En 1886, Louis fut déclaré fou et relevé de ses fonctions royales. Le 13 juin, il se noya. Son médecin mourut aussi en tentant de le sauver.

pour *Tristan und Isolde (Tristan et Isolde)*. Mais Minna intercepta une lettre d'amour destinée à Mathilde, et Wagner quitta Zurich pour Paris. En 1861, son exclusion d'Allemagne ayant été abrogée, il gagna la Prusse, où il commença la partition de son unique opéra-comique, *Die Meistersinger von Nürnberg*.

LA BAVIÈRE ET COSIMA

Grâce à la protection du roi Louis II de Bavière, Wagner s'installa à Munich en 1864 et put régler ses dettes. L'opéra wagnérien revint donc en scène après une interruption de 15 ans. En 1865, *Tristan und Isolde* fut créé triomphalement sous la baguette de l'ami de Wagner, Hans von Bülow. Cependant, cette même année vit aussi la naissance d'une autre Isolde : la fille de Wagner et de l'épouse de von Bülow, Cosima. Le scandale qui s'ensuivit obligea Wagner à gagner la Suisse, où il devint l'ami – pour un temps – du philosophe Friedrich Nietzsche. Wagner donna encore deux enfants à Cosima. Lorsqu'elle divorça enfin de von Bülow, un autre nom s'ajouta pendant une période à la liste des amis de Wagner : le père de Cosima, le compositeur et chef d'orchestre Franz Liszt. Wagner épousa Cosima en 1870 et choisit de fonder à Bayreuth le théâtre dont il rêvait. Il s'installa dans la villa Wahnfried, voyageant beaucoup pour rassembler les fonds nécessaires à son gigantesque projet. Wagner surveilla la construction du Festpielhaus et termina les derniers opéras de la Tétralogie : *Siegfried* et *Götterdämmerung (Le Crépuscule des Dieux)*. C'est en 1876, 28 ans après qu'il en ait rêvé, que la Tétralogie fut créée. Son dernier opéra *Parsifal*, fut écrit spécialement pour le Festpielhaus. Après sa première durant l'été 1882, Wagner passa l'hiver à Venise, où il mourut d'une crise cardiaque en février 1883.

Richard Wagner (*au centre*) présente son travail à son épouse Cosima, fille de Franz Liszt présent lui aussi, et à l'écrivain Hans von Wolzogen, dans sa maison de Bayreuth, la villa Wahnfried, en 1882.

DER FLIEGENDE HOLLÄNDER

(Le Vaisseau fantôme)

✍ Romantische Oper en trois actes, 2 heures ¼
⌛ 1840-1842 ; (rév. 1846, 1852, 1860)
🎭 2 janvier 1843, Hoftheater, Dresde, Saxe
(Allemagne)
📖 Richard Wagner

Der Fliegende Holländer est l'opéra dans lequel Wagner trouva sa voix. Tiré de l'histoire d'un homme condamné à voguer sur les mers pour l'éternité, l'opéra est bâti sur des éléments romantiques : un orage nocturne, des forces surnaturelles et un amour tragique. L'acte II offre la ballade de l'héroïne Senta et son duo d'amour avec le Hollandais Volant. La chanson entraînante des marins norvégiens, ouvre l'acte III. La musique se fait encore plus superbe lorsque l'équipage du Hollandais répond par une chanson terrifiante.

En 1839, Wagner fuit la prison de Riga pour dettes embarquant à bord d'un navire à destination de Londres. Une violente tempête retint le vaisseau sur la côte norvégienne, une expérience qui lui servit plus tard pour cet opéra.

RÔLES PRINCIPAUX

Der Holländer (le Hollandais), *baryton*, condamné à errer

Daland, *basse*, navigateur norvégien

Senta, *soprano*, sa fille, dévouée au Hollandais

Mary, *mezzo-soprano*, sa nourrice

Erik (Éric), *ténor*, pauvre chasseur épris de Senta

Der Steuermann (le timonier), *ténor*

L'INTRIGUE

Sur la côte de Norvège,

ACTE I L'équipage du capitaine Daland vient de mettre son vaisseau à l'abri d'une violente tempête. Le Hollandais jette l'ancre de son propre navire. Tous les sept ans, il est rejeté sur le rivage pour chercher une bien-aimée. Lorsqu'elle se révèle infidèle, il est rendu à la mer. Daland accepte de donner la main de sa fille en échange de ses trésors.

"Die Frist ist um"

ACTE II Dans une pièce de la maison de Daland, Senta chante une ballade sur le légendaire Hollandais Volant, qu'elle désire ardemment sauver. Éric, épris de la jeune fille, lui raconte qu'il a rêvé qu'elle était séduite par le diabolique Hollandais. Or Daland revient avec le Hollandais, qui est frappé par la beauté angélique de Senta. Elle lui jure fidélité.

ACTE III À bord du vaisseau norvégien, marins et jeunes filles se livrent à des réjouissances, quand ils sont terrifiés par l'équipage fantomatique sur le pont du vaisseau du Hollandais. À terre, Éric rappelle à Senta les encouragements qu'elle avait donnés à leur amour. Mais le Hollandais entend les jeunes gens, révèle son identité et regagne la mer, où son bateau sombre. Senta se jette d'une colline et les âmes des amants montent aux cieux.

"Johohoe! Johohoe!"

Au Staatsoper Unter den Linden, à Berlin, en 2001, Senta rêve de sauver un démon par son amour

TANNHÄUSER

Grosse romantische Oper en trois actes, 3 heures
1843-1845 (rév. 1847-1852, 1861, 1875)
Version de Dresde, 19 octobre 1845, Hoftheater, Dresde, Saxe (Allemagne) ; version de Paris : 13 mars 1861, Théâtre impérial de l'Opéra, Paris
Richard Wagner

L'opéra a pour thème un concours de chant au château de Wartburg, auquel participe Tannhaüser. Les arias, ensembles et récitatifs sont clairement séparés les uns des autres mais Wagner commence à aborder une approche plus continue, qui allait caractériser ses opéras suivants. Le prélude évocateur de l'acte III présente un récit musical du pèlerinage de Tannhaüser, et révèle l'intérêt croissant de Wagner pour la continuité musico-dramatique.

Pour Wagner, Wolfram était « un poète et un artiste ». Dietrich Fischer-Dieskau, célèbre interprète de mélodies allemandes, était donc parfait pour chanter l'« Ode à l'étoile du Berger » de l'acte III, en 1954, à Bayreuth.

RÔLES PRINCIPAUX

Tannhaüser, *ténor*, chevalier-troubadour
Elisabeth, *soprano*, sa bien-aimée, une princesse chaste
Hermann, *basse*, oncle d'Elisabeth, Landgrave de Thuringe
Wolfram, *baryton*, chevalier-troubadour
Walther, *ténor*, chevalier-troubadour
Vénus, *soprano*, déesse de l'amour

L'INTRIGUE

Dans la grotte de Vénus, vallée de la Wartburg (Allemagne), et ses alentours

ACTE I Après des mois passés dans les bras de Vénus, Tannhaüser supplie celle-ci de le laisser partir. Elle tente de le retenir mais se soumet lorsqu'il évoque la Vierge Marie. Des chevaliers troubadours découvrent Tannhaüser mais il n'a pas envie de se joindre à eux. Il n'accepte que lorsqu'ils mentionnent Elisabeth.

ACTE II Elisabeth accueille Tannhaüser avec joie dans la grande salle des chanteurs. Ils se retrouvent, tandis que Hermann annonce que l'amour est le thème du concours de chant. Wolfram propose un air sur la vertu de la chasteté, et Tannhaüser réplique en faisant l'éloge du désir charnel. Devant le public horrifié, il dit son mépris des chansons des autres. Tannhaüser promet d'expier sa faute en allant à Rome.

"Dich, teure Halle"

À Bayreuth, dans les années 1970, Gwyneth Jones chanta à la fois Vénus et Elisabeth.

ACTE III Wolfram observe Elisabeth qui attend Tannhaüser. Ne le voyant pas parmi les pèlerins, elle prie la Vierge Marie de lui ôter la vie et part attendre la mort au château de Wartburg. Puis Tannhaüser survient enfin, et dit à Wolfram que le pape ne peut pas plus l'absoudre que le feuillage repousser sur la crosse papale. Wolfram lui conseille de se repentir et lui parle des prières d'Elisabeth, maintenant au ciel. Tannhaüser meurt devant le cercueil de la jeune femme, racheté. Alors des pèlerins rapportent un prodige : la crosse papale a refleuri.

"Hör an Wolfram, hör an!"

LOHENGRIN

Romantische Oper en trois actes, 3 heures 1/2
1845-1848
25 août 1850, Hoftheater, Weimar, (Allemagne)
Richard Wagner

Lohengrin mêle des éléments de la légende arthurienne au règne historique du roi Henri I de Saxe (876-936), formant un opéra hybride. Les personnages y sont cruels – Ortrud évoque Lady Macbeth – tandis que le chœur, présent tout au long de l'œuvre, rappelle souvent la tragédie antique grecque. L'extrait le plus célèbre reste le « chœur nuptial » (*Treulich geführt*) [Sous notre fidèle conduite], qui ouvre l'acte III, même si Wagner trouvait qu'il perdait son sens dramatique lorsqu'il était interprété seul. *Lohengrin*, façonné par la musique symphonique, est considéré à la fois comme un premier chef-d'œuvre et comme la pierre de touche de la Tétralogie.

RÔLES PRINCIPAUX

Lohengrin, *ténor*, chevalier du Graal

Elsa von Brabant, *soprano*, a rejeté la proposition de mariage de Friedrich

Comte Friedrich von Telramund (Frédéric de Telramund), *baryton*, accuse Elsa de fratricide

Ortrud, *soprano*, son épouse, une sorcière

König Heinrich der Vogler (Henri L'oiseleur, roi d'Allemagne), *basse*, se prépare pour la guerre

Der Heerufer des Königs (le hérault du roi), *baryton*

Wagner était en exil politique en Suisse lorsque Lohengrin fut créé à Weimar. Il avait espéré être présent, et avait même projeté de traverser la frontière sous un déguisement. Mais il passa la nuit dans un pub de Lucerne, dont le nom était « Le Cygne »...

L'INTRIGUE

À Anvers, sous le règne du roi Henri Ier de Saxe

ACTE I Le comte Frédéric accuse Elsa von Brabant d'avoir tué son propre frère. Il ajoute que c'est pour cela qu'il a renoncé à la demander en mariage et a épousé Ortrud. Elsa étant une meurtrière, le comte se revendique comme l'héritier légitime du duché de Brabant. Le roi décide que le chevalier qui acceptera d'être le champion d'Elsa combattra Frédéric, et que le jugement de Dieu tranchera. Tous sont frappés de stupeur lorsqu'un chevalier à l'armure étincelante arrive dans une barque tirée par un cygne. Elsa accepte les conditions du chevalier : s'il gagne ce combat, elle l'épousera mais ne cherchera jamais à connaître son identité. Le chevalier terrasse Frédéric et épargne sa vie. Tous l'acclament, sauf Frédéric et Ortrud.

"Einsam in trüben Tagen"

ACTE II Ortrud persuade Frédéric de se venger. Lorsqu'Elsa sort sur un balcon pour exprimer sa joie à la brise du soir, Ortrud a recours à la ruse pour lui inspirer pitié, insinuant le doute dans l'esprit d'Elsa. Elle lui conseille de se méfier du chevalier. Le matin, le héraut royal proclame le chevalier protecteur du Brabant. Elsa, en robe de mariée, arrive avec sa suite mais Ortrud s'élance, accusant le chevalier de sorcellerie. Lorsque le roi et le chevalier arrivent à

"Der Rache Werk sei nun beschworen"

"Entweihte Götter!"

Ben Heppner est Lohengrin, et Karita Mattila est Elsa, dans la production de Robert Wilson pour le Metropolitan Opera, à New York, en 2006. Les moindres attitudes et gestes des chanteurs sont riches d'émotions.

leur tour, Frédéric enjoint le chevalier de révéler son identité. Le chevalier refuse et remarque le trouble d'Elsa. Ortrud et Frédéric savourent la détresse de la jeune femme, tandis que les fiancés entrent dans la cathédrale pour célébrer leur mariage.

ACTE III Les invités de la noce bénissent le couple pénétrant dans la chambre conjugale. Restés seuls, ils chantent leur amour ♫. Mais Elsa, prise de doute, demande au chevalier de lui révéler son nom. Frédéric surgit et se fait tuer par le chevalier. Ce dernier ordonne à Elsa d'aller trouver le roi, qui se trouve sur la rive de l'Escaut, où il s'adresse aux guerriers. Tous se préparent à combattre sous les ordres du chevalier à l'armure étincelante. Puis ce dernier arrive avec le cadavre de Frédéric. Il révèle qu'il est Lohengrin, fils de Parsifal, et chevalier du Graal. Son identité étant révélée ♪, il doit retourner à Montsalvat où se trouve le temple du Saint-Graal. Tous sont désespérés de perdre ce héros. Le cygne et la barque réapparaissent ♪. Ortrud clame que c'est elle qui a transformé le frère d'Elsa en cygne. Lohengrin prie et une colombe blanche apparaît. Alors il ôte la chaîne qui retient le cygne, et Gottfried retrouve sa forme humaine. Le bateau de Lohengrin s'en va, conduit par la colombe. Elsa appelle son époux et meurt dans les bras de son frère.

"Das süsse Lied verhallt"

"In fernem Land"

"Mein lieber Schwan!"

LA PREMIÈRE DE 1850

Wagner composait *Lohengrin* lorsque l'Europe fut secouée par la révolution parisienne de 1848. Il avait espéré se rendre à la première de l'opéra à Dresde mais, après sa participation au soulèvement de Dresde en 1849, ses œuvres étaient interdites dans les principautés allemandes. Depuis Zurich, où il vivait en exil, Wagner s'adressa donc à son ami et collègue, Franz Liszt (*à droite*), qui réussit à organiser la première de l'opéra à Weimar en 1850. Liszt lui-même était au pupitre.

TRISTAN UND ISOLDE

(Tristan et Isolde)

✍ Handlung en trois actes, 3 heures ¾
⌛ 1856-1859
10 juin 1865, Königliches Hof- und National Theater, Munich, Bavière (Allemagne)
📖 Richard Wagner

Tristan und Isolde parle d'un amour romantique si sublime que seule l'éternité de la mort peut lui donner sa perfection. Inspiré par l'histoire de *Tristan,* par Gottfried von Strassburg (XIIIe siècle), le compositeur abandonna sa Tétralogie, pour les thèmes du désir et de la mort qui le fascinaient dans les ouvrages d'Arthur Schopenhauer. Comme Tristan, Wagner était amoureux d'une femme qui lui était interdite, Mathilde Wesendonck. C'était cette femme mariée qui incarnait à ses yeux ce désir trop intense pour être possible en ce monde. Les extraordinaires textures harmoniques semblent rendre perceptible la souffrance des amants et son exaltante beauté. En explorant les limites de la tonalité, l'opéra fut déterminant dans l'évolution des opéras atonals d'aujourd'hui.

RÔLES PRINCIPAUX

Marke (Marc), *basse,* roi de Cornouailles

Tristan, *ténor,* son neveu, chevalier

Kurwenal, *baryton,* fidèle écuyer de Tristan

Isolde, *soprano,* princesse irlandaise et sorcière

Brangäne, *mezzo-soprano,* suivante d'Isolde

Melot, *ténor,* courtisan qui trahit Tristan

Un berger, *ténor*

En 1857-1858, Wagner mit en musique cinq poèmes de Mathilde Wesendonck pour voix de femme et piano. C'est un de ces *Wesendonck Lieders, Traüme* (rêves), qui lui inspira une musique de l'acte II.

L'INTRIGUE

En mer, près des côtes de Cornouailles, le palais du roi de Cornouailles et en Bretagne

ACTE I À bord du navire de Tristan, Isolde exprime sa rage et son désespoir. Tristan et elle s'aiment mais il est obligé de la ramener en Cornouailles pour qu'elle épouse l'oncle de Tristan, le roi Marc. La suivante d'Isolde, Brangäne, en appelle à Tristan dont l'écuyer, Kurwenal, clame que le seigneur Tristan n'est pas l'esclave d'Isolde. Celle-ci veut mourir et ordonne à Brangäne de préparer une potion mortelle. Elle regarde Tristan tandis que se déploie la musique du Motif du Regard. Lorsqu'elle lui reproche d'avoir tué Morold, son fiancé 🎧, Tristan lui tend son épée pour qu'elle le tue. Alors Isolde lui propose de boire à leur « réconciliation ». Tous deux avalent le breuvage et se préparent à mourir. Mais au lieu de cela, ils se jettent dans les bras l'un de l'autre avec extase 🎧. Lorsque le bateau accoste, Brangäne révèle à Isolde qu'elle a remplacé le breuvage mortel par un philtre d'amour. Désespérée, Isolde s'évanouit.

"Wie lachend sie mir Lieder singen"

"Wie sich die Herzen wogend erheben!"

La trame de *Tristan und Isolde* de Wagner reprend une histoire d'amour d'origine celte, populaire au Moyen Âge.

ACTE II Lorsque la nuit descend sur le jardin du palais de Cornouailles,

DES RÔLES « IMPOSSIBLES »

Physiquement, les rôles-titres étaient parmi les plus éprouvants du répertoire, et musicalement, ils ne ressemblaient à rien de ce qu'on entendait à l'époque. En 1865, les époux Ludwig et Malwine Schnorr von Carolsfeld, tous deux chanteurs, incarnèrent Tristan et Isolde (*à gauche*). Ludwig donna quatre représentations légendaires et mourut un mois plus tard. D'aucuns dirent que ce rôle monstrueux avait tué le Heldentenor…

Brangäne met Isolde en garde contre l'« ami » de Tristan, Melot, qui est parti chasser avec le roi Marc. Mais Isolde éteint la torche de sa chambre, un signal qu'elle utilise pour prévenir Tristan. Réunis, Tristan et Isolde rêvent de pouvoir s'aimer pour toujours, libérés du monde. Brangäne les avertit que le jour approche. Mais les amants pensent que leur amour est invincible et que la mort les gardera réunis. Lorsque Brangäne les met une nouvelle fois en garde, ils aspirent tous deux à une nuit éternelle. Revenant de chasse, Marc découvre les amants. Il est anéanti, et la trahison de Melot est révélée. Melot frappe Tristan de son épée, et Tristan déjà blessé, dégaine.

"O sink hernieder, Nacht der Liebe"

"O ew'ge Nacht, süsse Nacht!"

ACTE III Tristan est mourant dans son château familial en Bretagne. Il est réveillé par la musique du pipeau d'un berger. Kurwenal lui assure qu'il guérira dans sa demeure ancestrale. Mais Tristan a l'esprit égaré, il se croit ailleurs et attend la mort comme une délivrance. Kurwenal lui explique qu'il a envoyé chercher Isolde pour le guérir. Tristan croit voir le navire approcher. Lorsqu'il arrive, Tristan délire de joie. Isolde apparaît. Tristan se lève pour aller vers elle et expire dans ses bras. Un second navire arrive avec Marc, Melot et Brangäne, qui a parlé au roi du philtre d'amour. Kurwenal tue Melot. Marc se lamente, car il avait pardonné aux amants et voulait qu'ils se marient. Mais Isolde ne l'entend pas, absorbée par le souvenir de l'amour qu'elle a partagé avec Tristan. Exaltée, elle s'effondre sur le cadavre de Tristan et expire à son tour. Marc bénit les corps des amants.

"O diese Sonne!"

"Mild und leise wie er lächelt"

À l'Opéra Bastille, en 2005, Peter Sellars mit les personnages en scène devant d'immenses vidéos de Bill Viola.

DIE MEISTERSINGER VON NÜRNBERG

(Les Maîtres Chanteurs de Nuremberg)

Drame musical en trois actes, 4 heures ¼
1862-1864 ; 1866-1867
21 juin 1868, Königliches Hof-und National Theater, Munich, Bavière (Allemagne)
Richard Wagner

Des Meistersinger von Nürnberg, seul opéra-comique de Wagner, fut écrit alors qu'il composait la Tétralogie. Il est unique dans les opéras de la maturité de Wagner car il inclut toute une suite de motifs indépendants. Ils sont tissés au livret de Wagner, le seul pour lequel le compositeur inventa une intrigue originale. La fille d'un orfèvre et un chevalier tombent amoureux, mais ne peuvent se marier avant de s'être frayés un chemin dans le monde bouffon des Maîtres Chanteurs de Nuremberg. L'opéra fait référence à Hans Sachs, célèbre cordonnier, poète inspiré et Maître Chanteur avisé. Cette œuvre très divertissante se conclut par un éloge de la culture allemande.

Les Maîtres Chanteurs de Nuremberg fut l'opéra préféré de Hitler. À Berlin, en 1995, le metteur en scène Götz Friedrich triompha dans une production audacieuse transposée dans le Nuremberg de l'après-guerre.

RÔLES PRINCIPAUX

MAÎTRES CHANTEURS

Hans Sachs, *basse*, cordonnier

Veit Pogner, *basse*, orfèvre

Sixtus Beckmesser, *baryton*, greffier

Fritz Kothner, *basse*, boulanger

Walther von Stolzing, *ténor*, jeune chevalier

Eva, *soprano*, fille de Veit Pogner

Magdalene, *mezzo-soprano*, sa nourrice

David, *ténor*, apprenti de Hans Sachs

L'INTRIGUE

Nuremberg, Bavière, au milieu du XVIe siècle

ACTE I Le chevalier Walther von Stolzing, nouveau venu à Nuremberg, s'est épris d'Eva, la fille de l'orfèvre. Elle l'aime aussi. À l'église, Walther apprend que la main d'Eva reviendra au Maître Chanteur qui gagnera le concours de chant du lendemain. David, l'apprenti du cordonnier et Maître Chanteur Hans Sachs, explique à Walther les règles du genre. Lorsque les chanteurs se rassemblent dans l'église, Pogner, le père d'Eva, présente Walther aux autres Maîtres. Sachs l'accueille avec bienveillance mais Beckmesser voit cette arrivée d'un mauvais œil. Walther chante magnifiquement l'arrivée du printemps. Pourtant, Beckmesser ne cesse de l'interrompre et couvre son ardoise de marques indiquant ses supposées fautes. Sachs tente de défendre le chant de Walther mais les autres le récusent. Au milieu du tumulte, Walther termine sa chanson et s'en va, furieux.

"Der Meister Tön' und Weisen"

Robert Dean Smith *(à gauche)* joue Walther devant Hans Sachs (Jan-Henrick Rootering). Production de Graham Vick au Royal Opera House, à Londres, en 2002.

"Halt, Meister! Nicht so geeilt!"

ACTE II La veille du concours, Eva apprend que Walther n'a pu impressionner les Maîtres. Dans son

"Was duftet doch der Flieder"

échoppe, Sachs réfléchit au chant du nouveau venu ♁. Lorsque Eva découvre que Beckmesser a l'intention de lui donner la sérénade le soir même, elle propose à sa nourrice Magdalene d'apparaître à sa place. Walther persuade Eva de s'enfuir avec lui mais soudain, ils sont obligés de se cacher. Beckmesser arrive avec son luth pour donner la sérénade à « Eva », qui est en fait Magdalene. Sachs perturbe la musique de Beckmesser en donnant de forts coups de marteau. Les voisins se réveillent et David, qui aime

HANS SACHS

Vers 1520, le cordonnier luthérien Hans Sachs devint Maître Chanteur à Nuremberg, foyer d'une des écoles de chant renommée pour sa rigueur, dont l'origine remonte aux cours médiévales. Sachs devint célèbre de son vivant pour avoir écrit des milliers de chants. L'écrivain J. W. Goethe redécouvrit les œuvres de Sachs et lui rendit hommage en 1776 dans un poème qui inspira à Albert Lortzing son opéra *Hans Sachs* (1840), et à Wagner *Les Maîtres Chanteurs de Nuremberg*.

Le Staastoper de Berlin, en 1955 avec *Les Maîtres Chanteurs*. La mise en scène de Harry Kupfer (*ci-dessus*) célébra cet événement en 2005.

Magdalene, explose de jalousie. Il envoie valser le luth de Beckmesser et les deux hommes en viennent aux mains.

ACTE III Le jour du concours, Walther raconte un rêve que Sachs note de sa main. Beckmesser, pensant obtenir Eva en mariage en chantant une poésie écrite de la main du grand Sachs, empoche le manuscrit et s'enfuit. Walther fait l'éloge d'Eva dans une chanson. Lorsque Sachs trouve la mélodie digne d'un maître chanteur, Eva est ravie ♁♁. En route pour la fête, les corps de métier défilent dans une prairie. Sachs accueille les habitants de la ville et fait l'éloge de l'art, tandis que Beckmesser transpire sur les paroles qu'il doit encore mémoriser. Il est le premier à concourir ♁ et n'est pas à la hauteur de l'épreuve. Ensuite, le chant de Walther éblouit tout le monde ♁ et Eva le couronne vainqueur. Sachs l'accueille parmi les Maîtres Chanteurs.

"Selig, wie du Sonne meines Glückes lacht"

"Morgen ich leuchte in rosigem Schein"

"Morgenlich leuchtend im rosigen Schein"

DER RING DES NIBELUNGEN

(L'Anneau du Nibelung, ou La Tétralogie)

Le cycle de *Der Ring des Nibelungen* de Richard Wagner comprend quatre opéras : *Das Rheingold, Die Walküre, Siegfried,* et *Götterdämmerung.* Il était conçu pour être présenté lors de quatre soirées consécutives, soit plus de 15 heures de représentation. Wagner y travailla pendant 28 ans, ce qui en fait sans nul doute la plus grande œuvre opératique de tous les temps. La Tétralogie fut créée au Festpielhaus, à Bayreuth, en 1876, et a depuis été donnée dans le monde entier.

DE L'IDÉE À L'ŒUVRE

La Tétralogie fut inspirée par la révolution de 1848. Au lendemain de ces événements, Wagner imagina un « théâtre de la Révolution » décrivant le bouleversement de l'ordre établi. Ses visions politiques mystiques et son imagination féconde trouvèrent matière dans la littérature traditionnelle, appréciée des penseurs et des artistes romantiques de son époque : mythes nordiques des *Eddas*, autres récits scandinaves comme le *Völsunga Saga*, folklore allemand, contes et légendes recueillis et publiés par les frères Grimm, et *Das Nibelungenlied*, une grande épopée allemande du Moyen-Âge. En 1848, Wagner avait déjà écrit *La Mort de Siegfried*, texte d'un opéra héroïque exprimant ses nouvelles passions. Il tissa ensuite l'histoire de Siegfried à un réseau de thèmes pour créer une véritable cosmogonie, qu'il peupla de héros et de dieux germaniques destinés à être engloutis par les flammes de la révolution et du sacrifice. Wagner commença à

La Mort de Siegfried, thème de la culture populaire allemande, inspira des œuvres d'art. Ce fut le point de départ de Wagner pour la Tétralogie.

composer l'opéra préliminaire en 1853 et ne termina le dernier volet qu'en 1874. Le roi Louis II de Bavière lui procura un soutien financier et politique lui permettant de créer la Tétralogie en 1876. Wagner trouva aussi des fonds mais le premier festival de Bayreuth se révéla un désastre financier.

Siegfried tue le dragon Fafner, peinture du château Neuschwanstein construit par Louis II, en Allemagne.

LES MOTIFS

La Tétralogie forme un monde musical et dramatique en soi. Parmi ses innovations, il y a l'utilisation d'environ 200 thèmes musicaux, les « Motifs ». Wagner les intégra aux personnages, objets et idées qui évoluent dans l'opéra. Ainsi le motif de l'Épée *Nothung* (nécessaire) prend la forme pointue de l'arme et son éclat, tandis que les grondements du motif du personnage Hunding annoncent sa place dans l'histoire du cycle. Même utilisés pour des thèmes moins tangibles, les Motifs se manifestent subtilement pour annoncer ou faire écho aux moments où ils se déploient dans toute leur vigueur. Ces motifs mélodiques s'entrelacent au fil de l'action, s'enchevêtrent, s'altèrent ou se développent pour créer des strates de textures musicales au service de l'histoire racontée.

LES RÔLES DANS LA TÉTRALOGIE

En dépit des mythes qu'elle aborde, la Tétralogie présente étonnamment peu de groupes de solistes distincts. Son histoire oppose l'amour à la puissance et à la convoitise. En dernier lieu, c'est l'amour qui est le plus fort. Les plus grands rôles comprennent ceux de Wotan, de Brünnhilde, de Siegfried, et d'Alberich le Nibelung.

LES FILLES DU RHIN Séduisantes nymphes du Rhin
Woglinde, Wellgunde, Flosshilde

NIBELUNGS Gnomes de Nibelheim, royaume souterrain
Alberich, Mime, Hagen

LES GÉANTS Bâtisseurs du Walhalla, la forteresse des dieux
Fasolt, Fafner (dans *Siegfried*, Fafner prend la forme d'un dragon)

LES DIEUX Résidents du Walhalla, condamnés à périr
Wotan (déguisé en « Voyageur errant » dans *Siegfried*), **Fricka, Loge, Freia, Donner, Froh, Erda**

WÄLSUNGS Descendants de Wälse, pseudonyme de Wotan
Siegmund, Sieglinde, Siegfried

LES WALKYRIES Guerrières chastes, filles de Wotan
Brünnhilde, Gerhilde, Ortlinde, Waltraute, Schwertleite, Helmwige, Siegrune, Grimgerde, Rosswelsse

NORNES Filles d'Erda, qui file les destins
Première Norne, deuxième Norne, Troisième Norne

GIBICHUNGS Membres de la famille royale vivant dans un palais près du Rhin **Gunther, Gutrune**

AUTRES **Hunding, l'Oiseau de la forêt**

CEUX QUI POSSÈDENT L'ANNEAU MAGIQUE

Le Nibelung Alberich renonce à l'amour pour voler l'or aux filles du Rhin et en forger un anneau magique, qui donne à celui qui le porte richesse illimitée et puissance suprême. Mais dans l'opéra qui ouvre le cycle, Alberich jette un sort à l'anneau : à part lui, ceux qui le toucheront en ayant conscience de sa magie seront maudits. Dans le dernier opéra du cycle, Brünnhilde se sacrifie pour briser le sortilège et l'Anneau retournera dans le Rhin, où il sera de nouveau gardé par les séduisantes filles du Rhin.

1. Les Filles du Rhin 3. Wotan, seigneur des dieux		6. Fafner, maintenant un dragon	9. Siegfried 10. Brünnhilde
L'OR DU RHIN	LA WALKYRIE	SIEGFRIED	LE CRÉPUSCULE DES DIEUX
2. Alberich le Nibelung 4. Fasolt, un Géant 5. Fafner, son frère	Reste avec Fafner	7. Siegfried, un Wälsung	8. Brünnhilde, épouse de Siegfried 11. Les Filles du Rhin

DAS RHEINGOLD

(L'Or du Rhin)

En 1 acte, 2 heures ½
1853-1854
22 septembre 1869, Königliches Hof- und National Theater, Munich, Bavière (Allemagne)
Richard Wagner

L'Or du Rhin, premier volet de la Tétralogie de Wagner, a pour sous-titre *Une Soirée préliminaire* (Vorabend). Cet opéra fut écrit comme le prologue de la trilogie présentée durant les soirées suivantes : *La Walkyrie*, *Siegfried*, et *Le Crépuscule des Dieux*. Avant même que le rideau ne se lève, la musique entraîne le public dans un royaume mystérieux, peuplé de dieux et de créatures légendaires. La scène III se déroule sous la terre, en Nibelheim, le domaine des Nibelungs (gnomes). Le protagoniste de l'opéra est le gnome Alberich, qui bouleverse l'équilibre cosmique en volant l'or enchanté du Rhin. Les instants les plus extraordinaires abondent dans la quatrième et dernière scène de l'opéra.

RÔLES PRINCIPAUX

Wotan (Odin), *baryton-basse*, seigneur des Dieux
Loge, *ténor*, dieu astucieux du Feu
Freia, *soprano*, déesse de l'Amour
Erda, *contralto*, la déesse-mère
Donner, *baryton-basse*, dieu de la Force
Alberich, *baryton-basse*, dieu des Nibelungs
Mime, *ténor*, son frère, forgeron qui forge un casque enchanté
Fasolt, *baryton-basse* ; **Fafner**, *basse* : les géants, qui ont construit le Walhalla pour Wotan
Woglinde, *soprano* ; **Wellgunde**, *soprano* ; Flosshilde, soprano, les filles du Rhin

L'opéra s'ouvre sur un accord en *mi* bémol majeur. Wagner écrivit que cet effet de fracas venant d'en haut, qui avait pour but de figurer le flot incessant du Rhin, lui vint alors qu'il était à demi endormi.

L'INTRIGUE

Dans le lit et la région du Rhin, à une époque légendaire

SCENE I Dans le lit du fleuve Alberich, un Nibelung, contemple avec convoitise trois nymphes sensuelles. Elles se moquent de lui mais expliquent que quiconque porterait un anneau forgé dans l'or du Rhin aurait des richesses extrêmes et un pouvoir absolu. Mais pour s'en emparer, il faut jurer de renoncer à l'amour. Alberich crie qu'il y renonce, prend l'or et s'enfuit.

SCENE II Dans une demeure fortifiée au bord du Rhin, la déesse Fricka rappelle à son époux, Wotan, qu'il a promis aux Géants sa sœur Freia en échange de la forteresse qu'ils ont bâtie pour lui. Wotan déclare qu'il ne leur donnera pas Freia. Les Géants Fasolt et Fafner arrivent pour emmener Freia. Le dieu Loge annonce qu'Alberich a volé l'or du Rhin. Fasolt s'empare de Freia. Il ne la rendra que si l'or du Rhin est remis aux Géants avant le soir. Sur ce, les Géants partent avec Freia, dont l'absence signifie pour les dieux la vieillesse et la mort. Wotan et Loge décident d'arracher l'or du Rhin au Nibelung.

Pour la première de la Tétralogie en 1876, à Bayreuth, on construisit une machine spéciale, dotée de poteaux et de mannequins manœuvrés à la main, afin de donner l'illusion que les filles du Rhin nageaient.

UNE SALLE D'OPÉRA EN AVANCE SUR SON TEMPS

Le Festspielhaus de Bayreuth, inauguré en 1876 avec le premier volet de la Tétralogie, était un théâtre qui ne ressemblait à aucun autre. La fosse d'orchestre (*à droite*) était encastrée et dissimulée au public de telle sorte que la musique semblait émerger de la scène. Wagner élimina les loges où les riches avaient longtemps joui du privilège des meilleures places. Dans le Festspielhaus démocratique, tous pouvaient voir et entendre l'opéra de la même manière. Mais le changement le plus radical n'était pas d'ordre architectural : Wagner fut le premier à ne pas éclairer la salle afin que l'attention du public se concentre sur la scène. Comme il n'y avait pas d'allées entre les sièges, les spectateurs ne pouvaient pas circuler durant les représentations. Par ces simples innovations, ils devaient s'immerger non dans un simple divertissement mais dans un événement mystique, voire sacré.

SCENE III Dans une caverne souterraine, Alberich essaye le Tarnhelm, un casque enchanté forgé par son frère Mime, qui le rend invisible. Puis Wotan et Loge arrivent, et Mime leur dit qu'Alberich terrorise les Nibelungs avec un anneau forgé dans l'or du Rhin. Loge promet de les libérer. Loge flatte Alberich, parvient à le transformer en crapaud et le fait prisonnier avant de quitter les profondeurs de la terre.

SCENE IV Wotan reçoit le trésor du Nibelung en échange de la libération d'Alberich. Mais lorsque Wotan s'empare de l'Anneau, Alberich profère une malédiction. Les Géants arrivent avec Freia. Wotan leur donne le trésor et le casque enchanté, mais pas l'Anneau. Erda, mère des dieux, apparaît pour ordonner à Wotan de céder l'Anneau. Freia leur est rendue. Fasolt s'empare de l'Anneau mais son frère le tue pour le lui prendre. Wotan est obsédé par la malédiction de l'Anneau. Donner monte sur un sommet pour déclencher le tonnerre. Pendant l'orage, Fafner récupère son trésor. Lorsqu'un arc-en-ciel en forme de pont apparaît, Wotan invite Fricka à le franchir pour gagner le Walhalla. Les dieux les suivent, sauf Loge. Dans la vallée, les filles du Rhin se lamentent de la perte de l'or du Rhin.

> "Wie alles war, weiss ich"

> "Heda! Heda! Hedo!"

> "Abendlich strahlt der Sonne Auge"

> "Rheingold! Rheingold!"

Dans la Tétralogie de 1976, à Bayreuth, le Rhin était un barrage hydroélectrique. Mise en scène, Patrice Chéreau ; décors et costumes, Richard Peduzzi.

DIE WALKÜRE

(La Walkyrie)

En trois actes, 3 heures ¾
1856-1857 ; 1864-1865 ; 1869-1871
26 juin 1870, Königliches Hof- und Nationaltheater, Munich, Bavière (Allemagne)
Richard Wagner (écrit en 1851-1852)

La Walkyrie, deuxième volet de la Tétralogie de Wagner, succède à *L'Or du Rhin* et précède *Siegfried* et *Le Crépuscule des Dieux*. Le public le préfère souvent aux autres opéras du cycle. Il présente nombre des plus mémorables motifs – ou thèmes musicaux – de Wagner, le plus célèbre étant celui des extraordinaires et immortelles guerrières que sont les Walkyries. Mais l'amour reste le sujet principal, comme dans tous les opéras de Wagner. L'acte I traite de l'amour passionné, mais interdit, entre un frère et une sœur, dont leur progéniture, Siegfried, sera au centre du troisième volet de la Tétralogie. L'acte III, lui, traite de l'amour tragique de Wotan pour Brünnhilde, sa fille rebelle.

« La Chevauchée des Walkyries », qui ouvre l'acte III, peut déclencher des réactions très fortes. Sur la liste de la Royal Automobile Club Foundation de Grande-Bretagne, elle figure comme la musique la plus dangereuse à écouter au volant.

RÔLES PRINCIPAUX

Brünnhilde, *soprano*, une Walkyrie, fille préférée de Wotan

Gerhilde, Ortlinde, Waltraute, Schwertleite, Helmwige, Siegrune, Grimgerde, Rossweisse, *sopranos et contraltos*, filles de Wotan, Walkyries

Wotan (Odin), *baryton-basse*, seigneur des Dieux

Fricka, *mezzo-soprano*, son épouse

Siegmund, *ténor*, un Wälsung séparé de sa jumelle depuis son plus jeune âge

Sieglinde, *ténor*, sa sœur jumelle

Hunding, *basse*, époux de Sieglinde

L'INTRIGUE

Dans les royaumes d'une Allemagne légendaire

ACTE I Un homme se réfugie dans une cabane. C'est là que vit Hunding. Sieglinde, qu'il a forcé à l'épouser, trouve le fugitif. Ils tombent amoureux. Arrive Hunding. L'invité explique que, bébé, il a été séparé de sa jumelle. Reconnaissant en ce visiteur l'ennemi qui a tué ses parents, Hunding l'invite à se battre dès le lever du jour. Sieglinde revient et informe l'étranger qu'une épée est figée dans l'arbre devant la cabane. Siegmund chante leur union. Ils réalisent alors qu'ils sont frère et sœur. Siegmund retire l'épée enchantée du frêne et la nomme « Nothung ».

"Winterstürme wichen dem Wonnemond"

ACTE II Dans les montagnes, Wotan ordonne à sa fille Brünnhilde, une Walkyrie, de protéger son fils mortel, Siegmund, qui doit reprendre l'Anneau au géant Fafner. L'épouse de Wotan, Fricka, déesse protectrice du mariage, exige de son époux qu'il n'intervienne pas. Malgré sa douleur de père, Wotan est obligé d'accepter. Il raconte à Brünnhilde l'histoire de l'Anneau et

Le borgne Wotan (Bryn Terfel) retient Brünnhilde (Lisa Gasteen) dans une production du Royal Opera House, à Londres, en 2005.

comment, après l'avoir touché, il fut contraint de renoncer au bonheur. Wotan demande à la Walkyrie de ne plus protéger Siegmund. Sieglinde presse Siegmund de fuir avec elle mais en chemin, ils s'arrêtent et la jeune femme s'évanouit. Brünnhilde met Siegmund en garde, puis, émue par son dévouement pour Sieglinde, jure de les protéger. Wotan utilise sa lance divine pour briser l'épée de Siegmund. Hunding tue Siegmund, Brünnhilde enlève Siegmund sur son cheval et Wotan tue Hunding.

"Siegmund! Sieh auf mich!"

ACTE III Les Walkyries rassemblent les héros tués dans les batailles afin de leur donner une nouvelle vie, au service des dieux dans leur forteresse du Walhalla. Fuyant la rage de Wotan, Brünnhilde arrive avec Sieglinde, qui trouve refuge dans la forêt où Fafner garde l'Anneau d'or. Elle donne à Sieglinde, enceinte, des fragments de Nothung pour son fils à naître. Wotan retrouve Brünnhilde : elle sera exilée et endormie sur un rocher, jusqu'à ce qu'un homme la trouve. Brünnhilde plaide en vain qu'elle a agi par amour, et pour obéir aux plus profonds désirs de Wotan. Elle lui demande d'entourer son corps d'un cercle de feu afin que seul un brave puisse l'approcher. Wotan lui dit tendrement adieu et encercle sa fille d'un feu, décrétant que tous ceux qui craignent sa lance ne pourront jamais franchir ces flammes.

"Hojotoho! Hojotoho!"

"Leb' wohl, du kühnes, herrliches Kind!"

Hildegard Behrens, Brünnhilde de légende, joua le rôle au Metropolitan Opera en 1990.

DES CHANTEURS HEROÏQUES

Les chanteurs qui ont créé les rôles principaux de la première de la Tétralogie en 1876 étaient quasiment aussi héroïques que les personnages qu'ils interprétaient. La remarquable soprano allemande Amalie Materna (*à droite*) chanta Brünnhilde dans chacun des opéras où apparaissait la Walkyrie : *La Walkyrie, Siegfried, Le Crépuscule des Dieux.* Aujourd'hui, les chanteurs des rôles-titres ont des jours de repos entre les représentations, mais Materna interpréta les rôles durant les trois opéras, trois soirs de suite. Albert Niemann fut le célèbre Heldentenor qui interpréta Siegmund dans *La Walkyrie.* Il espérait créer le personnage de Siegfried dans les deux derniers volets de la Tétralogie mais Wagner trouvait que la voix et l'allure de Niemann étaient trop mûres pour incarner le jeune et fringant héros. Le rôle revint donc à Georg Unger, qui avait aussi chanté Froh dans *L'Or du Rhin* pour la première de Bayreuth.

SIEGFRIED

✍ En trois actes, 4 heures ¼
⌛ 1856-1857 ; 1864-1865 ; 1869-1871
☂ 16 août 1876, Festpielhaus, Bayreuth, Bavière (Allemagne)
📖 Richard Wagner (écrit en 1851-1852)

Siegfried, troisième volet de la Tétralogie de Wagner, est précédé de *L'Or du Rhin* et de *La Walkyrie*, et suivi du *Crépuscule des dieux*. *La Walkyrie* s'est terminée sur la fuite de Sieglinde, enceinte, dans la forêt. Le troisième épisode fait un bond dans le temps : le fils de Sieglinde est maintenant un jeune homme, Siegfried. Comme Sieglinde est morte en le mettant au monde, il a été élevé par un Nibelung, Mime. Siegfried est rebelle, fanfaron et même arrogant mais ces traits ne sont pas des défauts. Ils reflètent en réalité sa nature invincible et son héroïsme inné. L'acte III développe une musique exceptionnelle, lorsque Wotan, en « Voyageur errant », ouvre son âme à la déesse Erda, et lorsque Siegfried et Brünnhilde tombent amoureux.

RÔLES PRINCIPAUX

Wotan (Odin), *basse*, seigneur des dieux, déguisé en « Voyageur errant »

Erda, *contralto*, déesse primitive de la Sagesse

Brünnhilde, *soprano*, fille de Wotan et d'Erda

Siegfried, *ténor*, petit-fils de Wotan, qui remporte l'Anneau

Mime, *ténor*, un Nibelung, qui a élevé Siegfried et espère s'emparer de l'Anneau

Alberich, *basse*, son frère, qui veut reprendre l'Anneau

Fafner, *basse*, sous la forme d'un dragon, qui garde l'Anneau

L'Oiseau de la forêt, *soprano*, oiseau qui guide Siegfried

Après avoir composé l'acte II en 1857, Wagner délaissa cet opéra pour se consacrer à *Tristan und Isolde*. Lorsqu'il revint à *Siegfried*, son style avait évolué. Par conséquent, l'acte III est différent des actes précédents.

L'INTRIGUE

Dans les royaumes d'une Allemagne légendaire

ACTE I Devant sa caverne dans la forêt, Mime, un forgeron Nibelung, a des projets : si Siegried, l'enfant qu'il a élevé, pouvait manier l'épée Nothung pour tuer le dragon Fafner, lui-même pourrait alors s'emparer de l'Anneau dans la caverne du dragon. Mime informe Siegfried que sa mère était Sieglinde et que Nothung était l'épée de son père. Resté seul, Mime n'arrive pas à souder les tronçons de l'épée. Wotan, déguisé en « Voyageur errant », l'informe qu'elle doit être soudée par un homme qui ne connaît pas la peur. Mime tente d'inculquer la peur à Siegfried et lui parle de Fafner. Siegfried soude lui-même l'épée de son père sur une enclume ♁. Puis il en fend l'enclume.

"Nothung! Nothung! Neidliches Schwert!"

ACTE II Le soir, près de la caverne de Fafner, le Nibelung Alberich attend l'occasion de s'emparer de l'Anneau. À l'aube, Mime y conduit Siegfried. Resté seul, Siegfried s'ennuie et, espérant communiquer avec un oiseau, joue du

Walther Kirchhoff fut l'un des nombreux Heldentenors à incarner le personnage de Siegfried, dans des mises en scène réalistes.

LA PREMIERE DE LA TÉTRALOGIE A BAYREUTH

La première de la Tétralogie, en 1876, fut un événement considérable. Elle inaugurait la salle d'opéra de Wagner à Bayreuth, le Festspielhaus, et offrait un théâtre musical d'une envergure et d'une profondeur sans précédent : une suite de quatre opéras dont les éléments musicaux et mythiques se rejoignaient. Le cycle fut donné trois fois au cours d'un festival qui débuta en grande pompe le 13 août. Pour la cérémonie d'ouverture, l'empereur Guillaume Ier était à la tête d'un cortège remarquable, comprenant le compositeur Tchaïkovski et le philosophe Friedrich Nietzsche. Les décors naturalistes étaient réalisés d'après les œuvres du peintre paysagiste viennois Joseph Hoffmann. Des effets spéciaux comprenaient des Walkyries volant en costumes médiévaux. Considérée comme une œuvre d'art majeure, la Tétralogie était aussi très coûteuse, à tel point que le cycle ne fut plus monté au Festspielhaus avant 1896.

Wagner et Liszt saluent le Kaiser, Guillaume Ier, lors de l'ouverture du Festspielhaus.

cor. Il éveille ainsi Fafner, qu'il tue avec son épée avant de goûter le sang du dragon sur ses doigts. Il comprend soudain le chant de l'oiseau, qui lui dit d'aller chercher l'Anneau et un casque, le Tarnhelm enchanté, dans le trésor de Fafner. Il entend aussi les pensées de Mime, qui veut l'empoisonner, et tue le Nibelung. L'oiseau lui parle ensuite de la jeune fille endormie, qu'il peut épouser s'il parvient à franchir le cercle de feu qui l'entoure. Ainsi l'oiseau le conduit à Brünnhilde, la fille de Wotan.

ACTE III Près d'une caverne au pied de la montagne, le « Voyageur errant » somme la déesse de la terre, Erda, mère de Brünnhilde 🎧, de l'aider. Comme elle refuse de répondre, il l'avertit de sa chute prochaine car il a décidé de céder son pouvoir à son petit-fils mortel, Siegfried. Il révèle à Siegfried que sa lance a déjà brisé Nothung, et le jeune homme brise alors la lance, heureux de défier l'ennemi de son père. Des éclairs zèbrent le ciel et Siegfried plonge au milieu des flammes. Il découvre Brünnhilde, endormie sous un arbre. Il l'embrasse et elle s'éveille pleine de joie 🎧, s'éprenant aussitôt de lui. Siegfried la demande en mariage et elle hésite un instant à abandonner ses pouvoirs de Walkyrie. Mais Siegfried suscite en elle la passion et elle accepte, renonçant au Walhalla pour toujours 🎧.

"Wache, Wala! Wala! Erwach'!"

"Heil dir, Sonne!"

"Fahr' hin, Walhalls, leuchtende Welt!"

Wieland Wagner, petit-fils du compositeur, révolutionna les mises en scènes de la Tétralogie à Bayreuth, comme dans cette production de *Siegfried* en 1951.

GÖTTERDÄMMERUNG

(Le Crépuscule des Dieux)

Prologue et trois actes, 4 heures ¼
1869-1874
17 août 1876, Festspielhaus, Bayreuth,
Bavière (Allemagne)
Richard Wagner (écrit de 1858 à 1852)

Le Crépuscule des Dieux est le dernier volet de la Tétralogie, après *L'Or du Rhin*, *La Walkyrie* et *Siegfried*, où Siegfried et Brünnhilde tombent amoureux l'un de l'autre. Dans *Le Crépuscule des Dieux*, ils vivent dans une caverne, jusqu'à ce que Siegfried parte vivre des aventures héroïques. L'opéra introduit le personnage de Hagen, dont le désir fanatique de s'emparer de l'Anneau va donner lieu à la tragédie qui clôt le cycle. Parmi les nouveaux personnages, il y a aussi le demi-frère de Hagen, le roi Gunther et sa sœur Gutrune. À la différence des autres opéras de la Tétralogie, celui-ci utilise un chœur, pour lequel Wagner écrivit de nombreux passages empreints de solennité.

Dans la scène finale, Brünnhilde chevauche son cheval, Grane, pour bondir sur le bûcher funéraire de Siegfried. Pour la première de Bayreuth en 1876, Grane était interprété par Cocotte, l'étalon noir de Louis II de Bavière.

RÔLES PRINCIPAUX

Première Norne, *contralto*
Deuxième Norne, *soprano*
Troisième Norne, *soprano*, qui filent les destinées

Siegfried, *ténor*, petit-fils du dieu Wotan

Brünnhilde, *soprano*, son épouse, autrefois une Walkyrie

Gunther, *baryton*, roi de Gibichungs

Gutrune, *soprano*, sa sœur

Waltraute, *mezzo-soprano*, une Walkyrie, sœur de Brünnhilde

Woglinde, *soprano* ; Wellgunde, *soprano* ; Flosshilde, *contralto*, les filles du Rhin

Hagen, *basse*, un Nibelung

Alberich, *basse*, père de Hagen

L'INTRIGUE

Dans les royaumes d'une Allemagne légendaire

PROLOGUE Les trois Nornes, qui filent l'or en destin, prévoient le crépuscule des dieux. Mais lorsque l'écheveau se rompt, elles disparaissent à jamais. Brünnhilde dit au revoir à Siegfried devant leur caverne car il part en quête de nouveaux exploits. Ils échangent des gages d'amour : il lui donne l'Anneau qu'il remporta en tuant le dragon Fafner, et elle lui laisse son cheval, Grane.

"Zu neuen Taten teurer Helde"

ACTE I Hagen conseille à son demi-frère, le roi Gunther, d'épouser la belle Brünnhilde. Hagen pense que Siegfried peut franchir ce cercle pour la délivrer. Ensuite, il a l'intention de lui donner un philtre d'amour pour qu'il épouse la sœur de Gunther, Gutrune. Siegfried arrive et boit le philtre, tombant aussitôt amoureux de Gutrune et oubliant l'existence de Brünnhilde. Dans un pacte rituel, Siegfried jure de s'emparer de Brünnhilde pour la donner à Gunther puis part accomplir sa mission. Chez elle, Brünnhilde reçoit sa sœur Walkyrie, Waltraute, mais rejette sa demande de sauver les dieux en lui donnant l'Anneau que Siegfried lui a confié. Utilisant son casque enchanté pour ressembler à Gunther, Siegfried arrive au crépuscule, arrache l'Anneau à Brünnhilde et l'oblige à rentrer dans la caverne.

"Hier sitz' ich zur Wacht"

ACTE II Endormi près du Rhin, Hagen entend son père, le Nibelung Alberich, le presser de s'emparer de l'Anneau. À l'aube, Siegfried retourne auprès de Gutrune. Lorsque Gunther arrive avec Brünnhilde, Siegfried ne reconnaît

toujours pas son épouse. Remarquant l'Anneau au doigt de Siegfried, Brünnhilde l'accuse de l'avoir trahi. Mais Siegfried jure fidélité à Gunther et nie être le mari de Brünnhilde. En aparté, Hagen persuade Brünnhilde et Gunther que Siegfried doit mourir.

ACTE III Parti à la chasse, Siegfried rencontre les filles du Rhin, qui faute de récupérer l'Anneau, le menacent. Gunther et Hagen arrivent. Siegfried leur raconte son enfance et boit une gorgée d'une boisson que lui tend Hagen. Il se souvient alors de Brünnhilde ♁, et

> "Brünnhilde! Heilige Braut!"

Robert Wilson tissa des motifs visuels grâce à la couleur dans sa mise en scène du *Crépuscule des Dieux* au Théâtre du Châtelet, à Paris, en janvier 2006.

Hagen le tue. Là, espérant prendre l'Anneau au doigt de Siegfried, Hagen tue Gunther. Mais Brünnhilde s'empare de l'Anneau et, pour briser la malédiction, le met à son doigt avant de se jeter sur le bûcher funéraire de Siegfried ♁. Les filles du Rhin retrouvent l'Anneau et noient Hagen. Puis, comme dans la prédiction, les flammes consument les dieux et leur forteresse céleste, le Walhalla.

> "Starke Scheite schichtet mir dort"

LA TÉTRALOGIE APRÈS WAGNER

La première de la Tétralogie, en 1876, fut si coûteuse que le cycle ne fut plus représenté avant 1896. Après la Deuxième Guerre mondiale, Wieland et Wolfgang, petits-fils de Wagner (*à droite*) furent les premiers à rompre la tradition en remplaçant le réalisme des mises en scène par l'abstraction. Mais la production la plus légendaire, depuis l'époque de Wagner, fut sans doute celle du centenaire, en 1976, avec une mise en scène de Patrice Chéreau. En revêtant les dieux de costumes du début du XXe siècle, Chéreau transporta la Tétralogie dans la modernité. Si les mises en scène wagnériennes traditionnelles sont toujours en vigueur, certains privilégient de nouvelles visions. Ainsi, au XXIe siècle, Robert Wilson eut recours aux effets de lumière dans une Tétralogie minimaliste pour Zurich et Paris. *L'Anneau du Nibelung* est considéré comme une œuvre difficile, voire intimidante, à mettre en scène. Pourtant, elle est de plus en plus souvent représentée sur les scènes d'opéras du monde entier.

PARSIFAL

Bühnenweihfestspiel en trois actes, 4-4 heures ½
1877-1882

26 juillet 1882, Festpielhaus, Bayreuth, Bavière (Allemagne)
Richard Wagner

Parsifal est le dernier opéra de Wagner. Avec sa description de ferveur religieuse et de pureté de caste, il a plongé plus d'un spécialiste dans la perplexité. Mais les spectateurs et les chefs d'orchestre le considèrent comme le plus exquis des opéras de Wagner. Il crée un véritable mystère dans lequel, comme le dit un chevalier du Graal, « le temps devient de l'espace ». Influencée à la fois par la romance médiévale, le bouddhisme, le christianisme et la philosophie, cette œuvre façonne un style opératique composé de tableaux rituels célébrant le sacré. La compassion transforme la souffrance ou le péché en sources de rédemption et de salut.

RÔLES PRINCIPAUX

Titurel, *basse*, fondateur des chevaliers du Graal

Amfortas, *baryton*, son fils, gardien du Graal, corrompu

Gurnemanz, *basse*, doyen des chevaliers du Graal

Parsifal, *ténor*, « innocent au cœur pur »

Klingsor, *basse*, magicien vengeur

Kundry, *soprano*, magicienne barbare, victime d'un sortilège

Parsifal a déclenché des réactions véhémentes. Dans son ouvrage intitulé *Généalogie de la morale* Friedrich Nietzsche critique le discours moralisateur de celui qui avait été son ami.

L'INTRIGUE

Au château et dans le domaine du Saint-Graal, à Monsalvat, dans un Moyen Âge imaginaire

ACTE I À l'aube, le chevalier Gurnemanz voit Amfortas arriver pour baigner ses plaies dans le lac. La magicienne Kundry a volé la sainte Lance pour en percer le flanc d'Amfortas. Gurnemanz se souvient d'une prophétie : « un innocent au cœur pur » sauvera Amfortas. Lorsqu'un « cygne sacré » s'abat à leurs pieds, on présente le coupable à Gurnemanz. C'est un jeune homme qui ne connaît pas son nom. Par contre, Kundry, une païenne, le connaît. Gurnemanz conduit le nouveau venu dans une salle où a lieu la procession solennelle des chevaliers du Graal. Amfortas, tourmenté par le remords, dévoile le Graal. Le rite s'accomplit et le nouveau venu est ému mais ne peut dire ce qu'il ressent, et Gurnemanz le chasse.

"Nein! Lass ihn unhenthüllt!"

Plácido Domingo, ici en Parsifal au Metropolitan Opera, à New York, en 1992, interpréta des rôles de Wagner.

ACTE II Klingsor fait apparaître Kundry, qu'il a contrainte par un sortilège à séduire les chevaliers, même si elle sait que l'un d'eux causera sa perte. Un homme s'émerveille devant les filles-fleurs dans le jardin magique du château. Leur beauté le fascine mais il ne leur cède pas. Puis Kundry survient, l'appelle Parsifal, et lui dit que sa mère est morte de chagrin. Parsifal est bouleversé et ressent de la compassion pour Amfortas. Kundry tente de le séduire dans un baiser. Il la repousse mais elle insiste avec un regain d'énergie érotique. Finalement, elle le maudit et appelle Klingsor, qui tente de le transpercer de la sainte Lance. Mais l'arme se suspend au-dessus de lui et Parsifal s'en saisit pour faire le signe de la croix. Le château sombre dans la terre et Kundry s'effondre, tandis que Parsifal s'éloigne.

"Hier war das Tosen!"

"Amfortas! Die Wunde! Die Wunde!"

"So war es mein Kuss"

ACTE III Gurnemanz, très âgé, sort d'une cabane à Montsalvat. Il découvre le corps inanimé de Kundry et la réveille. Puis un chevalier en armure noire approche. Sa tenue guerrière n'est pas appropriée en ce jour de vendredi saint. Interrogé, l'homme jette la lance à terre, ôte son armure et son casque. Gurnemanz est étonné de voir Parsifal, qui dit apporter le salut à Amfortas. Kundry oint les pieds de Parsifal, puis Gurnemanz baptise Parsifal et le consacre roi des chevaliers du Graal. Parsifal contemple sereinement la nature qui s'éveille au printemps. Le cercueil de Titurel est transporté dans la grande salle où sont réunis les chevaliers, ainsi que la litière d'Amfortas et le calice. Découvrant sa blessure, Amfortas supplie les chevaliers de le tuer. Parsifal entre et touche la plaie de sa lance, guérissant ainsi Amfortas, qui tombe à genoux avec les autres chevaliers. Le Graal peut de nouveau resplendir et une colombe descend sur la tête de Parsifal.

"Nur eine Waffe taugt"

WOLFRAM VON ESCHENBACH

Wolfram von Eschenbach était un grand poète du Moyen Âge allemand. Son *Parzival* (datant d'environ 1200) était un récit épique racontant les aventures d'un naïf dont les souffrances lui valurent d'accéder à la connaissance, et de recevoir l'honneur de garder le Saint-Graal. Il fut le premier poète à transposer le thème du Graal de la littérature française dans la littérature allemande. Wagner décrivit le poète dans son opéra *Tannhaüser*.

***Enluminure médiévale** du* Parzival *de Wolfram.*

La mezzo-soprano allemande Waltraud Meier a été une célèbre Kundry, féroce et pourtant compatissante. Martha Mödl, Christa Ludwig et Olive Fremstad ont aussi marqué ce rôle.

JOHANN
STRAUSS LE JEUNE

Né le 25 octobre 1825 à Vienne (Autriche)
Mort le 3 juin 1899 à Vienne (Autriche)

Le « prince de la valse » de Vienne était destiné à devenir banquier. Mais il brava la volonté de son père, le compositeur Johann Strauss (1804-1849) et entreprit des études musicales en 1845. En 1863, il fut nommé directeur musical des bals de la cour de l'empereur François Joseph Ier. Les opérettes françaises de Jacques Offenbach faisaient alors fureur à Vienne, et Strauss trouvait que cette forme légère convenait parfaitement à sa musique. Il écrivit une douzaine d'opérettes, dont la première fut *Indigo*, et pour laquelle il créa la célèbre valse du « Beau Danube bleu ». Mais aucune n'atteignit le charme et la popularité de *Die Fledermaus (La Chauve-Souris)*.

DIE FLEDERMAUS

(La Chauve-Souris)

✍ Opéra-comique en trois actes, 2 heures ¼
⌛ 1873-1874
🎭 5 avril 1874, Theater an der Wien, Vienne (Autriche)

📖 Carl Haffner et Richard Genée, d'après la pièce de théâtre française, *Le Réveillon* (1872) par Henri Meilhac et Ludovic Halévy.

En 1874, la première de *Die Fledermaus (La Chauve-Souris)*, considérée aujourd'hui comme la quintessence de l'opérette viennoise, ne souleva pas l'enthousiasme du public. Pourtant, quelques années plus tard, cette œuvre était devenue très populaire en Allemagne. À la fin du siècle, elle obtint un succès international qui ne s'est pas démenti depuis. Son intrigue est tirée d'une comédie satirique française écrite par un des librettistes de Jacques Offenbach. Mais la touche de Strauss, plus légère et plus douce, allait définir l'âge d'or de l'opérette viennoise. La musique richement orchestrée semble aérienne et libre d'artifice, servant les farces et les personnages,

RÔLES PRINCIPAUX

Gabriel von Eisenstein, *ténor*, époux de Rosalinde
Rosalinde von Eisenstein, *soprano*, épouse de Gabriel
Alfred, *ténor*, chanteur et professeur de chant, épris de Rosalinde
Dr Falke, *baryton*, médecin de Gabriel
Frank, *baryton*, gouverneur de la prison
Prince Orlofsky, *mezzo-soprano*, prince russe riche et blasé
Adèle, *soprano*, servante de Rosalinde

Une invitée masquée à la réception du prince Orlofsky, dans l'acte II de *La Chauve-souris*, au Holland Park Opera, à Londres, en 2004.

émouvants et drôles. Les solos vocaux sont souvent mémorables mais ce sont surtout les ensembles qui sont éblouissants, lorsque la musique de Strauss se révèle aussi raffinée et pétillante que le champagne qui coule abondamment à l'acte II.

Pour le festival de 2001 à Salzbourg (Autriche), le metteur en scène Hans Neuenfels transforma les invités de la fête en cocaïnomanes orgiaques. Des admirateurs de Strauss furent offensés, et un spectateur intenta même un procès au Festival de Salzbourg.

Le baryton-basse Angelo Gobbato est Frank, le gouverneur de la prison, dans la production de 2004 de l'Opéra du Cap, en Afrique du Sud.

L'INTRIGUE

À Vienne, en Autriche, au milieu du XIXe siècle

ACTE I Un ténor nommé Alfred chante une sérénade à Rosalinde devant sa maison. À l'intérieur, la servante Adèle, désireuse d'assister au bal masqué du prince Orlofsky, demande sa soirée de congé. Mais le moment est mal choisi : le mari de Rosalinde doit partir en prison. Alfred presse Rosalinde de le recevoir dès que son époux sera emprisonné. Eisenstein arrive, furieux contre son avocat, le Dr Blind. Son médecin, le Dr Falke, lui propose de repousser le moment d'entrer en prison au petit matin (6 heures) et d'aller au bal d'Orlofsky déguisé en « Marquis Renard ». Rosalinde accorde sa soirée à Adèle tandis qu'Eisenstein (se rendant à la fête à l'insu de sa femme) et Rosalinde (attendant Alfred) se séparent en feignant de se lamenter. Alfred boit et chante chez Rosalinde lorsque le gouverneur de la prison, Frank, vient chercher son prisonnier. Rosalinde le persuade qu'Alfred est Eisenstein, et ce dernier est emmené en prison.

"So muss allein ich blieben"

ACTE II Le prince Orlofsky reçoit ses invités. Falke confie au prince qu'il y a de la plaisanterie dans l'air. Le « Marquis » (Eisenstein) flirte avec une « comtesse hongroise » (Rosalinde), qui s'empare de la montre du « Marquis » comme gage d'amour. Puis elle chante une chanson hongroise. Falke explique son surnom, Dr Chauve-Souris : après une nuit de fête costumée, le « Marquis » l'avait laissé s'endormir dans son costume de chauve-souris. Le lendemain, Falke se couvrit de ridicule en rentrant chez lui dans son déguisement. Il espère maintenant se venger. Orlofsky propose de boire du champagne et les invités valsent. Lorsque 6 heures sonnent, Eisenstein se hâte vers la prison.

"Ich lade gern mir Gäste ein"

"Klänge der Heimat!"

"In Feuerstrom der Reben"

ACTE III Frosch, le geôlier ivre, garde le ténor emprisonné à la place d'Eisenstein, et qui ne cesse de chanter. Survient le « Marquis » qui apprend qu'« Eisenstein » a été arrêté alors qu'il dînait avec son épouse. Se faisant passer pour leur avocat, Eisenstein entend les récits d'Alfred et de Rosalinde et, consterné par les détails de leur rendez-vous galant, révèle son identité. Pourtant, lorsque Rosalinde sort sa montre, il a le bon goût d'être humilié. Falke révèle qu'il s'agissait en fait de la vengeance de la Chauve-souris. Eisenstein croit que tous lui jouent un tour depuis le début, même si, en aparté, Alfred laisse planer le doute sur l'artifice de la séduction. Tous les blâmes sont reportés sur le roi Champagne.

"O Fledermaus, o Fledermaus"

ENGELBERT HUMPERDINCK

Né le 1er septembre 1854 à Siegburg (Allemagne)
Mort le 27 septembre 1921 à Neustrelitz (Allemagne)

Engelbert Humperdinck, un des derniers compositeurs romantiques allemands, marqua l'histoire de la musique avec son opéra *Hansel et Gretel*. Cette œuvre – ainsi qu'un opéra plus tardif, *Königskinder* – s'inspire des contes de fées qui ont introduit de nouvelles sources littéraires et de nouveaux mondes sonores dans l'opéra. Humperdinck commença à étudier l'architecture à Cologne puis se tourna vers des études musicales où son talent fut remarqué. Il se rendit à Naples en 1880, où il impressionna Richard Wagner au point de devenir son assistant à Bayreuth en 1881-1882. S'il fut très influencé par Wagner, Humperdinck développa une approche et un son propre.

HÄNSEL UND GRETEL

(Hansel et Gretel)

Märchenoper en trois actes, 2 heures
1890-1893
23 décembre 1893, Hoftheater, Weimar (Allemagne)
Adelheid Wette, d'après la légende populaire recueillie par Jacob et Wilhelm Grimm (1812)

Créé sous la baguette de Richard Strauss, *Hansel et Gretel* connut un succès immédiat en Allemagne. Depuis, c'est un des opéras les plus populaires du monde. Le livret intègre un réalisme régional à un conte de fées plus abstrait, et la partition de Humperdinck mêle brillamment chant populaire et composition élaborée. Tout au long de l'œuvre, l'orchestre tisse un réseau symphonique où affluent des mélodies isolées inspirées de chansons traditionnelles ou d'hymnes sacrés. On entend l'influence de Wagner dans le prélude de l'acte III, mais le vérisme italien émaille la partition, comme avec les gloussements de la sorcière. Celle-ci n'apparaît que dans le dernier acte mais la musique qui la représente menace depuis le début, et voltige sombrement dans les dernières mesures de l'opéra.

RÔLES PRINCIPAUX

Hansel, *mezzo-soprano*, jeune frère de Gretel
Gretel, *mezzo-soprano*, sœur de Hansel
Gertrud, *mezzo-soprano*, mère des deux enfants
Peter, *père des deux enfants*, fabricant de balais
Le marchand de sable, *soprano*, répand du sable magique
La sorcière, *soprano*, habite la maison de pain d'épice

Deux jeunes chanteurs interprètent Gretel et Hansel dans une production réaliste à l'Opéra-Comique de Paris, en 1900.

Le jour de Noël 1931, *Hansel et Gretel* fut le premier opéra à être diffusé en direct depuis la scène du Metropolitan Opera House, à New York, initiant une tradition radiophonique très appréciée aux États-Unis.

L'INTRIGUE

Au pied du mont Ilsenstein, une terre boisée habitée par une sorcière et des fées

ACTE I Chez eux, Hansel et Gretel tentent d'oublier leur faim en dansant et en chantant. Lorsque Gertrud découvre que ses enfants négligent leurs tâches, elle les envoie dans la forêt ramasser des fraises. Restée seule, elle se lamente sur leur pauvreté mais son mari, Peter, rentre chargé de nourriture après une journée réussie. La joie se change en crainte lorsque Peter parle à sa femme de la sorcière dévoreuse d'enfants. Gertrud se hâte de partir à la recherche de Hansel et Gretel dans la forêt, et Peter la suit.

"Brüderchen, komm"

"Ral la la la"

ACTE II Dans la forêt, le panier de Hansel déborde de fraises. Les enfants mangent toutes les fraises en imitant les oiseaux. Ils envisagent d'en ramasser d'autres mais la nuit tombe et ils sont perdus, effrayés et fatigués. Le gentil marchand de sable verse du sable magique sur leurs yeux. Restés seuls, les enfants disent leurs prières et juste après, des anges descendent du ciel pour les protéger.

"Abends, will ich schlafen gehn"

ACTE III Réveillée par une fée qui lance des gouttes de rosée, Gretel décrit son rêve à son frère. Hansel a aussi rêvé des anges et désigne du doigt la direction où ils sont partis. Là, ils aperçoivent une superbe maison en pain d'épice. Lorsqu'ils commencent à la grignoter, la légendaire sorcière les découvre et leur jette un sort. Hansel est enfermé dans une cage et Gretel immobilisée, jusqu'à ce que la sorcière brise l'enchantement pour qu'elle l'aide à engraisser Hansel. Gretel a observé avec soin comment la sorcière l'a délivrée. Toute à sa joie à l'idée de transformer les enfants en pain d'épice, la sorcière monte sur son balai et s'envole. Gretel brise l'enchantement de Hansel mais il feint d'être toujours prisonnier. À son retour, la sorcière ordonne à la fillette de vérifier la température du four, et Gretel lui demande de lui montrer. Les deux enfants poussent alors la sorcière dans le four et claquent la porte derrière elle. Ils découvrent peu à peu qu'ils ont ainsi délivré d'autres enfants, qui avaient été transformés en pain d'épice. Peter et Gertrud arrivent au moment où les enfants retirent du four une grande sorcière en pain d'épice. La famille réunie se réjouit avec les enfants libérés et tous célèbrent la bonté de dieu qui exauce toujours les prières.

"Mir träumte"

"Hurr hopp hopp"

Ute Walther incarne la méchante sorcière et Andion Fernandez joue Hansel, enfermé dans une cage, au Deutsche Oper, à Berlin, en 2003.

FRANZ LEHÁR

Né le 30 avril 1870 à Komarom (Hongrie)
Mort le 24 octobre 1948 à Bad Ischl (Autriche)

Franz Lehár, maître de l'opérette du XXe siècle, a composé 38 œuvres opératiques, créées entre 1893 et 1938. La plus connue, *Die Lustige Witwe (La Veuve joyeuse)*, fut aussi la première à valoir à Lehár une renommée internationale. Des œuvres ultérieures, comme *Das Land des Lächelns (Le Pays du sourire)*, reviennent périodiquement au goût du jour.

En raison des fréquents changements de garnison de son père, Franz connut une grande variété de musiques dans toute l'Europe centrale. Il écrivit sa première composition, une chanson, à l'âge de 11 ans. Un an plus tard, il étudiait la musique à Prague. À l'âge de 20 ans, il fut le plus jeune chef de fanfare militaire de l'empire austro-hongrois et en 1894, l'empereur d'Allemagne, Guillaume II, le décora pour sa direction d'orchestre. À Vienne, la capitale de l'empire, Lehár avait 29 ans lorsqu'il composa pour des parades et des concerts officiels. En 1902, il fut célèbre dans toute l'Europe pour sa valse « L'Or et l'Argent ». Mais après son chef-d'œuvre, *Die Lustige Witwe (La Veuve joyeuse)*, Lehár eut peu de succès, jusqu'à ce que le très célèbre ténor Richard Tauber remette au goût du jour les opérettes du compositeur écrites dans les années 1920. Plus tard, *La Veuve joyeuse* fut l'opérette préférée de Hitler. Pourtant, Lehár avait épousé une jeune femme juive et leur vie en Autriche sous la férule nazie ne fut pas sans difficultés.

PREMIÈRES REPRÉSENTATIONS

- **1893** Rodrigo
- **1896** Kukuška
- **1905** Die Lustige Witwe
- **1909** Der Graf von Luxemburg
- **1910** Zigeuner Liebe
- **1925** Paganini
- **1927** Der Zarewitsch
- **1928** Friederike
- **1929** Das Land des Lächelns
- **1938** Giuditta

Lehár à la tête de l'orchestre du 26e régiment d'infanterie hongrois en 1900, à l'époque de ce qu'on a appelé la Révolte des Boxers

DIE LUSTIGE WITWE

(La Veuve joyeuse)

Opérette en deux actes, 2 heures ½ (Autriche)
1905
30 décembre 1905, Theater an der Wien, Vienne
Viktor Léon et Leo Stein, d'après la pièce de théâtre de Henri Meilhac, *L'Attaché d'ambassade* (1861)

En 1905, la première de *Die Lustige Witwe (La Veuve joyeuse)* fut un triomphe qui s'étendit bien au-delà des frontières européennes. Lehár avait concocté le mélange musical idéal pour l'époque : festivités impériales éblouissantes dans le vieux style viennois, et ardente nostalgie. À l'orée du siècle nouveau, le public avait besoin d'évoquer un passé moins troublé et peu de musiques pouvaient rivaliser avec la valse grisante de « *Lippen schweige* » dans l'acte II de *La Veuve joyeuse.*

La Veuve Joyeuse provoqua l'engouement dans le Nouveau Monde en 1907. Plus de 5 000 représentations furent données aux États-Unis et à Buenos Aires, il est arrivé que l'opéra soit joué dans 5 théâtres en même temps.

RÔLES PRINCIPAUX

Baron Zeta, *ténor,* ambassadeur de Pontevedro* en France

Comte Danilo Danilowitsch, *ténor,* play-boy oisif de Pontevedro*

Camille de Roussillon, *ténor,* épris de Valencienne

Hanna Glawari, *soprano,* riche jeune veuve de Pontevedro*

* pays imaginaire des Balkans

L'INTRIGUE

À Paris

ACTE I Le baron Zeta, ambassadeur de Pontevedro, donne un bal en l'honneur de l'anniversaire de son souverain. L'arrivée d'une compatriote, la jeune veuve richissime Hanna Glawari, suscite l'émoi des célibataires. Zeta veut que la fortune de Hanna reste au Pontevedro et presse le comte Danilo de la courtiser. Or Danilo était le premier amour de Hanna mais sa famille l'avait empêché d'épouser une simple roturière. Danilo aime les danseuses de French Cancan, et ne s'intéresse pas à la veuve. L'épouse de l'ambassadeur, Valencienne, encourage Camille de Roussillon à tenter sa chance auprès de Hanna, alors que c'est de Valencienne qu'il est épris.

ACTE II Hanna reçoit dans son jardin et flirte avec Danilo. Au cours d'une danse, Danilo redevient amoureux de Hanna. Pendant ce temps, Camille réclame un baiser, que Valencienne ne veut lui donner que dans le pavillon du jardin. Alerté, le baron Zeta fouille le pavillon avec Danilo, mais Hanna a remplacé son épouse. Zeta est soulagé mais Danilo, fort jaloux, part chez Maxim's. Hanna sait alors qu'il l'aime toujours. Chez Hanna, les danseuses de Cancan célèbrent leurs flirts sur les boulevards parisiens. Hanna explique à Danilo qu'elle a voulu sauver l'honneur de Valencienne et ils se réconcilient sur les accords d'une valse romantique. Le baron est rassuré sur la fidélité de sa femme. Dans la dernière scène, tous conviennent que les femmes sont difficiles à comprendre.

"Vilja, o Vilja"

La légendaire soprano australienne Joan Sutherland chante le rôle-titre à l'Opéra de San Francisco, en 1981.

ERICH WOLFGANG KORNGOLD

Né le 29 mai 1897 à Brno (République Tchèque)
Mort le 29 novembre 1957 à Hollywood, Californie (États-Unis)

Erich Wolfgang Korngold fut un grand compositeur romantique dans la Vienne de la Première Guerre mondiale, alors que la ville découvrait le modernisme. Il avait 18 ans lorsque ses premiers opéras *Der Ring des Polykrates* et *Violanta* furent créés. Son chef-d'œuvre fut *Die Tote Stadt* (1920). Korngold dut fuir Vienne en 1934, menacé par la montée de l'antisémitisme.

Korngold avait 10 ans lorsque le compositeur Gustav Mahler lui recommanda d'étudier avec Alexander Zemlinsky. À 11 ans, il écrivit un ballet, *Der Schneemann (Le Bonhomme de neige)*, dont la première eut lieu au Hofoper de Vienne lorsqu'il eut 13 ans. Aucun enfant prodige n'avait autant fasciné Vienne depuis Mozart. Puis il écrivit deux opéras très influencés par Wagner et reçut les louanges de Richard Strauss. Vint ensuite *Die Tote Stadt (La Ville morte)*, l'opéra qui valut au jeune homme de 23 ans une considérable renommée. L'opéra était très ancré dans la tradition romantique allemande, avec sa description obsédante et onirique d'un amour perdu. Korngold préférait son opéra suivant, *Das Wunder der Heliane (Le Miracle d'Héliane)* mais en dépit de sa musique audacieuse, il n'obtint jamais autant de succès. Lorsque l'influence nazie s'étendit en Autriche, Korngold émigra aux États-Unis, où il composa des musiques de films qui le rendirent célèbre à Hollywood. En 1949, il revint à Vienne. Mais son dernier opéra, *Die Katrin (Catherine)* y fut ridiculisé avec d'autres œuvres et il quitta l'Autriche pour regagner Los Angeles.

HOLLYWOOD

À Hollywood, Korngold rejoignit le Hongrois Karl Hajos, l'Ukrainien Dmitri Tiomkin, l'Allemand Franz Waxman, et son compatriote viennois Max Steiner. Les partitions pour films de Korngold lui valurent quatre nominations aux Academy Award, et deux Oscars pour *Anthony Adverse* (1936) et *The Adventures of Robin Hood* (1938) (*ci-dessous*).

Cette photographie montre Erich Wolfang Korngold et sa famille arrivant à New York. Fuyant l'Autriche comme d'autres juifs lorsque les nazis prirent le contrôle du pays, ils s'installèrent à Los Angeles.

DIE TOTE STADT

(La Ville morte)

Opéra en trois scènes, 2 heures
1917-1919
4 décembre 1920, Stadttheater, Hambourg (Allemagne) et Opernhaus, Cologne (Allemagne)
Paul Schott, d'après le roman *Bruges la Morte* (1892) de Georges Rodenbach

Die Tote Stadt s'inspirait d'un roman symboliste décrivant les liens hallucinatoires entre désir et deuil. Audacieux pour son époque, l'opéra fut aussi un succès. Il fut donné au Metropolitan Opera de New York en 1921. Avec ses mélodies comme le « *Pierrotlied* », il est encore populaire aujourd'hui dans le monde entier.

Le livret est de Paul Schott, pseudonyme rassemblant les identités d'Erich Korngold et de son père Julius, alors critique musical en vue à Vienne. Grâce à Julius, Erich rencontra le compositeur Gustav Mahler.

RÔLES PRINCIPAUX

Paul, *ténor,* habitant de Bruges obsédé par son épouse morte

Marie/Marietta, *soprano,* l'épouse décédée de Paul, danseuse d'opéra

Frank, *baryton,* ami de Paul

Brigitta, *contralto,* domestique de Paul

L'INTRIGUE

À Bruges (Belgique), à la fin du XIXe siècle

SCENE I La maison de Paul est un temple à la mémoire de son épouse décédée, Marie. Il annonce à Franck que Marie vit en Marietta, une danseuse d'opéra qui ressemble à Marie. Quand elle chante, il est comme hypnotisé ♪. Mais dans sa danse sensuelle, elle dévoile le portrait de Marie, que Paul vénère.

"Glück, das mir verblieh"

SCENE II La nuit, devant la maison de Marietta, Paul médite sur la « ville morte » de Bruges ♪. Frank le contrarie parce que lui aussi courtise Marietta et Paul voit la danse de Marietta comme une « scène de résurrection ». Resté seul avec elle, il est hostile. Mais lorsqu'elle commence à le séduire, il lui jure son amour. Pour le guérir de son deuil, elle lui demande de s'unir à elle dans la chambre de Marie.

"Was ward aus mir?"

SCENE III Au matin, Marietta s'adresse au portrait de Marie, lui demandant la paix. Lorsqu'une procession religieuse absorbe l'attention de Paul, Marietta danse sensuellement avec une tresse de Marie que Paul gardait comme une relique. Hors de lui, Paul l'étrangle avec la tresse, puis se réveille de son rêve, horrifié. Marietta vient chercher son parapluie et s'en va. Finalement, Paul ferme à clé la chambre de Marie.

La soprano allemande Angela Denoke chanta Marietta au Festival de Salzbourg de 2004, à Salzbourg (Autriche).

« J'ai toujours prêté la plus grande attention à la diction naturelle. »

Richard Strauss

RICHARD STRAUSS

Né le 11 juin 1864 à Munich, en Bavière (Allemagne)
Mort le 8 septembre 1949 à Garmisch, en Bavière (Allemagne)

Richard Strauss est souvent décrit comme le dernier compositeur romantique allemand mais on ne peut l'enfermer dans aucun style. Strauss composa 15 opéras, allant du surprenant et dissonant *Salomé*, sans doute le premier opéra moderne, à son hommage à Mozart, *Der Rosenkavalier (Le Chevalier à la rose)*, émaillé de valses.

Richard Strauss a une place hors pair dans l'histoire de l'opéra. En 1905, son très moderne *Salomé* brisa toutes les règles de l'opéra romantique. Pourtant, dès *Le Chevalier à la rose* (1911), il écrivit de nombreux opéras profondément romantiques. Et en 1942, date de son dernier opéra, *Capriccio*, il était attiré par les musiques plus anciennes comme celles de Gluck et de Rameau. On a tenté d'expliquer pourquoi Strauss abandonna l'avant-garde pour des approches moins innovantes, voire nostalgiques, mais quelle que soit la façon dont on le considère, c'est sans nul doute le plus important compositeur d'opéras du XXe siècle, à l'exception de son seul véritable rival, Benjamin Britten.

Comme beaucoup d'innovateurs, Strauss ne douta jamais de son talent, en dépit des critiques. Une partie de son succès peut être attribué à la synergie de sa collaboration avec le poète et dramaturge, Hugo von Hofmannsthal. L'approche du jeune librettiste était intense et lourde de symboles. Il préférait les thèmes antiques d'une profondeur philosophique, même si Strauss lui demandait instamment des choses plus légères. A priori incompatibles, ils créèrent pourtant des opéras magiques.

Comme Mozart, qu'il vénérait, Strauss était un enfant prodige. Son père jouait du cor dans l'orchestre de la cour

Au Royal Opera House, à Londres, en 2000, la soprano américaine Renée Fleming est l'incomparable Maréchale du *Chevalier à la rose*, l'opéra le plus populaire de Strauss, sur un livret de Hugo von Hofmannsthal.

PREMIÈRES REPRÉSENTATIONS

1890
- **1894** Guntram

1900
- **1901** Feuersnot
- **1905** Salome
- **1909** Elektra

1910
- **1911** Der Rosenkavalier
- **1916** Ariadne auf Naxos
- **1919** Die Frau ohne Schatten

1920
- **1924** Intermezzo
- **1928** Die Ägyptische Helena

1930
- **1933** Arabella
- **1935** Die Schweigsame Frau
- **1938** Daphne

1940
- **1942** Capriccio
- **1949** Death

1950
- **1952** Die Liebe der Danae

1960

de Bavière, à Munich, où Strauss commença à composer à l'âge de 4 ans. À 5 ans, il écrivait des chansons. Rapidement, il passa aux œuvres pour orchestre et à la musique de chambre. Sa première symphonie fut donnée quand il avait 16 ans. Strauss vivait pour la musique. Il composa son Concerto pour violon pendant une classe de mathématiques où il s'ennuyait, et quitta l'école avec près de 150 compositions. À 20 ans, il dirigea l'orchestre pour sa première grande commande, débutant ainsi une carrière fulgurante qui allait le placer à la tête des orchestres de Munich, de Berlin et de Vienne. Il fut également au pupitre de *Guntran*, son premier opéra très wagnérien, en 1894. *Guntran* fut très mal accueilli par la critique mais Strauss épousa sa principale soprano, Pauline de Ahna. Sa carrière prit un tournant décisif en 1905, avec *Salomé*, inspiré d'une pièce de théâtre d'Oscar Wilde. Cet opéra connut censure et annulations mais il offrait un son symphonique si nouveau et des rôles vocaux si éblouissants qu'il galvanisa toutes les salles d'opéra où il fut représenté.

Richard Strauss, assis au piano, entouré des acteurs et des membres de l'équipe d'une adaptation du *Chevalier à la rose* pour un film muet sorti en 1926. Il était accompagné d'une musique enregistrée.

LIVRETS ET LIBRETTISTES

Vint ensuite un deuxième opéra atonal, *Elektra*, premier fruit de la légendaire collaboration entre Strauss et Hugo von Hofmannsthal en 1909. Aucune collaboration n'avait été si harmonieuse dans l'histoire de l'opéra, depuis celle de Lorenzo da Ponte et de Mozart dans la Vienne des années 1780. Elle donna lieu à des œuvres pionnières, du *Chevalier à la rose* à *Arabella*, le dernier des opéras mozartiens de Strauss. Entre les deux il y eut *Ariane à Naxos*, dans lesquels les esprits mozartien et wagnérien semblent rivaliser pour conquérir l'âme musicale de Strauss, et *Die Frau ohne Schatten (La Femme sans ombre)*, évoquant de nouveau Mozart. Strauss écrivit ensuite son propre livret pour *Intermezzo*, inspiré par les dialogues quotidiens au sein de sa famille. Suivit *Die Ägyptische Helena (Hélène d'Égypte)*, sur un livret homérique de

LES SOPRANOS STRAUSSIENNES

Les voix de soprano des opéras de Strauss sont appelées « sopranos straussiennes », car dans ses œuvres, leurs voix semblent s'élever comme des rubans, que l'orchestre porte à des hauteurs encore plus sublimes. À l'époque du compositeur, seules appartenaient à cette catégorie Pauline de Ahna, son épouse, et Lotte Lehmann, qui chanta neuf rôles-titres de Strauss. Par la suite, Renée Fleming, Jessye Norman, Maria Reining, Elisabeth Schwarzkof, Cheryl Studer et Deborah Voigt accédèrent au titre.

Lotte Lehmann, *une des sopranos préférées de Strauss, interprétant la Maréchale.*

Hofmannsthal, un opéra que Strauss décrivit comme du « Wagner grec ». Juillet 1929 vit une double tragédie : quelques minutes avant l'enterrement du fils de Hofmannsthal, qui s'était suicidé, le librettiste eut une attaque et mourut. En 1932, Strauss commença à travailler avec le librettiste autrichien Stefan Zweig sur *Die Schweigsame Frau (La Femme silencieuse)*. Les livres du « Juif Zweig » furent bientôt brûlés par le régime de Munich. L'annexion de l'Autriche par l'Allemagne nazie en 1934 eut lieu pendant que Zweig séjournait à Londres. Il ne revint jamais chez lui. Lors de la première de *La Femme silencieuse* à Dresde en 1935, le nom de Zweig fut omis du programme jusqu'à ce que Strauss, alors président de la Chambre musicale créée par le ministère de la Propagande nazie, intervînt. Mais une lettre qu'il adressa à Zweig fut interceptée et présentée à Hitler. Son contenu antinazi obligea Strauss à démissionner. En 1941, il quitta la Bavière avec sa famille et s'installa à Vienne, où il utilisa son influence pour protéger sa belle-fille juive et ses petits-enfants de la persécution.

La page de titre d'une partition de 1905, éditée à Berlin, proposant la réduction pour chant et piano d'une scène de l'opéra de Strauss, *Salomé*, créé cette année-là.

LES ANNÉES DE GUERRE

Pendant ce temps, Zweig travaillait en coulisses, révisant les livrets de Josef Gregor pour le *Friedenstag*, un opéra pacifiste, et *Daphne*, inspiré du mythe grec. Puis, en 1942, Zweig et son épouse, émigrés au Brésil, prirent du poison pour se suicider ensemble. *Capriccio*, dont l'histoire avait été l'idée de Zweig, fut créé la même année. Ce fut le dernier opéra de Strauss, et il captiva le public munichois. Après la défaite de l'Allemagne en 1945, Strauss se réfugia en Suisse, craignant des représailles pour ses relations avec les Nazis. En 1948, innocenté par le Conseil allié, il revint chez lui en Bavière, quelques mois avant sa mort en 1949. En 1952, eut lieu au Festival de Salzbourg, que Strauss avait aidé à créer, la première posthume de *Die Liebe der Danae (L'Amour de Danaé)*. Cette œuvre avait été esquissée par Hofmannsthal en 1920. Les raids aériens des alliés puis la politique de l'après-guerre avait empêché qu'elle soit créée avant cette date, bien que Strauss ait assisté à une lecture de l'œuvre en temps de guerre, à Salzbourg, en 1944, pour son 80e anniversaire. Rivalisant toujours avec les courants musicaux de son époque, Strauss est considéré comme le plus grand compositeur d'opéras de la première moitié du XXe siècle.

SALOMÉ

Drame en un acte, 1heure ¾
1904-1905
9 décembre 1905, Königliches Opernhaus, Dresde, en Saxe (Allemagne)
Richard Strauss, d'après la pièce de théâtre d'Oscar Wilde, *Salomé* (1893)

Malgré les 38 rappels du public lors de la première de *Salomé*, les réactions de la critique furent mitigées. Aujourd'hui, ce chef-d'œuvre est considéré comme le premier opéra moderne, où les obsessions circulent de l'un à l'autre : Hérode est obsédé par Salomé, Salomé obsédée par Jokanaan, et Jokanaan obsédé par Dieu. Puissant et raffiné l'orchestre produit des effets d'exquises inflexions, notamment dans les cordes, où Strauss eut recours à de nouvelles techniques d'archet et de doigté. L'œuvre baigne dans un univers de cruauté et de perversion. Mais malgré ses thèmes inquiétants, la musique de l'opéra, intense et veloutée, tient les spectateurs en haleine jusqu'à la fin. Et on oublie rarement les interprétations de Salomé et d'Hérode.

RÔLES PRINCIPAUX

Hérode, *ténor*, roi de Judée
Hérodiade, *mezzo-soprano*, épouse d'Hérode
Salomé, *soprano*, fille d'Hérodiade
Jokanaan (Jean-Baptiste), *baryton*, prophète captif
Narraboth, *ténor*, jeune Syrien, capitaine de la garde
Autres : **Nazaréens**, qui considèrent Jokanaan comme un prophète du Messie ; **Juifs**, qui contestent cette vision

L'opéra, donné à Vienne sous la baguette de Gustav Malher, fut jugé immoral par l'archevêque catholique. À Londres, l'opéra fut interdit jusqu'en 1910. Et à New York, en 1907, *Salomé* fut annulé après une seule représentation au Metropolitan Opera, en raison de la pression de J.-P. Morgan, son mécène.

L'INTRIGUE

Sur une terrasse du palais d'Hérode en Galilée, environ en 30 av. J.-C.

Hérode a tué son frère pour épouser sa belle-soeur Hérodiade. Maintenant, il désire la fille d'Hérodiade, Salomé. Or le prophète Jokanaan (Jean-Baptiste) prédit la ruine de la cour d'Hérode. Le roi le fait enfermer et interdit à Narraboth, capitaine de la garde, de le relâcher. Lorsque l'opéra commence, Hérode célèbre son anniversaire dans son palais. Depuis la terrasse, Narraboth est fasciné par la beauté de Salomé. Celle-ci, troublée par le regard concupiscent d'Hérode, entend une voix qui résonne et la fascine. C'est celle de Jokanaan, qui invoque le Messie et maudit Hérodiade. Salomé persuade Narraboth d'enfreindre les ordres et d'aller chercher le prisonnier. Jokanaan

Salomé (Karita Matilla) se penche pour embrasser les lèvres de Jokanaan, dans une mise en scène de Lev Dodin à l'Opéra Bastille, à Paris, en 2003.

"Wo ist sie, die den Hauptleuten Assyriens sich gab?"

"Jokanaan! Ich bin verliebt in deinen Leib"

apparaît. Salomé tente de le séduire. Désespéré, Narraboth se tue. Le prophète repousse les avances de Salomé et lui enjoint de demander le pardon du Seigneur. Mais elle fixe sa bouche et réclame un baiser. Jokanaan est ramené dans la citerne où il était enfermé et jure que Salomé est maudite. Elle aussi jure, mais c'est pour dire qu'elle baisera sa bouche. Hérode sort soudain sur la terrasse et tente de séduire Salomé. Hérodiade supplie Hérode de donner le prisonnier aux Juifs mais Hérode refuse de mettre en danger le « saint homme ». Un groupe de Juifs proteste que Jokanaan n'est pas prophète mais les Nazaréens ne sont pas d'accord, rappelant tous les miracles du Messie, capable de ressusciter les morts. Une voix puissante s'élève d'en bas et terrifie Hérodiade par ses nouvelles imprécations. Hérode supplie Salomé de danser pour lui et lui promet de lui accorder tout ce qu'elle voudra en échange. Ignorant les objections de sa mère, Salomé exécute la danse des sept voiles. Ravi, Hérode lui demande ce qu'elle veut, et elle exige la tête de Jokanaan. Indigné, Hérode lui propose tout ce qu'il a mais elle refuse. « Donnons-lui ce qu'elle demande », finit par dire Hérode. Salomé guette les cris de Jokanaan, torturée de ne pas l'entendre souffrir. On lui apporte la tête sur un plateau d'argent. Hérodiade est contente et les Nazaréens s'agenouillent pour prier. Triomphante, Salomé baise la bouche de Jokanaan. Hérode s'en va et un nuage noir cache la lune. Dans l'obscurité, Salomé remarque le goût amer de la bouche de Jokanaan, « peut-être le goût de l'amour ». Soudain, Salomé est inondée de lumière et Hérode ordonne à ses soldats de la tuer. Ils s'élancent et l'écrasent sous leurs boucliers.

"In Wahrheit weiss niemand"

"Ah! Du willst nicht auf mich hören"

"Es ist kein Laut zu vernehmen"

"Ah! Du wolltest mich nicht deinen Mund küssen lassen"

LA DANSE DES SEPT VOILES

« Or lorsqu'on célébra l'anniversaire de la naissance d'Hérode, la fille d'Hérodiade dansa devant les convives et plut à Hérode. » *Évangile de Mathieu* (14.6). La première Salomé, Marie Wittich, refusa de danser la danse des sept voiles. « Je suis une honnête femme », aurait-elle dit. Une ballerine servit de double improbable à l'imposante soprano. De nombreuses Salomé ont depuis cédé leur place à des danseuses, mais d'intrépides chanteuses comme Ljuba Welitsch (*ci-dessous*), ont fait montre de leurs talents de séduction.

ELEKTRA

(Electre)

Tragédie en un acte, 1 heure ¾
1906-1908
25 janvier 1909, Semper Opernhaus, Dresde, en Saxe (Allemagne)
Hugo von Hofmannsthal, d'après sa pièce de théâtre (1903), basée sur la tragédie de Sophocle, Ve siècle av. J.-C.

Elektra est un opéra peignant des émotions à vif. Hugo von Hofmannsthal, commençant leur légendaire collaboration, encouragea Strauss à mettre le livret en musique. C'est le désir primitif de redresser les torts qui hante cet opéra dissonant, aussi choquant aujourd'hui qu'il l'était en 1909. Le rôle d'Electre, monumental et fascinant, attire les sopranos dramatiques capables d'une très grande résistance.

Strauss trouva une façon ingénieuse d'évoquer l'esprit d'Agamemnon, tué par son épouse et vengé par sa fille, Électre. Dans les premières mesures, l'orchestre martèle le nom : « Ag-a-mem-non ».

RÔLES PRINCIPAUX

Elektra, *soprano*, fille de Clytemnestre et d'Agamemnon

Clytemnestre, *mezzo-soprano*, mère d'Électre

Crysotème, *soprano*, jeune sœur d'Électre

Oreste, *baryton*, frère d'Électre

Aegish (Égiste), *ténor*, amant de Clytemnestre

L'INTRIGUE

À Mycènes, dans l'Antiquité, cour du palais royal

"Agamemnon! Agamemnon! Wo bist du, Vater?"

Électre est seule. Elle appelle son père, tué par sa mère, et lui demande de l'aider à le venger, lui promettant de danser alors devant sa tombe. Elle cherche des alliés mais sa sœur Crysotème ne veut pas être entraînée dans cette épreuve. Leur mère, Clytemnestre, ravagée par d'horribles cauchemars, demande à Électre quel sacrifice rituel pourrait la délivrer de ces rêves. Elle est terrifiée lorsque sa fille lui répond que c'est Clytemnestre qui doit être sacrifiée. Puis Clytemnestre reçoit un message et part d'un rire hystérique. Électre refuse de croire la nouvelle : son frère, Oreste, est mort. La jeune fille décide de mettre son plan en œuvre. Comme un animal, elle creuse le sol, cherchant la lame qui a servi à tuer son père. Un homme arrive et la tension monte jusqu'à ce qu'Électre reconnaisse son frère Oreste. Elle entend les cris de sa mère dans le palais et se réjouit car Oreste a accompli la première partie de leur plan de vengeance. Puis Oreste tue l'amant de sa mère, Égiste. Le palais est en ébullition : certains célèbrent la vengeance, d'autres pleurent les morts. Comme elle l'a promis à son père, Électre danse une « danse sans nom », si frénétique qu'elle finit par s'écrouler, morte.

"Was willst du fremder Mensch?"

Deborah Polaski (ici au Royal Opera en 1997) a chanté Électre plus de 300 fois, incarnant un rôle autrefois incarné par Birgit Nilsson et Astrid Varnay.

DER ROSENKAVALIER

(Le Chevalier à la rose)

Komödie für Musik en trois actes, 3 heures ¾ (Allemagne)
1909-1910
26 janvier 1911, Hofoper, Dresde, en Saxe
Hugo von Hofmannsthal

Der Rosenkavalier fascine le public depuis sa création en 1911. Une musique symphonique sensuelle évoque les plaisirs de Vienne, simples farces ou valses grisantes. Le librettiste de Strauss, Hugo von Hofmannsthal, concocta une histoire mozartienne poétique, d'une sensibilité moderne et pourtant éternelle, que Strauss mit en musique avec un brio extraordinaire. Le trio vocal vers la fin de l'acte III est considéré comme un des plus exquis ensembles vocaux de l'opéra.

Der Rosenkavalier fit tellement sensation qu'après sa première, en 1911, des compagnies ferroviaires affrétèrent des trains en partance des pays germanophones pour emmener des amateurs écouter l'opéra à Dresde.

RÔLES PRINCIPAUX

Feldmarschallin, *(la Maréchale),* princesse Werdenberg, soprano, amante du jeune Octavian

Octavian, *comte Rofrano,* mezzo-soprano, choisi pour porter la rose

Baron Ochs auf Lerchenau, *basse,* fiancé à Sophie pour sa dote

Herr von Faninal, *baryton,* père de Sophie, nouveau riche

Sophie, *soprano,* s'éprend d'Octavian

L'INTRIGUE

À Vienne, en Autriche, à l'époque de Mozart

ACTE I La Maréchale prend son petit déjeuner avec le comte Octavian, son amant. Lorsque le baron Ochs les surprend, Octavian se déguise en camériste, « Mariandel ». Ochs cherche quelqu'un pour présenter la traditionnelle rose d'argent à sa fiancée, Sophie. Attiré par les charmes de la « camériste », il accepte qu'Octavian soit le chevalier à la rose. Puis la Maréchale se lamente sur sa jeunesse qui se fane car elle sent que leur liaison ne pourra pas durer.

"Da geht er hin"

ACTE II Octavian porte la rose d'argent à Sophie et ils tombent amoureux l'un de l'autre. Octavian défend son honneur dans un combat contre Ochs. Mais le père de Sophie chasse Octavian de chez eux. Ochs est ravi de recevoir une lettre de « Mariandel » lui donnant rendez-vous.

"Mir ist die Ehre widerfahren"

ACTE III Dans une auberge, Ochs tente de séduire « Mariandel ». La police arrive. Ochs leur dit qu'il dîne avec sa fiancée, mais le père de Sophie fait irruption. Octavian est démasqué et Ochs humilié. Finalement, la Maréchale approuve l'amour d'Octavian et de Sophie.

"Marie Theres'!"

Adrianne Pieczonka, en Maréchale, avec Octavian, joué par Angelika Kirchschlager, à Salzsbourg, en 2004.

ARIADNE AUF NAXOS

(Ariane à Naxos)

Opéra en un prologue et un acte, 2 heures
1911-1912 (rév. 1916)
4 octobre 1916, Hofoper, Vienne (Autriche)
Hugo von Hofmannsthal

En 1912, *Ariadne auf Naxos* (*Ariane à Naxos)* faisait appel à une pièce de théâtre dont s'était inspiré le librettiste Hofmannsthal, *Le Bourgeois Gentilhomme* de Molière. Mais ce fut la version révisée de 1916 – un opéra dans l'opéra – qui allait entrer au répertoire. Entremêlant *opera seria* et *commedia dell'arte*, l'œuvre explore le pouvoir de la musique, offrant de petits miracles comme le bref solo d'Ariane, « *Gibt es kein Hinüber ?* »

RÔLES PRINCIPAUX

La prima donna & Ariane, *soprano*
Le ténor & Bacchus, *ténor*
Le compositeur, *mezzo-soprano*
Zerbinette, comédienne
Arlequin, membre de la troupe de Zerbinette

La soprano légendaire Lotte Lehmann fut promue à la gloire en chantant le Compositeur à la première de 1916. Strauss lui tendit son rôle à la première répétition, lorsque la soprano à l'origine choisie pour le rôle était malade.

L'INTRIGUE

Vienne (Autriche), et une grotte sur l'île de Naxos

PROLOGUE Dans la maison du plus riche homme de Vienne, on prépare les festivités d'après dîner. Un nouvel opéra, écrit par le compositeur doit être suivi d'un feu d'artifices, puis d'un *opera buffa* présenté par des Italiens. La situation empire lorsque le majordome annonce, quelques minutes avant la représentation, que son maître a changé le programme : l'opéra tragique et le divertissement italien seront joués en même temps, suivis par le feu d'artifice à 21 heures précises. Le compositeur, furieux, est prié de revoir son *Ariadne auf Naxos* pour y intégrer l'opéra italien. Il se radoucit lorsqu'il entame une conversation avec Zerbinette, la soprano italienne, qui comprend son œuvre.

L'OPERA Ariane, seule sur l'île de Naxos, attend la mort. Zerbinette essaye de la consoler en s'inspirant de ses propres expériences mais Ariane se retire dans sa grotte. Des nymphes annoncent l'arrivée du jeune dieu Bacchus, dont la voix tire Ariane de sa grotte. Lorsqu'elle en sort, Ariane a le souffle coupé et l'amour de Bacchus lui redonne vie. Un baldaquin descend doucement et les amants sont transformés par la passion, comme par magie.

"Es gibt ein Reich"

"Grossmächtige Prinzessin"

Natalie Dessay est Zerbinette dans la production de Laurent Pelly pour l'Opéra de Paris, en 2003.

DIE FRAU OHNE SCHATTEN

(La Femme sans ombre)

Opéra en trois actes, 3 heures ¼
1914-1917
10 octobre 1919, Staatsoper, Vienne (Autriche)
Hugo von Hofmannsthal

L'œuvre maîtresse et sous-représentée de Strauss, *Die Frau ohne schatten* mène deux couples d'amants vers un salut émotionnel et spirituel. Fille du roi des Esprits, il manque à l'impératrice le symbole essentiel de toute humanité, l'ombre. Durant tout l'opéra, elle se demande si oui ou non elle peut en voler une à une femme humaine. La musique de Strauss, dynamique et cataclysmique, est à la hauteur du livret de Hofmannsthal.

Lotte Lehmann, qui créa le rôle de la femme du teinturier, disait ne pas être gênée par la prééminence musicale de l'impératrice. « J'étais tout à fait satisfaite de chanter dans un état proche de la prostration et de m'effacer peu à peu vers la fin. »

RÔLES PRINCIPAUX

L'impératrice, *soprano*, fille de Keikobad, roi des Esprits

L'empereur, *ténor*, son époux

La nourrice, *mezzo-soprano*, protège l'impératrice dans le monde des esprits

Barak, *baryton*, teinturier au grand cœur

La femme du teinturier, *soprano*, son épouse malheureuse

L'INTRIGUE

Un lieu et une époque légendaire

ACTE I L'impératrice n'a pas d'ombre et apprend que l'empereur la changera en pierre si elle n'en trouve pas. Avec sa nourrice, elle décide de chercher une ombre chez les humains. Le teinturier Barak est tourné en ridicule par son épouse. L'impératrice et la nourrice se font engager chez elle. Elles lui promettent des richesses si elle cède son ombre et renonce au lit conjugal. La femme accepte mais entend, apeurée, les voix de ses enfants à naître.

ACTE II La nourrice prend l'apparence d'un jeune homme pour tenter la teinturière. Celle-ci avoue à son mari qu'elle l'a trompé pour vendre son ombre et sa fertilité. Il est fou de rage. Alors elle le trouve viril et digne de respect, et le supplie d'avoir pitié d'elle avant qu'ils ne soient tous deux engloutis dans la terre.

ACTE III Barak et son épouse, maintenant repentie, sont séparés dans deux cellules dans les entrailles de la terre et languissent l'un de l'autre. La nourrice est condamnée à errer dans le royaume des humains. Refusant d'accepter une ombre au prix du bonheur de Barak et de sa femme, l'impératrice devient humaine et gagne son ombre propre. Son action libère l'empereur et les deux couples se retrouvent.

"Mir anvertraut"

"Nun will ich jubeln"

Inge Borkh (*à droite*) est l'épouse du teinturier, et la très dynamique wagnérienne Martha Mödl est sa nourrice, au Bayerische Staatsoper, en 1963.

ARABELLA

Comédie lyrique en trois actes, 2 heures ½
1930-1932
1er juillet 1933, Staatsoper, Dresde (Allemagne)

Hugo von Hofmannsthal, d'après en partie sur son roman *Lucidor* (1910)

Pour Strauss, *Arabella* était un « deuxième *Chevalier à la rose* » : un opéra romantique léger marqué par les tempos de la valse. La première d'*Arabella* n'eut guère de succès mais au fil du temps l'opéra est devenu populaire. Aujourd'hui, on le considère souvent comme l'œuvre la plus romantique de Strauss. Les parties vocales offrent des rôles forts aux chanteurs et le thème de l'amour coup de foudre donne lieu à une superbe musique.

Enthousiasmé par le texte pour le solo d'Arabella *(Mein Elemer !)*, Strauss envoya un télégraphe de remerciements à Hugo von Hofmannsthal. Porté au destinataire le jour de la mort du librettiste, il ne fut jamais lu.

RÔLES PRINCIPAUX

Comte Waldner, *basse*, officier de cavalerie à la retraite

Adelaïde, *mezzo-soprano*, son épouse

Arabella, *soprano*, leur fille

Zdenka, *soprano*, sœur d'Arabella

Mandryka, *baryton*, riche et mystérieux étranger

Matteo, *ténor*, officier épris d'Arabella

L'INTRIGUE

À Vienne (Autriche), en 1860, Mardi gras – dernière nuit du Carnaval

ACTE I Dans son hôtel particulier, Adelaïde Waldner espère que sa fille Arabella épousera un riche prétendant. La sœur d'Arabella, Zdenka, se fait passer pour un garçon afin de traiter avec les créanciers qui menacent de ruiner sa famille. Elle intrigue pour que Matteo, un officier, courtise Arabella mais celle-ci s'est éprise d'un mystérieux étranger qu'elle a vu dans la rue. Le comte Waldner explique que sa femme a envoyé un portrait d'Arabella à un riche ami plus âgé. Mandryka, le neveu de cet homme, apparaît soudain. Il explique que son oncle est mort, qu'il a ouvert la lettre et qu'il est venu courtiser Arabella. La jeune fille est éblouie, mais se laisse entraîner par le comte Elemer, un prétendant viennois, à un somptueux bal de carnaval.

"Aber der Richtige wenn's einen gibt für mich auf dieser Welt"

Karita Mattila interprète Arabella, rôle autrefois incarné par la diva Lisa Della Casa. Théâtre du Châtelet, Paris, en 2005.

ACTE II Dans la salle de bal, les parents d'Arabella la présentent à Mandryka, le mystérieux étranger. Conquise, elle promet de l'aimer toujours, une fois le bal terminé. Pendant qu'Arabella danse avec ses anciens prétendants, Zdenka passe une clé à Matteo, qu'elle dit être celle de la chambre d'Arabella.

"Und du wirst mein Gebieter sein"

ACTE III Arabella rentre seule chez elle, déconcertant Matteo car elle n'est pas au courant de l'histoire de la clé. Mandryka les découvre et menace de quitter Vienne. Zdenka révèle l'intrigue et sa véritable identité. Tous se pardonnent et Arabella et Mandryka tombent dans les bras l'un de l'autre.

CAPRICCIO

Konversationsstück [conversation en musique] en un acte, 2 heures ¼
1940-1941

28 octobre 1942, Nationaltheater, Munich (Allemagne)
Clemens Krauss et Richard Strauss

Capriccio fut inspiré par *Prima la musica e poi le parole* (1786), une œuvre comique d'Antonio Salieri et du librettiste Giambattista Casta. Le librettiste Stefan Zweig avait proposé le sujet à Strauss, avant que l'annexion nazie ne le chasse d'Autriche. Étonnamment moderne, *Capriccio* revisite cependant les formes classiques. Il fut populaire à Munich, jusqu'à ce que les bombes alliées détruisent la salle d'opéra en octobre 1943.

Le sextuor à cordes ouvrant l'opéra fut créé chez le contrôleur nazi Baldur von Schirach, en reconnaissance de sa protection de la famille du compositeur, en partie juive. Les Strauss avaient fui la Bavière pour Vienne en 1941.

RÔLES PRINCIPAUX

La comtesse, *soprano*, jeune veuve

Le comte, *baryton*, son frère

Flamand, *ténor*, compositeur

Olivier, *baryton*, poète

La Roche, *basse*, directeur de théâtre

Clairon, *contralto*, célèbre actrice parisienne

L'INTRIGUE

Un château près de Paris, à la fin du XVIIIe siècle

Un poète, un compositeur, un directeur de théâtre et des artistes sont rassemblés au château d'une comtesse et de son frère. Olivier écoute un sextuor à cordes, composé par Flamand, et demande à la comtesse ce qu'elle préfère : les paroles ou la musique, le poète ou le compositeur. Olivier pense que les vers viennent d'abord. Flamand pense le contraire. Le directeur, La Roche, dit qu'ils ont tort tous les deux : les gens vont à l'opéra pour le décor. L'actrice Clairon lit une scène avec le comte, épris d'elle, et Olivier présente un sonnet d'amour à la comtesse. Flamand met le poème en musique et la comtesse se prononce pour une union des mots et de la musique. La Roche est invité à décrire son projet de théâtre mais une querelle éclate lorsque Flamand et Olivier raillent son art, trop dépendant de machines volantes et de souffleurs. Le directeur défend son métier et prône que la scène soit peuplée d'« êtres comme nous, qui parlent notre langue ! » ♪. La comtesse, émue, commande un opéra sur-le-champ, et

"Holà! Ihr Streiter in Apoll!"

son frère trouve le sujet idéal : « Les événements d'aujourd'hui ». Le compositeur et le poète partent réconciliés, pensant déjà à ce nouvel opéra. La comtesse se demande qui en sortira vainqueur ♪ : le poète ou le compositeur ? On annonce que le souper est servi et elle fredonne la mélodie de Flamand, inspirée par le sonnet d'Olivier.

"Morgen mittag um elf!"

Kiri Te Kanawa, célèbre pour son interprétation de la Comtesse dans *Les Noces de Figaro* de Mozart, prête sa voix sensuelle à la Comtesse de Strauss au Festival de Glyndebourne, en 1998.

Vers 1790-1900

L'opéra français

L'OPÉRA DE PARIS EST NÉ À LA COUR de Versailles en 1669, preuve s'il en est du rôle prédominant de l'opéra dans la société française. Mais cette forme d'art n'a acquis de spécificité bien française qu'au XIXe siècle avec l'avènement du « grand opéra », grandiose spectacle en cinq actes, au faste inégalé. L'opéra-comique et l'opérette se développèrent alors, en réaction.

DES DÉBUTS ROYAUX

En France, jusqu'à la Révolution de 1789, l'opéra fut dominé par trois grands musiciens : Jean-Baptiste Lully, originaire d'Italie et compositeur à la cour du roi Louis XIV ; Jean-Philippe Rameau, compositeur à la cour de Louis XV ; et Christoph Willibald Gluck, d'origine allemande et réformateur de l'*opera seria*. Cela n'était pas un hasard si seul Rameau était né français. En effet, la France a toujours accueilli des compositeurs étrangers, même après les exaltations patriotiques des révolutionnaires. Ainsi, les deux grands musiciens de la période napoléonienne furent deux expatriés italiens, Luigi Cherubini et Gaspar Spontini. *Lodoïska*, l'« opéra à sauvetage » de Cherubini, connut un grand succès dans les années 1790 alors qu'aujourd'hui, on se souvient surtout de ce compositeur pour *Médée*. Spontini, dont l'œuvre la plus populaire fut *La Vestale*, jeta lui aussi les bases du « grand opéra ».

Un des premiers critères du grand opéra français est de traiter d'un sujet historique, comme dans *Masianello, ou La Muette de Portici*, de Daniel-François-Esprit Auber, créé à l'Opéra de Paris en

1828, et narrant le soulèvement napolitain du XVIIe siècle contre l'occupation étrangère. Or, la réalité dépassant parfois la fiction, la première de l'opéra à Bruxelles, en août 1830 provoqua une rébellion qui, cinq semaines plus tard, vit la Belgique se séparer des Pays-Bas.

Ce poster d'Émile Bertrand, datant de 1900, fait la promotion d'une des premières productions parisiennes de *Cendrillon*, de Jules Massenet.

L'ESSOR DU GRAND OPÉRA

Si Auber ouvrait l'Opéra de Paris au « grand opéra », celui qui en incarna toute l'extravagance fut Giacomo Meyerbeer, un compositeur allemand dont la prééminence dans le monde opératique français n'avait été égalée que par Rameau. Sa renommée débuta en 1831 avec *Robert le diable*, et continua avec d'autres œuvres du goût de ses contemporains, comme *Les Huguenots*, *Le Prophète* et *L'Africaine*. Il fixa ainsi les canons du « grand opéra » : cinq actes avec ballets et récitatifs (sans dialogues parlés), accompagnés de larges masses chorales, de nombreux rôles solistes, de riches costumes et même d'effets pyrotechniques. Les compositeurs italiens, pour qui le succès parisien était le summum de la gloire, furent prompts à suivre le mouvement. En 1829, Rossini, alors installé à Paris, avait déjà présenté *Guillaume Tell*, son seul « grand opéra ». En 1843, Donizetti, lui aussi venu faire carrière à Paris, s'essaya à ce genre avec *Dom Sébastien*. Des années plus tard, ce fut au tour de Verdi, qui créa à Paris *Les Vêpres siciliennes* en 1855, puis *Don Carlos* en 1867.

L'échec de *Benvenuto Cellini* en 1838, le premier « grand opéra » de Berlioz, valut au compositeur l'ostracisme de l'Opéra de Paris. Et lorsqu'il revint à ce genre avec *Les Troyens*, 25 ans plus tard, alors qu'il était largement acclamé pour sa musique orchestrale, Berlioz subit encore une rebuffade de l'Opéra de Paris. Pourtant, en dix ans à peine, le « grand opéra » était devenu moins populaire. Et en dépit de la proéminence de Meyerbeer dans la Paris du milieu du XIXe siècle, ses opéras avaient disparu de la scène en 1900. Le même destin attendait Spontini et Auber, et certaines œuvres autrefois populaires de Jacques Fromental Halévy (*La Juive*) et d'Ambroise Thomas (*Mignon* et *Hamlet*), ne sont plus jouées aujourd'hui que de temps en temps.

L'Opéra lui-même, malgré son ancrage dans la tradition, n'avait rien de superbe : après que la Salle du Palais-Royal ait été victime d'un incendie en 1763, il eut plusieurs lieux d'accueil avant d'occuper la Salle de la rue Le Peletier en 1821. Il fallut que l'empereur Napoléon III échappât de peu à un assassinat en quittant le théâtre, en 1858, pour qu'il décide de construire

Le nouvel Opéra de Paris, le Palais Garnier, ouvrit en 1875, soulignant l'importance du rôle de l'opéra dans la vie parisienne.

un vaste théâtre d'opéra indépendant au cœur de Paris. Mais Napoléon III fut détrôné avant que la structure gigantesque de Charles Garnier n'ouvre ses portes, en 1875. Néanmoins, le nouvel Opéra devint bientôt le lieu de rendez-vous du tout Paris.

Par chance, d'autres théâtres avaient toujours accueilli les compositeurs hostiles aux diktats de l'Opéra de Paris. Rossini, Bellini et Donizetti avaient préféré le Théâtre Italien, tandis que le Théâtre Lyrique lançait les opéras populaires de Charles-François Gounod au milieu du siècle – *Faust* et *Roméo et Juliette* – ainsi que le premier opéra important de Bizet, *Les Pêcheurs de perles*. Quant au triomphe éternel de Bizet, *Carmen*, il fut créé à l'Opéra-Comique, comme la *Manon* de Jules Massenet. Et pourtant, l'Opéra-Comique refusa un chef-d'œuvre de Massenet, *Werther*, le trouvant trop sombre.

UNE TOUCHE PLUS LÉGÈRE

Ces trois compositeurs – Gounod, Bizet et Massenet – ont accéléré la mort du « grand opéra », délaissant les tableaux historiques spectaculaires pour des drames plus intimes. Ils ont aussi privilégié des mélodies au lyrisme italianisant, puisque tous trois avaient fait de longs séjours en Italie en tant que lauréats du prestigieux prix de Rome. Pendant les trois dernières décennies du siècle, trois autres compositeurs français ont aussi apposé leur marque, même si aujourd'hui chacun n'est représenté que par un seul opéra : Camille Saint-Saëns avec *Samson et Dalila*, André Messager avec *Véronique*, et Gustave Charpentier avec *Louise*. À la même époque, exactement comme l'*opera buffa* avait

L'OPÉRA FRANÇAIS

1775

1789 Révolution française

1797 *Médée*, de Cherubini

1800

1807 *La Vestale*, de Spontini

1825

1828 *Masianello, ou la Muette de Portici*, d'Auber

1829 *Guillaume Tell*, de Rossini

1831 *Robert le diable*, de Meyerbeer

1835 *La Juive*, de Halévy

parodié l'*opera seria* au XVIIIe siècle, l'opérette apparut en réaction contre le « grand opéra ». Cette forme de divertissement musical se répandit rapidement dans toute l'Europe, engendrant la non moins populaire opérette viennoise. À Paris, la mode était née avec Jacques Offenbach, un Allemand naturalisé français. Dès *Orphée aux Enfers* en 1858, il devint le compositeur d'opérettes le plus apprécié pour ses spectacles hilarants et mélodieux. Vingt-trois ans plus tard, Offenbach démontra avec *Les Contes d'Hoffmann* qu'il savait lui aussi écrire un opéra.

Ce fut enfin sous l'influence tardive de Wagner que l'opéra français commença à se départir de sa forme néo-italienne. Les deux grands compositeurs français du nouveau siècle, Claude Debussy et Maurice Ravel, n'accordèrent que peu d'intérêt à la scène. Mais si les deux opéras de Ravel – *L'Heure espagnole* et *L'Enfant et les Sortilèges* –, n'étaient que des divertissements, *Pelléas et Mélisande* de Debussy compte parmi les grandes contributions opératiques. La musique ondoyante et ininterrompue de la partition, adaptée à un livret mystérieusement poétique, désigne aujourd'hui cette œuvre comme celle qui a relié l'opéra romantique à la modernité. Une inscription sur la façade du Palais Garnier – nom donné à l'Opéra de Paris après l'ouverture de l'Opéra Bastille en 1989 – garde le souvenir de cette époque pour la postérité. Les noms des sept compositeurs d'opéras considérés comme éternels en 1875 y sont en effet tracés en lettres d'or. Mozart est au centre, entre Beethoven et Rossini. Mais les noms de Spontini, Meyerbeer, Auber et Halévy sont aujourd'hui moins connus.

L'Opéra Bastille, bâti en 1989 pour célébrer le bicentenaire de la Révolution, témoigne de la popularité de l'opéra.

LES BALLETS DANS L'OPERA

En introduisant des ballets dans les « grands opéras », l'Opéra de Paris perpétrait une tradition initiée par Lully à la cour de Louis XIV. Mais il y avait une autre raison à cela, beaucoup moins noble. En effet, au XIXe siècle, beaucoup d'hommes riches assistaient aux opéras autant pour écouter la musique que pour regarder les ballerines. Durant les entractes ou après le spectacle, ils se rendaient au Foyer de la danse pour rencontrer leurs danseuses favorites. Aujourd'hui, les interludes de ballets sont souvent omis dans les représentations, et le Foyer de la danse a perdu sa fonction première.

1850

- **1848** Révolution de 1848
- **1858** *Orphée aux Enfers*, d'Offenbach
- **1859** *Faust*, de Gounod
- **1863** *Les Troyens* (actes III-V), de Berlioz
- **1866** *Mignon*, de Thomas
- **1871** Défaite française dans la guerre contre la Prusse

1875

- **1875** *Carmen*, de Bizet
- **1875** Ouverture de l'Opéra de Paris, le Palais Garnier
- **1881** *Les Contes d'Hoffmann*, d'Offenbach
- **1884** *Manon*, de Massenet

1900

- **1900** *Louise*, de Charpentier
- **1902** *Pelléas et Mélisande*, de Debussy

LUIGI CHERUBINI

Né le 14 septembre 1760 à Florence (Italie)
Mort le 15 mars 1842 à Paris

Ce compositeur d'origine italienne a acquis sa renommée à Paris, où il établit les bases de l'opéra français du XIXe siècle. Prolifique compositeur de musique sacrée et d'opéras, célèbre pour son orchestration innovante et son écriture chorale, on le connaît surtout aujourd'hui pour son *Requiem en ré mineur*. Arrivé à Paris deux ans avant la Révolution française, Luigi Cherubini s'adapta aux bouleversements politiques des années 1790 avec quatre opéras populaires, *Lodoïska, Eliza, Médée* et *Les Deux Journées*. De 1822 à sa mort, il dirigea le Conservatoire de musique de Paris, où les compositeurs d'opéra Esprit Auber et Jacques Fromental Halévy furent ses élèves.

MÉDÉE

Opéra en trois actes, 2 heures ¼
1796-1797
13 mars 1797, Théâtre Feydeau, Paris

François Benoît Hoffmann, d'après la tragédie de Corneille (1635), elle-même inspirée d'Euripide

Médée est le chef-d'œuvre opératique de Cherubini. Cette œuvre intense parvient à transformer un mythe grec en drame très humain. Inspiré par la tragédie d'Euripide (431 av. J.-C.), il raconte comment la princesse de Colchide a commis un meurtre pour aider son amant Jason à ravir la Toison d'or, puis a tué leurs enfants pour le punir de sa trahison.
Musicalement, *Médée* jette un pont entre le classicisme de Gluck et l'opéra dramatique du XIXe siècle. Il est dominé par le rôle principal, dont les puissants duos et arias

RÔLES PRINCIPAUX

Médée, *soprano*, princesse et magicienne
Jason, *ténor*, père des enfants de Médée
Créon, *basse*, roi de Corinthe
Dircé (Glauce), *soprano*, fille de Créon
Néris, *mezzo-soprano*, servante de Dircé
Capitaine de la garde, *baryton*

Maria Callas, qui interpréta souvent Médée, mit en garde ses élèves sur les dangers des puissants rôles sopranos : « Dans l'opéra, pas de passion sans intellect. Sinon, vous serez un animal sauvage et pas un artiste ».

mènent constamment le récit. Mais il explore aussi avec subtilité la façon dont Médée vacille entre l'amour et la haine, la vie et la mort. *Médée*, qui a influencé Beethoven et Weber, est le seul des opéras de Cherubini à être représenté de nos jours, souvent dans sa version italienne.

L'INTRIGUE

À Corinthe, Grèce, dans l'Antiquité

ACTE I Dircé, la fille du roi Créon, se prépare à épouser Jason, qui a abandonné la mère de ses enfants, Médée. Des marins apportent la Toison d'or, volée par Jason à la Colchide pour l'offrir à Dircé. Lorsque Jason promet de protéger Dircé du courroux de Médée, celle-ci arrive en personne. Elle le prévient qu'elle tuera Dircé s'il l'épouse et le supplie de lui revenir, au nom de leur amour et de leurs enfants. Il la repousse mais, pendant quelques instants, ils sont réunis et reconnaissent les terribles souffrances qu'ils ont endurées pour la Toison d'or.

"Eloigné pour jamais"

"C'est la mère de tes enfants"

ACTE II La foule demande la mort de Médée. Créon lui ordonne de quitter Corinthe mais elle le supplie de lui accorder encore un jour pour revoir ses enfants. Créon accepte à contrecoeur, et Médée décide d'utiliser ce jour supplémentaire pour tuer Dircé. Jason lui permet de garder ses enfants près d'elle jusqu'à son départ. Néris, la servante de Médée, lui promet une loyauté éternelle. Avec une fureur croissante, Médée demande à Néris d'offrir son manteau et son diadème à Dircé. Elle regarde Créon et la procession entrer dans le temple d'Héra pour le mariage de Dircé et de Jason, puis s'empare d'une torche enflammée, attendant le moment de se venger.

"Ah, nos peines"

ACTE III S'imaginant étranglée par des serpents, Médée prend un poignard pour tuer ses enfants mais Néris intervient. La servante a porté les cadeaux à Dircé, qui se prépare à s'en parer pour plaire à Jason. Mais Médée pense que ses enfants doivent mourir parce que Jason, leur père, est un traître. Soudain, on entend Jason pleurer Dircé, qui a été empoisonnée par les cadeaux de Médée. La foule réclamant sa mort, Médée saisit ses deux enfants et s'enferme dans le temple. Néris sort, en criant que Médée va tuer les enfants. La magicienne apparaît, accompagnée de trois Furies, en agitant un poignard ensanglanté. « Leur sang m'a vengé », s'écrie-t-elle. Le temple s'enflamme, et Médée et les Furies disparaissent dans les flammes.

"Qu'est-ce donc? Je suis Médée!"

Anna Caterina Antonacci est Médée, face à son époux Jason, interprété par Giuseppe Gipali, dans la production de Yannis Kokko au Théâtre du Châtelet, à Paris, en 2005.

GIACOMO
MEYERBEER

Né le 5 septembre 1791 à Berlin (Allemagne)
Mort le 2 mai 1864, à Paris

Malgré sa brillante carrière, Giacomo Meyerbeer est aujourd'hui tombé dans l'oubli. Il a pourtant sa place dans l'histoire de l'opéra. C'est lui en effet qui a jeté les bases du « grand opéra » français, une production en cinq actes avec ballets, décors et riches costumes, musique et histoires héroïques. Verdi et Wagner s'inspirèrent notamment du caractère grandiose de ses œuvres.

Né à Berlin dans une riche famille juive, Jakob Liebmann Meyer Beer fut un pianiste prodige. Il changea son nom lorsqu'il se rendit en Italie, âgé d'une vingtaine d'années, pour étudier l'opéra. Après le succès, en 1824, de *Il Crociato in Egitto*, il s'installa à Paris où il créa *Robert le diable* en 1831. Le « grand opéra » allait ensuite dominer la plus grande partie du XIXe siècle. Quatre ans plus tard, travaillant à nouveau avec le librettiste Eugène Scribe, il triomphait avec *Les Huguenots*. En 1842, il devint directeur musical de la cour de Prusse à Berlin, mais ne fut jamais pleinement accepté par les compositeurs allemands. Wagner, qu'il avait aidé dans sa jeunesse, le dénigra même cruellement dans son terrible essai, *Le Judaïsme dans la musique*. En 1849, Meyerbeer regagna Paris pour présenter *Le Prophète*. Il répétait son dernier opéra, *L'Africaine*, lorsqu'il mourut soudainement en 1864. L'opéra fut créé à Paris l'année suivante.

PREMIÈRES REPRÉSENTATIONS

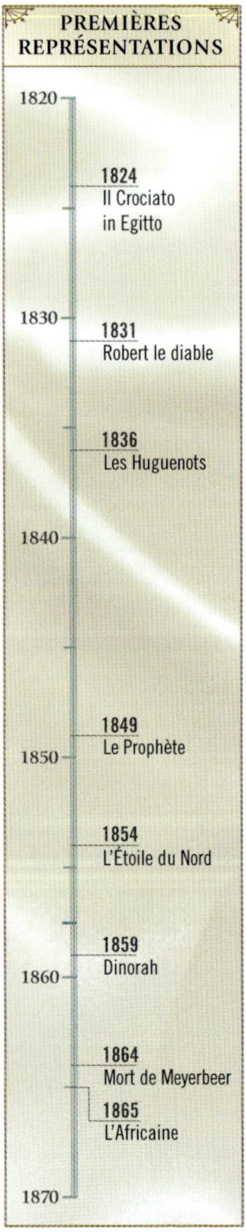

Esquisse de décor pour la première du dernier opéra de Meyerbeer, *L'Africaine*, à l'Opéra de Paris, en 1865.

ROBERT LE DIABLE

Grand opéra en cinq actes, 4 heures
1828-1831
21 novembre 1831, Opéra de Paris
Eugène Scribe

Robert le diable, premier « grand opéra » de Meyerbeer, lui valut une reconnaissance immédiate. En dix ans, l'opéra fut représenté dans toute l'Europe. La lutte entre le bien et le mal s'accompagne d'une orchestration audacieuse et de solos dramatiques : la partition dresse deux « bonnes » sopranos contre la « méchante » basse, qui fait tout pour obtenir l'âme du ténor. Le trio final annonce l'heureux dénouement.

Meyerbeer et son librettiste Eugène Scribe risquèrent l'ire des catholiques en ressuscitant, dans l'acte III, des nonnes « déchues » pour faire le travail du Diable.

RÔLES PRINCIPAUX

Robert, *ténor*, duc de Normandie

Bertram, *basse*, son père, Satan

Isabelle, *soprano*, princesse sicilienne

Alice, *soprano*, sœur de lait de Robert

Raimbault, *ténor*, troubadour

L'INTRIGUE

En Sicile, au XIIIe siècle

Modèle de costume, du XIXe siècle, donnant au terrible Robert le Diable une allure sémillante.

ACTE I Robert, duc de Normandie, s'est épris de la princesse Isabelle. Il est furieux lorsqu'un troubadour raconte qu'il a été conçu par le Diable. Alice rapporte les dernières paroles de leur mère et lui dit son indignité. Lorsque Bertram, le père de Robert, arrive, Alice reconnaît le diable. Encouragé par Bertram à jouer, Robert perd tout ce qu'il a, y compris son armure dont il a besoin pour le tournoi où il doit combattre pour Isabelle.

ACTE II Isabelle remet à Robert une nouvelle armure pour son duel contre le prince de Grenade. Bertram le trompe en l'envoyant dans une vaine mission. Il manque le tournoi et perd donc Isabelle.

ACTE III Alice entend Bertram convoquer de mauvais esprits et s'enfuit en se protégeant avec une croix. Bertram dit à Robert qu'il peut conquérir Isabelle s'il cueille un rameau magique sur une tombe. Puis Bertram réveille des nonnes mortes pour guider Robert.

"Nonnes qui reposez"

ACTE IV Robert décide d'enlever Isabelle mais lorsqu'elle le supplie en invoquant l'amour qu'elle a pour lui, il brise le rameau magique et détruit le sortilège qui avait le pouvoir d'endormir.

"Robert, toi que j'aime"

ACTE V Devant la cathédrale de Palerme, Bertram dit à Robert qu'il peut regagner son pouvoir en signant avant minuit un contrat avec le diable. Robert est tenté mais Alice l'en empêche. Lorsque les cloches sonnent minuit, Bertram disparaît et Isabelle surgit devant Robert, vêtue d'une robe de mariée.

LES HUGUENOTS

Grand opéra en cinq actes, 4 heures
1832-1836
29 février 1836, Opéra de Paris
Eugène Scribe et Émile Deschamps

Les Huguenots, la plus belle œuvre de Meyerbeer connut un fort succès en son temps. En 1900, il comptait plus de 1 000 représentations à l'Opéra de Paris. C'était audacieux, pour un compositeur juif, de parler de la Saint-Barthélemy, où des milliers de protestants furent tués par des catholiques, le 24 août 1572. Mais le public, nullement choqué, fut enthousiasmé par ce vaste spectacle comportant sept rôles de premier plan ainsi que d'immenses chœurs figurant les soldats, les étudiants et les congrégations religieuses. Les impératifs de cet opéra – coût de la mise en scène et complexité de la partition – expliquent qu'il soit peu représenté de nos jours.

Pour évoquer les Huguenots, Meyerbeer cite la mise en musique par Bach de l'hymne *Dieu est notre forteresse*, écrit par Martin Luther en 1529 après la mort d'un de ses amis sur le bûcher.

RÔLES PRINCIPAUX

Marguerite de Valois, *soprano*, sœur de Charles IX
Raoul de Nangis, *ténor*, noble protestant
Valentine, *soprano*, fiancée catholique de Nevers
Le comte de Nevers, *baryton*, fiancé catholique de Valentine
Le comte de Saint-Bris, *basse*, père catholique de Valentine
Marcel, *basse*, serviteur et huguenot dévot
Urbain, *soprano*, page de Marguerite
Maurevert, *basse*, noble catholique

L'INTRIGUE

En France, en 1572

ACTE I Charles IX désirant mettre fin aux guerres de religion, le comte de Nevers reçoit un protestant, Raoul de Nangis. Raoul lui dit qu'il s'est épris d'une dame qu'il a sauvée d'une attaque de brigands. Le serviteur de Raoul, Marcel, provoque les invités catholiques avec un chant huguenot. Une femme arrive et Raoul reconnaît en elle la dame qu'il a sauvée. Nevers déclare que c'était sa fiancée, venue rompre leurs fiançailles. Un page, Urbain, passe une invitation à Raoul pour aller, les yeux bandés, en un lieu mystérieux. Nevers reconnaît la couronne de la reine Marguerite sur l'enveloppe.

"Plus blanche que la hermine"

"Une dame noble et sage"

ACTE II Marguerite se promène sur la rive du fleuve avec ses dames d'honneur. Elle est contente que Valentine soit maintenant

"O beau pays"

LA REINE MARGOT

Dans *Les Huguenots*, le portrait de Marguerite de Valois, ou plus familièrement la reine Margot, est seulement esquissé. Or c'était une femme aussi douée pour les aventures galantes que pour la politique. Son frère, Charles IX, lui fit épouser le protestant Henri de Navarre, dans l'espoir de mettre fin aux guerres de religion qui ravageaient la France. Mais leur mariage, en août 1572, fut immédiatement suivi de la Saint-Barthélémy. En 1589, le mari de Margot devint Henri IV. Il se convertit au catholicisme et ramena enfin la paix dans le pays.

libre d'épouser Raoul. Mais Valentine dit que son père, le comte de Saint-Bris, s'y oppose. Raoul arrive et apprend qu'il doit épouser la fille de Saint-Bris. Mais la croyant toujours fiancée à Nevers, il refuse, offensant les nobles catholiques.

ACTE III Nevers et Valentine entrent dans une église pour leur mariage, mais seul Nevers en ressort, disant que Valentine veut se recueillir jusqu'au crépuscule. Marcel informe Saint-Bris que Raoul le provoque en duel, Saint-Bris ordonne au comte Maurevert de tendre un piège à Raoul. Valentine, voilée, les entend et prévient Marcel, qui ne la reconnaît pas. Alors que Raoul se prépare pour le duel, Maurevert apparaît avec des hommes en armes. Marguerite, arrivée à l'improviste, demande ce qui se passe. Marcel désigne Valentine comme son informatrice et déchire son voile. Raoul est bouleversé : la reine explique que Valentine voulait éviter un mariage malheureux, et Saint-Bris annonce que Valentine est déjà mariée à Nevers.

"O terreur!"

ACTE IV Valentine se lamente sur son sort et sur son amour pour Raoul, lorsque ce dernier arrive, déterminé à la voir une dernière fois. Lorsque le bruit des pas l'oblige à se cacher, il entend Saint-Bris parler aux nobles catholiques du projet de massacrer les protestants. Nevers refuse de participer au complot. Raoul doit prévenir ses co-religionnaires mais Valentine le supplie de rester, lui avouant qu'elle l'aime. Raoul songe à s'enfuir avec elle. Mais lorsque les cloches de l'église donnent le signal du massacre, Raoul part en hâte.

"Je suis seule chez moi"

ACTE V Les nobles huguenots reçoivent Marguerite lorsque Raoul vient les informer du massacre. Valentine rejoint Raoul et lui promet la protection royale s'il se convertit mais il refuse. Alors elle embrasse la foi protestante et Marcel bénit leur union. Les catholiques tirent sur les protestants en fuite. Voyant une femme avec deux hommes blessés, Saint-Bris demande leur identité. Lorsqu'ils répondent qu'ils sont huguenots, Saint-Bris ordonne leur exécution. Valentine tombe, et Saint-Bris reconnaît sa fille. Marguerite appelle au calme mais la tuerie continue.

"Ainsi je te verrai périr?"

Amanda Thane, dans le rôle de Valentine, se prépare à donner sa vie pour préserver la foi de l'homme qu'elle aime, au Royal Opera House, en 1997.

« Je me suis entièrement donné à l'étude et au culte de la grande musique dramatique. »

Hector Berlioz

HECTOR BERLIOZ

Né le 11 décembre 1803, à La Côte-Saint-André, France
Mort le 8 mars 1869, à Paris

L'influence d'Hector Berlioz fut énorme. Beaucoup voient en lui le créateur de l'orchestre moderne, et pourtant son œuvre a toujours été plus appréciée en Grande-Bretagne et en Allemagne qu'en France. Sa carrière opératique fut particulièrement frustrante car l'Opéra de Paris lui ferma ses portes après l'échec de *Benvenuto Cellini*, en 1838.

Malgré son goût précoce pour la musique, ses parents envoyèrent Berlioz étudier la médecine à Paris. Mais à 21 ans, il se consacra entièrement à la composition, écrivant une *Messe solennelle*, puis des symphonies, des cantates et des chansons. En 1830, il remporta le prix de Rome. À son retour d'Italie, il s'inspira d'œuvres littéraires pour des œuvres chorales et des symphonies, et fut un des compositeurs les plus représentatifs du romantisme musical.

Mais après l'accueil hostile réservé à *Benvenuto Cellini*, Berlioz se sentit vite exclu du petit monde de la vie musicale parisienne. Son opéra *La Damnation de Faust* fut présenté en version de concert en 1846 et ne fut mis en scène qu'en 1893. Même son opéra le plus grandiose, *Les Troyens*, eut une naissance difficile : seuls les actes III à V furent représentés de son vivant. *Béatrice et Bénédict*, dont la première eut lieu à Baden-Baden en 1862, fut bien accueilli, mais ne fut créé à Paris qu'en 1890.

Si Berlioz eut du mal à faire reconnaître ses œuvres opératiques, il fut un critique musical redouté, souvent cinglant avec les compositeurs de son temps mais toujours très attentif. Ainsi, bien qu'il restât insensible à la plupart des œuvres de Meyerbeer, il en apprécia certains éléments. À ses yeux, seul Spontini était parfait. Avec Beethoven et Weber, c'est un des maîtres modernes qui l'influença le plus.

Éclaboussé de sang, Brindley Sherratt est le fantôme d'Hector dans *Les Troyens*, dans une production de Richard Jones à l'English National Opera, en 2004.

PREMIÈRES REPRÉSENTATIONS

1820 – 1830 – 1840 – 1850 – 1860 – 1870 – 1880 – 1890

1823 Estelle et Némorin (perdu)

1838 Benvenuto Cellini

1846 La Damnation de Faust

1862 Béatrice et Bénédict

1863 Les Troyens (Actes III-V)

1869 Mort de Berlioz

1890 Les Troyens (Actes I-II)

BENVENUTO CELLINI

Opera semi-seria en deux actes, 2 heures ¾
1836-1838 (rév. 1851-1853)
10 septembre 1838, Opéra de Paris

Léon de Wailly et Auguste Barbier, d'après l'autobiographie de Benvenuto Cellini, *Vita* (XVIe siècle)

Benvenuto Cellini ne se remit jamais du fiasco de sa première. L'histoire, librement adaptée de la vie du sculpteur, est absurde, mais le public protesta surtout contre les innovations de la partition et de l'orchestration. Même durant les répétitions, Berlioz affronta ce qu'il appela « l'indifférence et l'évidente répulsion » des chanteurs. Cet opéra est maintenant reconnu pour son audacieuse inventivité.

Espérant sauver son opéra de l'oubli, Berlioz donna une version révisée de *Benvenuto Cellini* à Covent Garden, en 1853. Mais même la présence de la reine Victoria lors de la première ne lui épargna pas les sifflets.

RÔLES PRINCIPAUX

Benvenuto Cellini, *ténor*, sculpteur et aventurier
Giacomo Balducci, *basse*, trésorier du pape Clément
Teresa, *soprano*, fille de Balducci
Ascanio, *mezzo-soprano*, apprenti de Cellini
Fieramosca, *baryton*, rival de Cellini
Pompeo, *baryton*, ami de Fieramosca

L'INTRIGUE

À Rome, en 1532, durant la semaine du carnaval

ACTE I Le pape a commandé une statue à Benvenuto Cellini. Mais Balducci, le trésorier du pape, préfère un sculpteur rival, Fieramosca, parce que Cellini courtise sa fille, Teresa. Le carnaval bat son plein et Cellini propose à Teresa de s'enfuir avec lui. Mais Fieramosca les entend et sait que Cellini veut se déguiser en moine. Balducci apparaît et, lorsque Cellini s'en va, Fieramosca se cache. Lorsque Teresa dit avoir vu un homme entrer, Balducci découvre Fieramosca dans la chambre de sa fille. Ascanio, l'apprenti de Cellini, apporte de l'argent, envoyé par le pape pour finir la statue. Fieramosca et son ami Pompeo, en habit de moine, rejoignent la foule en fête. Une dispute éclate et Cellini tue Pompeo et s'enfuit.

"O mon bonheur"

ACTE II Cellini se prépare à fuir avec Teresa lorsque Balducci annonce qu'elle épousera Fieramosca. Le pape menace de retirer sa commande à Cellini si la statue n'est pas terminée à la tombée de la nuit. Pendant que les fondeurs se hâtent, Fieramosca provoque Cellini en duel. Teresa est choquée lorsque Fieramosca réapparaît pour débaucher les ouvriers. Puis le cardinal arrive pour assister à la fonte de l'œuvre. Un manque de métal oblige Cellini à utiliser tous les objets qu'il trouve. Mais le pape est satisfait du résultat et Balducci accepte de donner Teresa à Cellini.

"Ah! Le ciel, cher époux"

Paul Charles Clarke (Cellini) serre dans ses bras Anne-Sophie Duprels (Teresa) dans une production de Renaud Doucet à l'Opéra national du Rhin, à Strasbourg, en 2005.

LA DAMNATION DE FAUST

Légende dramatique en quatre parties, 2 heures ¼
1829 et 1845-1846
6 décembre 1846, Opéra-Comique, Paris

Hector Berlioz et Almire Gandonnière, d'après le premier *Faust* de Goethe

La Damnation de Faust, créée en concert, n'a pas été conçue comme un opéra. Pourtant cette œuvre est fréquemment mise en scène aujourd'hui. Âgé d'une vingtaine d'années, Berlioz avait mis en musique huit scènes du *Faust* de Goethe, qu'il incorpora plus tard à *La Damnation de Faust*. Cette légende dramatique est davantage une succession de tableaux qu'un récit mais son caractère lyrique est puissamment romantique, et son orchestration très expressive.

RÔLES PRINCIPAUX

Faust, *ténor*, philosophe âgé
Méphistophélès, *basse*, homme satanique
Marguerite, *mezzo-soprano*, innocente victime de Méphistophélès
Brander, *basse*, un buveur

Écrivain talentueux, Berlioz prit la liberté d'inventer une scène d'ouverture et de situer l'opéra en Hongrie, afin de pouvoir utiliser la *Marche de Rákóczy*, morceau orchestral écrit des années plus tôt.

L'INTRIGUE

En Hongrie et en Allemagne, au début du XVIe siècle

PARTIE I Faust erre dans les plaines de Hongrie. Heureux de la venue du printemps, il est bouleversé par les chants des paysans et par le clairon de l'armée, car il ne peut partager le plaisir des autres.

PARTIE II Chez lui à Leipzig, Faust se prépare à boire du poison lorsque les hymnes de Pâques résonnent. Méphistophélès apparaît et, lui promettant une vie de plaisirs, le conduit à une taverne. Mais la scène de beuverie dégoûte Faust. Près de l'Elbe, Méphistophélès le fait rêver de la belle Marguerite. Lorsqu'il se réveille, il se languit d'elle.

"Une puce gentille"

PARTIE III Avec la magie de Méphistophélès, Faust entre dans la chambre de Marguerite alors qu'elle rêve d'un amant. Pendant qu'elle dort, Méphistophélès l'ensorcelle. À son réveil, elle trouve Faust et cède à ses avances.

"Autrefois un roi de Thule"

PARTIE IV Apprenant que Marguerite doit mourir pour avoir tué sa propre mère, Faust veut la sauver et supplie Méphistophélès de l'aider en échange de son l'âme. Sur des chevaux noirs, ils s'élancent vers un abîme de flammes. Faust est damné pour l'éternité, tandis que Marguerite est accueillie au ciel par les anges.

Le baryton-basse José Van Dam est Méphistophélès à l'Opéra Bastille, à Paris, en 2001.

LES TROYENS

Grand opéra en cinq actes, 3 heures ¾
1856-1858 (rév. 1859-1860)
Actes III-V : 4 novembre 1863, Théâtre Lyrique, Paris ; Actes I-II, version de concert : 7 décembre 1879, Théâtre du Châtelet, Paris
Hector Berlioz, d'après l'*Énéide* de Virgile (29 à 19 av. J.-C.)

Depuis longtemps fasciné par l'*Énéide*, Berlioz adapta cette épopée pour *Les Troyens*, spectaculaire opéra en cinq actes avec chœurs et ballets. Aujourd'hui, l'œuvre en deux parties est souvent représentée deux soirs de suite : les actes I et II, sous le titre de *La Chute de Troie* ; et les actes III à V, racontant la tragique histoire d'amour de Didon et Énée, sous le titre *Les Troyens à Carthage*.

Craignant un rejet des amateurs d'opéra parisiens, Berlioz se résolut à écrire *Les Troyens* sur l'insistance de la maîtresse de Liszt, la princesse Carolyne Sayn-Wittgensein, qui, comme Liszt, admirait l'œuvre de Berlioz.

RÔLES PRINCIPAUX

Cassandre, *mezzo-soprano*, prophétesse troyenne
Chorèbe, *baryton*, prince d'Asie
Priam, *basse*, roi de Troie
Énée, *ténor*, héros de Troie
Didon, *mezzo-soprano*, reine de Carthage, veuve

L'INTRIGUE

À Troie et Carthage, en Tunisie, dans l'Antiquité

ACTE I **LA CHUTE DE TROIE** Les Grecs se retirent de Troie après un long siège, laissant derrière eux un immense cheval de bois. Cassandre, la prophétesse, pressent la chute de Troie mais son bien-aimé, Chorèbe, l'ignore. Énée annonce la mort d'un prêtre qui demandait la destruction du cheval. Au cours d'une procession, le cheval, transportant des soldats grecs, entre dans la ville.

"Du roi des dieux, ô fille aimée"

ACTE II Le fantôme d'Hector, chef troyen, presse Énée de fuir et de fonder une nouvelle Troie en Italie. Quand la ville tombe, Chorèbe meurt et Cassandre se poignarde. Lorsque Énée s'échappe, son palais est consumé par les flammes.

ACTE III **LES TROYENS À CARTHAGE** Les sujets de Didon jurent de la protéger de Iarbas, roi de Numidie. Les Troyens arrivent. Lorsque Iarbas attaque Carthage, Énée s'élance pour défendre la ville.

ACTE IV Didon et Énée s'aiment, mais les satyres crient : « Italie ! » à Énée. Les danseurs célèbrent la défaite de Iarbas. Didon et Énée se réjouissent de leur bonheur.

"Nuit d'ivresse et d'extase infinie"

ACTE V Didon supplie Énée de rester, mais les fantômes troyens lui disent de partir. Lorsque la flotte d'Énée prend la mer, Didon s'enfonce l'épée dans le cœur.

Plácido Domingo est Enée (*à droite*). Il mène le chœur des Troyens dans une production de 1983 au Metropolitan Opera de New York.

BÉATRICE ET BÉNÉDICT

Opéra comique en deux actes, 1 heure ½
1860-1862 (rév. 1863)
9 août 1862, Neues Theater, Baden-Baden (Allemagne)
Hector Berlioz, d'après la pièce de théâtre de Shakespeare *Beaucoup de bruit pour rien* (1598 ou 1599)

Grand admirateur de Shakespeare, Berlioz avait rédigé plusieurs adaptations de *Beaucoup de bruit pour rien*, éliminant les personnages secondaires pour ne garder que les célèbres querelles entre Béatrice et Bénédict. Sa partition exprime toutes les nuances du récit, et la conspiration pour unir le couple est évoquée dans d'exquis duos et trios. Après *Les Troyens*, Berlioz se délassa dans cet opéra plein de charme.

Berlioz fut contrarié lorsque les critiques parisiens saluèrent un « nouveau » Berlioz, drôle et joyeux dans *Béatrice et Bénédict*, comme si sa musique précédente avait été dépourvue de tout attrait.

RÔLES PRINCIPAUX

Léonato, *rôle parlé*, gouverneur de Messine
Héro, *soprano*, fille de Léonato
Claudio, *baryton*, soldat et fiancé de Héro
Béatrice, *soprano*, nièce de Léonato
Bénédict, *ténor*, soldat
Don Pedro, *basse*, général victorieux

L'INTRIGUE

À l'intérieur et autour du palais de Léonato à Messine, en Italie

ACTE I Léonato, gouverneur de Messine, accueille Don Pedro et son armée après leur victoire sur les Maures. Pendant que la fille de Léonato, Héro, attend impatiemment son fiancé, Claudio, Béatrice, la nièce du gouverneur, se moque d'un soldat, Bénédict. Il réplique en l'appelant « madame Dédain ». Après le départ de Béatrice, Don Pedro suggère que Bénédict épouse la jeune femme mais il préfère mourir célibataire. Lorsque le musicien de la cour, Don Somarone, fait répéter son chœur, Don Pedro et Claudio se font entremetteurs. Ils s'assurent que Bénédict les entende parler de l'amour profond que Béatrice a pour lui. Puis ils s'arrangent pour que Béatrice découvre à quel point Bénédict l'aime.

"Je vais le voir"

ACTE II Lors d'un banquet, Béatrice admet en son for intérieur qu'elle s'est éprise de Bénédict. Mais, en public, elle continue à mépriser l'idée du mariage. Après que Héro soit partie, Béatrice rencontre Bénédict. Malgré leurs querelles, ils sont tous deux troublés. Une marche nuptiale conduit le groupe vers Don Pedro, qui préside, tandis que Héro et Claudio signent leur contrat de mariage. Puis il demande : « Qui d'autre se marie ? ». Finalement, Bénédit dit qu'il épousera Béatrice par pitié, et elle accepte, seulement pour lui sauver la vie. Ils font la paix et tous se réjouissent.

"Il m'en souvient"

An Murray est Béatrice, et Philip Langridge est Bénédict à l'English National Opera, en 1990.

CHARLES-FRANÇOIS GOUNOD

Né le 17 juin 1818 à Paris
Mort le 18 octobre 1893 à Saint-Cloud

Charles-François Gounod fut célèbre de son vivant pour sa musique chorale et ses opéras. Parmi ses œuvres de musique sacrée, *La Rédemption* et l'*Ave Maria*, tirés d'un prélude de Bach, sont toujours populaires. Mais on se souvient surtout de lui aujourd'hui pour ses deux opéras, *Faust* et *Roméo et Juliette*, qui sont régulièrement représentés dans le monde.

Dans son œuvre et dans sa vie, Gounod fut partagé entre le religieux et le profane. Après avoir étudié la musique d'église à Rome, il passa deux ans au séminaire de Saint-Sulpice, à Paris. Ce qui ne l'empêcha pas, plus tard, d'être renommé pour ses nombreuses et belles admiratrices. Lorsqu'il s'essaya à l'opéra, il reçut les éloges de la critique pour *Sapho*. Mais sa carrière démarra vraiment lorsqu'il adapta des œuvres de Molière (*Le Médecin malgré lui*), de Goethe (*Faust*) et de Shakespeare (*Roméo et Juliette*) avec les librettistes Jules Barbier et Michel Carré. Ces trois opéras se distinguent par leurs arias mélodiques et leur orchestration innovante. L'opéra de Gounod sur la Provence, *Mireille*, créa un engouement pour les thèmes régionaux. Pendant la guerre Franco-allemande de 1870-1871, Gounod s'installa à Londres et dirigea le chœur officiel du Royal Albert Hall. À la fin des années 1870, il revint à Paris et écrivit encore trois opéras. Mais des compositeurs plus jeunes étaient en train de s'imposer.

PREMIÈRES REPRÉSENTATIONS

- 1850
- **1851** Sapho
- **1858** Le Médecin malgré lui
- **1859** Faust
- 1860
- **1860** Philémon et Baucis
- **1862** La Reine de Saba
- **1864** Mireille
- **1867** Roméo et Juliette
- 1870

La demeure de Saint-Cloud, près de Paris, où Gounod se retira en revenant de Londres, dans les années 1870, et où il mourut.

FAUST

Opéra en cinq actes, 3 heures ½
1856-1859
19 mars 1859, Théâtre-Lyrique, Paris

Jules Barbier et Michel Carré, d'après la pièce de théâtre de Carré, *Faust et Marguerite* et le premier *Faust* de Goethe

Faust établit la réputation de Gounod et devint bientôt immensément populaire dans le monde entier. Il fut même choisi pour inaugurer le Metropolitan Opera à New York en 1883. Malgré le cynisme de l'intrigue, la richesse expressive de la partition transforme l'opéra en tragédie romantique. L'orchestration et les chœurs soulignent la bataille qui se déroule entre le bien et le mal, le compositeur réservant ses plus douces mélodies pour les duos d'amour entre Faust et Marguerite.

Charles Dickens fut touché par la description du pouvoir destructif de l'amour dans *Faust*. « Cela résonnait à mon oreille comme l'écho lugubre de choses qui étaient dans mon cœur », écrivit-il.

RÔLES PRINCIPAUX

Faust, *ténor*, philosophe âgé

Méphistophélès, *basse*, homme satanique

Marguerite, *mezzo-soprano*, innocente victime de Méphistophélès

Wagner, *baryton*, étudiant

Valentin, *baryton*, soldat et frère de Marguerite

L'INTRIGUE

En Allemagne, au début du XVIe siècle

ACTE I Faust, désirant se suicider, invoque Satan. Méphistophélès répond, lui promettant richesse, puissance et jeunesse en échange de son âme. Méphistophélès lui donne une vision de Marguerite, et Faust accepte le pacte.

ACTE II Valentin demande à des amis de protéger sa sœur pendant qu'il part à la guerre. Faust offre son bras à Marguerite mais elle se détourne.

ACTE III Pendant que Faust rêve d'amour, Méphistophélès laisse une cassette de bijoux à Marguerite. Elle est ravie et cela encourage Faust à lui déclarer sa flamme. Elle le prie de partir puis le rappelle. Méphistophélès éclate d'un rire sadique.

"Oui, c'est toi ! Je t'aime"

Marguerite était un des rôles préférés de la soprano australienne Nellie Melba (1861-1931)

ACTE IV Maintenant mère de l'enfant de Faust, qui l'a abandonnée, Marguerite prie Dieu mais c'est Méphistophélès qui répond. Revenu du front, Valentin se précipite chez Marguerite. Méphistophélès presse Faust de le suivre. Valentin tente de venger sa sœur et Faust le blesse. Avant de mourir, Valentin maudit Marguerite.

ACTE V Entouré de sorcières qui dansent, Faust a une vision de Marguerite, en prison pour avoir tué leur enfant. Il entre dans sa cellule et de nouveau, ils rêvent d'amour. Mais Marguerite refuse de partir avec lui. À sa mort, son âme monte au ciel.

ROMÉO ET JULIETTE

Opéra en un prologue et cinq actes, 3 heures ¼
1865-1867
27 avril 1867, Théâtre-Lyrique, Paris

Jules Barbier et Michel Carré, d'après la tragédie de Shakespeare, *Roméo et Juliette*

Roméo et Juliette est un opéra voluptueux et romantique, fidèle à la tragédie de Shakespeare mais s'attachant encore plus étroitement à peindre le couple au destin maudit. Dans l'acte V, Gounod et ses librettistes ont obéi à la tradition opératique : Roméo reste vivant assez longtemps pour mourir dans les bras de Juliette. Le librettiste emprunte librement au langage de Shakespeare, prolongeant les rencontres des amants pour laisser place à quatre longs duos émouvants. Roméo et Juliette ont aussi des arias bouleversantes, ainsi que le page Stéphano, un « rôle en pantalon » pour soprano. L'éventail des générations de cette tragédie est souligné par les rôles des basses, Lord Capulet et surtout Frère Laurent, auteur involontaire du dénouement mortel.

Grâce à *Roméo et Juliette*, Gounod devint le « musicien de l'amour », un titre qu'il accepta volontiers lorsque, à 70 ans, il déclarait que l'amour était au cœur de sa vie et de son art.

RÔLES PRINCIPAUX

Roméo, *ténor*, héritier de la famille Montaigu

Juliette, *soprano*, fille du seigneur Capulet

Capulet, *basse*, chef de la famille Capulet

Mercutio, *baryton*, meilleur ami de Roméo

Tybalt, *ténor*, neveu de Capulet

Pâris, *baryton*, désigné pour devenir l'époux de Juliette

Frère Laurent, *basse*, moine

Gertrude, *mezzo-soprano*, nourrice de Juliette

Stéphano, *soprano*, page de Juliette

L'INTRIGUE

Dans la demeure des Capulet, aux alentours, et dans leur tombe, à Vérone (Italie)

PROLOGUE Le chœur annonce que seule la mort de deux jeunes amants a mis fin à la querelle séculaire entre les Montaigu et les Capulet.

ACTE I Le comte Capulet, chez qui se déroule un bal masqué, présente sa fille Juliette aux invités, parmi lesquels se trouve son neveu Tybalt. Roméo Montaigu arrive à la réception avec Mercutio. Roméo est bouleversé par un rêve et Mercutio se moque de lui. Soudain, Roméo voit Juliette et tombe fou amoureux d'elle. La nourrice de Juliette, Gertrude, suggère à Juliette que le comte Pâris ferait un mari idéal mais Juliette veut suivre son cœur. L'attirant à l'écart, Roméo commence à la courtiser. Ils sont interrompus par Tybalt, qui menace Roméo. Capulet les empêche de se battre.

"Ah ! Je veux vivre"

Eidé Norena (1884-1968), une des meilleures sopranos de l'entre-deux-guerres, interpréta Juliette avec succès.

ACTE II Se cachant des gardes de Capulet, Roméo se tient en dessous de la chambre de Juliette, attendant l'aube. Juliette sort sur son balcon et se plaint que le nom de Montaigu la sépare de Roméo. Ce dernier se montre alors et ils se

"Ah ! Lève-toi, soleil"

ALAGNA ET GHEORGHIU

Le ténor français Roberto Alagna et la soprano roumaine Angela Gheorghiu (*ci-dessous*), deux stars du XXIe siècle, sont aussi mari et femme. Cela ajoute une dimension réaliste à leurs apparitions dans des rôles d'amants. Ils ont commencé à chanter ensemble pour la première fois dans les productions londoniennes de *La Bohème* et de *Roméo et Juliette*, puis ont étendu leur répertoire à *L'Elisir d'amore*, *Tosca*, *Il Trovatore* et *Carmen*.

déclarent leur amour. Les domestiques de Capulet fouillent la scène mais ne trouve pas d'étranger. De nouveau seuls, Juliette demande à Roméo de lui faire dire quand et où ils se marieront.

ACTE III Frère Laurent, voyant là une occasion de faire la paix entre les familles, accepte de marier les jeunes gens en secret. Dans la rue, le page de Roméo, Stéphano, raille les Capulet avec une chanson sur des tourterelles. Les serviteurs des Capulet accourent et Mercutio défend le jeune garçon. Puis Tybalt arrive et se bat avec Mercutio. Roméo tente de les séparer, mais le duel reprend et Tybalt tue Mercutio. Furieux, Roméo tue Tybalt. Le duc de Vérone accuse les deux familles de se livrer à la vendetta et exile Roméo.

"Que fais-tu, blanche tourterelle"

ACTE IV Durant leur nuit de noces, Juliette pardonne à Roméo d'avoir tué son cousin. Au point du jour, Roméo quitte Vérone. Capulet informe Juliette qu'elle doit épouser Pâris. Elle est désespérée. Au lieu de la persuader de son devoir, Frère Laurent lui donne une potion qui simule la mort. Un jour plus tard, elle s'éveillera et Roméo sera près d'elle. Juliette revoit le cadavre de Tybalt mais finit par boire le contenu de la fiole. Vêtue de sa robe de mariée, elle est sur le point d'épouser Pâris lorsqu'elle s'effondre et est déclarée morte.

"Nuit d'hyménée"

"Amour, ranime mon courage"

ACTE V Frère Laurent apprend que Roméo n'a jamais reçu sa lettre expliquant la « mort » de Juliette. La croyant morte, Roméo s'introduit dans la tombe des Capulet et trouve le corps sans vie. Anéanti, il l'embrasse, puis avale du poison. Soudain, Juliette s'éveille et brièvement, ils imaginent fuir ensemble. Mais Roméo avoue qu'il a pris du poison. Le voyant s'affaiblir, Juliette se poignarde. Suppliant Dieu de leur pardonner, les amants meurent dans les bras l'un de l'autre.

"Console-toi, pauvre âme"

« Qu'est-ce que l'opéra-comique, en fait, sinon un vaudeville chanté ? »

Jacques Offenbach

JACQUES
OFFENBACH

Né le 20 juin 1819 à Cologne (Allemagne)
Mort le 5 octobre 1880 à Paris

Jacques Offenbach, fils d'un chantre de la synagogue de Cologne, fut le maître de l'opérette française. Avec leurs intrigues burlesques et leurs partitions spirituelles, les « opéras-bouffes » d'Offenbach furent la coqueluche du Paris du milieu du XIXe siècle. *La Belle Hélène* fut son plus grand succès, mais c'est *Les Contes d'Hoffmann*, dont la première eut lieu un an après sa mort, qui est considéré comme son chef-d'œuvre opératique.

Offenbach n'avait que 13 ans lorsqu'il arriva à Paris pour étudier le violoncelle. Après des débuts dans un orchestre il se consacra à la composition, trouvant son inspiration chez Mozart et Beethoven. Mais pour survivre, il composa des airs de vaudeville et des pièces de salon. Soucieux d'atteindre un plus large public, il fonda le théâtre des Bouffes-Parisiens où il présenta trente de ses opérettes en un acte avant de triompher en 1858 avec *Orphée aux Enfers*. Durant la décennie suivante, grâce notamment à *La Belle Hélène* et à *La Vie Parisienne*, sa renommée s'étendit dans toute l'Europe. Très prolifique, il écrivit plus de 600 œuvres musicales, dont 130 pour le théâtre.

La guerre franco-allemande de 1870-1871 bouleversa sa vie. Converti au catholicisme et membre de la Légion d'honneur, ce généreux homme d'esprit fut accusé d'être allemand et juif et quitta brièvement Paris. En 1873, il devint directeur de la Gaîté Lyrique, qui fit rapidement faillite, l'obligeant à une tournée aux États-Unis en 1876 pour éponger ses dettes. Mais sa santé déclinait. Sa dernière œuvre inachevée, *Les Contes d'Hoffmann*, reflète le pessimisme de ses dernières années.

Jane Rhodes dans le rôle-titre de *La Belle Hélène*, une des opérettes les plus populaires d'Offenbach, dans une production du Théâtre des Bouffes-Parisiens, à Paris, en 1976.

PREMIÈRES REPRÉSENTATIONS

1850

1858 Orphée aux enfers

1860

1864 La Belle Hélène

1866 Barbe-Bleue

1867 La Grande-Duchesse de Gérolstein

1870

1868 La Périchole

1880

1880 Mort d'Offenbach

1881 Les Contes d'Hoffmann

1890

ORPHÉE AUX ENFERS

Opéra bouffon en quatre actes, 1 heure ¾ (rév. 2 heures ¾)
1858 (rév. 1874)
21 octobre 1858, Théâtre des Bouffes-Parisiens, Paris
Hector Crémieux et Ludovic Halévy

Orphée aux Enfers, le premier grand succès d'Offenbach, lança la mode parisienne des opérettes occupant toute la soirée. Dans cette parodie de l'Antiquité et de l'opéra baroque, il se moque du mythe d'Orphée, si apprécié des amateurs d'opéra du XVIIe et XVIIIe siècles. Avec ses airs entraînants et ses situations absurdes, il reflète aussi l'insouciance de l'époque, surtout avec le célèbre cancan : « Ce bal est original ».

La popularité d'*Orphée aux Enfers* était telle qu'une soirée de gala fut organisée pour l'empereur Napoléon III et l'impératrice Eugénie. Un grand honneur pour un compositeur d'opérettes destinées à un public populaire.

RÔLES PRINCIPAUX

Orphée, *ténor*, musicien
Eurydice, *soprano*, épouse d'Orphée
Jupiter, *baryton*, roi des dieux
Aristée/Pluton, *ténor*, dieu du monde souterrain
Jean Styx, *ténor*, gardien des Enfers
Mercure et Mars, *ténors*, dieux

L'INTRIGUE

En Thrace, sur le mont Olympe et aux Enfers

ACTE I Eurydice s'ennuie avec son mari, Orphée, dont la flûte ne l'amuse plus. Contrarié, Orphée lui joue un concerto pour violon. Pluton, sous l'apparence du berger Aristée, a gagné le cœur d'Eurydice et la conduit au monde des ténèbres. Elle laisse une note à Orphée l'informant de sa mort. Devant l'insistance de l'Opinion publique, Orphée la suit.

ACTE II Sur le mont Olympe, Jupiter est mécontent que Pluton ait enlevé Eurydice. D'autres dieux défendent Pluton et se moquent de la tyrannie et de la laideur de Jupiter. Accompagné par l'Opinion publique, Orphée arrive, cherchant sa femme. Jupiter propose de l'aider et tous les dieux le suivent dans le monde souterrain.

Madame Méaly fut une saisissante Eurydice dans une production du théâtre des Variétés, à Paris, en 1902.

ACTE III Eurydice est dans la prison des Enfers lorsque Jupiter arrive pour la courtiser. Pour entrer dans la cellule, Cupidon change Jupiter en mouche qui charme immédiatement Eurydice. Sûr de la conquérir, Jupiter révèle son identité.

"Il m'a semblé sur mon épaule"

ACTE IV Jupiter change Eurydice en Bacchante. Elle chante pour le distraire et tout le monde danse le cancan.

"Ce bal est original"

Pendant que Pluton et Jupiter se disputent Eurydice, Orphée arrive. On lui explique qu'il peut récupérer sa femme s'il l'emmène sans se retourner. Mais lorsque Jupiter fait éclater un coup de tonnerre, Orphée se retourne. Alors Eurydice reste une Bacchante et les dieux se réjouissent.

LA BELLE HÉLÈNE

Opéra-bouffe en trois actes, 3 heures
1864
17 décembre 1864, Théâtre des Variétés, Paris
Henri Meilhac et Ludovic Halévy

La Belle Hélène rappelle *Orphée aux Enfers* par sa parodie des classiques grecs. Utilisant toutes les astuces de la farce, Offenbach satisfait aussi le goût du XIXe siècle pour les mélodies suaves, à commencer par l'air « Amours divins » d'Hélène. Les chœurs ont également une dimension dramatique importante. *La Belle Hélène* connut un succès immédiat, et devint le seul opéra régulièrement représenté dans les principaux théâtres d'opéra.

RÔLES PRINCIPAUX

Pâris, *ténor*, prince de Troie
Hélène, *mezzo-soprano*, reine de Sparte
Ménélas, *ténor*, roi de Sparte
Calchas, *basse*, grand prêtre de Jupiter

Offenbach trouva en Hortense Schneider, qui incarna le rôle d'Hélène, une maîtresse et une soprano de talent, qui contribua au succès de ses opérettes à venir, y compris dans *La Grande Duchesse* de Gérolstein.

L'INTRIGUE

À Sparte, en Grèce, dans l'Antiquité

ACTE I Hélène participe à une cérémonie au temple de Vénus mais elle ne cesse de songer à la promesse de la déesse, qui a juré que Pâris, prince de Troie, séduira la plus belle femme du monde. Un berger apprend qu'il a remporté le concours. Reconnaissant Pâris, Calchas l'invite à faire l'éloge de Vénus. Hélène est attirée par le berger, mais leur flirt est interrompu par Ménélas, l'époux d'Hélène. S'ensuit un jeu de charades et le « berger » conquiert Hélène. Pour prolonger la machination de Vénus, Jupiter ordonne à Ménélas de partir pour la Crète.

"Au mont Ida"

Felicity Lott est Hélène, courtisée par Pâris, joué par Yann Beuron, dans la célèbre production de Laurent Pelly au Théâtre du Châtelet, à Paris, en 2003.

ACTE II Pâris demande à voir Hélène dans son appartement, et après une brève hésitation, elle accepte. Pâris arrive pendant qu'elle dort, déguisé en esclave. Pensant qu'elle rêve, Hélène l'accueille chaleureusement. Ménélas arrive inopinément et proteste avec force. Mais Hélène renverse la situation, se plaignant que les maris devraient toujours prévenir avant de rentrer.

"Oui, c'est un rêve"

ACTE III Au bord de la mer, Ménélas et les autres rois se plaignent de la foule et s'inquiètent de l'influence de Vénus sur leurs femmes. Ménélas, l'époux trompé, demande expressément à un prêtre de restaurer l'ordre. Pâris arrive déguisé en prêtre et ordonne à Hélène de l'accompagner à Cythère pour honorer Vénus. Puis Pâris se montre, et un chœur leur souhaite bon voyage.

LA GRANDE-DUCHESSE DE GÉROLSTEIN

Opéra-bouffe en trois actes, 2 heures ¾
1866-1867
12 avril 1867, Théâtre des Variétés, Paris
Henri Meilhac et Ludovic Halévy

La Grande Duchesse de Gérolstein, parodie de la guerre et de la politique fut programmée pendant l'Exposition universelle de Paris en 1867. Les censeurs exigèrent quelques coupes pour éviter d'offenser les monarques en visite mais l'opérette se révéla un succès, surtout auprès des Britanniques et des Américains. Interdit après la guerre franco-allemande de 1870-1871, il fut remis au goût du jour et applaudi en 1878.

Le rôle de la grande-duchesse, typique de ce qu'Offenbach attendait de ses chanteurs, demande une voix d'une grande énergie, de l'agilité et du lyrisme, ainsi que des talents de comédienne.

RÔLES PRINCIPAUX

La grande-duchesse, *soprano,* règne sur une principauté

Fritz, *ténor,* soldat

Wanda, *soprano,* paysanne

Général Boum, *baryton,* commandant l'armée

Baron Puck, *ténor,* chambellan

Prince Paul, *baryton,* prétendant de la grande-duchesse

L'INTRIGUE

Une principauté allemande vers 1720

ACTE I Le général Boum rassemble l'armée du Grand-Duché, ordonnant à Fritz de monter la garde. Fritz embrasse Wanda, sa petite amie, mais ils s'enfuient au son des coups de feu. Le baron Puck dit à Boum qu'il veut que la grande-duchesse épouse le prince Paul. La duchesse vient rallier ses troupes avec la chanson du régiment mais s'éprend de Fritz et le promeut capitaine, puis général.

"Ah ! C'est un fameux régiment"

ACTE II Le baron Grog encourage la duchesse à épouser le prince Paul mais elle attend Fritz. Le prince Paul décide, avec Boum et Puck, de tuer le soldat arriviste. Fritz est convoqué par la duchesse mais, n'ayant pas compris les intentions de la dame, il lui dit qu'il veut épouser Wanda. Furieuse, la duchesse décide qu'il doit mourir.

"Oui, Général, quelqu'un vous aime"

ACTE III Pendant que les assassins se rassemblent, la duchesse s'éprend de Grog. Il accepte de rejoindre sa cour si elle épouse le prince Paul. Elle accepte et annule l'ordre de tuer Fritz. Lorsque celui-ci revient, la duchesse le dégrade. Puis elle apprend que Grog est déjà marié. Résignée, elle conclut que « lorsqu'on ne peut obtenir ce qu'on aime, il faut aimer ce qu'on a. »

Frederica von Stade (la duchesse) et **Rodney Gilfry** (le prince Paul) à l'Opera de Los Angeles, en 2005.

LES CONTES D'HOFFMANN

Opéra fantastique en un prologue, trois actes et un épilogue, 2 heures ¾
1877-1880
10 février 1881, Opéra-Comique, Paris
Jules Barbier, d'après la pièce de théâtre de Barbier et Michel Carré, d'après plusieurs contes de E.T.A. Hoffmann

Les Contes d'Hoffmann, la dernière et la plus belle œuvre d'Offenbach, raconte les quatre aventures amoureuses d'un vieux poète au destin maudit. L'opéra a une structure complexe, les mêmes chanteurs étant utilisés pour chacun des quatre rôles afin de souligner l'idée qu'il s'agit de la même aventure amoureuse. La musique est à la fois scintillante et mélancolique, notamment avec sa célèbre barcarolle de l'acte III.

Inachevé à la mort d'Offenbach, *Les Contes d'Hoffmann* fut terminé par différentes personnes si bien qu'il n'existe pas de version définitive de l'opéra.

RÔLES PRINCIPAUX

Hoffmann, *ténor*, poète

La muse/Nicklausse, *mezzo-soprano*, muse d'Hoffmann et sa protectrice

Stella/Olympia/Antonia/Giulietta, *soprano*, femmes aimées par Hoffmann

Lindorf/Coppélius/Miracle/Dapertutto, *basse*, ennemis d'Hoffmann

L'INTRIGUE

Une taverne, à Nuremberg, à la fin du XVIIIe siècle

PROLOGUE Lindorf, politicien sans scrupule, convoite la maîtresse d'Hoffmann, la chanteuse Stella. À la demande d'étudiants, Hoffmann raconte les trois passions funestes de sa vie, qui incarnent toutes Stella.

ACTE I À Paris, Hoffmann s'éprend d'Olympia, une poupée mécanique fabriquée par Spalanzani. Lorsqu'on lui touche l'épaule, elle chante et danse. Coppélius, qui lui a donné des yeux, se sent trompé par Spalanzani et détruit Olympia. C'est seulement à cet instant qu'Hoffmann se rend compte qu'il s'agit d'un automate.

"Les-ois-eaux-dans-la-char-mille"

Olympia (Natalie Dessay) manœuvrée par Spalanzani (Sergio Bertocchi) dans la production de l'Opéra national de Paris en 2000.

ACTE II À Munich, Crespel interdit à sa fille, Antonin, de chanter par crainte qu'elle ne meurt comme son épouse, une chanteuse d'opéra. Hoffmann et Antonia décident de se marier. Dr Miracle vient soigner Antonia et la convainc que sa mère veut qu'elle chante. Après une longue vocalise, Antonia expire. Crespel reproche sa mort à Hoffmann.

ACTE III À Venise, la courtisane Giulietta chante l'amour mais le magicien Dapertutto a d'autres projets. En échange d'une bague en diamant, elle doit s'emparer du reflet d'Hoffmann, et donc de son âme. Séduit sans peine, le poète cède son reflet. Il tue alors Dapertutto mais Giulietta s'enfuit.

"Belle nuit, ô nuit d'amour"

ÉPILOGUE Son récit terminé, Hoffmann est tout à fait ivre. Stella revient et le trouve endormi. Lorsque Lindorf l'entraîne au loin, elle se retourne et regarde tristement Hoffmann.

« En tant que musicien, je vous affirme que si nous devions supprimer l'adultère, le fanatisme, le crime, le mal et le surnaturel, il n'y aurait plus moyen d'écrire une seule note. »

Georges Bizet

GEORGES BIZET

Né le 25 octobre 1838 à Paris
Mort le 3 juin 1875 à Bougival, près de Paris

L'extraordinaire célébrité de Georges Bizet comme compositeur d'opéra est le fruit d'une seule d'œuvre, *Carmen.* Seuls un ou deux de ses autres opéras sont encore représentés de nos jours mais aucun n'a atteint le succès mondial de *Carmen.* Sa mort précoce, à l'âge de 36 ans, interrompit brutalement une brillante carrière.

Enfant prodige, Bizet n'avait que 9 ans quand il entra au Conservatoire de Paris, et 17 ans quand il écrivit sa *Symphonie en ut.* Après trois ans à Rome, où il se concentra sur l'*opera buffa*, il remporta à Paris un concours d'opéra-comique avec *Le Docteur Miracle*, créé aux Bouffes-Parisiens en 1857. Il reçut alors d'autres commandes d'opéras, qui ne furent pas mis en scène de son vivant.

Les Pêcheurs de Perles fut créé en 1863 et quatre ans plus tard, *La Jolie Fille de Perth* lui valut quelques applaudissements. Le succès n'étant pas encore au rendez-vous, il écrivit de la musique orchestrale et des œuvres pour piano, ainsi que la musique de la tragédie provençale d'Alphonse Daudet, *L'Arlésienne*, encore populaire de nos jours. Mais beaucoup de ses projets opératiques n'ont jamais été terminés.

Après la guerre franco-allemande de 1870-1871, Bizet écrivit un opéra-comique orientaliste, *Djamileh*, puis se consacra à *Carmen.* Il espérait, avec cet opéra, répondre aux critiques qui l'avaient accusé d'être compliqué et obscur. « Eh bien, cette fois, j'ai écrit une œuvre qui est toute clarté et vivacité, pleine de couleurs et de mélodies », déclara-t-il. Mais la première fut un fiasco et, bien que *Carmen* fût rapidement salué comme un chef-d'œuvre, Bizet ne vécut pas pour savourer sa réussite.

Yevgeny Alexiev est Zurga, chef des pêcheurs de perles, dans une production des *Pêcheurs de Perles* mise en scène par Antoine Bourseiller à l'Opéra national du Rhin à Strasbourg.

PREMIÈRES REPRÉSENTATIONS

1860

1863 Les Pêcheurs de perles

1867 La Jolie Fille de Perth

1870

1872 Djamileh

1875 Carmen

1880

LES PÊCHEURS DE PERLES

Opéra en trois actes (quatre tableaux), 2 heures
1863
30 septembre 1863, Théâtre-Lyrique, Paris
Eugène Cormon et Michel Carré

Les Pêcheurs de Perles lança la carrière opératique de Bizet, même si cette œuvre ne fut pas accueillie avec enthousiasme lors de sa création, restant, selon le compositeur, « un échec honorable et brillant ». Mais aujourd'hui, c'est l'« autre » opéra de Bizet (après *Carmen*) qui est régulièrement représenté. Écrit quand il n'avait que 25 ans et se cherchait encore, on y trouve les influences de Gounod et de Verdi. Ainsi, alors que l'histoire se déroule à Ceylan, la musique n'a aucune couleur locale. Au contraire, par des arias, des duos et des chœurs très mélodiques, Bizet évoque un monde dominé par les sentiments, présidé par une prêtresse vierge, et ravagé par les passions humaines. L'opéra est considéré comme difficile à mettre en scène parce que minimaliste, mais la partition sensuelle est un délice permanent.

RÔLES PRINCIPAUX

Zurga, *baryton*, chef des pêcheurs de perles
Nadir, *ténor*, pêcheur de perles et ami d'enfance de Zurga
Leïla, *soprano*, mystérieuse prêtresse vierge
Nourabade, *basse*, grand-prêtre

La plus belle mélodie de cet opéra, le duo ténor-baryton « Au fond du temple saint » est un leitmotiv qui revient (parfois seulement dans un écho orchestral) chaque fois que l'amitié entre Zurga et Nadir est évoquée.

L'INTRIGUE

Une plage de Ceylan (ou Sri Lanka)

ACTE I Rassemblés sur une plage, les pêcheurs de perles choisissent Zurga comme chef et attendent la prêtresse qui les protégera. Nadir, l'ami d'enfance de Zurga, revient au pays. Ils évoquent le passé, et la belle femme voilée dont ils sont tombés amoureux. Pour ne pas se disputer, ils ont renoncé à elle et se sont juré une amitié éternelle ♫. La prêtresse est reçue par Nourabad, et Zurga lui rappelle qu'elle doit rester voilée et ne pas avoir d'amants. Soudain, Nadir reconnaît en elle sa bien-aimée Leïla. Le soir, il évoque comment il a trahi Zurga, et l'a suivie ♫. Dans son sommeil, il entend Leïla chanter ♫. Il la trouve sur un rocher. Elle révèle brièvement son visage et il se réjouit.

"Au fond du temple saint"

"Je crois entendre encore"

"O Dieu Brahma"

Costume aux riches ornements, dessiné par Umberto Brunelleschi pour une production de l'opéra de Bizet à La Scala de Milan.

ACTE II Les bateaux reviennent sains et saufs et Nourabad dit à Leïla qu'elle peut dormir paisiblement si elle respecte son vœu de chasteté. Leïla raconte qu'elle a jadis sauvé la vie d'un homme, qui l'a remerciée en lui donnant un collier. Restée seule ♫,

"Me voilà seule dans la nuit"

ALFREDO KRAUS

Moins connu en dehors du monde de l'opéra que Luciano Pavarotti et Plácido Domingo, le ténor lyrique espagnol Alfredo Kraus était considéré après-guerre comme le maître du *bel canto*. Un de ses premiers enregistrements fut celui de Nadir dans *Les Pêcheurs de Perles*, un rôle qui convenait aussi à son timbre de ténor léger. Célèbre pour avoir conservé sa voix, il chanta, à 70 ans, « *La donna è mobile* » à la réouverture du Teatro Real de Madrid en 1997, deux ans avant sa mort.

Leïla perçoit la présence de Nadir tous deux sont submergés d'amour mais Leïla le supplie de partir. Des coups de feu résonnent, et Nourabad identifie Nadir comme étant l'étranger qui a violé le sanctuaire sacré. Les pêcheurs sont furieux, jurant de tuer Leïla et Nadir. Zurga, déclarant qu'il peut seul décider de leur sort, dit au couple de s'enfuir. Mais lorsque Nourabad déchire le voile de Leïla, Zurga comprend à quel point Nadir l'a trahi.

"Leïla! Leïla!"

ACTE III Zurga regrette d'avoir ordonné l'exécution de Nadir, à l'aube. Lorsque Leïla apparaît, sa passion pour elle est ravivée . Leïla le supplie de la punir seule, disant qu'elle a rencontré Nadir par hasard. Mais, dévoré de jalousie, Zurga ne veut pas surseoir à l'exécution de son ami. Le maudissant, Leïla le défie de lui ôter la vie. Une lueur colore le ciel. Prête à mourir, Leïla demande à un pêcheur de donner son collier à sa mère. Zurga s'empare du collier et se précipite derrière elle. Au pied du bûcher funéraire, Nadir fait un adieu ému à Leïla. Soudain, Zurga arrive, disant que le camp est la proie des flammes. La foule se disperse, effrayée. Zurga avoue qu'il a allumé le feu pour permettre aux amants de s'enfuir. Montrant le collier qu'il a jadis donné à Leïla, il dit qu'il sauvera maintenant leurs deux vies. Ils s'enfuient et Zurga, dénoncé, est poignardé.

"Je frémis, je chancelle"

Russel Braun est Zurga menaçant Leïla (Isabel Bayrakdarian) et Nadir (Michael Schade) à l'Opéra de San Diego, en 2004.

CARMEN

Opéra-comique en quatre actes, 2 heures ¾
1873-1875
3 mars 1875, Opéra-Comique, Paris

Henri Meilhac et Ludovic Halévy, d'après le roman éponyme de Prosper Mérimée (1845)

Carmen, l'un des plus célèbres opéras du monde, ne fut pas instantanément reconnu comme chef-d'œuvre : son indécence choqua le public conventionnel de l'Opéra-Comique. Bientôt, cependant, la magie de *Carmen* séduisit par le charme de ses mélodies, l'« exotisme » de la partition et la force des personnages. Classée comme opéra-comique en raison de ses dialogues parlés, cette œuvre, en dépit de son exubérance, laisse constamment entrevoir le tragique dénouement. La richesse chorale et orchestrale joue ici un rôle central. Et si Don José, Escamillo et Micaëla ont de belles arias, Carmen reste la diva passionnée et volage de cet opéra, notamment dans la *habanera* de l'acte I.

RÔLES PRINCIPAUX

Carmen, *mezzo-soprano*, cigarière rebelle
Don José, *ténor*, caporal des dragons
Escamillo, *baryton*, toréador
Micaëla, *soprano*, paysanne
Zuniga, *basse*, capitaine
Moralès, *baryton*, officier
Lillas Pastia, *rôle parlé*, aubergiste

Pour le personnage de Carmen, il est possible que Bizet se soit inspiré de Céleste Venard, une chanteuse de cabaret et ancienne prostituée connue sous le nom de La Mogador. Ils se lièrent d'amitié au milieu des années 1860, mais dans ses mémoires, Céleste Vénard nie qu'ils aient jamais été amants.

L'INTRIGUE

À Séville, en Espagne, au début du XIXᵉ siècle

ACTE I Sur une place bondée, une paysanne cherche en vain le caporal Don José puis s'enfuit. Don José arrive et devine que c'était Micaëla. Pendant ce temps, nouvellement arrivé à Séville, le capitaine Zuniga apprend que des centaines de femmes travaillent dans la fabrique de cigares. Une cloche sonne et les femmes sortent bruyamment. Carmen chante l'amour qui ne saurait la dompter, et jette une fleur à Don José. Micaëla apporte une lettre que Don José lit tout haut. Sa mère lui dit qu'il est temps qu'il se marie, et lui suggère d'épouser Micaëla. Soudain, une bagarre éclate dans la fabrique et on arrête Carmen. Zurniga la fait attacher mais elle flirte avec Don José, lui propose un rendez-vous galant et le persuade de la laisser s'enfuir.

"L'amour est un oiseau rebelle"

"Près des remparts de Séville"

La mezzo-soprano espagnole Teresa Berganza, ici dans une production de 1981 à l'Opéra de San Francisco, interpréta une Carmen sensuelle dans le monde entier.

ACTE II Deux mois plus tard, Carmen chante devant des officiers et apprend que Don José a été en prison pour l'avoir libérée. Le toréador Escamillo arrive et se vante de ses exploits. Il tente de séduire Carmen mais elle le repousse. Lorsque la taverne se vide, des contrebandiers cherchent de l'aide pour détourner l'attention des douaniers. Elle refuse, disant qu'elle est amoureuse. Don José apparaît et Carmen danse pour lui. Mais lorsque le clairon sonne le rappel à la caserne, elle se moque de son obéissance. Pour lui prouver son amour, il lui montre la fleur qu'elle lui a jetée. Zuniga arrive pour courtiser Carmen et Don José le désarme puis s'enfuit avec Carmen.

"Les tringles des sistres tintaient"

"Votre toast, je peux vous le rendre"

"La fleur que tu m'avais jetée"

CARMEN REVISITÉE

En 1943, Oscar Hammerstein Jr, créa une *Carmen* afro-américaine, situant l'histoire près d'une base militaire du Sud des États-Unis, et rebaptisant l'héroïne Carmen Jones. Otto Preminger en fit ensuite un film, en 1954. Récemment, la *Carmen* d'une township sud-africaine fut portée à l'écran : *U-Carmen eKhayelitsha* remporta l'ours d'or du meilleur film au festival de Berlin en 2005.

***Dorothy Dandridge** est Carmen Jones, flirtant avec Joe (Harry Belafonte) dans l'adaptation pour le grand écran d'Otto Preminger.*

ACTE III Dans la cachette des contrebandiers, Carmen se désintéresse de Don José. Les gitanes tirent les cartes. Lorsque c'est le tour de Carmen, les cartes prédisent sa mort et celle de Don José. Près de là, Micaëla rassemble son courage pour entrer dans le camp. Escamillo apparaît, annonçant qu'il est venu pour Carmen. Don José le provoque en duel. Durant le combat, Escamillo a d'abord l'avantage, puis s'écroule. Carmen revient, lui sauvant la vie, et il l'invite à sa prochaine corrida. Don José est furieux mais, apprenant par Micaëla que sa mère est mourante, il part, jurant de revoir Carmen.

"Je dis que rien ne m'épouvante"

ACTE IV Devant l'arène, les enfants accueillent Escamillo, accompagné par Carmen. Les amis de la jeune femme l'avertissent que Don José est là lui aussi. Lorsque Don José la retrouve, il la supplie de lui revenir. Carmen le repousse, déclarant qu'elle est née libre, et il la poignarde. Lorsqu'Escamillo apparaît, Don José avoue en pleurant avoir tué sa « Carmen bien-aimée ».

La mezzo-soprano américaine Denyce Graves, l'une des plus troublantes Carmen de sa génération, s'adresse au public de l'Arène de Vérone, en Italie, en 1999.

JULES MASSENET

Né le 12 mai 1842 à Montaud (France)
Mort le 13 août 1912 à Paris

Jules Massenet, le plus grand compositeur d'opéras de la fin du XIXe siècle, écrivit plus de 30 opéras, explorant aussi bien la tragédie intime et le vérisme que l'opéra-comique et le grand opéra. Mais si seuls *Manon* et *Werther* sont régulièrement représentés, ils sont tellement populaires qu'ils ont incarné la France dans les théâtres du monde entier.

Comme Gounod et Bizet, Massenet remporta le prix de Rome et séjourna en Italie. Il y développa un fort intérêt pour la musique religieuse, et composa plusieurs œuvres sacrées lorsqu'il revint à Paris. Pourtant, l'opéra a pratiquement occupé toute sa vie. Il écrivit le premier en 1867 et le dernier en 1912, les créant à Vienne, Bruxelles, Londres et Monte Carlo aussi bien qu'à Paris, où il était considéré comme le successeur de Meyerbeer.

S'il composa ses deux plus belles œuvres au milieu de sa carrière – *Manon* en 1884 et *Werther* en 1892 – beaucoup de ses opéras furent populaires de son vivant, notamment *Le Roi de Lahore*, *Le Cid*, *Thaïs* et *Sapho*. Massenet s'inspirait souvent de belles sopranos mais écrivit *Don Quichotte* pour le superbe basse russe Fédor Chaliapin. Il se heurta parfois au scepticisme de certains de ses pairs, surtout après qu'il ait publié ses mémoires, que d'aucuns trouvèrent très fantaisistes. Néanmoins, un siècle plus tard, il reste acclamé pour la beauté de ses mélodies et ses histoires émouvantes.

PREMIÈRES REPRÉSENTATIONS

1875

- **1877** Le Roi de Lahore
- **1884** Manon
- **1885** Le Cid
- **1889** Esclarmonde
- **1892** Werther
- **1894** Thaïs
- **1897** Sapho
- **1899** Cendrillon
- **1910** Don Quichotte

1885 · 1895 · 1905 · 1915

Jules Massenet à sa table de travail dans sa maison parisienne, au début du XXe siècle.

MANON

Opéra-comique en cinq actes (six tableaux), 2 heures ½
1882 1884

19 janvier 1884, Opéra-Comique, Paris
Henri Meilhac et Philippe Gille, d'après le roman de l'abbé Prévost (1731)

Manon, le plus populaire des opéras de Massenet, explore avec audace la passion amoureuse féminine. Contrairement à *Carmen* de Bizet, cette œuvre fut bien accueillie par le public. Classée opéra-comique en raison de son dialogue parlé, *Manon* est une tragédie. La partition d'une beauté exceptionnelle, avec ses fameux arias et duos, est aussi merveilleuse pour les chanteurs que pour les spectateurs.

Un an après la *Manon Lescaut* de Puccini, Massenet reprit cette histoire dans un opéra en un acte intitulé *Le Portrait de Manon*, dans lequel Des Grieux revit son amour pour Manon à travers son neveu.

RÔLES PRINCIPAUX

Manon Lescaut, *soprano*, jeune femme volage

Le chevalier des Grieux, *ténor*, jeune noble

Le comte des Grieux, son père

Lescaut, *baryton*, soldat et cousin de Manon

Guillot de Morfontaine, *ténor*, financier escroc

Brétigny, *baryton*, riche noble et fermier général

L'INTRIGUE

En France, au début du XVIIIe siècle

ACTE I Dans une auberge, Guillot, un financier, festoie avec un ami aristocrate, Brétigny. Dans la cour, Lescaut attend sa cousine Manon, qu'il conduit au couvent. Guillot commence à courtiser la jeune fille mais Lescaut le chasse. Le Chevalier des Grieux s'éprend de Manon et la persuade de vivre avec lui à Paris.

"Je suis encore tout étourdie"

ACTE II Des Grieux veut l'accord de son père pour épouser Manon. Leur cachette est découverte par Lescaut et Brétigny, qui avertissent Manon que son amant sera enlevé. Brétigny lui assure que, si elle ne dit rien, elle pourra vivre dans le luxe avec lui. Restée seule, Manon dit adieu à sa petite table. Dès son retour, Des Grieux est enlevé.

"Adieu, notre petite table"

ACTE III Devenue la maîtresse de Brétigny, Manon apprend que Des Grieux doit entrer au séminaire et se hâte d'aller le voir. Il ne l'a pas oubliée. Lorsqu'elle lui dit qu'elle l'aime toujours, ils s'enfuient ensemble.

Roberto Alagna, en chevalier Des Grieux, lit une lettre à Manon, ici Alexia Cousin, dans une production de l'Opéra Bastille, à Paris, en 2004.

ACTE IV Manon encourage Des Grieux à parier. Il gagne mais Guillot l'accuse d'avoir triché et convoque la police. Des Grieux est libéré mais Manon est condamnée à être déportée en Louisiane.

ACTE V Des Grieux et Lescaut espèrent libérer Manon. Les gardes sont achetés et les amants réunis. Mais Manon est trop épuisée pour bouger. Et lorsqu'ils évoquent leur bonheur passé, elle meurt dans les bras de Des Grieux.

WERTHER

Drame lyrique en quatre actes, 2 heures
1885-1887
16 février 1892, Hofoper, Vienne (Autriche)

Édouard Blau, Paul Milliet et Georges Hartmann, d'après le roman de Goethe, *Les Souffrances du jeune Werther* (1774)

Werther est le plus bel opéra de Massenet, même s'il est moins fréquemment représenté que *Manon*. Adapté du roman de Goethe, œuvre phare du mouvement romantique, il décrit une histoire d'amour qui se termine tragiquement par le suicide d'un homme, avec le pistolet que lui a procuré sa bien-aimée. *Werther* ayant été rejeté par l'Opéra-Comique de Paris, qui le trouvait trop sombre, il fut d'abord présenté à l'Opéra de Vienne. Massenet, fidèle au roman de Goethe, ne fait rien pour diminuer la tension des émotions. Au contraire, l'œuvre a une densité orchestrale wagnérienne, et l'amour désespéré de Werther comme la détresse de Charlotte sont soulignés par la poésie des récitatifs et le lyrisme intense des arias et des duos.

RÔLES PRINCIPAUX

Werther, *ténor*, poète de 23 ans
Le Magistrat, *basse*
Charlotte, *mezzo-soprano*, fille du Magistrat, âgée de 20 ans
Albert, *baryton*, fiancé de Charlotte
Sophie, *soprano*, fille du Magistrat, âgée de 15 ans
Schmidt, *ténor*, ami du Magistrat
Johan, *baryton*, ami du Magistrat

Le rôle de Charlotte est populaire parmi les chanteuses, parce que, pour une fois, elles n'expirent pas sur scène. « Charlotte renverse les rôles », remarqua Victoria de Los Angeles. « C'est l'homme qui meurt pour elle. »

L'INTRIGUE

À Francfort, en Allemagne, vers 1780

ACTE I En juillet, le Magistrat, veuf, fait répéter un chant de Noël à ses enfants. Ses amis Johan et Schmidt, en visite, apprennent que sa fille Charlotte, s'habille pour se rendre au bal. La conversation se porte sur Werther, un jeune homme mélancolique. Ils font aussi l'éloge d'Albert, le fiancé de Charlotte, parti en voyage d'affaires. Werther apparaît. Le Magistrat le présente à Charlotte et ils partent ensemble au bal, laissant Sophie, en charge des enfants. Espérant faire une surprise à Charlotte, Albert arrive à l'improviste. Plusieurs heures plus tard, Charlotte et Werther reviennent, bras dessus bras dessous. Werther déclare sa flamme à Charlotte mais celle-ci se dérobe. Apprenant qu'Albert est revenu, elle explique qu'elle a promis à sa mère mourante de l'épouser. Anéanti, Werther lui dit de tenir sa promesse.

"Mais vous ne savez rien de moi"

Affiche annonçant *Werther* à l'Opéra-Comique de Paris. Le théâtre avait tout d'abord refusé l'opéra, qui avait été créé à Vienne.

ACTE II Maintenant mariés depuis trois mois, Charlotte et Albert entrent dans l'église de la ville. Werther les observe de loin, désespéré. Lorsqu'il s'effondre sur un banc, Albert vient

"Un autre est son époux"

le consoler en disant qu'il sait ce qu'il a autrefois éprouvé pour Charlotte. Werther soutient qu'il ne souffre plus mais Sophie fait une remarque sur son âme troublée. Werther décide de quitter la ville puis voit Charlotte et lui ouvre de nouveau son cœur. Elle lui dit de partir et de ne pas revenir avant Noël. Sophie parle à Charlotte et à Albert, qui sait maintenant que Werther aime toujours Charlotte.

"Lorsque l'enfant revient"

ACTE III C'est la veille de Noël et Charlotte ne peut oublier Werther. Elle relit constamment ses lettres. Voyant les yeux rougis de sa sœur, Sophie remarque qu'elle est triste depuis que Werther est parti. Charlotte éclate en sanglots. Sophie la supplie de se joindre à la famille. Soudain, Werther apparaît. Charlotte dit que rien n'a changé. Elle désigne le poème d'amour qu'il traduisait avant son départ. Mais lorsqu'il le lit à haute voix, Charlotte le supplie d'arrêter. Il tente de l'embrasser et elle s'évanouit. Lorsqu'il la serre dans ses bras, elle s'enfuit. On apporte ensuite à Albert une lettre de Werther, lui demandant d'emprunter ses pistolets pour un long voyage. Albert ordonne à Charlotte de les donner au messager. Il sort d'un air furieux.

"Va ! Laisse couler mes larmes"

"Pourquoi me réveiller"

DANS L'OMBRE DE WAGNER

En adaptant *Les Souffrances du jeune Werther* (1774), de Goethe, Massenet prenait un gros risque. À la fin du XIXe siècle, *Tristan et Isolde* de Wagner avait donné une nouvelle définition de l'amour tragique, et les compositeurs français étaient mesurés à l'aune de l'opéra romantique allemand. Néanmoins, *Werther* fut chaleureusement accueilli à Vienne en 1892 et fut présenté à Paris un an plus tard. En dépit de sa musique parfois très sentimentale, Massenet considérait que cet opéra était sa plus grande réussite.

ACTE IV Charlotte trouve Werther mortellement blessé. Il ouvre les yeux et implore son pardon. Elle veut chercher de l'aide mais il préfère mourir, et lui parle de son amour. Finalement, elle avoue qu'elle l'aime aussi et ils s'embrassent. Peu à peu, Werther perd conscience. Il meurt pendant que les enfants chantent un cantique de Noël.

"Ah ! Ses yeux se ferment"

Charlotte Hellekant (Charlotte) résiste à Werther (Charles Clarke). Production de Sebastian Baumgarten, Deutsche Oper de Berlin, 2002.

GUSTAVE CHARPENTIER

Né le 25 juin 1860 à Dieuze (France)
Mort le 18 février 1956 à Paris

La renommée de Gustave Charpentier repose sur un seul opéra, *Louise*. Ce fils de boulanger fut un jeune musicien talentueux, qui étudia avec Massenet au Conservatoire de Paris et remporta le prix de Rome. Entre 25 et 30 ans, il composa deux œuvres orchestrales, *Impressions d'Italie* et *La Vie du poète*, ainsi que l'acte I de *Louise*. L'opéra eut un succès immédiat, son portrait de la classe moyenne valant même à Charpentier le surnom d'« Émile Zola de la musique ». Mais, à la différence de Zola, il ne voulait pas réformer la société. En 1913 son opéra *Julien* fut un fiasco, et il passa le reste de sa longue vie à recueillir les honneurs glanés avec *Louise*.

LOUISE

Roman musical en quatre actes (cinq tableaux), 2 heures ¼
1896-1899
2 février 1900, Opéra-Comique, Paris
Gustave Charpentier

RÔLES PRINCIPAUX

Louise, *soprano*, couturière
La mère de Louise, *mezzo-soprano*
Julien, *ténor*, poète « bohème »
Le père de Louise, *baryton*

Louise se déroule en 1900, l'année de sa création. Outre le fait qu'il dépeint de « vrais » parisiens, cet opéra parle aussi des différences de classe, et du désir d'une jeune femme d'être libre d'aimer. Si la partition est romantique, mélodique et naturaliste (avec des cris des rues de Montmartre), l'opéra fait constamment écho à Berlioz, Wagner, Gounod et Massenet. Mais Charpentier a passé plus d'une décennie à travailler la partition et le livret, créant un véritable événement théâtral avec pas moins de 19 solistes féminines, 20 solistes masculins et un vaste chœur. L'accessibilité de la musique et du thème garantissent la popularité de *Louise* : l'opéra a atteint sa 1000e représentation en 1956, l'année de la mort de Charpentier.

Le succès de *Louise* fut tel que les pairs de Charpentier ne purent l'ignorer : Saint-Saëns, Massenet et Poulenc le louèrent mais Richard Strauss le trouva peu original et Debussy le rejeta comme étant « de l'art idiot ».

Cette affiche de la première production de *Louise* montre les jeunes amants avec Paris en arrière-plan – le lieu où ils ont vécu leurs meilleurs moments.

L'INTRIGUE

À Paris, en 1900

ACTE I Un soir de printemps, Julien donne une sérénade à Louise et ils échangent des serments d'amour. En les entendant, la mère de Louise rappelle sa fille et l'avertit des dangers de s'éprendre d'un poète sans valeur. Elles se disputent lorsque le père de Louise arrive avec une lettre de Julien, qui demande la main de Louise. Sa mère est furieuse et son père lui conseille de patienter, rappelant à Louise l'importance de l'amour de ses parents. Il lui demande de lire le journal à haute voix. Elle lit un article sur Paris et éclate en sanglots.

"Ô coeur ami ! Ô coeur promis !"

ACTE II À Paris, à l'aube, des fêtards attardés se mêlent aux premiers ouvriers. Julien cherche la boutique de Montmartre où Louise travaille comme couturière. Il la voit arriver avec sa mère. Une fois seule, il la supplie de venir vivre avec lui. Bouleversée, elle regagne la boutique. Dehors, Julien lui donne la sérénade. Les ouvrières la taquinent jusqu'à ce qu'elle parte. Les jeunes filles la voient alors s'éloigner avec Julien.

"Elle va paraître"

ACTE III Vivant maintenant avec Julien, Louise parle de son bonheur. Dans une ambiance de fête, les amis de Julien couronnent Louise muse de Montmartre. Sur ces entrefaites, la mère de Louise arrive et la supplie de rentrer avec elle, disant que son père est mourant. Julien se méfie mais permet à Louise de partir.

"Depuis le jour"

ACTE IV Trois semaines plus tard, Louise coud dans la maison de ses parents. Son père va mieux mais il est amer et reproche à sa fille son ingratitude. Puis son humeur change et, prenant Louise sur ses genoux, il lui parle de nouveau de l'amour qu'il a pour elle. Voyant les lumières de Paris au loin, elle réclame sa liberté, afin de partager la vie de Julien. Furieux, son père ouvre la porte en grand et lui dit de partir. Lorsqu'elle s'enfuit, il la rappelle mais c'est trop tard. Regardant vers Paris, il maudit la ville qui lui a pris sa fille.

"Tout être a le droit d'être libre"

Renée Fleming est Louise (*à droite*), persuadant ses camarades qu'elle n'est pas amoureuse, dans la production de Lofti Mansouri à l'Opéra de San Francisco, en 1990.

CLAUDE DEBUSSY

Né le 22 août 1862 à Saint-Germain-en-Laye, près de Paris
Mort le 25 mars 1918, à Paris

Claude Debussy marqua son époque par sa musique sensuelle et inventive, laissant d'inoubliables compositions au piano et des poèmes symphoniques. Il est aussi l'auteur de *Pelléas et Mélisande*, véritable monument de l'histoire de l'opéra, qui rompait avec les structures tonales et les harmonies du XIXe siècle, et ouvrait la voie à la modernité.

Debussy entra au Conservatoire de Paris à 11 ans, et à 18 fut engagé comme accompagnateur par une millionnaire russe. Sa vie fut ensuite une longue suite d'aventures. Il remporta le prix de Rome en 1884 mais regagna Paris plus tôt que prévu pour retrouver sa maîtresse (une femme mariée). Jusqu'à l'âge de 40 ans, sa vie personnelle fut orageuse : une autre maîtresse et sa première femme firent une tentative de suicide. Pourtant, il resta productif, créant des œuvres aussi mémorables que *Clair de lune* (1890), *Prélude à l'après-midi d'un faune* (1894) et *La Mer* (1905). *Pelléas et Mélisande* fut son seul opéra, même si *Le Martyre de Saint-Sébastien* est parfois mis en scène. Sa mort prématurée à 55 ans, d'un cancer, mit fin à une carrière brillante.

UN AMOUREUX DES ARTS

Debussy trouva son inspiration musicale chez Wagner et Moussorgski mais il s'intéressa aussi à d'autres formes d'art. On l'a qualifié d'« impressionniste musical » à cause de l'influence de Monet et de Turner sur sa musique, mais il a aussi composé des œuvres nées de sa rencontre avec les peintures préraphaélites. « J'aime la peinture presqu'autant que la musique », déclara-t-il. La littérature l'intéressait aussi : il mit en musique des poèmes symbolistes, et espéra longtemps adapter deux histoires d'Edgar Poe pour l'opéra.

Claude Debussy au piano près de Jeanne Chausson, l'épouse de son ami compositeur Ernest Chausson, dans la maison parisienne des Chausson.

LE MARTYRE DE SAINT-SÉBASTIEN

Mystère en cinq mansions, 2 heures
1910-1911
22 mai 1911, Théâtre du Châtelet, Paris
Gabriele d'Annunzio

Le Martyre de Saint-Sébastien exprimait l'idéal d'art total de Debussy : la pièce de d'Annunzio rassembla ainsi la danse d'Ida Rubinstein sur une chorégraphie de Michel Fokine et un décor de Léon Bakst. La partition inclut des solos, des chœurs et un accompagnement. Fraîchement accueillie lors de sa création, l'œuvre n'a cessé d'intéresser en raison de la charge érotique de Saint Sébastien en amant de Dioclétien.

Avant la première, l'archevêque de Paris mit en garde les chrétiens contre un spectacle dans lequel une femme juive dansait le rôle de Saint Sébastien et s'écriait : « encore, encore ! » sous les flèches qui la transperçaient.

RÔLES PRINCIPAUX

Le narrateur, *rôle parlé*
Sébastien, *rôle parlé et dansé*, officier de l'armée romaine
Dioclétien, *rôle parlé*, empereur de Rome
Marc, *soprano*, victime sacrificielle
Marcellien, *contralto*, victime sacrificielle
La vierge Erigone, *soprano*

L'INTRIGUE

Rome, vers 288

MANSION I **LA COUR DES LYS** Le narrateur invite le public à voir la vie de Sébastien comme les décors de cinq vitraux. Dans le premier, les jumeaux Marc et Marcellien sont torturés sur la place publique. Sébastien demande à Dieu de lui envoyer un signe. Lorsqu'il danse sur des charbons ardents, des lys émergent du sol.

MANSION II **LA CHAMBRE MAGIQUE** Sébastien renverse les fausses idoles, entre dans le temple de la vierge Erigone, et triomphe des forces païennes. Une autre vierge chante une lamentation.

"Qui pleure mon enfant si doux"

MANSION III **LE CONCILE DES DIEUX** Durant le concile des faux dieux, l'empereur Dioclétien salue Sébastien comme étant « un beau jeune homme » qu'il veut couronner. Sébastien déclare qu'il a déjà une couronne, forgée par la foi et la prière. Dioclétien, amoureux, insiste. Lorsque le jeune homme mime la passion du Seigneur et refuse la lyre de l'empereur, Dioclétien ordonne qu'on le tue.

"Il est mort, le bel Adonis"

Vu-An Eric, dans le rôle de Saint-Sébastien, affronte les flèches mortelles dans cette production de 1986 montée à Milan, Salzbourg et Bruxelles.

MANSION IV **LE LAURIER BLESSÉ** Dans le laurier d'Apollon, Sébastien reçoit chaque flèche en criant : « Encore ! ». Seul, il voit les stigmates sur ses mains et s'abandonne à une extase sacrée.

MANSION V **LE PARADIS** L'âme de Sébastien arrive au paradis, accueillie par des chœurs de martyrs, de vierges, d'apôtres et d'anges chantant à l'unisson.

PELLÉAS ET MÉLISANDE

✍ Drame lyrique en cinq actes (12 tableaux), 3 heures ¼
⧗ 1893 (rév. 1900-1902)
30 avril 1902, Opéra-Comique, Paris
Hector Berlioz, d'après la pièce de théâtre de Maurice Maeterlinck (1891)

Pelléas et Mélisande jouit d'une situation unique dans l'histoire de l'opéra car il appartient déjà au XXe siècle, même si on entend dans l'œuvre des échos wagnériens de *Tristan et Isolde* et de *Parsifal*. En effet, en écrivant sur la pièce de Maeterlinck, une œuvre clé du théâtre symboliste, Debussy sortit des limites de son siècle. Il créa un monde éternel dans lequel les personnages communiquent dans le langage symbolique de la passion contenue. Épris de poésie, Debussy accorde la musique à la partie vocale sans aucune interruption. Ainsi, les paroles deviennent un mélange exquis de chants déclamatoires et de récitatifs, la partition jouant le rôle de « décor musical », selon les termes de Debussy. Il en résulte une atmosphère sensuelle, onirique et presque hypnotique, qui convient parfaitement à la tragédie qui s'y déroule.

Maeterlink essaya de saboter l'adaptation de sa pièce par Debussy, après que la soprano écossaise Mary Garden eut été choisie pour incarner Mélisande lors de la première, au lieu de Georgette Leblanc,sa maîtresse.

RÔLES PRINCIPAUX

Mélisande, *soprano,* mystérieuse et fragile jeune femme

Golaud, *baryton,* prince qui épouse Mélisande

Pelléas, *ténor ou baryton,* demi-frère de Golaud

Arkel, *basse,* roi d'Allemonde et grand-père de Pelléas et de Golaud

Geneviève, *mezzo-soprano,* fille d'Arkel, mère de Pelléas et de Golaud

Yniold, *soprano,* jeune fils de Golaud, d'un premier mariage

Un médecin, *basse*

Un berger, *baryton*

L'INTRIGUE

Le royaume imaginaire d'Allemonde

ACTE I Perdu dans une forêt, le prince Golaud, veuf, rencontre une jeune fille qui pleure. Il lui propose d'aller chercher sa couronne dans un étang, mais la jeune fille, terrifiée, refuse. Finalement, disant qu'elle s'appelle Mélisande, elle suit Golaud. Six mois plus tard, Geneviève apprend que Golaud, son fils, a épousé Mélisande et veut faire la paix avec Arkel, son grand-père. Golaud demande à son demi-frère Pelléas d'allumer une lanterne sur la tour du château pour lui signaler s'il peut revenir. Plus tard, résidant dans le château, Mélisande marche avec Geneviève lorsque Pelléas les rejoint. Il est troublé. Lorsqu'ils regardent un navire s'éloigner, Pelléas annonce que lui aussi partira bientôt.

ACTE II Pelléas conduit Mélisande à une fontaine. Lorsqu'elle touche l'eau, la bague que lui a donnée Golaud tombe. Au même instant, Golaud est jeté à bas de son cheval. Lorsque Mélisande le soigne, il remarque

Mireille Delunsch est Mélisande, et José Van Dam est Golaud dans la production de Robert Wilson à l'Opéra Bastille, à Paris, en 2004.

qu'elle n'a plus sa bague. Elle dit qu'elle l'a perdue dans une grotte près de la mer. Il l'envoie la chercher et ordonne à Pelléas de la suivre. Mélisande a peur mais Pelléas insiste pour qu'ils rentrent dans la grotte.

ACTE III Mélisande se peigne devant sa fenêtre lorsque Pelléas l'appelle. Il veut lui baiser la main mais ne peut l'atteindre. Soudain, ses longs cheveux tombent en cascade et Pelléas s'y enveloppe passionnément. Golaud apparaît et les réprimande. Devant les caves du château, Golaud met Pelléas en garde, lui demandant de ne pas approcher Mélisande, qui est enceinte et fragile. Golaud demande à son fils Yniold d'épier discrètement dans la chambre de Mélisande. Yniold la voit avec Pelléas mais ils regardent une lumière en silence.

"Mes longs cheveux descendent"

ACTE IV Pelléas a besoin de voir Mélisande seule et ils se rencontrent devant la fontaine. Arkel tente de réconforter Mélisande. Golaud arrive et, insultant la jeune femme, la frappe et la traîne par les cheveux. Pelléas avoue son amour à Mélisande. « Je t'aime aussi », répond-elle. Ils entendent un bruit et comprennent qu'ils sont condamnés. Lorsqu'ils s'embrassent, Golaud tue Pelléas.

"On dirait que ta voix"

ACTE V Mélisande est allongée, blessée, dans son lit et demande à voir le soleil couchant. Elle appelle Golaud et il lui demande de lui pardonner. Alors il l'interroge : « Aimais-tu Pelléas ? ». « Eh bien oui », répond-elle. Était-ce un amour « interdit » ? Mélisande nie mais il ne la croit pas. On lui amène son bébé. Elle est trop faible pour le tenir dans ses bras, et expire sans bruit. Arkel prend l'enfant en disant : « Il doit vivre maintenant à sa place. »

"Ouvrez la fenêtre"

"Est-ce vous, Golaud ?"

vers 1830-1960

L'opéra russe

L'OPÉRA RUSSE ÉMERGEA DANS les années 1830 en réaction à la suprématie de la culture européenne, notamment celle de l'opéra italien. Les jeunes compositeurs firent assaut de nationalisme, exploitant l'histoire, la religion et le folklore russes pour en tirer sujets de livrets et mélodies. Ils créèrent un corpus spécifiquement russe, à la fois dramatique et romantique.

RACINES IMPÉRIALES

En 1712, Pierre le Grand déplaça sa capitale de Moscou à Saint-Pétersbourg, afin d'ouvrir la Russie à l'influence modernisante de l'Europe. Ce processus fut accéléré par la Grande Catherine, née en Allemagne, qui s'inspira de la cour de Versailles. En 1783, l'opéra faisant fureur en Europe occidentale, elle ordonna au nouveau Théâtre Bolchoï de Saint-Pétersbourg de représenter autant d'opéras que de pièces de théâtre.

LE FONDS LITTÉRAIRE RUSSE

L'impulsion d'un art national fut donnée par les poètes du début du XIXe siècle, comme Vassily Zhukovsky, Konstantin Batyushkov et bien sûr Alexandre Pouchkine. Ces auteurs, en découvrant une spécificité russe dans le folklore et l'histoire antérieures aux Romanov, ont permis l'émergence d'un opéra en russe, qui explorait des thèmes nationaux. Et depuis Mikhaïl Glinka, qui a été à l'avant-garde de la nouvelle école de musique nationaliste, l'opéra russe s'est essentiellement inspiré de la littérature nationale.

Glinka est donc considéré comme le « père » officiel de l'opéra russe, avec *Zhizn'za tsarya (Une Vie pour le Tsar)*,

Le somptueux Théâtre Mariinsky à Saint-Pétersbourg, berceau de l'opéra russe, a suivi l'exemple du Royal Opera House de Londres en rénovant ses coulisses.

connue aussi sous le titre d'*Ivan Susanin* (1836), histoire patriotique d'un paysan qui sauva un tsar ; et *Ruslan i Lyudmila* (1842), un conte féerique tiré d'un poème de Pouchkine. Ces opéras ont connu un immense succès, surtout parce qu'on y retrouvait des mélodies populaires et des chants liturgiques orthodoxes russes.

Alexandre Dargomijski développa un style de chant déclamatoire, combinant aria et récitatif, qui allait devenir caractéristique de l'opéra russe, dans *Rusalka*, créé en 1856, et dans *Kamenny Gost (Le Convive de Pierre)*, mis en scène en 1872, après la mort du compositeur. Aucun de ces deux opéras n'eut de succès mais Dargomijski renforça l'idée que la musique russe n'avait rien à envier à l'Italie ou à l'Allemagne. C'est dans cet esprit nationaliste que s'ouvrit le Théâtre Mariinsky à Saint-Pétersbourg (en 1860), et les conservatoires de musique de Saint-Pétersbourg (1862) et de Moscou (1866).

Valery Gergiev, directeur artistique du Théâtre Mariinsky à Saint-Pétersbourg, a largement contribué à faire connaître l'opéra russe en Occident.

Affiche d'avant-garde annonçant la première de *Lady Macbeth du District de Mtsensk* en 1934. Par la suite, l'opéra fut interdit.

LE GROUPE DES CINQ

Dans le sillage de Dargomijski, le nationalisme romantique devint le leitmotiv d'un groupe de jeunes compositeurs autodidactes, connu en Occident sous le nom de groupe des Cinq, et en Russie sous le nom de *Moguchaya Kuchka* « Le puissant petit groupe »). Mily Balakirev, le fondateur et César Cui, également critique musical, donnèrent au mouvement un caractère politique tandis que Modeste Moussorgski, Alexandre Borodine et Nikolaï Rimski-Korsakov, s'attachèrent à transformer l'opéra russe. Moussorgski devint ainsi le « Verdi » incontesté de Russie. La première de 1862 de l'opéra de Verdi, *La Forza del destino*, à Saint-Pétersbourg, a en effet certainement influencé le compositeur pour *Boris Godounov* (1874), le premier de ses deux grands « drames musicaux nationaux ». Son autre grande œuvre, *Khovanshchina*, fut terminée par Rimski-Korsakov et mise en scène en 1886, cinq ans après la mort du compositeur. Jusqu'à ce jour, ces vastes tableaux historiques, riches en chœurs et en spectacles, restent des monuments élevés à l'âme russe.

Tout aussi passionnant, mais moins représenté, le drame politique, *Kniaz Igor (Le Prince Igor)* de Borodine, également inachevé à sa mort en 1887, fut terminé par Rimski-Korsakov et Alexandre Glazounov, et mis en scène en 1890.

Rimski-Korsakov était le plus prolifique du groupe, et composait aussi de la musique orchestrale. En 1873, il puisa dans l'histoire russe le sujet de son premier opéra, *Pskovityanka (La Jeune Fille de Pskov* ou *Ivan Le Terrible)*. Dans des opéras ultérieurs, il s'inspira souvent du folklore russe. Son œuvre la plus populaire, *Zolotoi petushok (Le Coq d'Or)*, un conte féerique dont le héros est un roi inepte, peut être interprétée comme une satire politique.

TCHAÏKOVSKI LE ROMANTIQUE

Piotr Tchaïkovski était élève d'Anton Rubinstein, célèbre pianiste et compositeur qui ne cachait pas son aversion pour les nationalistes. S'il lui était difficile d'ignorer le groupe des Cinq, Tchaïkovski trouva un mode d'expression plus cosmopolite en composant une musique orchestrale et une musique de ballet profondément romantiques, ainsi que des opéras dont le thème universel était l'« amour tragique ». Deux de ces opéras ont été acclamés dans le monde entier : *Yevgeny Onegin* (1879) et *Pikovaya Dama (La Dame de Pique)*, créé en 1890, trois ans avant sa mort.

C'est Rimski-Korsakov qui transmit le mieux la tradition russe grâce à ses élèves Igor Stravinsky et Sergueï Prokofiev. Ces deux compositeurs ont quitté la Russie alors qu'ils étaient âgés d'une trentaine d'années. Ils ont absorbé d'autres influences, mais une forte connotation russe est toujours perceptible dans leur musique.

Stravinsky rejoignit les Ballets russes de Diaghilev à Paris, où il s'installa après la Révolution russe jusqu'à

Pendant la période soviétique, le gouvernement contrôlait la culture comme le montre la propagande qui orne le théâtre Bolchoï de Moscou.

L'OPÉRA RUSSE

1825

- **1836** *Zhizn'za tsarya* de Glinka
- **1837** Mort de Pouchkine
- **1842** *Ruslan i Lyudmila* de Glinka

1850

- **1856** *Rusalka* de Dargomijski
- **1860** Ouverture du Théâtre Mariinsky à Saint-Pétersbourg
- **1862** Première de *La Forza del destino* de Verdi à Saint-Pétersbourg
- **1873** *Pskovityanka* de Rimski-Korsakov
- **1874** *Boris Godounov* de Moussorgski

1875

- **1879** *Yevgeny Onegin* de Tchaïkovsky
- **1886** *Khovanshchina* de Moussorgski

son départ pour les États-Unis en 1940. Ses premières œuvres vocales furent modernistes : on qualifia *Solovyei (Le Rossignol)* d'histoire lyrique, et *Oedipus Rex* d'opéra-oratorio. Mais son seul opéra long, *The Rake's Progress*, reste empreint d'un lyrisme mozartien.

ALEXANDRE POUCHKINE

L'arme secrète de l'opéra russe a été son étroite association avec la littérature populaire. Ainsi, en Russie, depuis le XIXe siècle, les amateurs d'opéras sont généralement familiers des histoires mises en musique. Certaines intrigues ont été empruntées à Gogol, Dostoïevski et Tolstoï mais l'écrivain russe qui inspira le plus d'opéras – pas moins de 23 – est Alexandre Pouchkine, le poète le plus populaire de Russie. Son œuvre extraordinairement éclectique a en effet permis à des compositeurs aussi différents que Glinka, Moussorgski, Tchaïkovski, Rimski-Korsakov et Stravinsky de s'en inspirer.

L'OMBRE DE STALINE

Prokofiev quitta la Russie en 1917, pour des raisons plus professionnelles que politiques. À l'étranger, il écrivit plusieurs opéras, dont *Igrok (Le Joueur)* pour Bruxelles ; *Lyubov k tryom apelsinian (L'Amour des trois oranges)* pour Chicago ; et *Ognenny Angel* (*L'Ange de feu*) pour Paris. Bien qu'il n'ait jamais rompu avec Moscou, son retour en 1936 fut un désastre. Le « réalisme socialiste » venait d'être promu doctrine artistique du régime, et les exécutions et disparitions des ennemis de Staline n'épargnaient plus le monde artistique.

Ainsi, en 1936, Dimitri Chostakovitch, qui avait déjà composé *Nos (Le Nez)*, vit son deuxième opéra d'avant-garde, *Ledi Makhet Mtsenkovo Uyezda* mis à l'index par le régime. Bientôt, seule la musique mélodique « russe » fut acceptée. Même l'adaptation patriotique que Prokofiev fit du grand roman de Tolstoï *Voina i mir (Guerre et paix)*, fut considérée comme politiquement suspecte. En 1948, dans l'infamant décret *Jdanov*, Prokofiev et Chostakovitch furent parmi les compositeurs stigmatisés pour avoir négligé la beauté en faveur du « formalisme ». Les menaces étouffaient la créativité, si bien que durant les quatre décennies suivantes, aucun nouvel opéra d'importance ne fut composé. Les théâtres russes produisaient des classiques du XIXe siècle, tandis que seuls *Boris Godounov* et *Eugène Onéguine* figuraient la modernité russe à l'étranger. Mais depuis l'effondrement de l'Union soviétique en 1991, l'opéra s'est de nouveau fait le porte-drapeau de l'« esprit russe », et des opéras depuis longtemps oubliés entrent maintenant dans le répertoire de compagnies et de théâtres du monde entier.

1900

1909 *Zolotoi petushok (Le Coq d'Or)* de Rimski-Korsakov

1917 Révolution bolchévique

1921 *Lyubov k tryom apelsinam (L'Amour des trois oranges)* de Prokofiev

1924 Mort de Lénine

1925

1934 *Ledi Makbet Mtsenkovo Uyezda* de Chostakovitch

1945 *Voina i mir (Guerre et Paix)* (inachevé) de Prokofiev

1950

1951 *The Rake's Progress* de Stravinsky

1953 Mort de Staline

MIKHAÏL IVANOVITCH
GLINKA

Né le 1er juin 1804 à Novospasskoïe (Russie)
Mort le 15 février 1857 à Berlin (Allemagne)

Mikhaïl Ivanovitch Glinka est le père officiel de l'opéra russe. Après avoir étudié la musique à Saint-Pétersbourg, il voyagea en Italie où il fut fasciné par Bellini et Donizetti. À son retour, il décida d'écrire un opéra en russe sur son pays, où l'on entendrait des échos de chansons populaires slaves et de musiques religieuses : *Ivan Susanin*, ou *Une Vie pour le tsar*, fut un succès immédiat. Glinka mit cinq ans à écrire son opéra suivant, le conte *Rousslan et Ludmilla*, qui fut fraîchement accueilli. Pourtant la couleur russe de ses arias, de ses chœurs et de son orchestration allait définir la musique « nationaliste » russe tout au long du XIXe siècle.

RUSLAN I LYUDMILA

(Rousslan et Ludmilla)

✍ Opéra en cinq actes, 3 heures ¼
⌛ 1837-1842
🎭 9 décembre 1842 au Théâtre Impérial, Saint-Pétersbourg (Russie)
📖 Konstantin Bakhturin, Valerian Shirkov, et d'autres, d'après le poème d'Alexandre Pouchkine

Rousslan et Ludmilla est considéré comme la pierre de touche de l'opéra russe. Ce n'était ni le premier opéra de Glinka, ni le premier à parler de la Russie mais son influence fut fondamentale. Jusque-là, l'opéra italien dominait à Saint-Pétersbourg et l'on entend encore des échos de *bel canto* dans cette partition. Mais l'intrigue féerique, les somptueux costumes, les chœurs émouvants, les danses endiablées et une connotation décisivement orientale situent bien *Rousslan et Ludmilla* en Russie. Le livret, écrit par cinq amateurs, est inégal. Mais cela ne diminue pas le plaisir d'entendre ses délicieuses arias, dont l'une des plus belles est « *I zhar, i znoi smenila nochi ten* », chanté par Ratmir.

RÔLES PRINCIPAUX

Svietosar, *basse*, prince de Kiev
Ludmilla, *soprano*, sa fille
Rousslan, *baryton*, chevalier fiancé à Ludmilla
Ratmir, *contralto*, prétendant de Ludmilla
Gorislava, *soprano*, esclave de Ratmir
Naina, *mezzo-soprano*, méchante fée

La mort prématurée de Pouchkine en duel l'empêcha d'adapter son poème en livret. Une autre raison expliquant les confusions de l'intrigue est que Konstantin Bakhturin en aurait fait l'ébauche en trois heures, complètement ivre.

Décor sophistiqué de Boris Bilinsky pour une production parisienne de 1930, représentant le château du Grand Prince de Kiev.

L'INTRIGUE

En Russie, vers le IXe siècle

ACTE I Svietosar, prince de Kiev, a convoqué la cour en l'honneur des prétendants de sa fille Ludmilla. Elle préfère le guerrier Rousslan au prince oriental, Ratmir, et au guerrier Farlaf. Le troubadour Bayan chante la beauté de l'amour. Ludmilla se dit triste de quitter sa maison, et heureuse d'épouser Rousslan. Soudain, la cour est plongée dans l'obscurité et lorsque la lumière revient, Ludmilla a disparu. Affolé, Svietosar offre la main de sa fille et la moitié de son royaume à celui qui la ramènera.

"Grustno mne, roditel' dorogoi"

ACTE II Le bon magicien Finn dit à Rousslan que Ludmilla a été enlevée par Tchernomor, un méchant nain. Finn met Rousslan en garde contre la sorcière Naina. Celle-ci ordonne à Farlaf d'attendre son tour. Rousslan, errant sur un champ de bataille, se consume de mélancolie. Soudain une tête géante apparaît, qui dit être le frère de Tchernomor. Dans un bref combat, Rousslan récupère une épée qui lui permettra de vaincre le nain.

"O pole, pole"

ACTE III Arrivant au palais de Naina, Ratmir est courtisé par ses servantes, et se désintéresse rapidement de Gorislava, une esclave qui l'aime. Ensorcelé par Naina, Rousslan s'éprend d'elle. Mais Finn met fin à cette fascination. Ratmir retrouve Gorislava et Rousslan part à la recherche de Ludmila.

"I zhar, I znoi smenila nochi ten"

ACTE IV Enfermée au château de Tchernomor, Ludmilla se languit de Rousslan et se lamente sur son sort. Lorsque Rousslan approche, Tchernomor endort la jeune fille et sort combattre le guerrier. Rousslan entre, tenant triomphalement la longue barbe dans sa main. Mais il est impossible de réveiller Ludmilla. Rousslan se demande si elle l'a trahi puis décide de l'emmener à Kiev.

"Vdali ot milogo"

ACTE V Ratmir, épris de Gorislava, devient l'allié de Rousslan. Mais Farlaf enlève Ludmilla qui continue à dormir. Finn donne alors à Ratmir une bague qui brisera le sortilège de Tchernomor. Et lorsque Rousslan trouve Ludmilla à Kiev, la magie de la bague opère. Ils se marient enfin et la cour se réjouit.

Yevgeny Nikitin (Rousslan), attend que Svietosar (Gennady Bezzubenkov) l'unisse à Ludmila (Lyudmila Dudinova), au Théâtre Mariinsky à Saint-Pétersbourg.

« Assez d'écrire pour le plaisir.
Il faut se donner tout entier au peuple.
C'est ce dont l'art a besoin. »

Modest Petrovitch Moussorgski

MODEST PETROVITCH
MOUSSORGSKI

Né le 21 mars 1839 à Karevo (Russie)
Mort le 28 mars 1881 à Saint-Pétersbourg (Russie)

Modest Petrovitch Moussorgski, le plus nationaliste des compositeurs russes, est surtout connu pour son épopée opératique, *Boris Godounov*, et pour son cycle de mélodies décrivant la vie ordinaire. Rejetant « l'art pour l'art », sa musique vocale reflète les inflexions et les intonations du langage parlé, dans des arias déclamatoires et des chœurs évoquant l'église orthodoxe et la tradition populaire.

Destiné à une carrière militaire, Moussorgski entra à 17 ans à la Garde impériale. Sa mère lui avait pourtant donné des leçons de piano et son père avait encouragé son amour pour la musique. À 19 ans, après une dépression nerveuse, il quitta l'armée. Il fut autodidacte, mais reçut quelques leçons du compositeur Mily Balakirev.

Une première visite à Moscou, la découverte de la musique de Mikhail Glinka et sa rencontre avec Balakirev éveillèrent ses sentiments patriotiques, qui lui inspirèrent son cycle de mélodies pour voix, *Detskaya (Enfantines)*, et *Boris Godounov*. Après un premier rejet et une révision considérable, cet opéra fut enfin créé et applaudi par le public – sinon par la critique – en 1874.

À cette époque, l'alcoolisme ravageait la vie du compositeur. Des périodes de sobriété lui permirent de composer ses plus grandes œuvres mais il rechuta. Début 1881, on diagnostiqua chez lui une épilepsie alcoolique et il mourut une semaine après son 42e anniversaire. *Khovanshchina* devait être le deuxième volet d'une trilogie d'opéras historiques. Inachevé à sa mort, il fut terminé par Rimski-Korsakov. Moussorgski est resté célèbre pour sa suite pour piano, *Tableaux d'une exposition*, mais c'est *Boris Godounov* qui l'inscrit dans l'histoire de l'opéra.

Vladimir Matorin exprime le pouvoir et l'angoisse de Boris Godounov dans une somptueuse production du Théâtre Bolchoï de Moscou, présentée au Royal Opera House de Londres en 1999.

PREMIÈRES REPRÉSENTATIONS

1870

1874 Boris Godounov

1886 Khovanshchina

1880

1881 Mort du compositeur

1890

1900

1909 Zhenit'ba (Le Festin)

1910

1913 Sorochinskaya Yarmuka (La Foire de Sorotchintzy)

1920

BORIS GODOUNOV

✍ Drame musical national en un prologue et quatre actes, 3 heures ¼
⌛ 1868-1869 (rév. 1871-1872)

8 février 1874, Théâtre Mariinsky, Saint-Pétersbourg (Russie)
📖 Moussorgski, d'après le drame de Pouchkine

Sous toutes ses facettes, *Boris Godounov* est le plus russe des opéras, grandiose et sombre spectacle dans lequel le peuple joue le rôle central. Moussorgski y consacra beaucoup d'énergie : il en écrivit le livret, en condensant la tragédie de Pouchkine, et révisa complètement la partition après qu'elle eut été rejetée par le Théâtre Mariinsky. Les Romanov ne pouvaient qu'accepter l'intrigue de l'opéra, qui portait sur les désordres de la Russie au début du XVIIe siècle, bien avant leur accession au pouvoir. De plus, l'opéra glorifiait la patrie en dépeignant la résistance russe à l'invasion polonaise. Mais c'est surtout par l'écho des chansons folkloriques russes et des chants orthodoxes, dans les chœurs et les arias, que *Boris Godounov* donne un tableau de l'histoire troublée de la Russie.

RÔLES PRINCIPAUX

Boris Godounov, *basse*, tsar de Russie

Fedor, *mezzo-soprano*, son fils

Xenia, *soprano*, sa fille

Gregori, *ténor*, faux Dimitri

Marina Mniszek, *mezzo-soprano*, princesse polonaise

Prince Chouïski, *ténor*, conseiller de Boris Godounov

Pimen, *basse*, moine

L'idiot, *ténor*, un innocent

Moussorgski tira son livret de la pièce de Pouchkine mais fut aussi influencé par *Macbeth* de Shakespeare, l'histoire d'un autre tyran qui obtint le pouvoir par le crime, provoquant une invasion étrangère.

L'INTRIGUE

En Russie et en Pologne entre 1598 et 1605

PROLOGUE Devant le monastère de Novodevich, des gardes ordonnent à la foule de prier. Le peuple supplie Boris Godounov de succéder au tsar Fedor. À Moscou, une procession entre dans la cathédrale. La foule acclame le nouveau tsar mais Boris est rempli d'appréhension.

Maquette de décor d'Alexander Golowin, montrant la somptueuse mise en scène qui a longtemps été associée avec les productions russes de cet opéra.

ACTE I Cinq ans plus tard dans le monastère de Chudvov, le vieux moine Pimen écrit une histoire de la Russie ♁. Devant Gregori, un autre moine, Pimen évoque Ivan Le Terrible et son fils Fedor. Pimen dit que les assassins de Dimitri, le demi-frère de Fedor, ont avoué qu'ils avaient été envoyés par Boris. Il remarque que Dimitri aurait maintenant l'âge de Gregori. Dans une auberge près de la frontière lituanienne, Gregori, en fuite, arrive avec deux moines vagabonds. La police vient l'arrêter et il s'échappe.

"Yeshcho odno"

ACTE II Boris console sa fille et dit à son fils de travailler dur. Mais l'image d'un enfant ensanglanté hante son

"Dostig ya vysshei vlasti"

sommeil ♁. Chouïski annonce qu'un faux prétendant au trône, appelé Dimitri, a le soutien de Rome et de la Pologne. Boris déclare qu'un enfant mort ne peut défier un tsar couronné mais se demande si l'enfant assassiné était bien Dimitri. Lorsque Chouïski décrit les blessures sur le corps de l'enfant, Boris voit le fantôme de Dimitri. Paniqué, il implore la pitié de Dieu pour le « coupable tsar Boris ».

ACTE III Dans un château en Pologne, Marina, la fille du gouverneur, rêve de devenir tsarine ♁. Le jésuite Rangoni la presse de convertir les orthodoxes russes au catholicisme. Pour cela, dit-il, elle doit séduire Dimitri (qui est en fait Gregori). Marina proteste mais Rangoni la réprimande. Il dit à « Dimitri » que Marina l'aime ♁. Celle-ci déclare que seul le trône de Russie l'intéresse. Elle provoque « Dimitri » puis lui déclare son amour lorsqu'il relève le défi.

"Skuchno Marine, akh kak skuchno-to !"

"V polnoch', v sadu, u fontana"

FÉDOR CHALIAPINE

Fédor Chaliapine, le grand chanteur russe (*ci-dessous*), avait à peine 20 ans lorsqu'il chanta le rôle de Boris en 1895, et il le reprit fréquemment pendant une trentaine d'années dans toute l'Europe et les États-Unis. Acclamé pour sa remarquable voix de basse et sa superbe présence sur scène, il fut aussi célèbre pour son interprétation des opéras de Rimski-Korsakov, de Verdi, de Rossini et de Mozart. Chaliapine quitta l'Union soviétique en 1922 et mourut en 1938.

ACTE IV Boris, à demi fou, apparaît au conseil des boyards et imagine le petit Dimitri vivant. Lorsque des enfants volent son dernier kopeck à un idiot, il supplie Boris de les tuer tout comme il a tué Dimitri. Boris lui demande de prier pour lui mais l'idiot dit qu'il ne peut prier pour Hérode. Pimen rapporte qu'il y a eu un miracle devant la tombe de Dimitri. Mourant, Boris nomme son fils comme successeur et expire ♁. Dans une forêt, « Dimitri » demande au peuple de le suivre. Puis l'idiot pleure des larmes amères sur la Russie ♁.

"Ostav'te nas ! Ujdite vse"

"Leytes, leytes, Slyozy gor'kiye"

Evgeny Akimov, (l'idiot) dans une production du Kirov Opera présentée au Royal Opera House de Londres en 2005.

KHOVANSHCHINA

(La Khovantchina)

Drame musical national en cinq actes, 3 heures
1872-1870 (terminé par Rimski-Korsakov 1884-1886)
21 février 1886, Théâtre Kononov, Saint-Pétersbourg (Russie)
Modest Petrovitch Moussorgski

Dans *La Khovantchina*, Moussorgski traite de la période troublée de la fin du XVIIe siècle, qui vit l'accession au trône de Pierre le Grand et la naissance de la Russie moderne. Conçu comme le deuxième volet d'une trilogie, ce spectacle mêle les passions individuelles aux querelles religieuses et politiques, au cœur de l'identité russe. La mort empêcha Moussorgski d'achever cet opéra, à qui il avait consacré huit ans. Il fut terminé par Nikolaï Rimski-Korsakov et ré-orchestré par Dmitri Chostakovitch en 1960, qui préserva la couleur musicale de Moussorgski et ses arias déclamatoires, ainsi que ses chœurs puissants évoquant la Russie. La plupart des personnages sont historiques sauf le rôle pivot de Martha.

Une des particularités de cet opéra est que le héros principal n'apparaît jamais : à l'époque, aucun Romanov ne pouvait être représenté sur scène. Ainsi, le jeune Pierre le Grand planifia sa victoire hors de la vue du public.

RÔLES PRINCIPAUX

Prince Ivan Khovanski, *basse,* chef des Streltsy

Prince André Khovanski, *ténor,* son fils

Prince Vassili Golitzine, *ténor,* allié du tsar

Chaklovity, *basse ou baryton,* boyard (aristocrate) allié du tsar

Dosifeï, *basse,* chef des Vieux Partisans

Martha, *mezzo-soprano,* membre des Vieux Partisans éprise du prince André

Susanna, *soprano,* membre des Vieux Partisans

Emma, *soprano,* jeune fille du quartier allemand courtisée par le prince André

L'INTRIGUE

À Moscou (en Russie), entre 1682 et 1689

ACTE I Après la mort du tsar Alexis, sa fille, Sophia assure la régence pour ses fils Ivan et Pierre. Sophia et son ancien amant, le prince Golitzine, combattent les Vieux Partisans, qui refusent les réformes. Certains soutiennent la milice des Streltsy, qui défend le féodalisme. Le boyard Chaklovity a prévenu Sophia, par une lettre anonyme, que Khovanski intrigue pour mettre son fils André sur le trône. Lorsqu'un scribe lit à haute voix la déclaration des Streltsy Khovanski dénonce les idées occidentales ennemies de la Russie. André poursuit Emma, de ses assiduités. Lorsqu'il tente de l'embrasser, il en est empêché par Martha, son ancienne maîtresse, qui fait maintenant partie des Vieux Partisans. Khovanski désire aussi Emma, mais Dosifeï, protège la jeune fille et en appelle à Khovanski pour sauver la vraie foi.

"Deti, deti moi"

Costumes richement décorés, par l'artiste russe Leon Bakst (1913), reflétant l'importance religieuse et historique de cet opéra pour la Russie tsariste.

ACTE II Golitzine lit une lettre de Sophia rappelant leur passion et demandant son aide. Puis Martha lui prédit disgrâce et exil. Furieux, il ordonne de la noyer. Khovanski et

John Tomlinson (Dosifeï, Chef des Vieux Partisans, appelle ses compagnons dans une production de Francesca Zambello à l'English National Opera en 2003.

Dosifeï arrivent et les trois hommes discutent du sort de la Russie. Martha revient, disant qu'un serviteur de Golitzine a essayé de la tuer. Elle est suivie de Chaklovity, qui annonce que Pierre le Grand enquête sur la conspiration de Khovanski.

ACTE III Martha évoque son amour pour André ♁ mais Susanna, membre des Vieux Partisans, l'accuse d'hérésie. Dosifeï console Martha. Lorsque Chaklovity se lamente sur le funeste sort de la Russie ♁, les Streltsy arrivent, ivres, poursuivis par leurs femmes. Le scribe vient dire que des massacres sont perpétrés. Reconnaissant le nouveau pouvoir du tsar Pierre, Khovanski ordonne aux mercenaires de se soumettre.

"Iskhodila mladyoshen'ka"

"Spit streletskoye gnezdo"

ACTE IV Khovanski écoute ses esclaves chanter lorsqu'il apprend qu'il est en danger. Il néglige l'avertissement. Chaklovity l'invite au conseil d'État puis le tue. Dosifeï regarde Golitzine partir en exil et apprend que les ordres sont d'anéantir les Vieux Partisans. Lorsque André arrive, Martha lui dit qu'Emma a quitté Moscou et que Khovanski est mort. Tout d'abord furieux, André supplie ensuite Martha de le sauver. Elle le cache, et un héraut annonce que les tsars ont pardonné aux Streltsy.

ACTE V Dosifeï convoque les Vieux Partisans. André et Martha se rappellent leur amour ♁. Lorsque des trompettes annoncent les troupes du tsar Pierre, Dosifeï, Martha et André sont consumés par les flammes.

"Ya ne ostavlyu teby"

LES VIEUX PARTISANS ET LES NOUVEAUX

Écrit dans les années 1880 sur des événements vieux de deux siècles, *La Khovantchina* prend une valeur d'actualité. Dans l'opéra, les Vieux Partisans opposent pouvoir séculaire et réforme politique, exactement comme aujourd'hui, dans de nombreux pays, les fondamentalistes religieux continuent de résister à la modernisation.

La production de 2001 *d'Andrei Serban à l'Opéra Bastille, à Paris, soulignait le fanatisme religieux.*

« Sincèrement, il y aurait de quoi devenir fou s'il n'y avait pas la musique. »

Piotr Ilitch Tchaïkovski

PIOTR ILITCH TCHAÏKOVSKI

Né le 7 mai 1840 à Votkinsk (Russie)

Mort le 6 novembre 1893 à Saint-Pétersbourg (Russie)

Piotr Ilitch Tchaïkovski est surtout connu pour ses symphonies, ses concertos et sa musique de ballet mais il écrivit deux chefs-d'œuvre pour l'opéra, *Eugène Onéguine* et *La Dame de Pique*, inspirés par Alexandre Pouchkine. Il composa plusieurs autres opéras qui, populaires de son vivant, sont maintenant rarement représentés hors de Russie.

Tchaïkovski avait 9 ans lorsque sa famille s'installa à Saint-Pétersbourg, centre de la cour et de la vie musicale en Russie. Sa mère mourut six ans plus tard, ce qui a peut-être contribué à la difficulté du compositeur à aimer une autre femme. Il avait 22 ans lorsqu'il entra au Conservatoire de Saint-Pétersbourg et s'essaya bientôt à l'opéra. Son premier essai, *Le Voïvode* passa inaperçu, et le deuxième ne fut jamais mis en scène. Mais *Opritchnik* fut un succès à Saint-Pétersbourg.

Son quatrième opéra, *Vakoula le forgeron*, fut influencé par l'école de musique « nationaliste ». Il revint à un style plus européen pour *Eugène Onéguine*, qui allait devenir l'opéra le plus populaire de Russie. Sa musique instrumentale le rendit célèbre à l'étranger mais il continua à écrire des opéras pour la Russie, dont *Mazeppa* et *L'Enchanteresse*. Malheureusement, sa vie personnelle était fort compliquée. Son mariage, en 1877, fut désastreux, et ses lettres suggèrent qu'il se sentait coupable de son homosexualité. Avec *La Dame de Pique*, une œuvre inhabituelle traitant des obsessions d'un homme plutôt que des amours d'une femme, Tchaïkovski donne la pleine mesure de son génie opératique. Terminée trois ans avant sa mort, elle rejoignit bientôt *Eugène Onéguine* dans le répertoire standard de l'opéra.

Marina Ivanova est Chloé dans la production de *Pikovaya Dama (La Dame de Pique)* montée par Graham Vick au Festival de Glyndebourne en 1995.

PREMIÈRES REPRÉSENTATIONS

1860

1869 Voyevoda (Le Voïvode)

1870

1874 Oprichnik (Opritchnik)

1876 Kuznets Vakula (Vakoula le forgeron)

1879 Yevgeny Onegin (Eugène Onéguine)

1880

1881 Orleanskaya Deva (La Pucelle d'Orléans)

1884 Mazepa (Mazeppa)

1887 Charodeika (L'Enchanteresse)

1890

1890 Pikovaya Dama (La Dame de Pique)

1892 Iolanta (Yolantha)

1900

YEVGENY ONEGIN

(Eugène Onéguine)

Scènes lyriques en trois actes et sept scènes, 2 heures ½
1877-1878
29 mars 1879, Petit théâtre du Collège impérial, Moscou (Russie)
Piotr Tchaïkovski et Konstantin Shilovsky

Eugène Onéguine, l'opéra le plus populaire de Russie, s'inspire d'un poème de Pouchkine. Bien qu'il évoque la vie campagnarde de la bourgeoisie sous les tsars, sa musique est résolument occidentale, sans les connotations religieuses et populaires qu'affectionnaient les autres compositeurs russes de l'époque. En fait, avec ses nombreuses arias introspectives, c'est surtout un opéra intimiste. C'est, aussi, une histoire d'amour tragique. La fameuse et longue « scène de la lettre » de Tatiana dépeint les rêves d'une jeune femme dont l'imagination est autant nourrie de littérature que du désir d'amour. Avec le rejet brutal d'Onéguine, l'opéra acquiert alors une tonalité plus sombre.

RÔLES PRINCIPAUX

Madame Larina, *mezzo-soprano*, propriétaire terrienne
Tatiana, *soprano*, sa fille aînée
Olga, *contralto*, sa fille cadette
Eugène Onéguine, *baryton*, bien-aimé de Tatiana
Lenski, *ténor*, fiancé d'Olga
Prince Grémine, *basse*, général à la retraite et époux de Tatiana
Filipievna, *mezzo-soprano*, nourrice de Tatiana

Tchaïkovski avait tellement peur d'un échec qu'il créa *Eugène Onéguine* avec des étudiants du Conservatoire de Moscou, même si leurs jeunes voix n'étaient pas capables de soutenir les défis émotionnels des rôles principaux. Le succès de l'opéra attira bientôt des chanteurs plus mûrs.

L'INTRIGUE

Propriété de campagne des Larin près de Saint-Pétersbourg, Russie, fin du XVIIIe siècle

ACTE I Pendant que ses filles Tatiana et Olga chantent, Mme Larina évoque des souvenirs avec sa servante Filipievna. Des paysans viennent danser et chanter pour Mme Larina. Tatiana déclare que ces chansons la font rêver, et Olga dit qu'elles lui donnent envie de danser. Tatiana attribue sa propre pâleur à la triste histoire d'amour qu'elle est en train de lire. Le fiancé d'Olga, Lenski, arrive avec un ami, Eugène Onéguine, qui dit à Lenski qu'il n'a pas choisi la bonne sœur. Tatiana est en extase. Onéguine se demande si la vie à la campagne n'est pas ennuyeuse mais elle dit qu'elle lit et qu'elle rêve. Ce soir-là, Tatiana avoue à Filipievna qu'elle est amoureuse. Elle

"Skazhi, kotoraya Tatyana?"

L'AMOUR DANS LA VIE ET DANS L'ART

Tchaïkovski avait déjà commencé à travailler sur la « scène de la lettre » en mai 1877 lorsqu'il reçut une lettre d'amour passionnée d'Antonina Milyukova, étudiante du Conservatoire de Moscou. Troublé par la coïncidence, Tchaïkovski accepta d'épouser Antonina afin de ne pas se comporter comme Onéguine avec Tatiana. Le mariage, peut-être destiné à cacher l'homosexualité du compositeur, dura à peine trois mois et conduisit Tchaïkovski au bord du suicide. Mais il parvint tout de même à terminer *Eugène Onéguine*.

"Puskai pogibnu ya"

écrit ensuite une longue lettre d'amour à Onéguine. La lettre est remise le lendemain matin. Quelques jours plus tard, Tatiana attend Onéguine dans le jardin. Promettant d'être aussi franc qu'elle l'a été, il explique qu'il n'est pas fait pour le mariage et prédit

"Kogda bi zhizn domashnim krugom"

qu'elle aimera bientôt ailleurs. Tatiana est anéantie.

ACTE II Lenski et Onéguine sont invités à une réception pour l'anniversaire de Tatiana. Onéguine trompe son ennui en flirtant avec Olga. Lenski est irrité mais Olga se moque de sa jalousie. Lorsque la danse reprend, Lenski est de mauvaise humeur. Lorsque Onéguine suggère qu'il est fou, ils se disputent. Finalement,

"V vashem dome!"

Lenski provoque Onéguine en duel. Il dit alors adieu à Olga pour toujours. Le lendemain, pendant qu'il attend Onéguine, Lenski rêve de

"Kuda, kuda, kuda vi udalilis"

nouveau à Olga. Onéguine arrive et les deux hommes se demandent pourquoi ils se battent au lieu d'en rire. Durant le duel, Onéguine tire et Lenski s'écroule, mort.

ACTE III Des années plus tard, Onéguine se rend à un bal à Saint-Pétersbourg. Le prince Grémine entre avec son épouse et Onéguine reconnaît Tatiana. Grémine chante son grand amour pour Tatiana et lui présente Onéguine. Elle demande à partir. Onéguine se rend compte qu'il l'aime. Chez Grémine, Tatiana sent sa passion pour Onéguine renaître. Lorsque ce dernier apparaît, elle se demande s'il est attiré par son nouveau statut social. Onéguine lui déclare son amour mais elle lui demande de partir car si elle l'aime toujours, elle ne trompera jamais son mari. Onéguine reste seul avec son remords.

"Onegin! ya togda molozhe"

Dwayne Croft est Onéguine (*à gauche*) et Frank Lopardo, Lenski, juste avant le duel fatal, à l'Opéra Bastille, à Paris, en 1996.

PIKOVAYA DAMA

(La Dame de Pique)

Opéra en trois actes, 2 heures ¾
1890
19 décembre 1890, Théâtre Mariinsky, Saint-Pétersbourg (Russie)
Modeste Tchaïkovski, d'après la nouvelle de Pouchkine, *Pikovaya Dama (La Dame de Pique)*, 1834

La Dame de Pique est le fruit d'une conjonction de hasards. Le frère de Tchaïkovski écrivit le livret en 1886 pour un autre compositeur, qui s'en désintéressa. Quatre ans plus tard, Tchaïkovski se laissa persuader de le mettre en musique. Écrit en 44 jours, il devint son opéra favori. Le héros est moins cynique que chez Pouchkine : Hermann y fait preuve d'une sincère affection pour Lisa, au lieu de l'utiliser sans vergogne. Tchaïkovski situe également l'action 40 ans plus tôt, afin d'introduire une musique de danse mozartienne. Enfin, alors que le Hermann de Pouchkine finit dans un asile de fous, le Hermann du livret choisit le suicide. En dépit de la noirceur de l'histoire, la musique de l'opéra est indubitablement romantique.

RÔLES PRINCIPAUX

Hermann, *ténor*, officier de l'armée
La comtesse, *mezzo-soprano*
Lisa, *soprano*, sa petite-fille
Pauline, *contralto*, compagne de Lisa
Prince Eletski, *baryton*, fiancé de Lisa
Le comte Tomski, *baryton*, officier de l'armée
Tchekalinski, *ténor*, officier de l'armée
Sourine, *basse*, officier de l'armée

Tchaïkovski écrivit cet opéra en pensant au ténor Nicolai Figner. Mais il se demanda ensuite si le rôle de Hermann, qui exigeait d'apparaître dans toutes les scènes, ne serait pas trop éprouvant pour lui.

L'INTRIGUE

À Saint-Pétersbourg (en Russie), à la fin du XVIIIe siècle

ACTE I Dans les Jardins d'Été de Saint-Pétersbourg, les officiers de l'armée parlent d'Hermann, et de son obsession du jeu. Tomski remarque ensuite la tristesse de Hermann. Ce dernier explique qu'il est amoureux d'une femme mais ne connaît pas son nom ♁. Le prince Eletski est félicité pour ses fiançailles avec Lisa, qui arrive avec sa grand-mère, la comtesse. Hermann reconnaît Lisa comme celle qu'il aime, et elle est intriguée par Hermann. Lorsque les femmes partent, Tomski raconte comment, ayant perdu au jeu tout son argent, la comtesse se donna au comte Saint-Germain en échange du secret de trois cartes gagnantes. Puis, après avoir partagé le secret avec son mari et un jeune homme, une apparition l'avertit qu'elle mourra de la main de la personne à qui elle révèlera son secret. Des amies s'amusent avec Lisa, qui affirme qu'elle n'est pas triste. Mais seule, elle éclate en sanglots ♁, car elle s'est éprise d'Hermann.

"Ya imeni yeyo ne znayu"

"Otkuda eti slyozy"

Le décor de l'artiste russe Serguei Alimov, en 1999, donne un aspect surréaliste à cette étrange histoire.

Vitali Taraschenko est le Hermann obsessionnel hanté par le fantôme squelettique de la comtesse, dans une production du New Theatre de Cardiff, en 2000.

"Prosti, nebesnoye sozdanye"

Soudain, il arrive. Lorsqu'elle le supplie de partir, il lui déclare son amour et la prend dans ses bras.

ACTE II À un bal masqué, Eletski et Lisa entrent et, remarquant la tristesse de la jeune femme, le prince l'assure encore de ses sentiments. Après un intermezzo pastoral, Lisa, masquée, glisse à Hermann la clé de la chambre de sa grand-mère, qui mène à sa propre chambre. Après le bal, la comtesse se trouve face à Hermann qui exige le secret des cartes gagnantes. Comme elle ne peut parler, il sort un pistolet et elle meurt sous le choc. Entendant Hermann se plaindre que la comtesse soit partie avec son secret, Lisa se sent trahie et le renvoie.

"Ya vas lyublyu"

"Yesli kogda nibud' znali vy chuvstvo lyubvi"

ACTE III À la caserne, Hermann reçoit une lettre de Lisa l'absolvant de la mort de sa grand-mère. Égaré, Hermann pense que la comtesse lui a fait un clin d'œil dans son cercueil. Puis le fantôme de la comtesse apparaît et lui dit d'épouser Lisa pour partager son secret. Attendant Hermann, Lisa ressent mille craintes. Lorsqu'il arrive, ils tombent dans les bras l'un de l'autre. Mais avant de s'enfuir, il veut tester le secret de la comtesse. Lorsque Lisa l'accuse d'avoir tué la comtesse, il se moque d'elle. Il part et Lisa se noie dans le canal. À la table de jeu, Hermann fait monter les paris. Il appelle le trois et gagne. Il appelle le sept et gagne encore. Mais lorsqu'il appelle l'as, c'est la dame de pique qui apparaît. Voyant le fantôme de la comtesse, Hermann terrifié se poignarde, implorant le pardon du prince dans son dernier souffle.

"Akh ! Istomilas ya gorem"

UN AIMABLE SCÉLÉRAT

Bien que Hermann, l'antihéros de cet opéra, soit un maniaque obsessionnel, Tchaïkovski le décrit comme « une personne réelle, vivante et même aimable » et pleura lorsqu'il écrivit la mort du personnage. Cela s'explique peut-être en partie parce que Hermann reste fidèle à ses convictions, persuadé que le jeu est plus important que l'amour. Il ne pense qu'à extraire le secret des cartes gagnantes à la vieille comtesse. Mais lorsqu'il y parvient, le dénouement est tel qu'il arracha des sanglots au compositeur.

NIKOLAÏ RIMSKI-KORSAKOV

Né le 18 mars 1844 à Tikhvine (Russie)
Mort le 21 juin 1908 à Lioubensk, près de Saint-Pétersbourg (Russie)

Nikolaï Rimski-Korsakov fut le prolifique compositeur d'une musique fort mélodique, ainsi qu'un professeur, qui façonna une génération de compositeurs russes dont Prokofiev et Stravinsky. Hors de Russie, il reste surtout connu pour ses œuvres orchestrales, *Capriccio espagnol* et *Shéhérazade*. Pourtant, il s'intéressa aussi à l'opéra : il réalisa une version de *Boris Godounov* et termina *Khovanshchina* et écrivit lui-même 15 œuvres pour la scène, dont la première fut *Pskovityanka (La Jeune Fille de Pskov)*, une histoire d'amour tragique qui se déroule à l'époque d'Ivan le Terrible. *Le Coq d'Or* est son seul opéra régulièrement représenté hors de Russie.

ZOLOTOI PETUSHOK

(Le Coq d'Or)

✍ Opéra en trois actes, avec un prologue et un épilogue, 1 heure ¾
⌛ 1906-1907
🎭 7 octobre 1909, Théâtre Solodovnikov, Moscou (Russie)
📖 VI Belsky, d'après le conte de Pouchkine (1834)

Zolotoi petushok (Le Coq d'Or) est un conte si satirique que les censeurs russes exigèrent des coupes. Rimski-Korsakov refusant d'obtempérer, l'opéra ne fut représenté qu'après sa mort – avec les coupes requises. Si le livret, adapté d'un conte de fées en vers de Pouchkine, s'inscrit dans la tradition populaire russe, la partition n'en est pas moins sophistiquée, notamment dans son orchestration. Les parties vocales sont particulièrement éprouvantes à cause du haut registre des rôles de l'Astrologue et du Coq d'or, et de l'obligation faite au roi et à la reine de danser pendant qu'ils chantent, à l'acte II. L'aria la plus célèbre de l'opéra est l'« Hymne au Soleil » de la reine dans l'acte II, et la procession nuptiale de l'acte III est un tour de force musical.

RÔLES PRINCIPAUX

Le roi Dodon, *basse*, règne sur la Russie
Prince Guidon, *ténor*, fils du roi
Prince Afron, *basse*, deuxième fils du roi
Général Polkan, *basse*, chef de l'état-major
L'Astrologue, *ténor (à voix de tête très développée)*
La reine de Shemakha, *soprano*
Le Coq d'or, *soprano*

Cet opéra tourne en ridicule un roi qui attaque un pays voisin et est vaincu. Naturellement, le gouvernement russe était contrarié : deux ans plus tôt, la Guerre russo-japonaise avait été tout aussi désastreuse pour le tsar Nicolas II.

L'architecture de cette maquette de décor pour une ancienne production de l'opéra de Rimski-Korsakov suggère un monde imaginaire ressemblant fort à la Russie.

L'INTRIGUE

Un pays qui pourrait bien être la Russie, à une époque indéterminée

PROLOGUE L'Astrologue annonce que son conte de fées a une morale.

ACTE I Le roi Dodon convoque son chef d'état-major, le général Polkan, et ses fils, Guidon et Afron, pour leur demander comment combattre les ennemis du pays de sorte qu'il puisse aller se coucher. Guidon et Afron font des suggestions que Polkan repousse. L'Astrologue présente un coq d'or qui se perchera sur un clocher et préviendra en cas d'invasion imminente ♁. Ravi, le roi lui propose la récompense de son choix mais l'Astrologue déclare qu'il donnera son prix plus tard. Après des musiques suaves, le roi s'endort, veillé par sa gouvernante ♁, et rêve d'une princesse orientale. Tiré de son sommeil par le cri du coq, il envoie ses fils sur le front et retourne se coucher. Mais le coq donne de nouveau l'alerte. Cette fois, Dodon endosse à contrecoeur son armure rouillée et prend la tête de son armée, applaudi par son peuple.

"Slaven bud', velikiy tsar'!"

"Veshnim dnyom sosnut' zdorovo"

ACTE II Par une nuit de brouillard, Dodon découvre que son armée a été battue et que ses fils se sont entre-tués. Lorsque l'aube se lève, elle laisse apparaître une tente orientale richement décorée. La reine de Shemakha en sort et célèbre le soleil levant ♁. Puis elle déclare son désir de conquérir le royaume de Dodon et ordonne au roi de chanter et de danser jusqu'à ce qu'il tombe d'épuisement. Maintenant sous l'emprise de la reine, le roi la demande en mariage. Alors que les esclaves de la reine se moquent de lui, elle se prépare à s'emparer du pays.

"Otvet' mnye, zharkoye svetilo"

ACTE III Dodon rentre chez lui, accompagné de la reine et d'une procession d'esclaves, de nains, de géants et d'animaux bizarres. L'Astrologue arrive et, rappelant au roi qu'il a promis de payer n'importe quel prix pour le coq, déclare vouloir épouser la reine ♁. Dodon tente de l'en dissuader puis le tue avec son sceptre. La reine éclate de rire. Alors le coq, d'un coup de bec, tue le roi. Un terrible orage éclate et lorsqu'il se calme, la reine, l'Astrologue et le coq ont disparu. Le peuple se lamente.

"Tsar' velikiy, eto ya !"

ÉPILOGUE L'Astrologue annonce que seul lui et la reine sont réels, et que tout le reste n'a été qu'une illusion.

Dans une production de 2002 au Théâtre du Châtelet, à Paris, Olga Trifonova joue la reine de Shemakha, qui chante l'aube.

IGOR FIODOROVITCH STRAVINSKY

Né le 17 juin 1882 à Oranienbaum (Russie)
Mort le 6 avril 1971 à New York (États-Unis)

L'influence d'Igor Fiodorovitch Stravinsky sur la musique moderne est immense. Issu de la tradition musicale russe, il vécut principalement en France et aux États-Unis. Fils d'un chanteur d'opéra, il fut élève de Rimski-Korsakov avant de composer pour les Ballets russes de Diaghilev. Or ces ballets, *L'Oiseau de feu* et *Le Sacre du printemps* choquèrent en raison de leurs rythmes effrénés et de leurs vives couleurs orchestrales. Bien que Stravinsky restât proche de la scène toute sa vie, trois de ses opéras – *Le Rossignol*, *Mavra* et *Oedipus Rex* – furent brefs. *The Rake's Progress*, composé après qu'il eut fui la France pour les États-Unis en 1940, est son seul opéra long.

THE RAKE'S PROGRESS

(Le Libertin)

Opéra en trois actes et un épilogue, 2 heures ¼
1947-1951
11 septembre 1951, La Fenice, Venise (Italie)
W. H. Auden et Chester Kallman, d'après la série de gravures de William Hogarth, *A Rake's Progress* (1735)

RÔLES PRINCIPAUX

Trulove, *basse*, gentilhomme campagnard
Anne Trulove, *soprano*, sa fille
Tom Rakewell, *ténor*, débauché aimé par Anne
Nick Shadow, *baryton*, valet de Tom
Mother Goose, *mezzo-soprano*, gérante de maison close
Baba la Turque, *mezzo-soprano*, épouse de Tom

The Rake's Progress entraîna Stravinsky dans un invraisemblable parcours. Ayant découvert les huit gravures de Hogarth, *A Rake's Progress*, à Chicago en 1947, il s'adressa au poète W. H. Auden et au dramaturge Chester Kallman, qui écrivirent un superbe livret en vers sur le sujet. Stravinsky décida de faire un pastiche d'un opéra de la fin du XVIIIe siècle dans son propre style néo-classique. Pour cela, il s'inspira sans vergogne de Mozart, notamment de *Così fan tutte*. C'est ainsi qu'il accompagna le récitatif d'un clavecin, inséra une aria pour soprano et termina l'opéra avec un épilogue, comme dans *Don Giovanni*. Cette partition est la plus lyrique de Stravinsky, bien loin des rythmes saccadés du *Sacre du printemps*, composé 40 ans auparavant.

Après avoir fui l'Europe en 1940, la fascination pour le show business attira Stravinsky à Hollywood. Or *The Rake's Progress* aurait pu ne jamais être écrit, s'il avait pu satisfaire son ambition de composer de la musique de film.

La dernière planche du conte moralisateur de Hogarth, *Scene in Bedlam*, a inspiré l'acte III de cet opéra, lorsque Rakewell devient fou.

Dans une production mise en scène par David Hockney, Victoria Vergara incarne Baba la Turque à l'Opéra de San Francisco en 1988.

L'INTRIGUE

En Angleterre au XVIIIe siècle

ACTE I Anne Trulove doit épouser Tom Rakewell. Le père d'Anne lui a trouvé du travail mais Tom préfère vivre de l'air du temps. Lorsqu'il déclare désirer de l'argent, Nick Shadow apparaît, annonçant que Tom a hérité de la fortune d'un mystérieux oncle. Tom part sur-le-champ à Londres, promettant à Anne qu'elle le rejoindra bientôt. Dans la maison close de Mother Goose, à Londres, Tom et Shadow parlent de la beauté, du plaisir et de l'amour. Tom veut partir mais Shadow le persuade de boire et de danser avec les autres. Mother Goose l'entraîne pour la nuit. Pendant ce temps, sans nouvelles de Tom, Anne part à Londres.

"Laughter and light"

"I go, I go to him"

ACTE II Tom s'est lassé du vin et des femmes. Lorsqu'il déclare vouloir être heureux, Shadow lui montre un portrait de Baba la Turque, la femme à barbe. Tom rit à l'idée de l'épouser mais change rapidement d'avis. Anne voit Tom arriver en chaise à porteurs. Il lui dit de rentrer chez elle mais elle refuse. Baba voilée sort de la chaise et lui est présentée comme l'épouse de Tom. Lorsque Anne s'en va, la foule demande à Baba d'enlever son voile et de montrer sa longue barbe. La chambre de Tom est remplie d'étranges cadeaux rassemblés par Baba. Lorsqu'il se montre indifférent, elle les casse avec rage. Tom la fait taire en lui mettant sa perruque à l'envers. Shadow arrive avec une machine pour résoudre les problèmes du monde.

"Vary the song"

ACTE III Le contenu de la maison de Tom est mis aux enchères. Lorsque le commissaire priseur arrache la perruque de Baba, elle renvoie tout le monde sauf Anne. Elle lui demande de sauver Tom et annonce qu'elle va remonter sur les planches. Shadow exige son salaire. Comme Tom n'a plus un sou, le paiement est son âme à moins qu'il ne parvienne à identifier trois cartes cachées. Lorsqu'il y parvient, Shadow, furieux, le rend fou. Maintenant dans un asile d'aliénés, Tom se prend pour Adonis. Anne arrive. Pour lui, elle est Vénus et il lui demande de chanter une berceuse. Lorsqu'il s'endort, Anne lui dit adieu. En se réveillant, Tom supplie les autres fous de pleurer Adonis.

"Gently, little boat"

ÉPILOGUE Les chanteurs déclarent : « Pour les bras paresseux/Et les cœurs et les esprits/Le diable sait trouver/De l'ouvrage. »

SERGUEÏ PROKOFIEV

Né le 11 avril 1891 à Sontsovka (Ukraine)
Mort le 5 mars 1953 à Nikolina Gora, près de Moscou (Russie)

Sergueï Prokofiev s'essaya à de nombreux genres : sonates, symphonies, musiques de film et de ballet – dont *Roméo et Juliette* et *Cendrillon*. Il composa aussi des opéras. Si *Guerre et Paix* est aujourd'hui le plus important, seul son conte féerique, *L'Amour des trois oranges*, fut un succès de son vivant.

Prokofiev étudia avec Rimski-Korsakov au Conservatoire de Saint-Pétersbourg. Il y écrivit cinq opéras mais aucun ne fut immédiatement mis en scène. Après la Révolution de 1917, il fit une longue tournée aux États-Unis. Plus tard, résidant en Europe, Prokoviev écrivit des symphonies et de la musique de ballet. Un nouvel opéra, *L'Ange de feu*, ne fut pas représenté avant 1954. Il retourna à Moscou en 1936, où l'attendaient des temps difficiles. Pendant la Deuxième Guerre mondiale, son opéra « patriotique », *Simeon Kotko*, fut fraîchement accueilli. Il passa des années à composer *Guerre et Paix*. En 1948, il fut stigmatisé par le régime. Même sa mort passa inaperçue car Staline avait expiré quelques heures plus tôt.

EN AMÉRIQUE

Fuyant la Russie post-révolutionnaire, Prokofiev voyagea aux États-Unis en 1918. Son séjour se révéla tumultueux. Bien accueilli à Chicago, où l'Opéra Lyrique lui commanda *L'Amour des Trois Oranges*, il fut affublé de l'étiquette de « pianiste bolchevique » et on dénonça son « orgie de sons discordants ». Après son retour en Europe, ses tournées américaines suivirent le même schéma : succès à Chicago et fiasco à New York. S'il s'était senti plus reconnu aux États-Unis, Prokofiev aurait pu s'y installer et éviter son pénible retour à Moscou.

***L'Ange de feu* est un opéra provocateur,** traitant de l'hystérie religieuse en Allemagne au XVe siècle. Dans cette production de 1965 au Sadler's Wells Opera de Londres, les nonnes tentent de calmer une sœur possédée.

LYUBOV K TREM APELSINAM

(L'Amour des Trois Oranges)

Opéra en un prologue et quatre actes, 1 heure ¾
1919
30 décembre 1921, Lyric Opera, Chicago (États-Unis)
Sergueï Prokofiev, d'après la comédie de Carlo Gozzi, *Fiaba dell'amore delle tre melarance* (1761)

L'Amour des Trois Oranges est un délicieux conte féerique inspiré de la *commedia dell'arte*. Avec son histoire complètement loufoque, il s'oppose à la grandiloquence de l'opéra du XIXe siècle. Son énorme distribution et sa vive allure laissent peu de place aux arias ou aux morceaux traditionnels, même si la partition est pleine de vie et d'humour.

L'idée de l'amour ensorceleur prend un tout nouveau sens dans cet opéra : le prince tombe fou amoureux de trois grosses oranges, sans savoir que chacune contient une princesse.

RÔLES PRINCIPAUX

Le roi de Trèfle, *basse*
Le prince, *ténor*, son fils mélancolique
Princesse Clarissa, *contralto*, nièce du roi
Leandro, *baryton*, Premier ministre
Truffaldino, *ténor*, bouffon de la cour
Fata Morgana, *soprano*, méchante sorcière

L'INTRIGUE

La cour du roi de Trèfle et le palais de Creonte

PROLOGUE La Tragédie, la Comédie, le Drame lyrique et la Farce se vantent, et le public (les Ridicules) les chasse.

ACTE I Le roi apprend que l'hypocondrie de son fils ne peut être soignée que par le rire, mais Leandro veut que le prince meure pour que la princesse Clarissa devienne reine.

ACTE II Le prince rit lorsque Fata Morgana glisse et tombe. Furieuse, elle le rend amoureux de trois oranges.

"Kha-kha Kha-kha-kha"

ACTE III Tchelio aide le prince à voler les oranges. Lorsque le prince s'endort, Truffaldino le bouffon tranche deux des oranges et trouve deux princesses. Lorsqu'elles meurent de soif, il s'enfuit. Le prince se réveille, ouvre la troisième orange et s'éprend de la princesse Ninetta. Mais Fata Morgana la change en rat.

"Truffaldino, Truffaldino"

ACTE IV Lorsque Tchelio change Ninetta en princesse, le roi ordonne l'exécution de Clarissa et de Leandro. Mais Fata Morgana les aide à s'échapper. Les Ridicules portent alors un toast au prince et à sa princesse.

Martial Defontaine est le prince, qui dort pendant que Truffaldino (François Le Roux) ouvre deux des oranges, dans une production de 2005 au Netherlands Opera.

VOINA Y MIR

(Guerre et Paix)

Scènes lyriques en deux parties, 4 heures ¼ (version de concert très abrégée)
1941-1943 (rév. 1946-1952)
7 juin 1945, Conservatoire de Moscou (Russie)
Sergueï Prokofiev et Myra Mendelson, d'après le roman de Léon Tolstoï (1863-1869)

Adapté du roman de Tolstoï, *Guerre et Paix* est le premier chef-d'œuvre opératique de Prokofiev. D'abord conçu pour traiter des caprices de l'amour, il prit une dimension patriotique après l'invasion de l'Union soviétique par les Nazis en juin 1941. Par conséquent, la période de « paix » romantique traitant de l'amour volage de Natacha est suivie d'une période de « guerre » exaltant la souffrance et l'héroïsme du peuple russe. Ce contraste se reflète dans la partition : la première partie offre un lyrisme proche de celui de Tchaïkovski, tandis que la deuxième évoque l'« éternelle Russie » par des chœurs dynamiques censés plaire au Kremlin. Soucieux d'authenticité, Prokofiev rechercha même la musique militaire de l'époque. Conçu pour être joué deux soirées de suite, cet opéra est rarement produit à cause de sa longueur et des 70 solistes requis.

Tolstoï n'aurait pas apprécié l'opéra de Prokofiev : devenant plus irascible à la fin de sa vie, le romancier trouvait les chansons populaires russes supérieures à la musique classique et qualifiait l'opéra d'absurdité.

RÔLES PRINCIPAUX

Natacha Rostova, *soprano*, fille d'un pauvre propriétaire terrien

Prince Andrei Bolkonski, *baryton*, fiancé de Natacha

Prince Nikolaï Bolkonski, *basse-baryton*, son père

Comte Pyotr Bezoukhov (Pierre), *ténor*, ami du prince Andrei

Hélène Bezoukhova, *mezzo-soprano*, son épouse

Prince Anatole Kouragin, *ténor*, amant de Natacha

Lieutenant Dolokhov, *baryton*, ami du prince Anatole

Le Maréchal prince Mikhail Koutouzov, *basse*, commandant de l'armée russe

Napoléon Bonaparte, *baryton*, empereur de France

L'INTRIGUE

En Russie entre 1809 et 1812

PARTIE I **LA PAIX** Le prince Andrei Bolkonski, un veuf, est ému d'entendre Natacha Rostova chanter les joies du printemps. Des mois plus tard, à un bal du Nouvel An, ils tombent amoureux et se fiancent. Mais le père d'Andrei envoie son fils au loin pendant un an, dans l'espoir qu'Andrei oubliera la jeune fille. Natacha craint que leur amour ne survive pas à leur séparation. En mai, durant une réception chez le comte Pierre, Natacha rencontre le prince Anatole Kouragin, qui lui déclare son amour et l'embrasse. La cousine de Natacha l'avertit de la mauvaise réputation d'Anatole mais Natacha est conquise. La nuit suivante, avant de s'enfuir avec Nastacha, Anatole rend visite à son ami Dolokhov. Lorsque ce dernier lui rappelle que Natacha est fiancée et qu'il est marié, Anatole dit en riant qu'il ne résiste pas aux jeunes femmes. Le projet de fugue de Natacha a été découvert par Madame Akhrosimova, chez qui elle réside. La grande dame réprimande Natacha et demande à Pierre de dire à la jeune fille qu'Anatole est marié.

"Ja ne budu, ja ne magu spat"

"Chudo, kak khorosha ona, krasavitsa takaya"

"Natalya Ilyinishna"

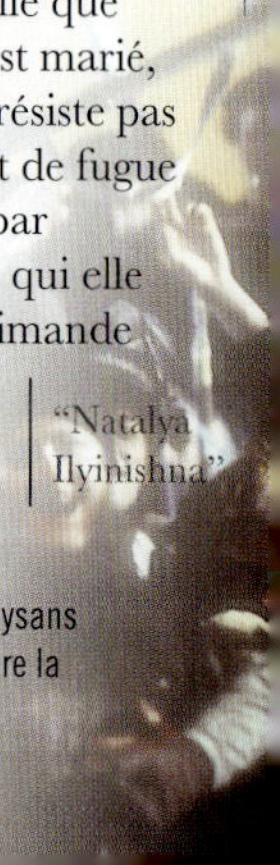

Au début de la deuxième partie, les paysans et les volontaires se préparent à défendre la Mère Russie contre les envahisseurs, à l'Opéra national de Paris, en 2000.

UNE NAISSANCE DIFFICILE

Prokofiev ne put empêcher les représentants du Parti de se mêler de son projet d'opéra. Une version de concert censurée de la première partie (« Paix ») fut jouée en 1946. Mais après la répétition générale de la deuxième partie (« Guerre ») en 1947, les officiels annulèrent la production en disant qu'elle manquait d'héroïsme. Ce ne fut qu'en 1959, six ans après la mort de Prokofiev que l'opéra fut joué tel qu'il avait été écrit (*ci-dessous*).

Natacha supplie Pierre de demander à Andrei de lui pardonner. Pierre dit qu'il aimerait épouser quelqu'un comme Natacha. Puis il ordonne à Anatole de renoncer à Natacha et de quitter Moscou. Lorsqu'arrive la nouvelle de l'avance de Napoléon en Russie, des volontaires se préparent à s'engager dans l'armée.

PARTIE II **LA GUERRE** Août 1812. L'armée russe, faite de paysans et de volontaires, est convaincue de sa victoire sur Napoléon à la bataille de Borodino. Conscient de la trahison de Natacha, Andrei souhaite mourir en première ligne. Lorsque la bataille commence, Napoléon est impressionné par la résistance russe mais en sort vainqueur. Koutouzov, à contrecoeur, décide d'abandonner Moscou aux forces de Napoléon. Mais les Moscovites mettent le feu à la ville. Pierre apprend que la famille de Natacha a fui avec des soldats russes blessés, parmi lesquels se trouve Andrei. Pierre décide d'assassiner Napoléon mais est arrêté. Pendant ce temps, Andrei se rappelle son amour pour Natacha. Elle le reconnaît et le supplie de lui pardonner mais il est mourant. Forcée de se retirer en raison du terrible hiver, l'armée française escorte les prisonniers russes sur la route de Smolensk. Des partisans libèrent des prisonniers, dont Pierre. En apprenant la mort d'Andrei et de sa propre épouse, Pierre pense que désormais il a le droit d'aimer Natacha. À l'annonce de la victoire, le peuple chante la gloire de la Mère patrie.

"Kogda zhe, kogda zhe reshilos' eto strashnoye delo?"

"Pred vragom Moskva"

"Neuzheli tol'ko lish zatem sud'ba segodnya"

Olga Guryakova est Natacha, rencontrant Madame Peronskaya (Irina Bogatcheva) *(à gauche)* dans la production de *Guerre et Paix* de Francesca Zambello, à l'Opéra Bastille, à Paris, en 2000.

DMITRI DMITRIEVITCH
CHOSTAKOVITCH

Né le 25 septembre 1906 à Saint-Pétersbourg (Russie)
Mort le 9 août 1975 à Moscou (Russie)

Dmitri Dmitrievitch Chostakovitch fut le compositeur le plus important de l'ère soviétique. Malgré les diktats artistiques du régime, sa musique s'imprégna de la tradition nationale tout en façonnant le modernisme russe. Il est surtout célèbre pour ses œuvres orchestrales, notamment sa *Cinquième symphonie*, mais il écrivit aussi de la musique de film et de ballet, ainsi qu'un opéra majeur.

Né dans une famille cultivée de Saint-Pétersbourg, Chostakovitch grandit dans une atmosphère de troubles politiques et d'effervescence artistique. À 19 ans, il fut acclamé pour sa *Première symphonie*. Quatre ans plus tard, en 1929, il présentait son premier opéra, *Nos*. Son opéra suivant, *Ledi Makbet Mtsenkovo Uyezda* fut bien accueilli. Mais après les attaques de la presse officielle en 1936, Chostakovitch renonça à composer des opéras. Il fut salué comme patriote pour sa *Septième symphonie*, écrite durant le siège nazi de Leningrad, puis accusé de « formalisme » en 1948. Après la mort de Staline, on le traita de nouveau en héros soviétique.

COURAGE OU LÂCHETÉ ?

Des décennies après sa mort, les idées politiques de Chostakovitch restent un sujet de controverse : ses admirateurs soulignent qu'il a été stigmatisé par le régime soviétique en 1936 et 1948, et ses accusateurs rappellent qu'il adhéra au Parti communiste en 1960, et accepta des honneurs d'État comme le prix Lénine. Il serait sans doute plus juste de dire qu'il dut, pour survivre et garder sa liberté artistique, trouver le moyen de cohabitater avec la dictature.

Chostakovitch (*à gauche*) rejoint des pompiers sur le toit du Conservatoire de Leningrad en 1941, pendant le siège de la ville durant la Deuxième Guerre mondiale.

NOS

(Le Nez)

Opéra en trois actes, 1 heure ¾ (Russie)
1927-1928
18 janvier 1930, Théâtre Maliy, Leningrad
Dmitri Chostakovitch, d'après la nouvelle de Gogol (1835)

Nos est une œuvre excentrique, surtout pour le premier opéra d'un jeune compositeur. Mêlant l'influence avant-gardiste de Berg, Schoenberg et Hindemith à un livret inspiré par Gogol, cette œuvre frôle parfois l'anarchisme. En raison de l'énorme quantité de rôles sur une partition énergique, les ensembles prennent le pas sur les arias, et l'expressionnisme sur le lyrisme.

Alors que cet opéra est clairement allégorique, Chostakovitch se protégea de la critique en prétendant raconter une simple mésaventure. « Pourquoi rire d'un pauvre diable qui vient d'être défiguré ? » demanda-t-il.

RÔLES PRINCIPAUX

Platon Kuzmich Kovalyov (Kovalev), *baryton*, fonctionnaire

Ivan Iakovlevitch, *baryton-basse*, barbier

Inspecteur de police, *ténor (à voix de tête très développée)*

Le Nez, *ténor*

Madame Podtotchine, *mezzo-soprano*

Sa fille, *soprano*

L'INTRIGUE

À Saint-Pétersbourg, en Russie, dans les années 1830

ACTE I Kovalev, un fonctionnaire, est en train de se faire raser. Le lendemain matin, Iakovlevitch, le barbier, trouve un nez dans le morceau de pain de son petit déjeuner. Sa femme lui dit de le jeter. Il le lance dans le fleuve mais est vu par l'Inspecteur de police, qui l'arrête. Kovalev découvre que son nez a disparu et décide d'aller déclarer sa perte à la police. À la cathédrale Notre-Dame de Kazan, il voit que son nez est devenu un conseiller d'État et s'enfuit.

ACTE II N'arrivant pas à trouver l'Inspecteur, Kovalev veut passer une annonce dans le journal mais l'employé, pensant qu'il s'agit d'un message codé, refuse. Kovalev rentre chez lui, désespéré.

"Ya ne mogu vam skazat', kakim obrazom"

ACTE III L'Inspecteur pense que le nez pourrait s'échapper de la ville. Lorsqu'une voiture se prépare à partir, le nez tente de l'arrêter. La foule bat le nez. Finalement, Kovalev le récupère mais le nez refuse de reprendre sa place sur sa figure. Kovalev est persuadé que Madame Podtotchine l'a maudit pour avoir repoussé sa fille. Pendant ce temps, toute la ville, en effervescence, poursuit toujours le nez. Un jour, Kovalev se réveille avec un visage normal. Lorsqu'une jeune femme répond à ses avances, il est sûr d'être redevenu entier.

"Vinoyu etogo dolzhen byt' nikto drugoy"

Jeremy Huw Williams est Kovalev, tentant de remettre son nez dans la production de l'Opera Group, en 2001.

LEDI MAKBET MTSENKOVO UYEZDA

(Lady Macbeth de Mtsensk)

Opéra en quatre actes et neuf scènes, 2 heures ½
1930-1932 (rév. 1935 ; sous le titre *Katerina Ismailova* 1956-1963)

22 janvier 1934, Théâtre Maliy d'opéra et de ballet, Leningrad (Russie)
Dmitri Chostakovitch et Alexandre Prei

RÔLES PRINCIPAUX

Boris Ismailov, *baryton-basse*, marchand prospère
Zinovy Ismailov, *ténor*, son fils
Katerina Ismailova, *soprano*, épouse de Zinovy
Sergueï, *ténor*, domestique des Ismailov
Aksinya, *soprano*, la cuisinière
Le Paysan miteux, *ténor*, un vieil ivrogne
Sonyetka, *contralto*, une femme déportée
Prêtre, *basse*
Le Sergent de police, *baryton*

Lady Macbeth de Mtsensk était une entreprise audacieuse pour un compositeur d'une vingtaine d'années. C'était même de l'imprudence de comparer la meurtrière de Nikolaï Leskov à Lady Macbeth, et de la décrire comme une « femme affectueuse, profondément sensible et certainement pas dépourvue de sentiments. » En donnant à Katerina des instants de passion et de réflexion, Chostakovitch tente d'ailleurs d'expliquer son crime. Les personnages chantent des arias animées, mais ils sont généralement parodiés dans l'orchestration de Chostakovitch. Bien que certains critiques aient trouvé l'opéra grossier, il fut représenté 100 fois durant les deux années précédant son interdiction. Chostakovitch le révisa plus tard et l'appela *Katerina Ismailova*.

La célèbre scène d'amour entre Katerina et Sergueï n'a pas besoin d'une mise en scène explicite car l'orchestration de la scène finale de l'acte I, sollicitant lourdement la section des cuivres avec moult glissements suggestifs des trombones, décrit la passion sexuelle avec une vivacité inhabituelle.

L'INTRIGUE

Dans le gouvernement de Koursk, en Russie, au milieu du XIXe siècle

ACTE I Katerina est lasse de son existence. Boris, son beau-père, déplore qu'elle n'ait pas d'héritier. Elle en blâme son mari, Zinovy. Devant partir pour affaires, Zinovy engage Sergueï. Boris exige que Katerina jure d'être fidèle à son époux. Aksinya, la cuisinière, prévient Katerina que Sergueï est un coureur de jupons. Lorsque les domestiques, Sergueï, et le Paysan miteux tourmentent Aksinya, Katerina se moque de leur prétendu courage. Sergueï lui propose alors de lutter avec elle. Boris les découvre sur le sol et menace d'en informer Zinovy. Dans sa chambre, Katerina se sent très seule. Sergueï arrive et tente de la séduire. Au début, elle résiste, puis cède dans une étreinte sauvage.

"Akh, nye spitsa bol'she"

ACTE II Boris évoque sa jeunesse de coureur de jupons et regrette de ne pouvoir satisfaire les ardeurs de Katerina. Lorsqu'il aperçoit Sergueï sortant de la chambre de sa bru, il le fait fouetter et enfermer. Katerina sert à Boris des champignons saupoudrés de mort-aux-rats. Se sentant malade, il fait venir un prêtre, lui dit que Katerina l'a empoisonné, puis meurt. Au lit avec Sergueï, Katerina exige plus de passion mais il déclare que leur liaison doit se terminer lorsque Zinovy reviendra car il ne peut la partager. Elle promet de l'épouser. Katerina est réveillée par le fantôme de Boris, qui la maudit. Elle entend alors des bruits dans la maison. Alors que Sergueï se cache, Zinovy apparaît, l'accuse d'infidélité et la

"Pod oknami u chuzhikh"

"Katerina Lvovna"

STALINE, CRITIQUE MUSICAL

Le succès de *Lady Macbeth* dura jusqu'à ce que Staline assiste à une représentation en 1935. Le quotidien du PC vilipenda l'opéra sous le titre « Le chaos remplace la musique », disant que « le chant est supplanté par les cris ». Quant à la popularité de l'opéra à l'étranger, « n'est-ce pas parce (...) qu'il flatte les goûts dénaturés des bourgeois par sa musique criarde, contorsionnée, neurasthénique ? ».

bat. Elle appelle Sergueï, qui tue Zinovy avec un chandelier. Ils cachent le corps dans la cave.

ACTE III Un paysan miteux cherche à boire ♁. Forçant la porte de la cave, il trouve le cadavre de Zinovy. Lorsque l'ivrogne vient lui parler du corps, la police se précipite pour participer au festin du mariage de Katerina. Tout le monde est ivre sauf Katerina. Remarquant que la porte de la cave est ouverte, elle se prépare à fuir avec Sergueï, mais la police arrive. Elle les invite promptement à lui passer les menottes.

"U menya byla kuma"

ACTE IV Dans un camp de travaux forcés, un vieux forçat se lamente sur son sort. Katerina trouve Sergueï et lui rappelle leur amour mais il la rejette. Il désire maintenant Sonyetka, qui le repousse, disant qu'elle veut des bas comme preuve d'amour. Prétendant être malade, Sergueï prend les bas de Katerina et entraîne Sonyetka à l'écart. Plus tard, voyant Sonyetka sur le pont, Katerina la pousse dans le fleuve avant de sauter à son tour. Un officier annonce qu'elles se sont noyées et les prisonniers se remettent en marche, en chantant.

"Nye legko posle pochota da poklonov"

Larissa Gogolevskaya (Katerina) face à Viktor Lutsyuk dans le rôle Sergueï dans une production de 2002 du Théâtre Mariinsky à Saint-Pétersbourg.

Vers 1860-1940

L'opéra tchèque

AU XIXe SIÈCLE, LORSQUE LE NATIONALISME se répandit en Europe, l'opéra joua un rôle important en développant l'identité tchèque, étouffée par des siècles de langue allemande sous la férule des Habsbourg. L'opéra utilisa en effet la langue, l'histoire et le folklore du pays, participant à la renaissance culturelle qu'on appelle le renouveau national tchèque.

UN HÉRITAGE POPULAIRE

Les anciens royaumes de Bohême, de Moravie et de Slovaquie ayant été absorbés dans l'empire autrichien en 1526, Prague et Brno furent dominées par la culture viennoise. Cependant, si l'opéra italien régnait sur le goût musical dans les villes, la musique populaire tchèque survivait dans les villages. Le premier opéra italien fut donné à Prague dès 1627, et un siècle plus tard, les compagnies d'opéra vénitiennes y étaient installées. Même les deux opéras que Mozart créa à Prague – *Don Giovanni* en 1787 et *La Clemenza di Tito* en 1791, étaient en italien.

La couverture de *Jenůfa*, de Leo Janáček, témoigne de la noirceur de l'histoire.

ESSOR DE LA CONSCIENCE TCHÈQUE

La Révolution française et les guerres napoléoniennes ébranlèrent les monarchies européennes en répandant des idées libérales et en encourageant les révoltes. Les Habsbourg ont survécu à ces bouleversements mais les aristocrates, les artistes et les intellectuels tchèques élaborèrent un sentiment de nation. En 1826, František Škroup présenta *Drátensik (Le Penseur)*, le premier opéra en tchèque, alors qu'à l'époque la *lingua franca* de la culture tchèque était encore l'allemand. Ainsi c'est en allemand qu'en 1836, František Palacky publia sa monumentale histoire de la nation tchèque. En 1848, en même temps qu'éclataient de nouveaux troubles politiques en Europe, un soulèvement tchèque donna une nouvelle dynamique au renouveau national tchèque. En 1853, la publication de Karel Jarolmìr Erben, *Un Bouquet de légendes tchèques* donna une nouvelle respectabilité aux histoires folkloriques du pays. En 1855, le roman de Božena Němková, *Babička (La Grand-mère)*, renforça aussi la fierté nationale si bien que les Tchèques décidèrent de bâtir un théâtre national, payé par les contributions des citoyens.

Dans l'intervalle, le Théâtre provisoire ouvrit en 1862 afin de rivaliser avec les Théâtres des États, qui présentaient encore des pièces en allemand et des Singspiels. Et ce fut au Théâtre provisoire que naquit l'opéra tchèque. Une des premières œuvres marquantes fut donnée en 1866 : *Braniboři Cechách*, de Bedřich Smetana, décrivait les horreurs de l'occupation étrangère, même si cela se passait avant les Habsbourg. Quelques mois plus tard, Smetana mit en scène

Prodaná Nevĕsta (La Fiancée vendue), une histoire d'amour se déroulant à la campagne, prétexte à de nombreuses mélodies et danses populaires.

SMETANA, LA FIGURE DU PÈRE

Ces deux œuvres, un opéra historique et un « opéra de village », servirent de modèles à la nouvelle expression tchèque. Smetana en vint à personnifier le nationalisme culturel qui, en termes musicaux, signifiait refuser Wagner et l'influence allemande. Comme d'autres artistes de sa génération, Smetana parlait l'allemand plus couramment que le tchèque mais il a trouvé une façon d'utiliser les inflexions de la langue tchèque pour créer un son musical national. En 1868, son nouvel opéra historique, *Dalibor*, qui se passait aussi à une époque antérieure aux Habsbourg, comportait un chant dédié à la liberté qui devint officieusement un hymne national tchèque.

La longue bataille de la construction du Théâtre national fut enfin gagnée en juin 1881, lorsqu'il ouvrit sur la rive de la Vltava avec un autre opéra de Smetana, *Libuse*. Mais deux mois plus tard, il fut détruit par un incendie. C'était une véritable catastrophe nationale, si bien que l'argent fut rapidement réuni pour sa reconstruction, notamment grâce à la popularité du poème symphonique patriotique de Smetana, *Ma Vlast (Ma Patrie)*. Lorsque le Théâtre national rouvrit en novembre 1883, de nouveau avec *Libuse*, l'opéra, le théâtre et le ballet disposaient enfin d'un lieu permanent. À la mort de Smetana, en 1884, Prague jouissait d'une vie culturelle de plus en plus autonome. L'orchestre philharmonique tchèque fut fondé en 1894, quand beaucoup de jeunes compositeurs étaient à l'œuvre. Zdenĕk Fibich devint rapidement populaire. Ce prolifique

L'intérêt pour les costumes traditionnels des paysans et les danses folkloriques, comme cette polka de Bohême, joua un rôle important dans le renouveau national tchèque.

compositeur de musique instrumentale écrivit aussi neuf opéras, dont *Nevěsta Messinská*, *Bouře* et *Šárka*.

Antonìn Dvořák fut acclamé dans toute l'Europe et aux États-Unis, où il écrivit sa célèbre *Symphonie du Nouveau Monde*. Mais, de son vivant, sa réputation de compositeur d'opéra fut remise en cause par les partisans de Smetana. À leurs yeux, il était encore imprégné des vieilles » influences française et italienne, alors que Smetana était moderne et authentiquement tchèque. Ces accusations blessèrent Dvořák. Et pourtant, même parmi les Tchèques, son merveilleux conte mélodique, *Rusalka*, finit par devenir aussi populaire que *La Fiancée vendue* de Smetana.

JANÁČEK, LE MAÎTRE MORAVIEN

Dvorák mourut en 1904, la même année où un compositeur morave peu connu, Leos Janáček, mettait en scène dans la ville provinciale de Brno le premier de ses chefs-d'œuvre opératiques, *Jenůfa*. Le problème de Janáček était qu'il n'appartenait pas à l'élite politique et culturelle de Prague. De plus, *Jenůfa* était adaptée d'une pièce qui avait provoqué un scandale en 1890. L'opéra ne fut donc pas monté au

Le Théâtre national de Prague, sur la rive de la Vltava, est depuis longtemps un monument du nationalisme tchèque.

L'OPERA TCHÈQUE

1787 Première à Prague du *Don Giovanni* de Mozart

1815 Début du renouveau national tchèque

1836 Volume I de *L'Histoire de la nation tchèque*, par František Palacky

1848 Soulèvement tchèque

1853 *Un bouquet de légendes tchèques*, de Karel Jaromír Erben

1855 *Babička (La Grand-mère)*, de Božena Němková

1866 *Prodaná nevěsta* (de Smetana, à Prague

1785 — 1800 — 1825 — 1850

Théâtre National de Prague avant 1916, date à laquelle Janáček fut enfin reconnu comme un des grands compositeurs tchèques.

En 1918, suite à la défaite de l'Allemagne et de l'empire austro-hongrois après la Première Guerre mondiale, la Tchécoslovaquie devint une république indépendante. Sa liberté dura à peine vingt ans, avant de subir le joug de 5 ans d'occupation nazie et de 41 ans de dictature communiste. Les années 1920, en tout cas, furent une période d'intense activité culturelle, durant laquelle Janáček fut le chef indiscuté de l'opéra tchèque – une réputation qu'il consolida avec une série d'opéras révolutionnaires, dont *Káťa Kabanová*. Ces œuvres eurent aussi des partisans en Allemagne et en Autriche, mais la renommée de Janáček ne s'étendit pas au-delà de ces pays avant les années 1950.

UN PROPHÈTE ÉTRANGER

En 1947, Charles Mackerras, musicien australien alors âgé d'une vingtaine d'années, étudia la direction d'orchestre à Prague et découvrit *Káťa Kabanová* de Janáček. C'est ainsi que Janáček et d'autres compositeurs tchèques encore inconnus en Occident devinrent populaires dans le monde entier. En 1951, Mackerras dirigea la première représentation britannique de *Káťa Kabanová*. Et dans les années qui suivirent, d'autres opéras majeurs de Janáček furent créés en Angleterre. Mackerras fit aussi entrer des œuvres de Smetana, Dvorák et Martinů au répertoire opératique. Entre 1997 et 2003, il fut régulièrement invité à diriger l'Orchestre philharmonique tchèque.

Depuis, cependant, aucun compositeur d'opéra ne l'a surpassé dans son pays. Bohuslav Martinů, connu pour *Recké pašije (La Passion grecque)* et *Julietta aneb Snář (Juliette, ou la clé des songes)* s'est installé en France dans les années 1920 et a séjourné aux États-Unis durant la Deuxième Guerre mondiale. Les autres compositeurs d'après-guerre se sont détournés du langage musical traditionnel tchèque, explorant plutôt la musique expérimentale et électronique. Mais les amateurs d'opéra tchèques continuent de préférer une musique enracinée dans leur passé.

1875 – 1900 – 1925 – 1950

- **1881** Le Théâtre national ouvre à Prague, puis est détruit dans un incendie
- **1883** Réouverture du Théâtre national
- **1894** Fondation de l'Orchestre philharmonique
- **1902** *Rusalka* de Dvořák
- **1904** *Jenůfa* de Janáček, à Brno
- **1916** *Jenůfa* de Janáček, à Prague
- **1918** Fondation de la République Tchécoslovaque
- **1924** *Káťa Kabanová* de Janáček
- **1938** *Julietta, aneb Snář (Juliette, ou la clé des songes)* de Martinů
- **1939** L'Allemagne nazie occupe la Tchécoslovaquie

BEDŘICH
SMETANA

Né le 2 mars 1824 à Litomyšl, Bohême (République Tchèque)
Mort le 12 mai 1884 à Prague (République Tchèque)

Smetana alla s'installer en Suède alors qu'il était âgé d'une vingtaine d'années, par dépit de ne pas être reconnu dans son pays. Il rentra en 1862 pour composer des opéras destinés au nouveau Théâtre Provisoire de Prague : *Les Brandebourgeois en Bohême*, et *Prodaná Nevěsta (La Fiancée vendue)*, l'opéra villageois qui le rendit célèbre. On reprocha à son œuvre suivante, *Dalibor*, d'être trop wagnérienne, alors qu'on la considère aujourd'hui comme une épopée patriotique. En 1882, Smetana écrivit son grand poème symphonique, *Ma Vlast (Ma Patrie)*. Peu de temps après, une syphilis chronique le rendit dément et il mourut dans un asile d'aliénés en 1884.

PRODANÁ NEVĚSTA

(La Fiancée Vendue)

Opéra-comique en trois actes, 2 heures ¼
1863-1866 (rév. 1869-1870)
30 mai 1866, Théâtre provisoire, Prague (aujourd'hui la République tchèque)
Karel Sabina

Prodaná Nevěsta (La Fiancée vendue) est un délicieux opéra pastoral que Prague, encore sous les influences musicales italienne, allemande et française, eut cependant du mal à accepter en raison de son évocation de la Bohême. Cet opéra fut si tièdement accueilli lors de sa création que Smetana le révisa de fond en comble. Il présenta cette nouvelle version quatre ans plus tard, avec trois actes au lieu de deux, et des voix chantées à la place des dialogues parlés. Ce fut un triomphe. Ses polkas, ses chœurs dynamiques et ses costumes traditionnels renvoient à un passé idyllique et bucolique, et sa charmante histoire d'amour reflète les intrigues de la vie villageoise. Musicalement, une succession de duos et l'aria du « cœur brisé » de Mařenka à l'acte III sont les pierres de touches d'une intrigue mouvementée.

RÔLES PRINCIPAUX

Mařenka, *soprano*, jeune villageoise
Jenìk, *ténor*, aimé de Mařenka
Mìcha, *basse*, père de Jenìk, le plus riche propriétaire du village
Vašek, *ténor*, fils de Mìcha
Kecal, *basse*, marieur

Traditionnellement, les opéras de Vienne étaient représentés à Prague. Or *La Fiancée Vendue* renversa la tendance. Créé à Prague, l'opéra fut donné à Vienne en 1892, et sa renommée ne cessa de croître.

Frontispice d'une partition pour piano de la très célèbre « Marche du Peuple » de *La Fiancée vendue*, montrant des danses en costumes traditionnels.

L'INTRIGUE

Dans un village de Bohême au XIXe siècle

ACTE I Mařenka assure Jenìk de son amour mais révèle que son père veut qu'elle épouse le fils de Mìcha, Vašek. Jenìk raconte qu'après la mort de sa mère, son père s'est remarié. Sa belle-mère le chassa de la maison. Mařenka et Jenìk se jurent un amour éternel. Kecal, le marieur local, dit aux parents de Mařenka que le fils de Mìcha, Vašek, ferait un bon gendre. Mìcha a un autre fils issu d'un premier mariage, mais il a disparu. Mařenka refuse, déclarant qu'elle n'aime que Jenìk. Pendant que les villageois dansent la polka, Kecal met au point sa prochaine manœuvre.

"věrné milování"

ACTE II Vašek, qui est niais et bégaye, rassemble son courage pour courtiser Mařenka en se rappelant la mise en garde de sa mère : tout le village se moquera de lui s'il n'épouse pas Mařenka. Dans l'auberge, il ne la reconnaît pas, et elle le dissuade d'épouser la terrible Mařenka, qui serait sa mort. Pendant ce temps, Kecal propose de l'argent à Jenìk s'il renonce à Mařenka. Jenìk prend l'argent à condition que Mařenka n'épouse que « le fils aîné de Mìcha », et que les dettes du père de la jeune fille envers Mìcha soient effacées. Le village condamne Jenìk pour avoir « vendu » Mařenka. Jenìk est surpris que Kecal se soit si facilement laissé berner.

"Má-ma-ma-matička"

"Známť já jednu dívčinu"

ACTE III Un cirque arrive au village. Le danseur interprétant l'ours est complètement ivre et Esmeralda, une acrobate, persuade Vašek de jouer le rôle de l'animal. Vašek a peur qu'épouser Mařenka ne le tue mais lorsqu'il reconnaît en elle la jeune fille de l'auberge, il change d'avis. Mařenka est anéantie par la trahison de Jenìk. Or ce dernier se présente comme le fils aîné de Mìcha et réclame la main de Mařenka. Mìcha reconnaît son fils disparu et approuve son mariage avec Mařenka. La jeune fille comprend la ruse et lui pardonne.

"Ten lásky sen"

Tomáš Cerný incarne Jenìk, faisant ici la paix avec Mařenka, interprétée par Mária Haan, dans une production au Théâtre national de Prague en 2005.

ANTONÍN DVOŘÁK

Né le 8 septembre 1841 à Nelahozeves (République tchèque)
Mort le 1er mai 1904 à Prague (République tchèque)

Antonín Dvořák est le compositeur tchèque comptant le plus de disciples au monde, grâce surtout à sa *Symphonie du Nouveau Monde*. Mais il eut moins de succès en tant que compositeur d'opéra. Il en écrivit dix, opéras-comiques ou *opere serie*. Son seul triomphe durable fut le conte de fées romantique, *Rusalka*, présenté trois ans avant sa mort. *Dimtrij*, écrit 20 ans plus tôt, était plus ambitieux car Dvořák y continue l'histoire de *Boris Godounov*, de Moussorgski. Mais, à l'exception de *Rusalka*, les opéras de Dvořák étaient considérés par beaucoup de Tchèques comme faibles sur le plan dramatique. En ce sens, il échoua à être reconnu comme l'héritier de Smetana.

RUSALKA

Conte lyrique en trois actes, 3 heures
1900
31 mars 1901, Théâtre National, Prague
(République tchèque)
Jaroslav Kvapil, d'après *Ondine* de F. H. C. de La Motte Fouqué et les légendes rapportées par K. J. Erben

Rusalka, opéra mélodique où une nymphe d'eau s'éprend d'un vrai prince, est issu du folklore des forêts d'Europe du Nord. La légende avait déjà été utilisée par La Motte Fouqué dans *Ondine* ; par Hans Christian Andersen dans *La Petite Sirène* ; et par Pouchkine dans *Rusalka*. Kvapil inclut certains traits slaves du mythe dans son livret. La belle partition de Dvořák évoque parfois Wagner et Debussy, mais elle contient aussi des passages plus truculents soulignant son identité tchèque. C'est une histoire inhabituelle, car Rusalka ne pouvant parler à son prince, il n'y a pas de duo d'amour. Néanmoins, les plus belles arias de l'opéra – y compris la célèbre « prière à la lune », sont celles de Rusalka.

RÔLES PRINCIPAUX

Rusalka, *soprano*, nymphe des eaux
L'Esprit du lac (l'ondin), *basse*, père des nymphes des eaux
Ježibaba, *mezzo-soprano*, sorcière
Le prince, *ténor*
La princesse étrangère, *soprano*

Dvořák écrivit *Rusalka* par hasard : trois compositeurs amis de Jaroslav Kvapil ayant refusé son livret, on lui recommanda Dvořák, qui accepta de le mettre en musique sans même lire le texte.

Cette maquette de décor pour *Rusalka* traduit parfaitement le monde aquatique souterrain qui donne son atmosphère à l'opéra.

L'INTRIGUE

Un lac et un château féeriques

ACTE I Rusalka se repose dans les branches d'un saule pendant que trois nymphes des bois provoquent l'Esprit du lac. Elle confie à son père qu'elle s'est éprise d'un homme qui nage dans le lac. Si elle était humaine, dit-elle, il l'embrasserait aussi. Inquiet, l'ondin lui conseille de consulter la sorcière Ježibaba. Restée seule, Rusalka demande à la lune de briller sur son bien-aimé. Puis elle dit à Ježibaba qu'elle veut devenir humaine. La sorcière la prévient qu'elle n'aura pas de voix et que si son amant la trompe, elle sera damnée pour l'éternité. Rusalka boit une potion enchantée. Au lac, le prince trouve Rusalka debout devant lui, et est fasciné par sa beauté. Lorsqu'il l'interroge, elle se précipite dans ses bras, muette. Il l'emmène dans son palais.

"Měsíču na nebi hlubokém"

"Ustaňte v lovu, na hrad vrat'te se"

ACTE II Les domestiques bavardent : le prince s'étant entiché d'une mystérieuse muette, ils espèrent qu'une princesse étrangère, en visite, le détournera de Rusalka. Le prince entre avec Rusalka et se plaint de son étreinte froide. Lorsque la nouvelle princesse se présente, le prince dit à Rusalka de s'habiller pour le bal. Contrariée de voir le prince courtiser la princesse, Rusalka va trouver l'Esprit du lac et lui confie son chagrin. Elle retourne pour étreindre le prince mais il la repousse. L'ondin dit au prince qu'il ne pourra jamais se séparer de Rusalka. Lorsque celle-ci disparaît, le prince s'écroule aux pieds de la princesse.

ACTE III Rusalka est allongée près du lac, désespérée. Lui offrant un poignard, Ježibaba dit qu'elle peut sauver son âme si elle tue l'homme qui l'a séduite mais Rusalka jette l'arme dans le lac. Les domestiques du prince informent Ježibaba que le prince est ensorcelé par Rusalka. Le prince arrive, demande à Rusalka de lui pardonner et la supplie de lui donner un baiser. Elle le prévient qu'il en mourrait sur l'instant mais il insiste. Elle l'embrasse et il meurt heureux. L'Esprit du lac déclare que le sacrifice de la nymphe a été vain. Rusalka embrasse de nouveau le prince et disparaît dans le lac.

"Necitelná vodni moci"

"Milakču, znáš mne, znáš?"

La soprano tchèque Gabriela Benackova est Rusalka, la nymphe des eaux, dans la production d'Otto Schenk au Metropolitan Opera de New York, en 1993.

« Nier l'évolution de l'opéra, c'est nier l'évolution de l'esprit humain. »

Leoš Janáček

LEOS JANÁČEK

Né le 3 juillet 1854 à Hukvaldy (République tchèque)
Mort le 12 août 1928 à Ostrava (Slovaquie)

Leos Janáček compte parmi les géants de l'opéra du XXe siècle. En dépit d'une musique très influencée par les traditions populaires, ses partitions opératiques étaient à leur époque extrêmement modernes. Il avait 62 ans lorsqu'il fut enfin reconnu dans son pays. Ses dernières années furent très productives, donnant naissance à son chef-d'œuvre, *Kát'a Kabanová*.

Janáček étudia aux conservatoires de musique de Prague, Leipzig et Vienne avant de s'installer dans la ville de Brno, en Moravie. En 1884, l'ouverture du Théâtre provisoire de Brno éveilla son intérêt pour la scène mais ses premiers opéras, dont certains ne furent même pas montés, furent des échecs.

En 1904, après le succès de *Jenůfa* à Brno, il se consacra entièrement à la composition d'opéras, sur ses propres livrets. Mais en raison d'intrigues politiques et de jalousies, *Jenůfa* ne fut pas monté à Prague avant 1916. Durant la décennie qui suivit, il atteignit son apogée grâce à l'inspiration d'une jeune muse, portant l'opéra tchèque bien au-delà du modèle patriotique établi par Smetana. Sa musique se faisait l'écho d'une « mélodie du discours » de la langue tchèque tandis que ses livrets, souvent sombres, parlaient d'émotions universelles.

Sa réputation se répandit rapidement en Autriche et en Allemagne mais il fut généralement ignoré dans le reste de l'Europe et des États-Unis jusque dans les années 1950. Depuis, ses opéras sont entrés dans le répertoire des théâtres lyriques du monde entier. En fait, rares sont aujourd'hui les salles d'opéra qui ne programment pas une œuvre de Janáček à chaque saison musicale.

La soprano d'origine ukrainienne Elena Prokina chante le rôle de Kát'a, dans une production du Royal Opera House, à Londres, en 1994.

PREMIÈRES REPRÉSENTATIONS

1890

1894 Počátek románu (Le Début d'une romance)

1900

1904 Jenůfa

1920 Výlety páně Broučkovy (Les Aventures de Monsieur Broucek)

1910

1921 Katya Kabanova

1924 Příhody Lišky Bystroušky (La Petite Renarde rusée)

1920

1926 Věc Makropulos (L'Affaire Makropoulos)

1928 Mort

1930

1930 Z mrtvého domu (La Maison des morts)

1934 Osud (Destin)

1940

JENŮFA

Opéra en trois actes, 2 heures
1894-1903 (rév. 1907-1908)
21 janvier 1904, Théâtre national, Brno (République tchèque)
Leos Janáček, d'après la pièce de théâtre de Gabriela Preissová, *Její Pastorkyňa (Sa Belle-fille)* (1890)

Jenůfa rendit Janáček célèbre au prix de dix ans de travail. Adapté d'une pièce de Gabriella Preissová, il emprunte au vérisme italien. Pour évoquer la vie rurale, l'opéra inclut des danses folkloriques et des chœurs mais l'œuvre sombre progressivement dans une noirceur oppressante. Sa figure la plus tragique est la Kostelnička, qui commet un meurtre pour « sauver » Jenůfa. Le sujet violent de l'opéra explique en partie le refus du Théâtre national de Prague de le représenter jusqu'en 1916.

La triste histoire de *Jenůfa* correspondait à la vie de Janáček. Ayant déjà perdu un nouveau-né, sa fille de 21 ans mourut pendant qu'il composait l'opéra. Désespéré, il jura de fixer des rubans noirs à la partition.

RÔLES PRINCIPAUX

Jenůfa, *soprano,* jeune villageoise

Kostelnička Buryjovka, *soprano,* la sacristine et belle-mère de Jenůfa

Grand-mère Buryjovka, *contralto,* grand-mère de Jenůfa

Števa Buryja, *ténor,* cousin et amant de Jenůfa

Laca Klemen, *ténor,* cousin de Jenůfa et son prétendant

Karolka, *mezzo-soprano,* fille du maire

L'INTRIGUE

Dans un village de Moravie

ACTE I Jenůfa aime le meunier Števa, dont elle est enceinte. Laca, le demi-frère de Števa, aime aussi Jenůfa et est malheureux que Števa ne soit pas parti. La belle-mère de Jenůfa, appelée Kostelnička – « la sacristine » – décrète que Števa et Jenůfa ne peuvent se marier avant un an. Devenant fou de jalousie, Laca donne un coup de couteau à Jenůfa en plein visage.

ACTE II Jenůfa a accouché d'un fils. Pendant qu'elle dort, Kostelnička montre le bébé à Števa et le supplie d'épouser Jenůfa mais il refuse. Laca, croyant Jenůfa à Vienne, veut toujours l'épouser. Mais il change d'avis lorsque Kostelnička lui révèle que Jenůfa a donné naissance à l'enfant de Števa. Seule, Kostelnička ne voit d'autre solution que de noyer le bébé. Jenůfa se réveille et prie la Vierge. Kostelnička déclare que l'enfant est mort de fièvre, laissant Jenůfa attristée mais désireuse d'épouser Laca.

"Co chvíla, co chvíla"

"Zdrávas královno"

ACTE III Lorsque Kostelnička se prépare à bénir le couple, un jeune garçon vient dire que le corps d'un nouveau-né a été retrouvé gelé dans le ruisseau alimentant le moulin. La foule accuse Jenůfa, mais Kostelnička avoue son crime. Tout d'abord stupéfaite, Jenůfa pardonne à sa belle-mère. Laca dit qu'il veut toujours épouser Jenůfa.

Karita Matilla est Jenůfa, repoussant ici Laca, interprété par Jorma Silvasti, dans une production du Royal Opera House en 2001.

PŘÍHODY LIŠKY BYSTROUŠKY

(La Petite Renarde rusée)

Opéra en trois actes, 1 heure ½
1922-1923
6 novembre 1924, Théâtre national, Brno (République tchèque)
Leos Janáček, d'après le roman de 1920 de Rudolf Tesnohlídek

Příhody Lišky Bystroušky allie la poésie de sa musique à un monde féerique où hommes et animaux se côtoient. Janáček s'est inspiré d'un roman sur les aventures d'une petite renarde. Utilisant son propre livret, Janáček a créé des rôles chantés et dansés pour d'innombrables animaux dotés d'émotions et de désirs humains – dont le besoin d'amour de la renarde. Ils lui permettent d'évoquer, avec une demi-douzaine de campagnards, les cycles de la vie rurale. De longs passages instrumentaux dépeignent les différentes ambiances – comique, érotique, nostalgique et tragique – tandis que les mélodies épousent les rythmes de la voix humaine et des bruits des animaux. Janáček donne ainsi à la forêt son propre langage musical.

RÔLES PRINCIPAUX

Animaux
Bystrouška, *soprano*, une renarde
Lisak, *soprano*, un renard
Lapák, *mezzo-soprano*, un chien

Humains
Le Forestier, *baryton*
L'Instituteur, *ténor*
Harašta, *basse*, un colporteur

Janáček aimait tellement cet opéra que la scène finale fut représentée à son enterrement, en août 1928, chantée par son ami Arnold Flögl.

L'INTRIGUE

Dans une forêt de Moravie

ACTE I Par un chaud après-midi, le Forestier fait la sieste. Il s'éveille lorsque Bystrouška, la renarde, poursuit une grenouille sous son nez. Il attrape la renarde pour l'élever. Attachée, Bystrouška se défend d'autres animaux. Elle tente aussi de persuader les poules de se mutiner. Comme elles ne répondent pas, la renarde les tue et s'enfuit.

ACTE II De nouveau dans le bois, Bystrouška chasse le blaireau de son terrier. À l'auberge, le Forestier taquine l'Instituteur ♪ qui ne sait pas courtiser sa bien-aimée, Terynka. Plus tard, l'Instituteur ivre confond la renarde avec Terynka. Le Forestier tire sur la renarde mais la manque. Bystrouška s'éprend alors de Lisak, le renard. Tous les animaux célèbrent leur mariage.

"Ano, ve Stráni bude daleko lépe"

Dawn Upshaw est Bystrouška, la petite renarde rusée, au Royal Opera House, en 2003.

ACTE III Harašta le Colporteur doit épouser Terynka. Le Forestier pose un piège pour attraper Bystrouška mais les enfants de la renarde dansent autour. Harašta, qui braconne, trébuche, tombe, tire et tue Bystrouška par hasard. Le Forestier laisse l'Instituteur pleurer sur Terynka et rentre chez lui en traversant le bois. Il s'assoit pour se reposer et évoque les cycles de la vie ♪. S'endormant, il imagine pourchasser une petite renarde mais à la place, il attrape une grenouille.

"Hoj! Ale neni to Bystroušky!"

KÁT'A KABANOVÁ

(Katya Kabanova)

Opéra en trois actes, 1 heure ¾
1919-1921
23 novembre 1921, Théâtre national, Brno (aujourd'hui la République tchèque)
Leos Janáček, d'après la pièce de théâtre d'Alexandre Ostrovsky Groza (*L'Orage*), 1859

Kát'a Kabanová est considéré comme le plus grand opéra de Janáček. Son histoire est russe, autant par son décor que par son atmosphère, l'impossible amour de Kát'a la conduisant vers le suicide. Janáček, lui-même fervent russophile, tomba amoureux de son héroïne tragique, l'imaginant aussi pure et douce que sa propre muse, Kamila Stösslová. L'opéra est souvent vu comme la suite naturelle de *Jenůfa*, mais le personnage de Kát'a est beaucoup plus développé, sa solitude et son malheur étant exprimés avec un réalisme presque douloureux. Malgré le flux ininterrompu de la partition, Janáček souligne son attachement émotionnel à Kát'a par le lyrisme fluide du rôle, comme si elle seule avait des sentiments véritables.

Admirant Puccini depuis longtemps, Janáček fut frappé par le parallélisme entre le destin de Kát'a et celui de Cio-Cio-San dans *Madame Butterfly*, qui préféra aussi le suicide à une vie honteuse.

RÔLES PRINCIPAUX

Katĕrina (Kát'a) Kabanová, *soprano*, épouse malheureuse

Tichon Ivanyč Kabanov, *tenor*, son époux

Marfa Kabanová (Kabanicha), *contralto*, la méchante mère de Tichon

Boris Grigorjevič, *ténor*, amant de Kát'a

Savël Prokofjevič Dikoj, *basse*, riche commerçant et oncle de Boris

Varvara, *mezzo-soprano*, fille adoptive des Kabanov

Váňa Kudrjáš, *amant de Varvara*

Kuligin, *baryton*, ami de Váňa

L'INTRIGUE

Kalinov, village russe sur la Volga, vers 1860

ACTE I Kudrjáš demande à son ami Boris pourquoi il tolère les insultes de son oncle Dikoj. Boris explique d'un air sombre que Dikoj contrôle son héritage, et avoue aimer Kát'a Kabanová. Celle-ci arrive avec son mari, Tichon, et sa belle-mère Kabanicha, qui se plaint comme toujours. Kabanicha avertit Tichon que Kát'a ne le respectera jamais s'il continue de proclamer qu'il l'aime. Restée seule avec son amie Varvara, Kát'a se remémore sa belle vie avant son mariage. Maintenant, la nuit, elle entend une voix lui chuchoter des mots d'amour mais c'est un péché d'aimer un autre homme.

"Viš, co mi napadlo"

Marie Ordnerová est Kabanicha (*à gauche*), réprimandant Kát'a Kabanová (Jana Hvranová) dans une production de l'Opéra d'État de Prague en 1996.

Anxieuse, elle supplie Tichon de ne pas partir. Kabanicha exige que Kát'a lui obéisse pendant qu'il est absent.

ACTE II Se préparant à un rendez-vous galant avec Kudrjáš, Varvara donne à Kát'a la clé du portail du jardin. Tout d'abord terrifiée, Kát'a se persuade que ce n'est pas un péché de parler à Boris. Kudrjáš chante une chanson d'amour en attendant Varvara. Boris arrive et Varvara lui dit que Kát'a ne va pas tarder. Dès qu'il la voit, Boris lui déclare son amour. Elle demande s'il veut l'entraîner vers le péché mais il promet de lui obéir. Se jetant dans ses bras, elle dit qu'elle est désormais prête à mourir. Bientôt, on entend Kát'a et Boris chanter leur amour dans la pénombre.

"Nikohu te není!"

"Jste to vy, Katěrino Petrovno?"

"To jste si vymslili pěknou věc"

ACTE III S'abritant d'un orage, Kudrjáš remarque qu'il n'y a pas de conducteurs pour absorber la foudre et les décharges électriques mais Dikoj prétend que l'éclair est une punition divine. Varvara prévient Boris que Tichon est rentré. Kát'a est affolée. Elle arrive et demande à Boris s'il est content de la faire souffrir. Lorsque Kabanicha et Tichon apparaissent, Kát'a se jette en pleurant aux pieds de son mari, et dit qu'elle a péché depuis la première nuit qu'il est parti. Lorsque Kabanicha exige de savoir qui est son amant, Kát'a donne le nom de Boris et s'enfuit. Des heures plus tard, Kát'a regrette son aveu. Entendant sa voix, Boris court vers elle. Mais son oncle lui a ordonné de quitter la ville. Désespérée, Kát'a se jette dans la Volga. Dikoj ramène son corps et Tichon, furieux, accuse sa mère, qui reste impassible.

"Vidět se s ním rozloučit"

"Svedl nás Bůh"

LA JEUNE MUSE DE JANÁČEK

Janáček se maria en 1880 et eut de nombreuses passions. La plus importante fut celle qu'il éprouva pour Kamila Stösslová. Il avait 63 ans lorsqu'il rencontra cette femme mariée de 25 ans. Elle devint immédiatement son modèle, et, même si on pense que leur relation ne fut jamais consommée, elle obséda Janáček jusqu'à sa mort. Kamila lui inspira les principaux rôles féminins de ses derniers opéras. Après avoir terminé *Katya Kabanova*, il écrivit : « Vous savez que c'est votre opéra. »

VĚC MAKROPULOS

(L'Affaire Makropoulos)

Opéra en trois actes, 1 heure ½
1923-1925
18 décembre 1926, Théâtre National, Brno (aujourd'hui la République tchèque)
Leos Janáček, d'après la comédie de 1922 de Karel Čapek

Věc Makropulos est un opéra étrange et puissant. Son personnage central est une femme née en Crète en 1575 sous le nom d'Elina Makropulos. Âgée de 337 ans, elle apparaît à Prague en 1912 sous les traits d'une diva d'opéra appelée Emilia Marty. Elle a adopté différents noms au cours des siècles, toujours sous les mêmes initiales (E. M.). Karel Capek qualifiait sa pièce de comédie philosophique mais l'opéra de Janáček est une méditation bien plus sombre.

Janáček aurait créé le personnage froid et distant d'Emilia Marty par dépit, sa propre muse, Kamila Stösslová, refusant de lui rendre son amour.

RÔLES PRINCIPAUX

Emilia Marty (Elina Makropulos), *soprano dramatique*

Dr Kolenatý, *baryton-basse*, avocat

Albert Gregor, *ténor*, descendant de Makropulos

Jaroslav Prus, *baryton*, noble hongrois

Janek, *ténor*, son fils

Kristina, *soprano*, éprise de Janek

L'INTRIGUE

À Prague, République tchèque, en 1912

ACTE I Gregor revendique l'héritage de Jaroslav Prus. Emilia Marty, une chanteuse d'opéra, arrive avec l'avocat Kolenatý. Emilia dit qu'un document, dans la maison de Jaroslav, pourrait apporter une preuve nécessaire à Gregor. Elle explique qu'en 1827, le baron Prus a laissé ses biens au fils illégitime qu'il a eu avec Ellian MacGregor, et dont Gregor descend. Kolenatý trouve le document.

ACTE II À l'opéra, une foule félicite Emilia, qui traite tout le monde grossièrement à l'exception d'un vieil homme qui reconnaît en elle Eugenia Montez. Jaroslav dit que Gregor ne peut pas revendiquer l'héritage parce que la mère du fils illégitime du baron Prus portait le nom d'Elina Makropulos. Emilia demande à Janek, le fils de Jaroslav, de voler un autre document. Mais Jaroslav le propose en échange d'une nuit avec elle.

"Dovolte mi dřive otázku"

ACTE III À l'aube, Jaroslav lui tend l'enveloppe et apprend que Janek s'est tué par amour pour elle. Dans les bagages d'Emilia, Koletany et les autres trouvent ses nombreux noms, tous avec les initiales E. M. Emilia déclare qu'elle est Elina Makropulos. Elle vit depuis 337 ans grâce à un élixir que son père a testé sur elle mais elle pense maintenant qu'une longue vie est sans intérêt. Lorsqu'elle meurt, la formule de l'élixir est brûlée.

"Pro lékaře"

La soprano allemande Anja Silja fut acclamée dans le rôle d'Emilia Marty au Festival de Glyndebourne en 1997.

Z MRTVÉHO DOMU

(La Maison des morts)

✍ Opéra en trois actes, 1 heure ½
⌛ 1927-1928
12 avril 1930, Théâtre national, Brno (République tchèque)
📖 Leos Janáček, d'après le roman de Dostoïevski, *Souvenirs de la maison des morts* (1862)

Mrtvého Domu est quasiment dépourvu d'action. Adapté du récit de Dostoïevski sur son séjour dans un camp de travail forcé, l'opéra évoque l'atmosphère lourde et violente de la vie en prison autant que la soif de liberté. Un aigle blessé devient un symbole d'espoir : il vit avec les prisonniers jusqu'à ce qu'il s'envole. L'opéra ne fut pas achevé à la mort de Janáček, et ses amis ont écrit une fin plus joyeuse. C'est le livret et la partition originale qui sont utilisés aujourd'hui.

Même pour un opéra se déroulant dans un camp de travail forcé en Sibérie, Janáček cherchait à rendre l'humanité des prisonniers à perpétuité car, disait-il, « il y a des lieux lumineux dans la maison des morts. »

RÔLES PRINCIPAUX

Le commandant du camp, *basse*

Alexandr Petrovič Gorjančikov, *baryton,* un noble

Skuratov, *ténor,* cordonnier emprisonné

Luka Kuzmič (alias Filka Morozov), *ténor,* assassin emprisonné

Chichkov, *basse,* assassin emprisonné

Aljeja, *mezzo-soprano,* jeune Tartare

L'INTRIGUE

Dans un camp de travail en Sibérie, au début du XIXe siècle

ACTE I Gorjančikov, prisonnier politique, arrive au camp. Lorsqu'il proteste, le gouverneur de la prison le fait fouetter. Un détenu soigne un aigle blessé mais d'autres proclament que l'aigle est le roi de la jungle. Lorsque les prisonniers partent travailler en chantant lugubrement, Skuratov se remémore sa vie de cordonnier. Luka Kuzmič raconte alors comment il a assassiné un officier de prison. Gorjančikov revient, tenant à peine debout.

"Neuvidi oko jiz tech kraju"

ACTE II Un an plus tard, Gorjančikov propose d'apprendre au jeune Aljeja à lire et à écrire. Skuratov explique qu'il est en Sibérie parce qu'il aimait une jeune fille allemande. Lorsqu'elle a épousé un riche parent, il tua cet homme. Les détenus improvisent deux pièces, qui leur procurent un bref répit dans leur ennui. Lorsqu'une prostituée arrive pour un jeune prisonnier, Gorjančikov et Aljeja boivent du thé. Un prisonnier attaque Aljeja et le blesse.

"Presel den, druhy, treti"

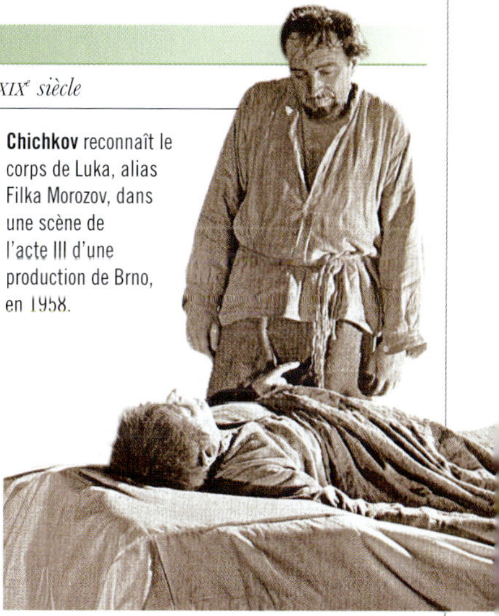

Chichkov reconnaît le corps de Luka, alias Filka Morozov, dans une scène de l'acte III d'une production de Brno, en 1958.

ACTE III Gorjančikov soigne Aljeja. Luka est malade lui aussi. Chichkov dit qu'il a tué sa fiancée parce qu'elle aimait toujours Filka Morozov. Lorsque Luka meurt, Chichkov reconnaît en lui Filka. Gorjančikov est convoqué et le commandant s'excuse de l'avoir fouetté. Lorsque Gorjančikov part, l'aigle est libéré. On ordonne aux prisonniers de se remettre au travail.

BOHUSLAV MARTINŮ

Né le 8 décembre 1890 à Polička (République tchèque)
Mort le 28 août 1959 à Liestal (Suisse)

Bohuslav Martinů fut un compositeur prolifique, abordant de nombreux genres musicaux et revendiquant des influences éclectiques, de Bach à Stravinsky. Au début de sa carrière, son œuvre faisait écho à Dvořák, mais sa musique devint plus expérimentale après son installation à Paris en 1923. Il y écrivit plusieurs de ses 14 opéras, dont *Julietta, aneb Snář*, un des rares opéras surréalistes. En 1941, il quitta la France occupée pour les États-Unis et ne retourna en Europe qu'en 1957, mais sans gagner la Tchécoslovaquie communiste. *Řecké pašije* (*La Passion grecque*), un de ces derniers opéras, ainsi que *Julietta, aneb Snář* sont toujours représentés.

JULIETTA ANEB SNÁŘ

(Juliette, ou la clé des songes)

Opéra lyrique en trois actes, 2 heures ¼
1936-1937
16 mars 1938, Théâtre national, Prague (République tchèque)
Bohuslav Martinů, d'après la pièce de Georges Neveux, *Juliette, ou la clé des songes* (1930)

RÔLES PRINCIPAUX

Juliette, *soprano*, femme mystérieuse
Michel, *ténor*, libraire parisien
Un policier, *ténor*
Une diseuse de bonne aventure, *contralto*
Un homme casqué, *baryton*
Un vieil Arabe, *basse*

Julietta aneb Snář est l'adaptation par Martinů de l'œuvre du surréaliste Georges Neveux, *Juliette, ou la clé des songes*, qui reçut un accueil orageux à Paris en 1930. Au début, l'intrigue semble simple : un homme revient dans une ville de bord de mer où trois ans plus tôt il s'était épris d'une jeune femme. Mais lorsqu'il découvre que ni elle ni personne n'a aucun souvenir de ce qui s'est passé, tout oscille entre fantasmes et réalité. Écrit en tchèque, le livret de Martinů comprend 25 rôles nommés et 28 scènes ; le Bureau central des rêves donne la clé de l'histoire à l'acte III. Mais plutôt que de renforcer l'onirisme, la partition de Martinů traite les événements au pied de la lettre, mêlant lyrisme, drame et satire.

Lorsque Martinů se rendit à Prague pour la première de cet opéra, en mars 1938, Hitler menaçait déjà la Tchécoslovaquie. Ce fut la dernière fois que le compositeur se rendit dans son pays : en 1948, Prague passa sous le régime communiste.

Programme d'une nouvelle production de l'opéra au palais Garnier, à Paris, en 2002, annonçant le titre en français, *Juliette, ou la clé des songes*.

Paul Nilon joue Michel, accueilli par le Petit Arabe interprété par Jessica Walzer, dans la production de David Pountney au Festival de Ravenne, en Italie, en 2005.

L'INTRIGUE

Dans un petit port sur la Côte d'Azur, en France, dans les années 1930

ACTE I En arrivant dans un petit port français, Michel trouve que tout le monde se conduit étrangement. Il cherche l'auberge du Matelot mais on lui dit qu'elle n'existe pas. Lorsqu'il se plaint qu'un vieil arabe lui a demandé de raconter sa vie en le menaçant d'un couteau, un policier explique que, comme personne ne se souvient de rien, on exige des visiteurs qu'ils parlent du passé. Puisque seul Michel a une mémoire, on lui donne un pistolet et on le nomme maire. Il raconte que, lors d'un voyage précédent, il a vu une belle jeune fille jouer du piano. Il est revenu pour elle. Soudain, il entend la voix de Juliette et elle semble le reconnaître. Ils conviennent de se rencontrer à un carrefour dans la forêt.

"Ztratil pamět'!"

"Moje láska v dálce se zratila"

ACTE II Michel attend Juliette lorsque trois messieurs arrivent en appelant la jeune fille. Une diseuse de bonne aventure lit l'avenir à Michel mais elle ne prédit que le passé. Juliette apparaît et déclare son amour à Michel. Un vendeur de souvenirs passe, ce qui rappelle à Juliette les voyages avec Michel qu'elle n'a jamais faits. Elle rit quand il raconte comment ils se sont rencontrés, puis ils se disputent. Juliette s'enfuit et Michel lui tire dessus. Les villageois lui font un procès mais il les distrait avec une histoire. Michel dit à des marins de chercher Juliette, et ils reviennent avec son écharpe. Un bateau s'en va. Entendant la voix de Juliette, Michel monte à bord.

"A nyní když jsme se"

"Ach, konečně! Konečně!"

ACTE III Au Bureau central des rêves, qui vend des rêves tous les soirs, un responsable dit à Michel qu'il rêve et qu'il est temps de se réveiller. D'autres viennent chercher leurs rêves, et le responsable prévient Michel qu'il deviendra fou s'il ne part pas. Mais il veut revoir Juliette encore une fois. Lorsque le bureau se prépare à fermer, Michel craint de la perdre à jamais. Soudain, elle réapparaît, mais Michel s'est enfermé à l'intérieur. Le veilleur de nuit veut le chasser mais Juliette le supplie de ne pas partir. Enfin, il sort en appelant la jeune fille, prêt à revivre son rêve. Elle est déjà partie. De nouveau, Michel arrive dans le petit port, et cherche l'auberge du Matelot.

De 1900 à nos jours

L'opéra moderne

À L'ÈRE MODERNE, L'OPÉRA A PRIS deux nouvelles directions. D'une part les innovations technologiques ont élargi son public, et les disques ont transformé des chanteurs charismatiques en véritables stars. D'autre part, l'opéra a abordé la complexité de la vie moderne, sa nature fragmentée, sa ruée vers le changement et les nouveaux sons de ses paysages urbains.

LES TEMPS MODERNES

L'opéra moderne a débuté avec l'ère des enregistrements. Or au XXe siècle, le gramophone amena Enrico Caruso, Rosa Ponselle et d'autres stars opératiques jusque dans les salons des maisons. Le plaisir d'écouter des interprétations enregistrées remplaça l'exaltation du spectacle. Et dans le même temps, l'opéra lui-même s'adaptait à un monde en pleine transformation. Pour la première fois, des voix grésillaient au téléphone et dans les radios. Avec les trains, les métros et les avions, la vie s'accélérait, offrant des visions floues et des sons chaotiques dans des métropoles en plein essor. Lorsque Sigmund Freud révéla les profondeurs cachées de l'inconscient, l'esprit humain apparut moins cohérent lui aussi. Les compositeurs abandonnèrent alors les anciennes définitions de la musique et du drame pour se consacrer à des opéras sur la vitesse de la vie moderne et l'isolement croissant de l'homme dans la société.

SCHOENBERG ET LE SÉRIALISME EUROPÉEN

La modernité entra dans les salles d'opéra lorsque Arnold Schoenberg réécrivit les règles de la tonalité. Dans des œuvres comme *Erwartung* (1909),

Dans Queen Park, à Manchester au début du XXe siècle, la foule est fascinée par un gramophone Auxeto amplifiant les voix d'Enrico Caruso et d'Antonio Scotti, interprétant un duo de *La Forza del destino* de Verdi.

Die Dreigroschenoper *(L'Opéra de quat'sous)* de Kurt Weill introduisit des éléments de jazz dans la musique atonale.

Schoenberg déplaça le centre de gravité sur la relation entre les notes. On peut comparer cette invention à la théorie de la relativité d'Einstein, pour qui les lois de la physique étaient désormais déterminées par la configuration de l'espace-temps. Avec sa « méthode de composition à 12 tons », Schoenberg a effectivement proposé le $E = MC^2$ de la musique moderne et fondé la seconde école viennoise, dont le compositeur d'opéra le plus important fut Alban Berg. *Wozzeck* et *Lulu* ont exploré la condition humaine dans un univers résolument moderne. À Berlin, la musique atonale se mêla au jazz lorsque Kurt Weill collabora avec le dramaturge Bertolt Brecht, notamment pour *Die Dreigroschenoper (L'Opéra de quat'sous)*. Cette expérimentation se développa rapidement dans les capitales européennes, ne s'arrêtant que dans les années 1930 lorsque Schoenberg, Weill, Brecht et toute une génération de créateurs d'opéras fuirent la montée du fascisme en Europe.

En 1945, les bombes atomiques américaines explosaient au Japon, mettant fin à la Deuxième Guerre mondiale. En Europe, le romantisme céda la place au sérialisme, une pratique étendant la relativité de la méthode de Schoenberg à d'autres variables musicales comme le rythme et la durée. Les nouveaux compositeurs partaient étudier avec des sérialistes à Paris ou à Darmstadt (en Allemagne). Mais la construction du mur de Berlin en 1961 bouleversa la recherche musicale. Dans un monde coupé en deux, la question, pour bon nombre de compositeurs était désormais tout simplement de pouvoir faire entendre sa musique. Durant les années 1980, l'opéra d'Olivier Messiaen, *Saint François d'Assise*, exprima une foi mystique inébranlable, tandis que *Un re in ascolto*, de Luciano Berio, cherchait instamment à donner un sens à l'ère fracturée de la Guerre froide.

LA GRANDE-BRETAGNE DE BRITTEN

En 1945, en Angleterre, la renaissance de l'opéra fut le fait d'un seul homme, Benjamin Britten, grâce à son *Peter Grimes*. C'était le premier grand maître opératique depuis Henry Purcell, plus de deux siècles auparavant. Britten était un compositeur profondément humain, imprégné d'influences aussi diverses que l'opéra romantique, les compositions atonales, la musique

En 1948, la scénographe Tanya Moiseiwitsch travaille à un décor en miniature sous le regard du compositeur britannique Benjamin Britten.

sacrée et le théâtre musical asiatique. Ses 15 opéras vont du tragique *Billy Budd* au comique *A Midsummer Night's Dream (Le Songe d'une nuit d'été)* et au méditatif *Curlew River*. Ces œuvres le placent au rang de compositeur d'opéras le plus important du siècle, au côté de Richard Strauss. L'influence de Britten s'exerça surtout en Grande-Bretagne, notamment sur les compositeurs John Tavener et Judith Weir, et, plus récemment, Mark-Anthony Turnage et Thomas Adès.

MADE IN AMERICA

L'opéra américain suivit une direction radicalement différente. Il fallut attendre la première moitié du XXe siècle pour que les compositeurs américains trouvent leurs propres voix. Avec Gertrude Stein comme librettiste, Virgil Thompson explora les rythmes du discours américain dans *Four Saints in Three Acts (Quatre Saints en trois actes)*. Et pour son triomphe de 1935, George Gerswhin voyagea en Caroline du Sud et du Nord pour s'imprégner de la musique et de la façon de parler des communautés afro-américaines, décrites dans le roman *Porgy and Bess* de Dubose Heyward. Les deux compositeurs associèrent le nouvel opéra américain à la comédie musicale de Broadway. Gerswhin fut même le plus célèbre compositeur de Broadway à partir de la fin des années 1920. Après la guerre, Leonard Bernstein continua à abolir la frontière établie par le Vieux Monde entre opéra et divertissement populaire. Moins d'un an s'écoula entre la première de son opérette, *Candide*, à Broadway en 1956, et sa célèbre comédie musicale, *West Side Story*. Depuis plusieurs décennies, les compositeurs William Bolcom, John Harbison et Tobias Picker ont préservé l'éclectisme de l'opéra américain.

Mais il y eut aussi une réaction contre le style de Broadway. Dans les années 1960, des compositeurs comme John Cage participèrent aux expérimentations européennes, tandis que d'autres s'engageaient dans le minimalisme. En partie influencée par la musique classique indienne, la musique minimaliste répétitive pratique des variations de motifs mélodiques dans des œuvres comme *Einstein on the Beach* de Philip Glass, et *Nixon in China* de John Adams. Des

EN QUÊTE D'UN OPÉRA

Les plus grandes salles d'opéras américaines se font fort de montrer des œuvres qui puissent avoir des échos dans toute l'Amérique. Compositeurs et librettistes ont puisé dans les trésors littéraires du pays, comme *Un Tramway nommé désir* de Tennessee William et *Gatsby le magnifique (à droite)* de F. Scott Fitzgerald. Ils se sont aussi inspirés de célébrités comme Jackie Onassis ou de thèmes historiques comme la guerre de Sécession. Mais c'est sans doute surtout à Broadway que bat le pouls de la musique de théâtre américaine.

L'OPÉRA MODERNE DE 1900 À NOS JOURS

1890 — 1900 — 1920

1902 Enrico Caruso enregistre pour la première fois

1902 *Pelléas et Mélisande* de Debussy

1905 *Salomé* de Strauss

1909 Schoenberg compose *Erwartung*

1914 Début de la Première Guerre mondiale

1925 *Wozzeck* de Berg

1930 *Aufstieg und Fall der Stadt Mahagonny* de Weill

1931 Premier opéra diffusé en direct à la radio

1935 *Porgy and Bess* de Gershwin

La police montée italienne forme une garde d'honneur devant La Scala de Milan, en 2004, durant l'inauguration de l'opéra reconstruit.

metteurs en scène américains de premier plan furent aussi attirés par l'opéra : Robert Wilson travailla avec Glass, et Peter Sellars avec John Adams. Et même s'ils ont été davantage reconnus outre-Atlantique que chez eux, ils ont renforcé le rôle du metteur en scène dans l'histoire de l'opéra d'après-guerre.

L'ÈRE DE LA GLOBALISATION

L'opéra a commencé à se développer dans le monde après la chute du mur de Berlin en 1989, et l'essor d'Internet dans les années 1990. Une fois de plus, la popularisation alla de pair avec l'expérimentation. Pour la première fois en près d'un siècle, les talents de l'ancien bloc soviétique et ceux de l'Occident se côtoyaient librement dans les salles d'opéra de Moscou à San Francisco. Nouvellement unifié, Berlin disposait de trois théâtres d'opéra, et Saint-Pétersbourg retrouva soudain son activité opératique. En 1990, Plácido Domingo, Luciano Pavarotti et José Carreras se regroupèrent sous l'appellation Les Trois Ténors dans un concert retransmis dans le monde entier. Cette ère mondiale a également vu la naissance d'une nouvelle génération de créateurs. L'avenir de l'opéra repose désormais sur le travail de compositeurs comme le Hongrois Peter Eötvös, le Belge Philippe Boesmans, le Français Pascal Dusapin, le Finnois Kaija Saariaho et le résident américain d'origine chinoise, Tan Dun. Le premier opéra important de Tan Dun, *Marco Polo*, rend honneur à une figure fondatrice de la culture mondiale, Marco Polo, qui, à l'instar des premiers opéras, partit de Venise et atteignit des contrées que nul n'aurait cru accessibles.

1940

1945 *Peter Grimes* de Britten

1945 Fin de la Deuxième Guerre mondiale : aube de l'ère atomique

1951 *Billy Bud* de Britten

1960

1961 Construction du mur de Berlin

1976 *Einstein on the Beach* de Glass

1978 Stockhausen commence à composer *Licht : Die Sieben Tage der Woche*

1979 *Lulu* de Berg

1980

1983 *Saint François d'Assise* de Messiaen

1984 *Un Re in ascolto* de Berio

1987 *Nixon in China* de John Adams

1989 Chute du mur de Berlin

1990 Retransmission télévisée des Trois Ténors

1996 *Marco Polo* de Tan Dun

ARNOLD SCHOENBERG

Né le 13 septembre 1874 à Vienne (Autriche)
Mort le 13 juillet 1951 à Los Angeles (Californie – États-Unis)

Arnold Schoenberg créa un langage moderne au sein de la musique classique. Il fut le premier à ouvrir l'opéra à l'expression de l'expérience contemporaine. Il donna forme à la musique dodécaphonique et fonda la seconde école viennoise, dont le principal compositeur d'opéra allait être Alban Berg.

À 19 ans, Arnold Schoenberg jouait du violoncelle dans un ensemble dirigé par le compositeur autrichien Alexander Zemlinsky, qui devint son professeur. Durant la décennie suivante, Schoenberg découvrit qu'en donnant aux notes une égale importance – plutôt que de les distribuer selon la clé ou l'accord, comme dans l'harmonie traditionnelle – il ouvrait la porte à un nouveau royaume d'expression « atonale ». Parmi ses brèves œuvres pour la scène, il y eut *Erwartung (Attente)* ; *Die Glückliche Hand (La main heureuse)* et *Von Heute auf Morgen* (*Du jour au lendemain*). Sa seule tentative d'opéra complet fut *Moses und Aron* (*Moïse et Aaron*), qu'il ne put achever. Persécuté comme juif pendant qu'il enseignait à Berlin, Schoenberg s'enfuit aux États-Unis en 1933.

DER BLAUE REITER

À Munich en 1911, ayant entendu les *Trois Pièces pour* piano de Schoenberg, Vassily Kandinsky transposa ces conceptions musicales dans la peinture abstraite. Avec d'autres peintres, Kandinsky forma un groupe appelé *Der Blaue Reiter (Le Cavalier bleu).* Schoenberg exposa avec le groupe à Vienne, et correspondit abondamment avec Kandinsky sur les relations entre les formes artistiques musicales et visuelles.

Œuvre de Vassily Kandinsky *pour* Der Blaue Reiter.

Arnold Schoenberg (*assis, deuxième en partant de la gauche*) avec son épouse Gertrud, l'architecte Adolf Loos (*à gauche*) et l'artiste Oskar Kokoschka.

MOSES UND ARON

(Moïse et Aaron)

Opéra en trois actes (inachevé), 1 heure ¾
1930-1932
6 juin 1957, Stadthalle, Zurich (Suisse)
Arnold Schoenberg

Opéra inachevé, *Moïse et Aaron* est un défi scénique rarement représenté. Pour communiquer les frustrations d'un prophète incapable de convaincre un peuple, Schoenberg a composé le rôle de Moïse en *Sprechgesang* ou « parlé-chanté ». La voix de ténor de l'éloquent Aaron est par contraste encore plus pénétrante. Les passages choraux et la « Danse devant le Veau d'Or » de l'acte I sont les moments forts de cet intense opéra décrivant l'exode biblique. En 1945, aux États-Unis, Schoenberg n'obtint pas d'aide financière pour compléter l'opéra.

Le nom de « Aaron » s'écrit bien avec deux « a » en allemand. Schoenberg supprima le second « a » parce qu'il pensait que le titre Moses und Aaron serait de mauvais augure : en effet, il contient 13 lettres !

RÔLES PRINCIPAUX

Moïse, *rôle parlé*, prophète

Aaron, *ténor*, porte-parole de Moïse envers les Israélites

Une jeune fille, *soprano*, embrasse la foi du nouveau Dieu

Un jeune homme, *baryton*, embrasse la foi du nouveau Dieu

Un prêtre, *basse*, met les Israélites en garde contre Moïse

Les vierges nues (quatre), *2 sopranos et 2 contraltos*, sont violées par les prêtres

L'INTRIGUE

L'Antiquité biblique

ACTE I Dieu ordonne à Moïse de conduire les Israélites à la terre promise. Moïse ne s'en sent pas capable mais Dieu lui promet des signes pour l'aider. Dans le désert, Moïse rencontre Aaron. Les Israélites sont prêts à suivre le Dieu de Moïse mais un prêtre prétend que Moïse est un meurtrier. Pour Moïse, Dieu est infini, mais les Israélites refusent l'invisibilité. Aaron produit des signes persuadant les Israélites de défier l'autorité du Pharaon. Lorsqu'ils se demandent ce qu'ils vont manger dans le désert. Aaron les rassure. Le peuple élu se prépare alors pour leur voyage vers la terre promise.

"Ein Wunder erfullt uns mit Schrecken"

INTERLUDE Les Israélites demandent où est Moïse, qui est absent depuis 40 jours.

ACTE II Les Israélites refusent d'attendre le retour de Moïse du mont Sinaï. Ils veulent se venger et menacent de massacrer les prêtres. Aaron leur promet une image de Dieu et fait couler la statue du Veau d'Or, que le peuple adore. Puis viennent des excès orgiaques et des prêtres violent des vierges. Moïse descend de la montagne et le peuple s'enfuit. Aaron tente de justifier l'idole à Moïse, disant que les tables sont aussi des formes « visibles » de Dieu mais Moïse casse les tables de la Loi. Il reste seul et désespéré.

"Wo ist Moses?"

Frode Olsen interprète le prophète Aaron, un rôle parlé, au Staatsoper de Hambourg en 2004.

« La musique de Berg dit adieu à la vie »

Le philosophe Theodor Adorno

ALBAN BERG

Né le 9 février 1885 à Vienne (Autriche)
Mort le 24 décembre 1935 à Vienne (Autriche)

Depuis la Deuxième Guerre mondiale, Alban Berg a été consacré comme figure-clé de la musique artistique du XXe siècle. Il n'écrivit que deux opéras *Wozzeck* et *Lulu*, ce dernier restant inachevé au moment de sa mort. Ces œuvres atonales, passionnées et choquantes ont ouvert une nouvelle voie à la musique d'opéra.

Alban Berg est né à Vienne et y vécut jusqu'à ce qu'une septicémie l'emporte à l'âge de 50 ans. Il fit preuve de précocité en écrivant une douzaine de lieder durant son adolescence. Son éducation musicale commença véritablement en 1904, lorsqu'il rencontra Arnold Schoenberg, créateur de la composition avec douze tons à l'opposé de la conception romantique de la musique et de la beauté. Le lyrisme radical de son compatriote viennois, le compositeur Gustav Malher, influença aussi beaucoup le style de Berg, qui jeta un pont entre l'art formel, la dissonance, et la musique populaire. Mais la vie et l'œuvre de Berg furent durement éprouvées par l'histoire du monde. Durant la Première Guerre mondiale il travailla pour le ministère de la Guerre, ce qui interrompit sa composition de l'opéra *Wozzeck*. Et dès 1933, alors qu'il composait *Lulu*, les nazis interdirent sa musique en Allemagne et en Autriche. Berg est souvent considéré comme le principal compositeur d'opéras de la Deuxième école viennoise dirigée par Schoenberg, Anton Weber étant l'autre grand compositeur du groupe. Les musiques et les thèmes des opéras d'Alban Berg ont influencé les compositeurs durant tout le XXe siècle. Son antihéros Wozzeck incarne particulièrement les problèmes de communication de l'être, donnant naissance aux héros tragiques modernes.

Les décors de Stefanos Lazaridis ajoutent un réalisme glacé à l'opéra *Wozzeck*, en 2002, pour le Royal Opera House de Londres, avec le baryton allemand Matthias Görne (Wozzeck) et la soprano suédoise Katarina Dalayman (Marie).

PREMIÈRES REPRÉSENTATIONS

1920

1925 Wozzeck

1930

1935 Mort de Berg

1937 Lulu (inachevé)

1940

1950

1960

1970

1979 Lulu est terminé

1980

WOZZECK

Opéra en trois actes, 1 heure ½
1914-1922
14 décembre 1925, Staatsoper, Berlin (Allemagne)
Alban Berg, d'après la pièce *Wozzeck* (1837) par Georg Büchner

Wozzeck, chef-d'œuvre de l'époque moderne, a eu une immense influence. Tiré de la pièce de 1837 de Georg Büchner, elle-même inspirée d'une histoire vraie, l'opéra présente un meurtrier dans son aspect humain, s'efforçant de préserver sa dignité malgré son désarroi. Musicalement, l'opéra est un tour de force. Chacune des 15 scènes est bâtie sur des formes telles que la berceuse, la marche militaire, la rapsodie et la fugue, tandis que la théâtralité est portée à son maximum. La hâte est au cœur de l'œuvre, menaçant d'engloutir Wozzeck dès la première scène. *Wozzeck* fit un triomphe dès sa création en 1925, un succès auquel mit fin son interdiction en Allemagne en 1933.

Il est notoire que Berg mit près de huit ans à écrire cet opéra. La préparation de la première fut également très longue. Le chef d'orchestre Erich Kleiber exigea 137 répétitions, dont 34 seulement pour l'orchestre.

RÔLES PRINCIPAUX

Wozzeck, *baryton*, soldat pauvre
Andres, *ténor lyrique*, ami de Wozzeck
Le tambour-major, *ténor* (Heldentenor)
Le capitaine, *ténor* (*ténor buffo*)
Le médecin, *basse* (*basso buffo*)
L'idiot, *ténor*
Marie, *soprano*, mère du fils de Wozzeck
L'enfant de Marie, *soprano*
Margret, *contralto*, voisine de Marie

L'INTRIGUE

Dans une ville militaire et ses alentours

ACTE I Pendant qu'il se fait raser par Wozzeck, le capitaine l'accuse d'immoralité, car il a un enfant avec Marie sans être marié. Plus tard, taillant des bâtons avec Andres, un autre soldat, Wozzeck pense que le lieu est hanté. Lorsque la nuit tombe, les deux hommes s'éloignent, remplis de crainte. Margret, une voisine, taquine Marie pour avoir fait les yeux doux au tambour-major qui dirige la fanfare militaire. Fermant brusquement la fenêtre au nez de Margret, Marie chante une berceuse à son enfant ♁. Lorsque Wozzeck apparaît, elle lui tend leur fils. Mais hanté par ses visions, il sort. Wozzeck se plaint de ses hallucinations au médecin, qui voit l'occasion de se faire une renommée en traitant cette étrange maladie ♁. Marie admire le tambour-major qui prend des poses devant elle. Au début, elle résiste à ses avances puis elle lui tombe dans les bras.

"Mädel, was fangst Du jetzt an?"

"Oh! meine Theorie!"

ACTE II Admirant ses nouvelles boucles d'oreilles, cadeau du

"Was die Steine glänzen!"

tambour-major, Marie tente de les cacher à son fils. Wozzeck lui demande comment elle les a obtenues et Marie lui ment. Il lui remet de l'argent et sort. Dans une rue, le médecin parle de cas médicaux avec le capitaine. Wozzeck passe, et s'enfuit lorsqu'ils le tourmentent en faisant allusion au tambour-major. Wozzeck arrive à la maison de Marie. L'esprit égaré, il fait le geste de la battre et elle se réfugie chez elle. Dans une brasserie, Wozzeck regarde le tambour-major danser avec Marie. Andres se met à chanter avec les autres

"Ein Jäger aus der Pfalz"

et un ivrogne se lance dans un sermon acerbe. Un idiot dit à Wozzeck qu'il sent le sang. Dans la caserne, Wozzeck ne peut dormir. Le tambour-major arrive, ivre, et se vante de sa conquête. Ils se battent et le tambour-major laisse Wozzeck en sang sur le sol.

"Jedoch, wenn ein Wanderer"

ACTE III Marie lit la Bible et repousse son fils, dégoûtée d'elle-même, puis le rappelle. Au crépuscule, Marie et Wozzeck se promènent dans un bois. La lune se lève et il plonge un couteau dans la gorge de Marie. Il s'enfuit, la laissant morte. Dans une auberge, il chante et regarde les autres danser. Margret remarque qu'il a du sang sur la main. Wozzeck se précipite au dehors. Dans le bois, il trébuche sur le corps de Marie en cherchant son couteau. Il le jette dans la mare puis y rentre pour se débarrasser du sang dont il se croit recouvert. Le médecin et le capitaine approchent et entendent un homme se noyer mais ils ne font rien. Le fils de Marie joue auprès d'autres enfants. On vient lui dire que sa mère est morte mais il ne comprend pas et continue à sauter sur un cheval de bois.

"Das Messer?"

À l'Opéra de Santa Fe en 2001, Haken Hagegard est Wozzeck (*de gauche à droite*), Michael Smallwood est Andres et Anthony Laciura, l'idiot, dans le deuxième acte de l'opéra.

LULU

Opéra en un prologue et trois actes, 2 heures ¾
1928-1935 ; l'acte III a été achevé par Friedrich Cerha en 1974

2 janvier 1937, Stadttheater, Zurich (Suisse)
Berg, d'après la pièce de Frank Wedekind, *Erdgeist* (1895) et *Die Büchse der Pandora* (1903)

Lulu est considéré comme le sommet de l'opéra atonal, bien qu'à sa mort en 1935, Berg n'ait écrit que les deux premiers actes. Le troisième et dernier acte fut complété par le compositeur autrichien Friedrich Cerha une quarantaine d'années plus tard. Précis et complexe dans sa forme comme dans sa psychologie, *Lulu* reste un opéra choquant, dont l'héroïne est une femme fatale aussi irrésistible que dangereuse. Les thèmes de l'obsession, du désir, de la maladie et de la violence ont parfois beaucoup dérangé. Mais Berg composa cette œuvre dans la Vienne de Sigmund Freud, où l'hypocrisie bien pensante masquait bien des désirs muets. L'intrépide Lulu bondit sur scène comme une créature sauvage dont on vient d'ouvrir la cage. Depuis 1979, la version complète a été donnée dans les plus grandes salles d'opéra du monde.

La production de Travis Preston fut donné à la Royal Riding School du Palais de Christiansborg, au Danemark, en 1996. Dans la scène de l'acte I, la soprano américaine Constance Hauman chanta le rôle de Lulu entièrement nue.

RÔLES PRINCIPAUX

Lulu, *soprano*, danseuse fatale

Dr Schön (Jack l'Éventreur), *baryton*, rédacteur en chef/assassin

La comtesse Geschwitz, *mezzo-soprano*, fiancée lesbienne de Schön

Alwa, *ténor*, compositeur et fils du Dr Schön

Schigolch, *basse*, vieillard se faisant passer pour le père de Lulu

Le peintre/Le Noir, *ténor*, deuxième mari de Lulu/client de prostituées

Le prince/Le marquis, *ténor*, courtise Lulu/Le trafiquant qui dénonce Lulu

Le dresseur d'animaux/L'athlète, *basse*, présente l'opéra, épris de Lulu

L'INTRIGUE

Dans l'atelier d'un peintre, des salons, une loge de théâtre, une demeure et une mansarde londonienne

PROLOGUE Un dresseur d'animaux accueille le public et promet de montrer un spectacle de bêtes sauvages.

ACTE I Lulu pose dans l'atelier du peintre pendant que son amant, le Dr Schön, observe. Lorsque Schön s'en va, le peintre, fou de désir, avoue son amour à Lulu au moment où son mari arrive. Ce dernier meurt brusquement. Une fois mariée au peintre, Lulu rencontre Schön. Il veut mettre un terme à leur longue liaison et épouser la comtesse Geschwitz. Lorsque le peintre découvre Lulu avec Schön, il se suicide. Trois ans plus tard, dans la loge d'un théâtre où Lulu danse, elle se dispute avec Schön, qui n'est toujours pas marié. Sous la dictée de Lulu, Schön, qui ne peut s'arracher à elle, écrit une lettre de rupture à sa fiancée. Puis il s'effondre.

"Sie bekommen mich noch lange nicht"

"Das hättest du dir besser erspart!"

Evelyn Lear (Lulu), et Dietrich Fisher-Dieskau, le Dr Schön, en 1968, au Deutsche Oper, à Berlin Ouest.

ACTE II Maintenant mariée à Schön, Lulu reçoit une admiratrice lesbienne, la comtesse Geschwitz. Lorsque Schön entre dans le salon avec un revolver, Lulu l'entraîne vers le lit. Elle retourne flirter avec ses amants qui lui rendent visite. Tous se cachent lorsque Alwa, le fils de Schön, vient lui avouer sa passion. Les découvrant, Schön presse Lulu de se suicider. Il lui tend un revolver mais elle refuse de mourir ♁ et tire sur Schön. Elle implore la pitié d'Alwa, qui, une fois son père mort, appelle la police.

"Wenn sich die Menschen"

INTERLUDE ORCHESTRAL Par un film muet, on apprend que Lulu a passé un an en prison et a attrapé le choléra. Lorsque l'action reprend sur scène, la comtesse se rend à l'hôpital pour prendre la place de Lulu. Lorsque Lulu s'enfuit, l'athlète qui devait l'épouser est dégoûté de la voir changée par la maladie, et la rejette. Seule avec Alwa, Lulu se réjouit d'être libre et il lui fait des compliments sur son corps ♁. Dans une demeure parisienne, tous se livrent à des jeux d'argent lorsque le marquis, un trafiquant de la traite des blanches, dit à Lulu qu'il la dénoncera si elle n'accepte pas d'être vendue dans un bordel. D'autres reviennent de la table de jeux et Lulu se querelle avec la comtesse ♁♁. Lulu échange ses vêtements avec un valet afin de fuir avec Alwa avant l'arrivée de la police. Dans un grenier de Londres, Lulu, maintenant prostituée, revient avec un client, le professeur. Lorsqu'il s'en va, la comtesse arrive avec le portrait de Lulu peint par son mari décédé. Terrifiée, Lulu retourne sur le trottoir, et revient avec un Noir violent qui s'en va bientôt. La comtesse, éperdument amoureuse de Lulu, envisage le suicide. Lulu revient avec un nouveau client, Jack. Ils se querellent sur l'argent avant que Lulu n'accepte de le faire entrer dans sa chambre ♁. Puis on entend Lulu pousser des cris perçants. Jack sort de la pièce et poignarde aussi la comtesse, qui meurt en appelant Lulu ♁.

"Durch dieses Kleid"

"Brilliant! Es geht brilliant!"

"Wie sie meinen"

"Lulu! Mein Engel"

FRIEDRICH CERHA

Né à Vienne en 1926, le compositeur autrichien Friedrich Cerha fut un membre dynamique du milieu avant-gardiste viennois dans les années 1950 et 1960. Cerha utilisa les notes de Berg et une partie de la partition de l'acte III pour compléter *Lulu* en 1974. Une version complète de l'opéra fut donnée pour la première fois à Paris en 1979, sous la baguette de Pierre Boulez.

Lulu, parée d'un costume exotique, est interprétée par Lisa Saffer à l'English National Opera à Londres en 2002.

KURT
WEILL

Né le 2 mars 1900 à Dessau (Saxe- Allemagne)
Né le 3 avril 1950 à New York (États-Unis)

Kurt Weill a composé des douzaines d'œuvres pour le théâtre. Ses chefs-d'œuvre en allemand, *Die Dreigroschenoper* et *Aufstieg und Fall der Stadt Mahagonny* ont introduit de la truculence dans l'opéra de l'Allemagne de Weimar. Puis ses œuvres ultérieures ont élevé la comédie musicale de Broadway à de nouveaux sommets.

Kurt Weill commença à composer de la musique dès son enfance, et eut parmi ses professeurs l'ancien protégé de Wagner, Engelbert Humperdinck. À la fin des années 1920, il écrivit des opéras autant influencés par la nouvelle musique européenne que par la musique américaine consacrée à la danse. Sa collaboration avec l'écrivain Bertolt Brecht donna lieu à *L'Opéra de quat'sous* et à *Grandeur et Décadence de la ville de Mahagonny*. Ces deux œuvres ont connu un grand succès dans l'Allemagne de Weimar mais les opéras de Weill du début des années 1930 provoquèrent des émeutes. L'arrivée au pouvoir des nazis en janvier 1933 l'a poussé à fuir, d'abord à Paris puis, en 1935, aux États-Unis. Il y devint célèbre pour ses comédies musicales, comme *Johnny Johnson*, *Lady in the Dark*, *One Touch of Venus* ou encore *Street Scene*.

Au Music Box Theatre, à New York, Kurt Weill joue des mélodies de sa comédie musicale *Lost in the Stars.*

PREMIÈRES REPRÉSENTATIONS

1925 – 1930 – 1935 – 1940 – 1945 – 1950

- **1926** Der Protagonist
- **1927** Royal Palace
- **1928** Der Zar lässt sich photographieren
- Die Dreigroschenoper
- **1930** Aufstieg und Fall der Stadt Mahagonny
- Der Jasager
- **1932** Die Bürgschaft
- **1933** Der Silbersee
- Die Sieben Todsünden
- **1936** Johnny Johnson
- **1937** The Eternal Road
- **1938** Knickerbocker Holiday
- **1941** Lady in the Dark
- **1943** One Touch of Venus
- **1945** The Firebrand of Florence
- **1947** Street Scene
- **1948** Down in the Valley
- Love Life
- **1949** Lost in the Stars

DIE DREIGROSCHENOPER

(L'Opéra de quat'sous)

Pièce musicale en un prologue et trois actes, 1 heure ¼ (musique seule)

1928

31 août 1928, Theater am Schifbauerdamm, Berlin (Allemagne)

Bertolt Brecht, d'après *The Beggar's Opera* de J. Gay

Die Dreigroschenoper devint un des opéras les plus populaires de la scène allemande. Des airs irrésistibles émaillent l'opéra, comme la « Chanson du canon » dans l'acte I, et la « Complainte du souteneur » dans l'acte II, et chaque acte est doté d'un final éblouissant. Weill et Bertolt Brecht, l'auteur du livret, ont exploité la souplesse de l'opéra-ballade anglais dont l'archétype de 1728, *The Beggar's Opera* de John Gay, fut leur source principale.

À lui seul, *L'Opéra de quat'sous fit* connaître Weill à un large public américain. En 1954 : New York lui consacra pas moins de 2 611 représentations.

RÔLES PRINCIPAUX

Polly Peachum, *soprano*, fille de Mr et Mrs Peachum

Mrs Peachum, *mezzo-soprano*, mère de Polly

Jonathan Jeremiah Peachum, *baryton*, père de Polly

Macheath, *ténor*, appelé aussi Mackie le couteau

Jenny Diver, *soprano*, prostituée, ancienne maîtresse de Macheath

L'INTRIGUE

Dans le quartier de Soho, à Londres, à l'époque victorienne

PROLOGUE Un chanteur de rue présente l'opéra dans la "Ballade de Mackie le couteau".

"Die Moritat von Mackie Messer"

ACTE I Mr et Mrs Peachum, qui dirigent un groupe de mendiants, déplorent que leur fille Polly se soit enfuie avec Macheath. Les jeunes gens célèbrent leur mariage à Soho mais les parents de Polly veulent que le chef de la police de Londres arrête Macheath.

ACTE II Macheath a dû s'enfuir pour échapper à la police. Il s'est réfugié chez Jenny, une prostituée à qui Mrs Peachum a donné de l'argent pour livrer Macheath. Au tribunal, Macheath s'enfuit. Dans le final, la foule se demande comment vivre dans un monde où « l'humanité se maintient en vie par des actes bestiaux ».

"Denn wovon lebt der Mensch?"

ACTE III M. Peachum menace le chef de la police : il faut arrêter Macheath, sinon les mendiants perturberont le couronnement de la reine. Macheath, est rattrapé et condamné à la mort par pendaison. Mais Mr Peachum informe le public que, puisque c'est un opéra, l'humanité prévaudra sur la justice. La reine le gracie et l'anoblit. Tous proclament que « le crime finira par s'éteindre de lui-même ».

Les petites-filles de Bertolt Brecht, Johanna et Jenny Schall, ont mis en scène cette production au Théâtre Maxim Gorky à Berlin, en 2004.

AUFSTIEG UND FALL DER STADT MAHAGONNY

(Grandeur et Décadence de la ville de Mahagonny)

Opéra en trois actes, 2 heures ¼
1927-1929
9 mars 1930, Neues Theater, Leipzig (Allemagne)
Bertolt Brecht

Grandeur et Décadence de la ville de Mahagonny, le chef-d'œuvre opératique de Weill, redéfinit le son même de la modernité. Weill et Bertolt Brecht avaient écrit *Kleine Mahagonny* en 1927, en prenant pour thème une ville américaine. Cette œuvre servit de matrice à l'opéra, qui fut acclamé lors de la première, à Leipzig, en 1930. Weill intégra des mélodies de music-hall et des musiques existantes dans une partition visionnaire qui est d'autant plus magique lorsqu'elle semble sur le point de se désintégrer. Mêlant une atmosphère de malheur existentiel et de subversion politique, l'opéra connut des hauts et des bas dans les années 1930, surtout lorsque le régime nazi devint officiel. Mais il a depuis conquis sa place d'opéra majeur du XXe siècle.

Dans l'acte I, les hommes sont engagés avec une musique parodiant le « Chœur des fiancés » dans *Der Freischütz* de Weber, et, plus tard dans l'acte, une entraîneuse de saloon martèle « La prière de la vierge » de Tekla Badarzewska.

RÔLES PRINCIPAUX

Leokadja Begbick, *mezzo-soprano*, veuve fuyant la police
Fatty le libraire, *ténor*, associé de Begbick
Trinity Moses, *baryton*, associé de Begbick
Jenny Smith, *soprano*, entraîneuse de bar cubaine
Jim Mahoney, *ténor*, bûcheron de l'Alaska
Jake Schmidt, *ténor*, bûcheron, ami de Jim
Bankroll Bil, *baryton*, bûcheron, ami de Jim
Alaska Wolf Joe, *basse*, bûcheron, ami de Jim
Tobby Higgins, *ténor*, prévenu accusé de meurtre

L'INTRIGUE

Dans une région désolée, en Amérique

ACTE I Leokadja Begbick dit à ses comparses hors-la-loi, Fatty le libraire et Trinity Moses, qu'elle veut bâtir Mahagonny, une ville consacrée au plaisir. Des « requins » arrivent à Mahagonny, à commencer par Jenny et six filles. En quelques années, la ville devient célèbre et attire Jim Mahoney, Jake, Bill et Joe. Jenny tente de se vendre à Jack mais, comme il ne lui offre pas assez, elle se décide pour Jim. L'économie de la ville se dégrade et beaucoup de gens s'en vont. Jim veut partir sur un bateau mais ses amis le retiennent. Lorsque Jake prétend que les distractions du saloon participent d'un Art éternel, Jim s'emporte contre la mièvrerie de sa chanson et l'ennui étouffant de Mahagonny. Mais lorsqu'un ouragan menace la ville, la colère de Jim se transforme en bonheur. Alors que les autres paniquent, il reprend goût à la vie, prônant avec ferveur que tous suivent leur bon plaisir.

"Oh show us the way to the next whisky bar"

Trude Hesterberg *(à gauche)* (Begbick), et Lotte Lenya (Jenny) dans une production de 1931 de l'opéra de Kurt Weill à Berlin.

"Tief in Alaskas schneeweissen Walden"

"Denn wie man sich bettet so liegt man"

Au Saxony State Opera, en 2005, le metteur en scène Harry Kupfer fit arriver Begbick et son gang en hélicoptère, et non en camion.

ACTE II L'ouragan a dépassé Mahagonny sans la toucher. La ville suit maintenant le nouveau credo de Jim : « tout est permis ». Jake s'adonne à la gloutonnerie et en meurt ; la veuve Begbick dirige un bordel. Et finalement, Jim est arrêté pour dette envers le saloon, où il commandait à boire pour tout le monde sans pouvoir payer. On emmène Jim la nuit, ligoté, et il espère que le jour ne se lèvera jamais ♁.

"Wenn der Himmel hell wird"

ACTE III Attendant d'être jugé par la Cour de Justice de Mahagonny, Jim voit Tobby Higgins soudoyer la juge (la veuve Begbick) pour être acquitté du meurtre dont on l'accuse. Jim demande à Bill de lui prêter de l'argent pour en faire autant, mais Bill refuse. Moses étant maintenant l'accusateur public, Jim est accusé de n'avoir pas payé son whisky, d'avoir violé Jenny, d'avoir chanté une chanson illégale la nuit de l'ouragan et d'avoir détruit le bonheur de Mahagonny. Il est condamné à mort. Jim dit adieu à Jenny ♁ et lui assure qu'il n'a aucun regret. Il presse les citoyens de Mahagonny de vivre pleinement puisqu'il n'y a pas de vie après la mort. Pendant que Jim est exécuté sur la chaise électrique, les autres miment la visite de Dieu à Mahagonny, avec Moses dans le rôle de Dieu. Un haut-parleur annonce que des émeutes contre la hausse du coût de la vie ont détruit la ville. Dans la marche finale, les anciens habitants de Mahagonny déclarent que « Nous ne pouvons aider personne, ni vous ni nous-mêmes » ♁.

"Liebe Jenny, auch ich habe"

"Können uns und euch und niemand helfen!"

BERTOLT BRECHT 1889-1956

L'Allemand Bertolt Brecht, poète et dramaturge, domina le théâtre du xxe siècle. Il écrivit également des livrets pour Kurt Weill. Membre du Parti communiste dès 1926, il fuit le fascisme en 1933 pour vivre en Scandinavie et aux États-Unis. En 1949, il mit en scène sa célèbre pièce *Mère Courage et ses enfants* à Berlin Est, où il fonda le Berliner Ensemble. Réformateur de théâtre marxiste et auteur influent, Brecht affirmait que les spectateurs devaient rester détachés des illusions scéniques, et non s'y laisser prendre.

BÉLA BARTÓK

Né le 25 mars 1881 à Nagyszentmiklós (Transylvanie, Hongrie méridionale aujourd'hui Roumanie)
Mort le 26 septembre 1945 à New York (États-Unis)

Désormais reconnu comme un des grands compositeurs du XXe siècle, de son vivant, Bartók fut essentiellement connu hors de Hongrie comme pianiste de concert. Aujourd'hui, son œuvre la plus populaire est instrumentale mais son seul opéra, *A Kékszákallú Herceg Vára* est entré au répertoire. Jeune homme, Bartók se passionna pour la musique folklorique, dont on retrouve l'écho dans son œuvre. Mais il fut aussi influencé par Debussy, Liszt et Richard Strauss. Puis, dans les années 1920, il se tourna vers Stravinsky et Schoenberg et s'intéressa à la dissonance. En 1940, il se réfugia aux États-Unis, où il écrivit son *Concerto pour orchestre*. Il mourut en Amérique en 1845.

A KÉKSZAKÁLLÚ HERCEG VÁRA

(Le Château de Barbe-Bleue)

✍ Opéra en un acte, 1 heure
⧗ 1911 (rév. 1912, 1918, 1921)
24 mai 1918, Opéra de Budapest (Hongrie)

Béla Balázs, d'après l'histoire de Charles Perrault, *Barbe-Bleue* (1697)

Le Château de Barbe-Bleue, le seul opéra de Bartók, est un conte gothique magistralement mis en musique. Béla Balazs donna une triste fin à la dernière épouse de Barbe-Bleue, qui rejoint les autres dans la mort et utilisa le langage pur et émotionnel des poètes symbolistes pour créer une atmosphère de tension permanente. La partition associe l'harmonie, la mélodie et le rythme *parlando rubato* de la musique populaire hongroise à des allusions à Wagner, Richard Strauss, Debussy et Ravel. Il en résulte une œuvre d'une intense poésie. Barbe-Bleue et Judith sont engagés dans un dialogue continu ne laissant aucune place aux arias traditionnelles, et pourtant leurs parties chantées transmettent toutes les nuances de la psychologie de la musique.

RÔLES PRINCIPAUX

Le barde, *rôle parlé*
Le duc Barbe-Bleue, *baryton*, un baron
Judith, *mezzo-soprano*
Trois épouses assassinées, silencieuses

Béla Bartók avec son ami le compositeur Zoltan Kodaly (*à gauche*), et des musiciens populaires. Les deux hommes se passionnèrent pour les traditions musicales hongroises.

Le socialiste Béla Balázs ayant été forcé de s'exiler par le régime de droite, en 1919, Bartók refusa d'enlever le nom du librettiste de cet opéra, qui ne fut pas représenté à Budapest avant 1955.

L'INTRIGUE

En Europe, à la fin du Moyen Âge

Le duc Barbe-Bleue entre avec sa nouvelle épouse, Judith. Elle se demande pourquoi le château est « toujours glacé, sombre et triste ». Elle demande à ouvrir les sept portes qui sont devant elle. Barbe-Bleue tente de la décourager, lui rappelant les rumeurs sinistres dont il est l'objet mais elle insiste, disant qu'elle l'aime. La première porte révèle de chaînes, des tenailles et des roues couvertes de sang : c'est la chambre de torture de Barbe-Bleue. Judith demande la clé de la porte suivante. Elle s'ouvre sur la salle d'armes, où des lances sont aussi éclaboussées de sang. Judith continue, ignorant les avertissements de Barbe-Bleue. La troisième porte s'ouvre sur un amoncellement d'or, de diamants et de perles, tachés de sang : c'est le trésor de Barbe-Bleue. Un jardin odorant se tient derrière la quatrième porte, où la lumière est encore plus forte. Judith demande pourquoi les roses sont maculées de sang mais le duc ne répond à aucune question. La cinquième porte mène au royaume ensoleillé de Barbe-Bleue mais même les nuages portent des traces de sang. Barbe-Bleue dit que le château scintille de lumière maintenant que Judith a atteint son but. Il l'avertit que l'obscurité reviendra si elle continue, mais elle s'obstine. Ouvrant la sixième porte, elle voit une étendue d'eau. « Ce sont des larmes, Judith, des larmes », dit Barbe-Bleue.

"Oh, be sok kincs!"

"Ah!" "Lásdez az én birodalman"

"Csendes fehér tavat látok"

Il essaie de lui faire changer d'avis en l'embrassant mais elle le questionne sur ses anciennes amours. Lorsqu'il refuse de nouveau de répondre, elle dit qu'elle a compris : comme le dit depuis longtemps la rumeur, il a tué ses anciennes femmes. Il lui donne la clé de la septième porte et annonce ses épouses disparues. Trois femmes richement vêtues sortent alors. Judith est impressionnée par leur beauté. Barbe-Bleue explique qu'il a trouvé la première à l'aube, la deuxième à midi et la troisième le soir. Se tournant vers Judith, il ajoute qu'il a rencontré la quatrième à minuit – et qu'elle connaîtra la nuit éternelle. Il la pare de diamants. Terrifiée, elle le supplie de l'épargner puis franchit la dernière porte. « Désormais », dit-il, tout sera ténèbres, ténèbres, ténèbres... »

"Lásd a régi aszszonyokat"

Willard White, qui a souvent chanté le rôle macabre du duc Barbe-Bleue, est ici au Royal Opera House, en 2002.

VIRGIL THOMSON

Né le 25 novembre 1896 à Kansas City (Missouri – États-Unis)
Mort le 30 septembre 1989 à New York (États-Unis)

Virgil Thomson fut un grand compositeur américain du XXe siècle. Ses deux opéras non-narratifs sur des livrets de Gertrude Stein furent *Four Saints in Three Acts* et *The Mother of Us All* en 1947. L'exemple de Thomson poussa nombre de compositeurs américains à tirer parti des possibilités musicales du langage parlé.

Thomson s'est passionné pour la musique dès l'enfance, qu'il passa à Kansas City (Missouri). Dans cette ville, le jeune musicien a baigné dans les chansons populaires et traditionnelles. Il était aussi imprégné de la musique sacrée familière à sa pieuse famille d'origine galloise et écossaise. Il étudia à Harvard, où il découvrit la poésie de Gertrude Stein et la musique d'Erik Satie. Le chef d'orchestre Archibald Davison lui apprit à travailler avec des chanteurs au sein du Harvard Glee Club. En 1925, Thomson voyagea à Paris pour étudier avec la célèbre Nadia Boulanger, et trouver sa place dans cet intense centre artistique. Il resta fidèle à ses racines et intégra son expérience musicale et ses convictions personnelles sans se laisser dominer par des préceptes théoriques ou de nouvelles modes. Ses compositions comprennent aussi bien de la musique chorale et symphonique que des chansons et des musiques de films.

En 1983, Virgil Thomson (*au centre*) fut parmi les Américains honorés au Kennedy Center, à Washington DC.

GERTRUDE STEIN

Thomson rencontra la poétesse Gertrude Stein (*ci-dessous*) à Paris en 1926. Depuis Thomson ne cessa de collaborer avec elle sur de nombreux projets, dont deux opéras. L'approche de Gertrude Stein du langage, et surtout des rythmes du discours américain, convenait parfaitement aux sensibilités musicales de Thomson. Avec sa compagne Alice Toklas, Gertrude Stein tenait dans sa maison des salons devenus légendaires, où notamment Jean Cocteau, Pablo Picasso influencèrent Thomson.

FOUR SAINTS IN THREE ACTS

(Quatre Saints en trois actes)

Opéra en un prologue et quatre actes, 1 heure ½
1927-1928
8 février 1934, sur scène, Wadsworth Atheneum, Hartford (Connecticut – États-Unis) ; donné en concert, 20 mai 1933, Ann Arbor (Michigan – États-Unis)
Gertrude Stein

Après une première à Broadway, en 1934, avec une distribution entièrement afro-américaine, *Quatre Saints en trois actes* connut 60 représentations. Cette œuvre de mélodie continue avec des dialogues plaît par sa mise en scène aux mouvements incessants, sa virtuosité vocale et les mots de Stein. La puissante musique chorale, nourrie des hymnes que Thomson entendit enfant dans le Missouri, est très émouvante.

La nature espiègle de l'œuvre de Thomson sur le livret de Gertrude Stein s'exprime dès le titre de l'opéra, *Quatre saints en trois actes*. En fait, l'opéra compte 16 saints en quatre actes.

RÔLES PRINCIPAUX

Sainte Teresa, *soprano* (deux chanteuses se partagent ce rôle)
Saint Settlement, *soprano*, confident de Teresa
Saint Ignatius Loyola, *baryton*
Saint Chavez, *ténor*, confident d'Ignatius
Compère, *basse*, présentateur
Commère, *mezzo-soprano*, présentatrice

L'INTRIGUE

Dans l'Espagne du XVIe siècle

PROLOGUE En compagnie d'un chœur de saints, le Compère et la Commère annoncent l'œuvre.

ACTE I À Avila, un spectacle de catéchisme se déroule sur les marches de la cathédrale. Sainte Teresa présente des scènes de sa vie, et voit une deuxième Sainte Teresa se faisant courtiser par Saint Ignatius. Elle est en extase et elle est enceinte.

"Ten saints can"

ACTE II Sainte Teresa et Saint Ignatius assistent à une scène montrant une réception en plein air. Les deux Teresa voient une demeure céleste dans le ciel grâce à un télescope. Tous les saints s'agenouillent, éblouis par la vision, et se réjouissent.

ACTE III Dans le jardin d'un monastère, Saint Ignatius parle aux autres saints de sa vision du Fantôme Sacré. Ils écoutent un chœur céleste. Des femmes et des marins dansent, et les saints chantent un hymne.

ACTE IV Devant le rideau de scène, le Compère et la Commère se demandent s'il y a un quatrième acte. Le rideau se lève sur tous les saints rassemblés au paradis. Ils évoquent d'heureux souvenirs de la vie sur terre et chantent un hymne de communion.

"When this you see remember me"

Robert Wilson mit en scène les *Quatre Saints en trois actes* au Grand Opera de Houston, en 1996.

GEORGE GERSHWIN

Né le 26 septembre 1898 à Brooklyn (New York – États-Unis)
Mort le 11 juillet 1937 à Hollywood (Californie – États-Unis)

George Gershwin domina tout Broadway durant les années 1920 et 1930, faisant équipe avec son frère parolier, Ira, pour créer des chansons que l'Amérique allait faire siennes. *Porgy and Bess*, son seul opéra, transforma la musique de scène aux États-Unis, où les compositeurs sont encore sous le charme de son influence jazzy.

George Gerswhin est devenu pianiste professionnel à l'âge de 15 ans. Jeune homme, il composa des chansons pour des comédies musicales signées par d'autres musiciens talentueux. Très vite, sa carrière monta en flèche et il remporta de nombreux succès à Broadway, avec des comédies musicales comme *Striek up the Band* ou bien son unique opéra, *Porgy and Bess*. À partir de 1924, George et Ira Gershwin ont créé d'innombrables numéros dont les titres, comme « S Wonderful » dans *Funny Face* et « I Got Rhythm » dans *Girl Crazy*, sont restés célèbres encore aujourd'hui. Le couple de danseurs Fred et Adele Astair furent parmi les plus grands artistes scéniques à apparaître régulièrement dans les comédies musicales de Gerswhin. Ses œuvres étaient très souvent influencées par la forme de l'opérette, mais son chef-d'œuvre opératique, *Porgy and Bess*, plonge directement dans la tradition de la musique afro-américaine. Inspiré par le roman de DuBose Heyward, *Porgy*, cet « opéra populaire » devait être créé au Metropolitan Opera de New York. Mais le projet échoua et il fut créé à Alvin Theater, où il connut 124 représentations. Moins de deux ans après la première, la carrière de Gerwshin connut une fin tragique. Il mourut d'une tumeur au cerveau à l'âge de 38 ans.

LEONTYNE PRICE

La soprano Leontyne Price étudia à la Juilliard School à New York et fit ses débuts en 1952 dans *Quatre Saints en trois actes* de Virgil Thomson. Célèbre pour avoir été Bess dans une tournée de *Porgy and Bess* en Amérique, en Europe et en Russie, elle épousa William Warfield, qui, lui, interprétait Porgy. Au Metropolitan Opera en 1961, son interprétation de Leonora dans *Il Trovatore*, de Verdi, lui valut une ovation de 42 minutes.

Couverture du programme du célèbre *Porgy and Bess* de Gershwin, pour la production du Everyman Opera, qui fit une tournée mondiale en 1952.

PORGY AND BESS

Opéra en trois actes, 3 heures
1934-1935
10 octobre 1935, Alvin Theater, New York (États-Unis)

DuBose Heyward, d'après la pièce *Porgy* (1972) de DuBose et Dorothy Heyward, adaptée du roman de Dubose Heyward de 1925 ; texte supplémentaire d'Ira Gershwin

De nombreuses chansons à succès de *Porgy and Bess,* « A Woman is a Sometime Thing », « It Ain't Necessarily So », « Bess, you is my woman now », ont été enregistrées par de grands chanteurs de jazz ou de blues. Gershwin a voyagé en Caroline du Sud pour s'imprégner de l'atmosphère et de la musique. Sa partition intègre gospel, blues et jazz, pour créer un monde sonore très nouveau pour Broadway en 1935.

Le premier Porgy, Todd Duncan, raconte comment George et Ira Gershwin lui ont chanté l'opéra en entier pour l'intéresser au rôle. En dépit de leurs « voix épouvantables », Todd fut conquis par les mélodies.

RÔLES PRINCIPAUX

Porgy, *baryton-basse,* un infirme épris de Bess

Bess, *soprano,* une femme libre

Crown, *baryton,* ami de Bess

Robbins, *ténor,* habitant de Catfish Row

Serena, *soprano,* son épouse

Sporting Life, *ténor,* trafiquant de drogue

L'INTRIGUE

À Charleston (Caroline du Sud), au début des années 1920

ACTE I Les habitants de l'immeuble de Catfish Row semblent en transe. Porgy, un infirme, est amoureux de Bess, dont l'ami, Crown, se joint au groupe de joueurs de dés. Lorsque Robbins gagne au jeu, Crown le tue dans un accès de fureur. Il s'enfuit avant l'arrivée de la police et Bess trouve refuge chez Porgy. Serena et les habitants pleurent la mort de Robbins dans la chambre de Serena. Un policier les interroge.

"Summertime"

ACTE II Porgy et Bess sont amoureux. Mais Bess cède de nouveau à son amant d'autrefois. De retour à Catfish Row, Bess assure à Porgy qu'elle l'aime toujours. Lorsqu'un ouragan menace, tous chantent pour demander la protection du Seigneur. Soudain, Crown revient chercher Bess mais risque sa vie pour sauver un pêcheur durant la tempête.

ACTE III Lorsque Crown revient chercher Bess, Porgy le poignarde. Le policier emmène Porgy pour identifier le corps de Crown. Il est écroué pour offense au tribunal, revient une semaine plus tard, et apprend que Bess est partie à New York avec Sporting Life. Porgy sort pour partir chercher Bess, à New York ou ailleurs.

"Oh Lawd, I'm on my way"

En 1985, le ténor américain Simon Estes fut le tout premier Porgy à apparaître au Metropolitan Opera de New York.

CARL
ORFF

Né le 10 juillet 1895 à Munich (Bavière – Allemagne)
Mort le 29 mars 1982 à Munich (Allemagne)

Carl Orff émeut depuis longtemps les amoureux de la musique classique du monde entier avec son chef-d'œuvre, *Carmina Burana*, cantate pour la scène. Pendant que ses confrères européens s'intéressaient à la musique atonale et ses concepts, Carl Orff écrivit des œuvres opératiques mélodieuses.

La formation de Carl Orff à l'académie de Munich fut interrompue par la Première Guerre mondiale. Ensuite, après avoir étudié la musique ancienne, il s'intéressa à la danse moderne et à son lien avec l'énergie des éléments. Dans ses œuvres, la voix fonctionne souvent comme un instrument exprimant une émotion primordiale. Il connut rapidement le succès avec *Carmina Burana*, œuvre où il mit en musique des poèmes médiévaux. Il utilisa de nouveau la poésie latine dans l'érotique *Catulli Carmina*, pour lequel il mit en musique le texte de Catulle. Ses tragédies *Antigonae* et *Oedipus der Tyrann* sont tirées de pièces de Sophocle qu'il avait lues dans les étonnantes traductions du poète romantique Friedrich Hölderlin. L'opéra le plus populaire de Carl Orff reste *Die Kluge (La Femme avisée)*, une œuvre intense et charmante où il s'est inspiré, comme pour son opéra *Der Mond (La Lune)*, d'une légende allemande.

PREMIÈRES REPRÉSENTATIONS

1935

1937 Carmina Burana

1939 Der Mond

1943 Die Kluge
Catulli Carmina

1945

1947 Die Bernauerin

1949 Antigonae

1953 Astutuli
Triofono di Afrodite

1955

1959 Oedipus der Tyrann

1965

1968 Prometheus

1973 De Temporum Fine Comoedia

1975

Carl Orff (*à droite)* regarde les danseuses répéter une de ses œuvres au Bayerische Staatsoper, à Munich, en 1963.

DIE KLUGE

(La Femme avisée)

Märchenoper, 1 heure ½
1940-1942
20 février 1943, Städtische Bühnen, Francfort-sur-le-Main (Allemagne)
Carl Off, librement adapté de la légende allemande recueillie par les frères Jacob et Wilhelm Grimm

Pour *La Femme avisée*, Carl Orff transforma une ancienne légende en une parabole moderne, confrontant la sagesse et l'amour à un pouvoir stupide. Cet opéra en un acte fascine par son entrelacs de sons, de personnages et de fils narratifs aigres-doux. D'espiègles vagabonds allègent l'atmosphère avec leurs bouffonneries.

La voix de soprano de la diva Elisabeth Schwarzkopf était parfaite pour chanter les rôles d'Alice Ford dans *Falstaff* de Verdi, la Maréchale dans *Le Chevalier à la rose* de Strauss, et le rôle-titre de *La Femme avisée*.

RÔLES PRINCIPAUX

Le roi, *baryton*
Le fermier, *basse*
La fille du paysan, *soprano*
L'ânier, *ténor*
Le muletier, *ténor*

L'INTRIGUE

Un pays féerique

Un paysan se lamente : s'il avait écouté sa fille, le roi ne l'aurait pas jeté en prison. Puis le roi propose de libérer le paysan et d'épouser sa fille si elle peut résoudre trois énigmes. Elle y parvient. Ensuite le roi se montre injuste en condamnant un anier dont l'ânon nouveau-né est réclamé par un homme qui a un mulet. La reine offre son aide à l'ânier. Le roi rencontre l'ânier qui pêche dans un champ avec un filet. Il dit au roi que c'est normal, dans un monde où les mulets engendrent. Soupçonnant sa femme d'avoir conseillé l'ânier, il la chasse. Mais avant, elle pourra emporter ce qu'elle a de plus précieux dans un grand coffre. Elle met du pavot dans son vin et l'endort en lui chantant une berceuse. Le roi se réveille dans un coffre et regarde autour de lui sans comprendre. Son épouse lui explique qu'elle a emporté ce qui était le plus cher à son cœur. Ils se regardent et sourient.

"Schuschuschu, schuschuschu"

Peter Edelman est le roi et Bettine Kampp son épouse, durant le Festival Carl Orff à Andechs (Allemagne) en 2003.

FRANCIS
POULENC

Né le 7 janvier 1899 à Paris
Mort le 30 janvier 1963 à Paris

Francis Poulenc, l'enfant terrible de la musique française dans les années 1920 et 1930, fut attiré par le mouvement surréaliste. Il mit en musique des poèmes de Paul Éluard, Jean Cocteau et Guillaume Apollinaire, dont la pièce *Les Mamelles de Tirésias* lui inspira son premier opéra en 1947. Dix ans plus tard, son chef-d'œuvre opératique, *Dialogues des Carmélites*, atteignait une authentique profondeur de sentiments. Cette œuvre ainsi que son dernier opéra, *La Voix humaine*, furent parfois jugés par ses contemporains trop romantiques mais tous deux sont entrés au répertoire comme œuvres majeures du XXe siècle.

DIALOGUES DES CARMÉLITES

Opéra en trois actes et douze scènes, 2 heures ½
1953-1955
26 janvier 1957, Teatro alla Scala, Milan (Italie)
Francis Poulenc, d'après la pièce de Georges Bernanos

Pour rendre ce que le dialogue a d'intime, Poulenc préféra aux textures somptueuses un son pur allant au cœur du drame. La clarté aveuglante de la musique doit plus à Stravinsky qu'à Massenet, même si Poulenc garda l'élégance de la mélodie de Massenet. Pour le final, un des rares ensembles de l'opéra, les nonnes chantent un hymne lyrique, « Salve regina ». Leurs voix s'éteignent une à une au fur et à mesure que tombe le couperet de la guillotine.

RÔLES PRINCIPAUX

Blanche de la Force, *soprano*, femme timorée
Chevalier de la Force, *ténor*, son frère
Madame de Croissy, *contralto*, prieure du Carmel
Mère Marie, *mezzo-soprano*, sous-prieure
Madame Lidoine, *soprano*, la nouvelle prieure
Sœur Constance, *soprano*, très jeune nonne

Blanche et Mme de Croissy partagent le nom de « Sœur de l'agonie du Christ », évoquant l'instant où Jésus, à Gethsémani, a exprimé sa peur de mourir. Mme de Croissy est dominée par la peur mais Blanche la surmonte.

L'INTRIGUE

Au couvent des Carmélites, à Compiègne et à Paris, en pleine Révolution française

ACTE I SCÈNE I Blanche dit à son père qu'elle veut rentrer dans les Ordres et fuir les tumultes effrayants du monde. SCÈNE II Blanche dit à la mère supérieure, Madame de Croissy, qu'elle veut prendre le nom de « Sœur Blanche de l'Agonie du Christ ». SCÈNE III Blanche reproche à Constance son irrévérence à propos de la mort. SCÈNE IV Au cours d'une longue et atroce agonie, madame de Croissy blasphème. Elle demande à Mère Marie de veiller sur Blanche, puis dit adieu à Blanche et meurt.

"Relevez-vous, ma fille"

ACTE II SCÈNE I Le corps de la prieure repose en grand apparat dans la chapelle. Blanche la veille, mais tente de partir, effrayée. Elle se heurte à Marie qui la réprimande. SCÈNE II La nouvelle prieure, Mme Lidoine, s'adresse aux nonnes. SCÈNE III Le chevalier de la Force demande à voir sa sœur avant de partir à la guerre et lui demande de veiller sur leur père. Elle refuse, car elle est au service de Dieu. SCÈNE IV Un commissaire arrive et annonce que les nonnes sont expulsées du couvent.

ACTE III SCÈNE I Les Carmélites votent anonymement pour savoir si elles doivent faire vœu de martyre. Constance vote contre puis se dédit, et elles font toutes vœu de martyre. Mais Blanche s'enfuit. SCÈNE II Marie presse Blanche de revenir. Elle refuse. SCÈNE III Emprisonnées, les Carmélites attendent leur exécution. SCÈNE IV Les nonnes chantent en s'avançant vers la guillotine. Voyant Constance marcher vers la mort, Blanche, sereine, rejoint les sœurs.

"Salve Regina"

Francis Poulenc (*à gauche*) feuillette le livret de *Dialogues des Carmélites* avec deux membres de la distribution, lors d'une répétition pour une production au Royal House Opera, à Londres, en 1958.

Une scène de l'opéra de Poulenc, dans une production dépouillée et émouvante de Francesca Zambello pour l'Opéra Bastille, en 2004.

« La musique est si belle qu'elle en est cruelle. Elle a la beauté de la solitude, de la douleur, de la force et de la liberté. »

Benjamin Britten

BENJAMIN
BRITTEN

Né le 22 novembre 1913 à Lowestoft (Suffolk- Grande-Bretagne)
Mort le 4 décembre 1976 à Aldeburgh (Suffolk- Grande-Bretagne)

En Grande-Bretagne, Benjamin Britten fut le premier grand compositeur d'opéra depuis Henry Purcell, près de trois siècles auparavant. Il fut aussi le premier à montrer l'immense potentiel opératique de la langue anglaise. Grâce à lui, une nouvelle ère culturelle s'ouvrit en Angleterre en 1945 avec *Peter Grimes*. Ce n'était qu'un début : Britten allait dominer l'opéra de la fin du XXe siècle.

Benjamin Britten est né en 1913 dans le Suffolk où son père était dentiste. Il commença à composer à l'âge de 6 ans, et à 15 étudia avec Frank Bridge avant d'entrer au Royal College of Music à Londres. Son talent exceptionnel fut rapidement reconnu et à l'âge de 22 ans, le Government Printing Office l'employa comme compositeur auprès du Film Unit. À la fin des années 1930, il rencontra le poète W. H. Auden et le ténor Peter Pears. Ce dernier resta à ses côtés toute sa vie, devenant son collaborateur et son compagnon. Pacifiste engagé, Britten s'exila avec Pears aux États-Unis juste avant la Deuxième Guerre mondiale. Là, il créa *Paul Bunyan*, un opéra sur le célèbre héros américain, avec Auden comme librettiste et Pears comme ténor principal. Créée à New York en 1941, l'œuvre fut un échec. Pourtant, durant cette même année, Britten reçut une médaille de la Bibliothèque du Congrès pour ses services à la musique de chambre américaine, et la bibliothèque de la Koussevitsky Music Foundation lui commanda un opéra. Il en résulta *Peter Grimes*, le premier des chefs-d'œuvre de Britten, qui fit sa renommée en Angleterre.

Lors d'une première historique de *Peter Grimes*, de Benjamin Britten, en 1945, le ténor Peter Pears (*à gauche*), fascina les spectateurs dans le rôle-titre.

PREMIÈRES REPRÉSENTATIONS

1940

1941 Paul Bunyan

1945 Peter Grimes

1945

1946 The Rape of Lucretia

1949 The Little Sweep

1950

1951 Billy Budd

1953 Gloriana

1955

1954 The Turn of the Screw

1958 Noye's Fludde

1960

1960 A Midsummer Night's Dream

1964 Curlew River

1965

1966 The Burning Fiery Furnace

1968 The Prodigal Son

1970

1971 Owen Wingrave

1973 Death in Venice

1965

LES PREMIERS OPÉRAS 1945-1955

Britten et Pears avaient déjà commencé à travailler sur *Peter Grimes* lorsqu'ils regagnèrent l'Angleterre en 1942. Le pays était en guerre mais les deux hommes, objecteurs de conscience, furent exemptés de service militaire. La première de *Peter Grimes* eut lieu à Londres en 1945. Pears chanta le rôle-titre que Britten avait écrit pour lui. L'opéra symbolisa immédiatement une ère nouvelle dans un pays durement éprouvé. Durant les années suivantes, il composa *The Rape of Lucretia*, d'après le poème de Shakespeare ; *Albert Herring*, et *The Little Swee*, un opéra pour enfants. Mais c'est surtout *Billy Budd*, créé en 1951, que beaucoup considèrent aujourd'hui comme le meilleur opéra du compositeur. Il y eut ensuite le controversé *Gloriana*, dont l'héroïne est Elizabeth I, et *The Turn of the Screw*.

Benjamin Britten apparut en couverture du *Time* en 1948. Les filets de pêche en arrière-plan font référence à son opéra *Peter Grimes*.

LES OPÉRAS ULTÉRIEURS 1956-1976

En 1956, Britten et Pears se rendirent à Bali et au Japon, où sons et spectacles influencèrent le compositeur. *Noye's Fludde*, mettant en musique le « miracle » de Chester, et *A Midsummer Night's Dream*, d'après la pièce de Shakespeare, sont marquées par l'Orient, de même que les trois « Paraboles d'église » des années 1960 : *Curlew River*, *The Burning Fiery Furnace* et *The Prodigal Son*. C'est aussi durant cette période que le légendaire pacifisme de Britten devint plus explicite dans sa musique. Le célèbre *War Requiem* de 1961 fut suivi en 1971 de *Owen Wingrave*, d'après la nouvelle de Henry James. Le dernier opéra de Britten, *Death in Venice*, fut écrit alors qu'il luttait contre une maladie du cœur. Trop atteint pour assister à la première au Festival d'Aldeburgh, qu'il avait fondé avec Peter Pears en 1948, il put entendre son éblouissante interprétation du rôle d'Aschenbach à Covent Garden, à Londres. Peu avant sa mort, en 1976, il fut élevé au rang de pair à vie et fait baron Britten d'Aldeburgh par la reine Elizabeth II. Il laissa une œuvre opératique d'une formidable ampleur.

Benjamin Britten (*deuxième à partir de la droite)* en bateau avec des amis parmi lesquels son librettiste, E. M. Foster (*à gauche*), en 1949.

ALBERT HERRING

Opéra-comique en trois actes, 2 heures ½
1946-1947
20 juin 1947, Glyndebourne (Sussex- Grande Bretagne)
Éric Crozier, d'après la nouvelle de Guy de Maupassant, *Le Rosier de Madame Husson* (1888)

On a dit d'*Albert Herring* que c'était la version comique du tragique *Peter Grimes*. Avec ses personnages forts, *Albert Herring* est souvent émouvant, comme lorsque Albert affronte sa mère toute puissante ou lorsque les habitants de la ville pleurent sa mort présumée. Si la première, en 1947, eut un piètre accueil, cet opéra a depuis gagné un statut d'œuvre comique d'un réalisme douloureux.

L'opéra abonde en citations d'autres opéras. Ainsi, lorsqu'au début de l'acte II, la limonade d'Albert est lourdement arrosée de rhum, l'orchestre cite le motif du philtre d'amour dans *Tristan und Isolde* de Wagner.

RÔLES PRINCIPAUX

Albert Herring, *ténor*, épicier à Loxford

Mrs Herring, *mezzo-soprano*, mère d'Albert

Lady Billows, *soprano*, une dame autoritaire

Florence Pike, *contralto*, sa bonne et femme de chambre

Sid, *baryton*, apprenti-boucher

Nancy, *mezzo-soprano*, amie de Sid

L'INTRIGUE

Dans le village imaginaire de Loxford (Suffolk – Grande-Bretagne), au début de l'été 1900

ACTE I Lady Billows reçoit des villageois pour décider qui sera la Reine de Mai. Toutes les candidates sont disqualifiées par la femme de chambre, Florence, pour des raisons morales. Lorsque quelqu'un propose un Roi de Mai – Albert Herring, l'irréprochable fils de l'épicier – Lady Billows accepte. Dans l'épicerie, Sid, un apprenti, incite Albert à se libérer de la tyrannie de sa mère. Le comité arrive et déclare Albert Roi de Mai de Loxford. Mrs Herring oblige son fils à accepter « la couronne » et surtout l'argent du prix.

ACTE II Le grand jour, Sid verse du rhum dans la limonade d'Albert. Lady Billows présente le Roi de Mai. Albert, ivre, est pris de hoquets. Seul dans l'épicerie, Albert entend Sid parler à son amie Nancy, dehors. Cela le remplit de rancœur envers sa mère et il s'enfuit dans la nuit.

"Heaven helps those who help themselves!"

ACTE III Le lendemain, dans l'épicerie, les villageois pensent qu'Albert est mort et se lamentent. Albert revient et leur raconte qu'il est allé se dévergonder. Tous sont outrés. Albert se répand en invectives contre sa mère et décide de prendre la tête de l'épicerie.

"In the midst of life is death"

Pour la première, en 1947, à Glyndebourne, Peter Pears (*à gauche*) joua le rôle-titre. Betsy de la Porte (*au centre*), sa mère.

PETER GRIMES

Opéra en un prologue et trois actes, 2 heures ¼ (Grande-Bretagne)
1944-1945
7 juin 1945, Sadler's Wells, Londres
Montagu Slater, d'après le poème *The Borough* (1810) de George Crabbe

Peter Grimes est le premier chef-d'œuvre opératique de Britten. Exilé aux États-Unis pendant la Deuxième Guerre mondiale, il lut *The Borough* de George Crabbe, un poème de 1810. Il commença à travailler à l'adaptation du poème avant de rentrer en Angleterre, où l'opéra fut créé après la guerre. Il allait devenir le premier opéra majeur écrit en anglais depuis *Didon et Énée* de Purcell, au XVIIe siècle. Avec Peter Pears dans le rôle-titre, *Peter Grimes* connut un succès extraordinaire. Dans cette histoire sombre et émouvante, où se confrontent l'injustice, la haine, les espoirs anéantis et la lutte d'un homme avec un destin maudit. La beauté orchestrale et la transcendance vocale sont déchirantes.

La troupe du Sadler's Wells Theatre fut d'abord hostile à l'idée de créer *Peter Grimes*. Les membres de la compagnie, qui trouvaient l'œuvre sombre et non musicale, furent stupéfaits par son succès.

RÔLES PRINCIPAUX

Peter Grimes, *ténor*, pêcheur
Ellen Orford, *soprano*, maîtresse d'école et veuve
Capitaine Balstrode, *baryton*, capitaine de la marine marchande à la retraite
Auntie, *contralto*, propriétaire de The Boar, taverne et maison close
Bob Boles, *ténor*, pêcheur et méthodiste vertueux
M. Swallow, *basse*, maire, avocat et coroner
Mrs Sedley, *mezzo-soprano*, veuve impopulaire
Révérend Horace Adams, *ténor*, pasteur
Ned Keene, *baryton*, apothicaire

L'INTRIGUE

The Borough, village en bord de mer, en Angleterre

PROLOGUE Durant l'enquête du coroner, Peter Grimes raconte comment est mort son dernier apprenti. Les commérages vont bon train car on le croit coupable.

ACTE I Quelques jours plus tard, les pêcheurs travaillent sur leurs bateaux. Ned Keene, l'apothicaire, a trouvé à Grimes un nouvel apprenti à l'hospice. Les gens du village le désapprouvent mais Ellen Orford, la maîtresse d'école, répond de lui. Balstrode, un capitaine à la retraite, voit le signal de la tempête et le village se prépare à affronter le mauvais temps. Grimes dit à Balstrode qu'il espère devenir riche grâce à sa pêche, pour devenir respectable et épouser Ellen. Il entre dans la taverne The Boar, pensant à haute voix à son destin. Boles, le méthodiste, est ivre et tente de le frapper mais Balstrode l'en empêche. Lorsqu'on amène John, le nouvel apprenti, Grimes le conduit directement chez lui.

"Now the flood tide"

"Now the Great Bear and the Pleiades"

Benjamin Britten (*à gauche*) et le producteur d'opéra Éric Crozier, examinent une maquette construite pour le décor de la première de *Peter Grimes* en 1945.

Production de Peter Grimes à l'Opernhaus de Zurich. Mise en scène par David Pountney en 2005, avec Christopher Ventris dans le rôle de Peter Grimes.

ACTE II Les villageois chantent à l'église. Ellen, dehors, parle avec John. Elle voit qu'il est blessé au cou et comprend que Grimes l'a frappé. Ce dernier vient chercher son apprenti. Lorsque Ellen proteste, Grimes la frappe. Ils se séparent, Grimes part avec le garçon et les villageois se rassemblent pour se diriger vers la cabane de Grimes. À l'intérieur, Grimes monologue sur sa vie. Entendant la foule, il fait sortir John par la porte de derrière. Or un glissement de terrain, provoqué par la tempête, a créé un précipice sur la falaise. Le garçon tombe et Grimes se rue derrière lui. Les villageois entrent dans la cabane et comprennent qu'il n'y a personne. Ils partent tous sauf Balstrode, qui suit les traces de Grimes.

"Let this be a holiday"

"In dreams I've built myself some kindlier home"

ACTE III Quelques jours plus tard, lors d'un bal, Mrs Sedley va s'asseoir sur le rivage. Dans l'obscurité, elle entend Balstrode, qui découvre le bateau de Grimes, et Ellen, qui reconnaît le tricot de John. Mrs Sedley va prévenir Swallow, qui fait rassembler une troupe. Les habitants de The Borough se dispersent, haineux, à la recherche de Grimes. Des heures plus tard, Grimes rentre dans un village vide. Il se remémore les morts accidentelles de ses apprentis et se rend à l'évidence de son terrible destin. Balstrode dit à Grimes d'emmener son bateau en mer et de le couler. Le lendemain matin, Swallow aperçoit un bateau en train de sombrer au large, trop loin pour qu'on puisse le secourir.

"Embroidery in childhood was"

"Who holds himself apart"

UN HÉROS MARGINAL

Peter Grimes est un antihéros mais Britten l'a rendu sympathique et profondément humain. Lorsque Grimes se joint aux villageois dans l'acte I, ils s'interrompent pour le laisser chanter seul. L'émotion est d'autant plus dense que Grimes désire ardemment être accepté. La relation de Grimes avec sa communauté est au centre de l'opéra.

***Peter Pears** incarna très souvent Peter Grimes après avoir créé le rôle en 1945.*

BILLY BUDD

✍ Opéra en quatre actes (dans la version révisée, deux actes avec un prologue et un épilogue), 2 heures ¾
⌛ 1950-1951 ; rév. 1960
1er décembre 1951, Royal Opera House, Londres
E. M. Foster et Éric Crozier, d'après la nouvelle *Billy Budd, Foretopman* (1891) de Herman Melville

Billy Budd est sans doute un des plus beaux opéras du XXe siècle, par son approche de l'innocence et de la faute. Le drame se déclenche lorsqu'un vaisseau de guerre anglais entre dans les eaux ennemies pour combattre les Français. Mais la véritable guerre a lieu parmi les Anglais. Un malentendu sur le nom d'un navire et la circulation des idées sur « les droits de l'homme » font craindre des mutineries aux officiers, en raison des idéaux de la Révolution française. Lors la création de l'opéra, Britten batailla avec ses librettistes, E. M. Foster et Eric Crozier, jusqu'à ce qu'il soit satisfait de l'œuvre.

L'opéra comprend trois rôles principaux, un chœur d'hommes complet et un chœur d'enfants, figurant l'équipage de *L'Indomptable*. L'action se déroulant sur un vaisseau de guerre en 1797, il n'y a pas de rôle féminin.

RÔLES PRINCIPAUX

Billy Budd, *baryton*, marin
Capitaine Vere, *ténor*, commandant du H.M.S. *L'Indomptable*
Claggart, *basse*, capitaine d'armes
Mr Redburn, *baryton*, premier lieutenant
Mr Ratcliffe, *basse*, deuxième lieutenant
Mr Flint, *baryton-basse*, maître d'équipage
Dansker, *basse*, vieux marin
Squeak, *ténor*, caporal d'armes

L'INTRIGUE

À bord de L'Indomptable, *pendant la guerre franco-anglaise de 1797*

PROLOGUE Le capitaine Vere se remémore la guerre de 1797 contre les Français, lorsqu'il commandait le vaisseau de guerre *L'Indomptable*. S'interrogeant sur les mystères du bien et du mal, il remarque que le bien n'est jamais parfait.

ACTE I Mr Flint, le maître d'équipage, traite durement ses hommes. Trois recrues arrivent. Claggart, le capitaine d'armes, les interroge. Seul le troisième semble prometteur. Il dit s'appeler Billy Budd et être marin. Mais il bégaye lorsqu'on le questionne sur sa famille. Les officiers trouvent que c'est gênant mais Claggart voit en Billy la bonté incarnée. Affecté à la hune de misaine, Billy dit joyeusement adieu à son précédent navire, *Les-Droits-de-l'Homme*. Or les officiers craignent que ce nom n'incite l'équipage à la mutinerie. Pendant ce temps, les hommes mettent Billy en garde contre Claggart et font l'éloge du capitaine Vere. Une semaine plus tard, Vere invite Redburns et Flint dans sa cabine, où ils disent qu'une nouvelle recrue a parlé des droits de l'homme. Mais Vere pense qu'il n'y a rien à craindre de Billy Budd. Ratcliffe annonce que *L'Indomptable* est entré dans les eaux ennemies. Dans les entreponts, Squeak attaque Billy. Claggart fait enchaîner

"Billy Budd, king of the birds!"

"Starry, Starry Vere"

L'Américain Theodor Uppman créa Billy Budd au Royal Opera House à Londres en 1951.

> "O beauty, o handsomeness, goodness"

Squeak mais, resté seul, il jure de détruire Billy. Sur l'ordre de Claggart, le Novice offre de l'argent à Billy pour fomenter une mutinerie. Furieux, Billy bégaye, et le Novice s'enfuit.

ACTE II Le brouillard empêche les hommes de se battre et le capitaine Vere s'inquiète car il faut contenir leur impatience. Soudain, on annonce une frégate française en vue et l'équipage se prépare. Mais Vere ordonne d'abandonner la poursuite. Claggart informe Vere que Billy Budd fomente une mutinerie. Incrédule, Vere convoque Billy dans sa cabine, où Claggart l'accuse. Billy bégaye et, par frustration, le frappe. Claggart meurt sur le coup. Vere n'a alors d'autre choix que de convoquer la cour martiale. Après avoir assuré sa propre défense, Billy est emmené, non sans crier au capitaine Vere de le sauver. Mais la cour exige qu'il soit exécuté et Vere accepte à contrecœur le verdict de ses officiers. Billy explique à Dansker que le destin a décidé de sa mort. Resté seul, il se découvre une force intérieure qui lui permet d'affronter la mort. Au point du jour, Billy bénit le capitaine Vere et est pendu. L'équipage commence à se rebeller. La tension monte jusqu'à ce que les officiers dispersent les hommes.

> "This is our moment! The moment we've been waiting for!"

> "The mists have cleared"

> "And farewell to ye, old Rights o' Man!"

EPILOGUE Des années plus tard, le vieux capitaine Vere se dit qu'il aurait pu sauver Billy mais qu'en fait, c'est Billy qui l'a sauvé et l'a béni.

LE BIEN ET LE MAL

Billy Budd explore les mystérieuses frontières entre le bien et le mal, où l'acceptation offre sérénité et salut. Pour les créateurs des costumes, en les vêtant respectivement de blanc et de noir, c'est généralement Billy qui représente le bien et Claggart le mal (*ci-dessous*). De nombreux créateurs aiment également jouer avec d'autres éléments pour donner une vision plus large de l'interaction du bien et du mal.

L'équipage s'impatiente à bord de *L'Indomptable*, dans la production de *Billy Budd* par Tim Albery pour l'English National Opera, à Londres en 1991.

Mise en scène de *Billy Budd*, de Benjamin Britten, par Francesca Zambello, au Royal Opera House, à Londres, en 2002 : une intensité lourde de symboles.

THE TURN OF THE SCREW

(Le Tour d'écrou)

Opéra en un prologue et deux actes, 1 heure ¾
1954
14 septembre 1954, Teatro La Fenice, Venise (Italie)
Mifanwy Piper, d'après la nouvelle d'Henry James

Dans cet opéra de chambre, une gouvernante tente de sauver deux enfants hantés par un homme mort. La musique associée à la gouvernante est austère et percutante. Les lignes vocales obsédantes du fantôme s'enchevêtrent à la trame de l'œuvre. Le prologue établit un thème musical et des interludes orchestraux reviennent dans des variations de plus en plus démentes, créant un suspens de plus en plus fort.

Le livret emprunte un vers au poète Yeats : « La cérémonie de l'innocence est noyée », ce qui se réfère non seulement aux enfants abusés mais à l'idéalisme de la gouvernante.

RÔLES PRINCIPAUX

La gouvernante, *soprano*
Miles, *soprano*, garçonnet dont elle s'occupe
Flora, *soprano*, fillette dont elle s'occupe aussi
Mrs Grose, *soprano*, la bonne
Quint, *ténor*, l'ancien valet
Miss Jessel, *soprano*, l'ancienne gouvernante

L'INTRIGUE

À Bly, un manoir à la campagne, dans l'est de l'Angleterre, au milieu du XIXe siècle

PROLOGUE Une gouvernante a accepté de s'occuper de deux enfants. Leur tuteur exige qu'elle ne le contacte jamais.

ACTE I Dans la voiture qui la transporte à Bly, la gouvernante songe avec anxiété à son arrivée. Mrs Grose l'accueille avec les enfants. Plus tard, Miles est renvoyé de l'école mais ni la gouvernante ni Mrs Grose ne croient Miles capable de méchanceté. La gouvernante aperçoit une silhouette d'homme sur une tour. Lorsqu'elle le décrit à Mrs Grose, celle-ci dit qu'il s'agit de Peter Quint, qui a terrifié les enfants et l'ancienne gouvernante, Miss Jessel. Or Quint et Miss Jessel sont morts. Miles révise son latin. La gouvernante et Flora sont assises au bord du lac. Apercevant Miss Jessel, la gouvernante s'empresse d'éloigner Flora. La nuit, Miss Jessel et Quint font signe aux enfants de les suivre. La gouvernante les fait rentrer précipitamment.

"Malo, Malo, Malo"

Mireille Delunsch incarne la gouvernante dans la production de Luc Bondy au Théâtre des Champs-Élysées, en 2005, avec des décors de Richard Peduzzi.

ACTE II Quint et Miss Jessel expliquent ce qu'ils veulent. Pendant que Mrs Grose et les enfants vont à l'église, la gouvernante décide d'écrire à leur tuteur. Miles vole sa lettre. Plus tard, Miles joue du piano et Flora s'échappe. La gouvernante parle à Flora, qui l'accuse d'être cruelle et odieuse. Puis elle questionne Miles. De plus en plus égaré et effrayé, Miles crie : « Peter Quint ! Espèce de diable », puis s'effondre sans vie dans les bras de la gouvernante.

"I seek a friend"

A MIDSUMMER NIGHT'S DREAM

(Le Songe d'une nuit d'été)

Opéra en trois actes, 2 heures ½
1959-1960
11 juin 1960, Jubilee Hall, Aldeburgh (Suffolk – Grande-Bretagne)
Benjamin Britten et Peter Pears, adapté de la pièce de Shakespeare (1595-1596)

L'opéra est divisé en trois mondes. Pour le royaume des Fées, Britten fait une utilisation extravagante du célesta, du glockenspiel, des harpes et même du clavecin, afin de créer une texture orchestrale ensorcelante. Les amants constituent un quatuor vocal équilibré en dépit de l'histoire improbable. Mais le spectacle vient souvent des paysans, qui conquièrent le public avec leur sens du comique et leurs harmonies espiègles.

Les numéros des paysans parodient le style de *bel canto* du XIXe siècle. Lors de la première, Pears, qui interprétait Flûte, imita si bien la diva Joan Sutherland que l'assistant du chef d'orchestre, George Malcom, se tordit de rire.

RÔLES PRINCIPAUX

Obéron, *contre-ténor*, roi des fées

Tytania, *soprano coloratura*, reine des fées

Lysandre, *ténor*, épris de Hermia

Démétrius, *baryton*, épris de Hermia

Hermia, *mezzo-soprano*, éprise de Lysandre

Hélèna, *soprano*, éprise de Démétrius

L'INTRIGUE

Dans un bois près d'Athènes

ACTE I Obéron et Tytania se disputent à propos d'un page laissé aux soins de Tytania. Obéron demande à l'illusionniste, Puck, de lui trouver un philtre d'amour. Hermia et Lysandre se jurent leur amour, pendant que Hélèna court vainement après Démétrius. Un groupe d'artisans projette de jouer une pièce pour le mariage du duc. Puck fait boire le philtre à Lysandre, qui tombe amoureux d'Hélèna. Celle-ci pense que Lysandre se moque d'elle.

ACTE II Puck ensorcelle Bottom, le chef de leur groupe, en lui donnant une tête d'âne. Tytania, ayant bu la même potion que Lysandre, s'éprend de la première personne qu'elle voit : Bottom avec sa tête d'âne. Elle demande aux fées de jouer et de danser pour lui. Enfin, Puck donne le philtre d'amour à Démétrius, qui s'éprend aussi d'Hélèna. Hélèna et Hermia se disputent et les hommes sont prêts à se battre.

"Be kind and courteous to this gentleman"

ACTE III Obéron brise le sortilège de Tytania et réassortit les amants en couples harmonieux. En s'éveillant, ils célèbrent leur amour. Les artisans jouent leur pièce ridicule pour le mariage du duc.

"Helena!" "Hermia!" "Demetrius!" "Lysander!"

Le metteur en scène Simon Phillips donne à cet opéra une allure résolument moderne, pour une production au Staatsoper de Hambourg en 2006.

CURLEW RIVER

(La Rivière aux courlis)

Parabole pour une représentation à l'église, 1 heure ¼
1964
12 juin 1964, Orford Church (Suffolk – Grande Bretagne)
William Plomer, d'après la pièce de nô japonais *Sumidagawa*, de Juro Motomasa (1395-1431)

Curlew River, une des trois paraboles d'église de Britten, marie les cultures orientale et occidentale aussi bien dans sa musique que dans son histoire. Britten s'est inspiré d'un nô japonais décrivant une mère cherchant son enfant, tout en utilisant la structure des drames liturgiques du Moyen Âge. Les hymnes de plain-chant en latin et la musique de gamelan balinais rythment cette œuvre brève, racontant un miracle sur une rivière qui sépare, unit et guérit.

RÔLES PRINCIPAUX

L'abbé, *basse*
Le passeur, *baryton*
La folle, *ténor*
L'esprit du garçon, *vibrato*

Dans la tradition du nô japonais, les flûtes et les percussions constituent l'accompagnement. Britten les a conservées en fond sonore, mais a aussi fait appel à un orgue et une harpe.

L'INTRIGUE

Dans une église près de la Rivière aux courlis, au Moyen Âge,

Un abbé et des moines arrivent sur scène en priant Dieu dans un hymne latin. L'abbé invite la congrégation à assister à un mystère. Les moines se font acteurs d'une parabole. Un passeur de la Rivière aux courlis explique qu'il transporte des gens vers une chapelle, où quelqu'un a été enterré un an auparavant. Un voyageur épuisé atteint l'embarcation. Une folle cherche son fils, qui a été capturé et emmené à l'Est. Elle monte à bord du bateau avec le voyageur. Le passeur explique pourquoi les gens se rassemblent sur la rive lointaine : un an auparavant, un petit Chrétien, enlevé par un brigand pour en faire son esclave, y a été abandonné. Il est tombé malade et a demandé à être enterré là. Tous comprennent que c'était le fils de la folle. Elle se lamente sur la tombe de son fils et prie au clair de lune, avec les autres. De l'intérieur de la tombe, une voix se joint à la leur. L'esprit du garçon apparaît et, d'une manière solennelle mais chaleureuse, affirme à la femme qu'ils se reverront au paradis. De même que dans l'ouverture de l'œuvre, l'abbé s'adresse au public comme à une congrégation. Il explique qu'un miracle a eu lieu sur la Rivière aux courlis. Dans une procession loin de la scène, les moines chantent le Seigneur avec le même hymne latin que dans la scène du début.

"Hoping, I wandered on"

"Sanctae sit Triadi laus pia iugiter"

Toby Spence interprète la Folle et Tomas Baird l'Esprit de son fils mort, dans une production au Royal Liceum Theatre à Édimbourg (Écosse), en 2005.

DEATH IN VENICE

(Mort à Venise)

Opéra en deux actes, 2 heures ½
1971-1973
16 juin 1973, Snape Maltings, Aldeburgh (Grande-Bretagne)
Myfanwy Piper, d'après le roman de Thomas Mann, *Der Tod in Venedig* (1912)

Mort à Venise fut le dernier opéra de Britten. Tiré du récit de Thomas Mann, les thèmes de ce chef-d'œuvre opératique sont l'inspiration, la beauté, la nostalgie, la sagesse et le sacrifice. Britten les tisse à une musique d'une simplicité trompeuse et d'une retenue raffinée, témoignant de toute la maturité de son expérience musicale. Le personnage d'Aschenbach tient tout l'opéra.

Le rôle d'Aschenbach a été écrit pour le ténor Peter Pears, collaborateur et compagnon de Britten. Trop malade pour assister aux répétitions, Britten lutta contre la mort pour terminer l'opéra.

RÔLES PRINCIPAUX

Gustav von Aschenbach, *ténor*, écrivain célèbre

Tadzio, *rôle silencieux*, jeune Polonais

Le gérant de l'hôtel, *baryton-basse*

La voix d'Apollon, *contre-ténor*, voix qu'entend Aschenbach

La voix de Dionysos, *baryton-basse*, voix qu'entend Aschenbach

L'INTRIGUE

À Munich et à Venise

ACTE I À Munich, Aschenbach, célèbre écrivain, doit faire face au manque d'inspiration ♁. Il se rend à Venise. Au dîner, remarquant un jeune Polonais avec sa famille, il médite sur la beauté de l'enfant. Un étrange vent chaud souffle sur la plage, où il observe le garçon. Entendant son nom, Tadzio, il compare la création de la beauté avec la beauté réelle. Venise lui répugnant, il tente de partir, mais ses bagages sont perdus et il reste. Sur la plage, Aschenbach voit Tadzio et d'autres enfants comme une sorte d'Olympiade. Il entend Apollon louer la beauté. Resté seul, Aschenbach comprend qu'il est amoureux.

"My mind beats on and no words come"

Pour la première à Snape Maltings, à Aldeburgh en 1973, Peter Pears interprétait Aschenbach, et Robert Huguenin *(à genoux, au centre)* était Tadzio, le jeune garçon hantant l'imagination du romancier à Venise.

ACTE II Aschenbach accepte ses sentiments pour le jeune garçon. En ville, il entend des rumeurs d'épidémie. Il sent que Tadzio perçoit sa présence. Le gérant de l'hôtel lui révèle que le choléra va envahir la ville. Aschenbach décide de prévenir la mère de Tadzio mais n'en fait rien. Rêvant de Dionysos (symbolisant le désir de mourir) se querellant avec Apollon (symbolisant le désir de vive), il se demande quelle est la finalité de la beauté ♁. Tadzio regarde l'écrivain qui s'est teint les cheveux. Aschenbach apprend que la famille polonaise va bientôt partir puis regarde Tadzio sur la plage. Lorsque le jeune garçon lui fait signe, l'écrivain s'effondre dans son fauteuil, mort.

"Does beauty lead to wisdom, Phaedrus?"

OLIVIER MESSIAEN

Né le 10 décembre 1908 à Avignon
Mort le 28 avril 1992 à Paris

Olivier Messiaen était un compositeur non-conformiste, inspiré par la spiritualité. Il puisa dès les années 1930 dans diverses sources – du chant grégorien à la musique de gamelan indonésienne – pour composer des œuvres inspirées des mystères catholiques. Il était aussi sensible aux sons de la nature, comme les chants des oiseaux et les brises. Il systématisa la méthode de composition avec 12 tons – initialement formulée par Schoenberg – dans toutes les variables musicales, y compris le rythme. Il lança le mouvement connu sous le nom de sérialisme, qui eut une influence majeure sur deux de ses élèves : Pierre Boulez et Karlheinz Stockhausen.

SAINT FRANÇOIS D'ASSISE

Scènes franciscaines en trois actes (huit tableaux), 4 heures
1975-1983
28 novembre 1983, Opéra de Paris
Olivier Messiaen

RÔLES PRINCIPAUX

Saint François, *baryton*
L'Ange, *soprano*
Le Lépreux, *ténor*
Frère Léon, *baryton*
Frère Massée, *ténor*
Frère Élie, *ténor*

Saint François d'Assise est un des chefs-d'œuvre de la fin du XXᵉ siècle. Cependant, cet opéra a été peu représenté car il demande de très gros moyens, notamment un chœur de 150 hommes et un chanteur doté d'une énergie surhumaine dans le rôle-titre. Le parcours de Saint François, dans la douleur et l'amour vécus par le Christ pendant la Passion, dure quatre heures. L'architecture complexe de cette pièce rituelle est soigneusement construite : des voix solos dominent jusqu'à ce que saint François parvienne à atteindre le plus grand mystère de Dieu. Puis des chœurs énormes expriment les réponses de Dieu aux prières de François. Ces voix élèvent François dans une sphère divine, ce qui, à une époque où la spiritualité est en crise, peut désarçonner le public.

À l'acte II, François écoute les oiseaux qui l'entourent. Messiaen a pris des chants d'oiseaux en notations musicales, qui lui ont servi pour les partitions d'œuvres comme *Oiseaux exotiques* et *Catalogue d'oiseaux.*

Ce panneau médiéval de Bonventura Berlinghieri décrit la vie de Saint François d'Assise (1182-1226). L'opéra de Messiaen reste fidèle à la vie du saint, dans l'esprit autant que dans les détails.

L'INTRIGUE

À Assise et ses environs, en Ombrie (Italie) avant la mort de Saint François en 1226

ACTE I **TABLEAU 1 LA CROIX** Saint François et Frère Léon marchent sur la route. François explique comment la souffrance offre la joie parfaite.

"S'il se met à pleuvoir"

TABLEAU II LES LAUDES Dans une église, François demande au Seigneur de lui montrer comment aimer ce qu'il craint le plus, la lèpre. **TABLEAU III LE BAISER AUX LÉPREUX** Un lépreux se plaint à François de sa souffrance. Invisible, l'Ange chante. François comprend le message d'amour de Dieu. Embrassant le lépreux, il le guérit. Le lépreux pleure et les deux hommes sont guéris.

ACTE II **TABLEAU IV L'ANGE VOYAGEUR** Dans le monastère de la Verna, Frère Massée accueille un voyageur, qui est en fait l'Ange. Elie refuse de répondre aux questions du voyageur mais Bertrand accepte. **TABLEAU V L'ANGE MUSICIEN** À la prière, François demande à voir l'abondance de la tendresse de Dieu. L'ange apparaît, portant une viole. Reconnu par François, l'Ange répond à sa prière par de la musique. Lorsque Léon et Massée arrivent, François, ravi par la musique céleste, s'est évanoui. Ils le raniment. **TABLEAU VI LE PRÊCHE AUX OISEAUX** À l'Ermitage des Carceri, François bénit les oiseaux, qui répondent dans un concert de chants.

"Ah! Dieu nous éblouit par excès de vérité"

ACTE III **TABLEAU VII LES STIGMATES** François demande au Seigneur de lui faire la grâce d'éprouver Ses souffrances durant la Passion, et de l'Amour qui Lui a permis de les endurer. Lorsque François commence à éprouver les souffrances du Christ, le Seigneur, s'exprimant par le chœur, dit à François « Est-il rien de pénible qu'on ne doive supporter pour la Vie éternelle ? ». François est immobile, en extase.

"C'est Moi, c'est Moi, c'est Moi"

TABLEAU VIII LA MORT ET LA NOUVELLE VIE Dans l'église de la Porziuncola, les moines entourent François, qui est mourant. Lorsqu'il meurt, la scène s'assombrit. Puis la lumière apparaît, aveuglante. Le rideau tombe et le chœur loue Dieu.

"Si tu portes de bon coeur la croix"

"Autre est l'éclat de la lune"

Le baryton José Van Dam, ici sur scène à Paris en 1983, interprète le rôle, réputé exigeant, de Saint François.

LEONARD BERNSTEIN

Né le 25 août 1918 à Lawrence (Massachusetts - États-Unis)
Mort le 14 octobre 1990 à New York (États-Unis)

Dès les années 1940 et durant quatre décennies, Leonard Bernstein a redéfini la musique de théâtre en Amérique. Son style inimitable, à la fois vivant et sophistiqué, anime son opérette comique, *Candide*. Les deux opéras de Bernstein, *Trouble in Tahiti* (1952) et sa suite *A Quiet Place* (1983), décrivent la vie dans la banlieue américaine.

Bernstein fit une entrée fulgurante dans le milieu musical américain en tant que chef d'orchestre, avec la même intuition qui allait caractériser ses compositions. Le 14 novembre 1943, le New York Philharmonic eut besoin d'un chef d'orchestre à la dernière minute. C'est ainsi qu'à seulement de 25 ans, Bernstein prit la baguette et entra dans l'histoire américaine. Son charisme séduisit New York et les spectateurs du monde entier. De 1956 à 1966, il fut le premier chef d'orchestre du New York Philharmonic né en Amérique. Mais il s'était depuis longtemps fait connaître comme compositeur. Sa première comédie musicale date de 1944 avec *On the Town*, sur un livret du légendaire duo de Broadway, Betty Comden et Adolph Green. Ils firent de nouveau équipe pour la comédie musicale de 1953, *Wonderful Town*. Mais ce fut *West Side Story*, en 1957, qui allait devenir la quintessence de la comédie musicale américaine. Avec toutes ses œuvres pour la scène, y compris la remarquable opérette *Candide*, Bernstein introduit un mélange nouveau de son classique et de son populaire dans les salles d'opéras et les théâtres américains.

UN PÉDAGOGUE

Leonard Bernstein sut transmettre au public sa passion de la musique. Le premier concert qu'il dirigea, à Carnegie Hall, fut diffusé dans tout le pays. Il fascina l'Amérique. Il dirigea des orchestres à Londres, Prague, Tel Aviv et Milan - où il fut le premier chef d'orchestre américain à diriger un opéra à La Scala. Dès 1958 et pendant 14 ans, son programme télévisé, *Young People's Concerts* initia d'innombrables Américains à la musique classique.

***Bernstein dirigea** Malher avec beaucoup de passion en 1970, pendant le Tanglewood Festival à Lenox (Massachusetts – États-Unis).*

Cette couverture du programme pour *West Side Story*, de Bernstein, montre les amants du célèbre succès musical, Maria et Tony, heureux avant que la tragédie ne survienne.

CANDIDE

Opérette comique en deux actes, 2 heures ½
1954-1956 ; (rév. 1973, 1988-1989)
Première représentation 1er décembre 1956, Martin Beck Theater, New York (États-Unis)
Lilian Hellman, d'après le roman de 1756 de Voltaire, livret de Richard Wilbur

L'histoire des productions de Candide a été mouvementée mais, depuis les années 1970, cet opéra est considéré comme l'une des plus grandes œuvres de Bernstein. Le roman de Voltaire, du XVIIIe siècle, est traité dans un style se moquant joyeusement des idées et des traditions musicales du Vieux Monde. Parmi les numéros célèbres, on retiendra « Glitter and be gay » et « The Best of all Possible Worlds ».

L'opéra fut si souvent révisé qu'après les derniers changements de la version 1988-1989, le célèbre chef d'orchestre de *Candide*, John Mauceri s'exclama en riant : «J'ai dit à Lenny : là, tu as vraiment tout gâché ! »

RÔLES PRINCIPAUX

Candide, *ténor,* jeune homme naïf
Cunégonde, *soprano,* sa sœur adoptive, riche
Max, *baryton,* frère de Cunégonde
Pangloss, *baryton,* précepteur des trois enfants
Paquette, *soprano,* servante débauchée
Vieille dame, *mezzo-soprano,* tenancière de bordel à Paris

L'INTRIGUE

Un château en Westphalie, et divers lieux dans le monde

ACTE I Candide est un jeune garçon adopté, qui vie avec ses cousins, Cunégonde et Max, en Westphalie. Il aime Cunégonde et elle l'aime aussi. Leur précepteur, Pangloss, leur dit de trouver « le meilleur des mondes possibles » dans toutes les situations. Lorsque l'armée bulgare entre en guerre, tous sont tués sauf Candide. Il erre de par le monde puis découvre Pangloss, qui finalement n'est pas mort, et est devenu mendiant. Candide reste optimiste, même lorsque Pangloss est pendu. Il se rend à Paris, où Cunégonde est devenue prostituée. Lorsqu'elle poignarde un homme par inadvertance, elle s'enfuit avec Candide et tous partent en Amérique du Sud.

"It must be me"

ACTE II Candide et les autres rencontrent Max et l'ancienne servante de la famille, Paquette, qui par miracle sont vivants et résident à Buenos Aires. Plus tard, dans la jungle, Candide poignarde Max par erreur et redécouvre Pangloss. Accompagnés du précepteur, Candide, Cunégonde et la Vieille dame atteignent Venise. Là, le groupe découvre Max et Paquette, et tous se jettent dans la fête du carnaval. Finalement, dans une ferme près de Venise, Candide célèbre son amour pour Cunégonde et se rend compte que la vie n'est ni bonne ni mauvaise.

"Make our garden grow"

Le Neue Oper de Vienne monta en 2000 une production très influencée par le cabaret.

BERND ALOIS
ZIMMERMANN

Né le 20 mars 1918 à Bliesheim, près de Cologne (Allemagne)
Mort le 10 août 1970 à Königsdorf, près de Cologne (Allemagne)

Bernd Alois Zimmermann fut parmi les plus éminents compositeurs d'avant-garde en Allemagne pendant les années 1950 et 1960. Sa formation est éclectique. Élève à Cologne, Berlin et Darmstadt, il étudia aussi la littérature, la philosophie et le cinéma. Initié à la musique sérielle par René Leibowitz, Zimmermann écrivit des pièces imprégnées de jazz, de musique pop et de musique électronique expérimentale. Parmi ses œuvres importantes, on peut citer le *Requiem für einen jungen Dichter (Requiem pour un jeune poète)*. Son unique opéra, *Die Soldaten (Les Soldats)*, renouvela l'opéra d'après-guerre en Europe. Cinq ans plus tard, en 1970, Zimmermann se suicida.

DIE SOLDATEN

(Les Soldats)

Opéra en quatre actes, 1 heure ¾
1958 – 1960, 1963-1964
15 février 1965, Opernhaus, Cologne (Allemagne)
Bernd Alois Zimmermann, d'après la pièce de 1776 de Jakob Michael Reinhold Lenz

La première de *Die Soldaten* connut un grand succès en 1965. Même si l'action n'est pas datée, son histoire où des soldats abusent d'une jeune personne dans les Flandres envahies par les troupes militarisées toucha les spectateurs, se rappelant la Deuxième Guerre mondiale. Par ses liens formels et thématiques avec *Wozzeck* d'Alban Berg (1925), l'œuvre de Zimmermann ajoutait aussi une nouvelle dimension à l'opéra allemand d'avant-garde. Le rythme cinématographique de *Die Soldaten*, associé à des films projetés simultanément dans l'acte IV, redéfinit le temps et l'espace scéniques. Le langage musical de Zimmermann décourage toute attente d'une quelconque action linéaire : la musique de jazz, un passage de valse ou des segments enregistrés rappellent au public qu'aucun monde sonore n'est indépendant.

RÔLES PRINCIPAUX

Wesener, *basse*, marchand de nouveautés à Lille
Marie, *soprano*, sa fille
Stolzius, *baryton*, drapier à Armentières
Desportes, *ténor*, noble engagé dans l'armée française
Comtesse de la Roche, *mezzo-soprano*
Le jeune comte, *ténor*, son fils
Major Mary, *baryton*, qui poursuit Marie

Comme de nombreuses pièces de Zimmermann, cet opéra exige des moyens atypiques : un ensemble de jazz sur scène, joue en tandem avec un énorme orchestre, qui comprend cinq tubas Wagner.

Le caractère rituel de l'opéra apparaît clairement sur la couverture du disque d'une représentation au Staatstheater à Stuttgart (Allemagne), en 1991.

Marie, dans un costume symbolisant son innocence au milieu de soldats menaçants, dans une production au Nerderlandse Opera, en 2003.

L'INTRIGUE

Dans les Flandres francophones, hier, aujourd'hui et demain

ACTE I Chez elle, à Lille, Marie Wesener écrit à la mère de celui qu'elle aime, Stolzius, un drapier. À Armentières, Stolzius, très épris, arrache la lettre des mains de sa mère. À Lille, Marie veut aller au théâtre avec Desportes, un baron qui la courtise. Son père, Wesener, ne l'y autorise pas. À Armentières, Eisenhardt, un aumônier de l'armée, discute du théâtre et des relations des soldats avec les jeunes filles. Chez lui, Wesener presse sa fille de ne rejeter ni le baron ni Stolzius. Restée seule, Marie pense à Stolzius mais rêve aussi d'améliorer son sort grâce à Desportes.

"Das Herz ist mir so schwer"

ACTE II Dans un café, les officiers se livrent au jeu et boivent. Ils tourmentent Stolzius avec des commentaires sur Marie et Desportes. Dans la maison de Wesener, Desportes séduit Marie, qui a reçu une lettre de reproches de Stolzius. Pendant ce temps, sa grand-mère prédit la chute de la jeune femme. Stolzius décide de se venger de son rival, Desportes.

"Ha ha ha"

"Ein Tag ist wie der andere"

ACTE III Le major Mary a déménagé à Lille où Stolzius est désormais son ordonnance. Marie accueille le major. Ailleurs, la comtesse de la Roche attend son fils. Lorsqu'elle apprend qu'il s'est épris de Marie, elle lui ordonne de quitter la ville. Pour sauvegarder la réputation de Marie, elle lui offre un emploi chez elle.

"Er fängt an, mir trübe Tage zu machen"

ACTE IV Dans des séquences de film oniriques, Marie s'enfuit pendant que Desportes, depuis la prison, complote pour se débarrasser d'elle. Le garde-chasse de Desportes viole Marie. Plusieurs personnes disent qu'elle s'est enfuie. Au cours d'un souper dans l'appartement du major, Desportes traite Marie de traînée. Stolzius l'empoisonne. Le major lève son épée sur Stolzius, qui révèle sa véritable identité à Desportes mourant, avant de se tuer avec l'épée du major. Sur la rive du fleuve Lys, Wesener repousse une mendiante, puis réfléchit et lui donne une pièce, sans reconnaître sa fille. Marie s'écroule en pleurant.

"Marie fortgelaufen!"

HANS WERNER HENZE

Né le 1er juillet 1926 à Gütersloh (Westphalie – Allemagne)

Au lendemain de la Deuxième Guerre mondiale, Hans Werner Henze s'est affirmé comme un grand compositeur, avec de la musique de ballets et des symphonies. Mais sa douzaine d'opéra, composés au cours de plus d'un demi-siècle, a fait de lui le plus grand compositeur d'opéras en Allemagne depuis Richard Strauss.

Henze commença à composer à l'âge de 12 ans. Ayant grandi sous la férule fasciste en Allemagne, il fut soldat en 1944-1945 et prisonnier des Anglais avant de reprendre ses études musicales à Heidelberg. Comme le compositeur italien Luciano Berio, il étudia à Darmstadt avec le chef de file français du sérialisme, René Leibowitz. Il s'intéressa au sérialisme jusqu'à ce que sa carrière s'engage dans d'autres voies. Après la première de son opéra de 1952, *Boulevard Solitude*, il résida sur l'île d'Ischia, près de Naples. Là, son œuvre prit un tour plus lyrique, italianisant. Le premier opéra à représenter ce changement fut *König Hirsch (Le Roi Cerf)* mais *Les Bassarides*, dix ans plus tard, est généralement tenu pour son chef-d'œuvre opératique. Une résidence à Cuba le fit entrer dans une nouvelle phase, plus politique, dans les années 1970. Les sources littéraires de ses opéras vont de Shakespeare à un roman de l'écrivain japonais Yukio Mishima. Sensible à son environnement, social ou naturel, Henze reste un artiste insatiable et ouvert.

En 1982, Henze enseigne à de jeunes musiciens à la Britten-Pears School, à Snape Maltings (Grande-Bretagne)

PREMIÈRES REPRÉSENTATIONS

1940

- **1949** Das Wundertheatre

1950

- **1951** Ein Landartz
- **1953** Das Ende einer Welt
- **1956** König Hirsch

1960

- **1961** Élégie pour de jeunes amants
- **1965** Der Junge Lord
- **1966** Les Bassarides

1970

- **1976** We Come to the River
- Don Chisciotte della Mancia

1980

- **1980** Pollicino
- **1981** Il Ritorno d'Ulisse in patria
- **1983** The English Cat

1990

- **1990** Das Verrantene Meer
- **1997** Venus und Adonis

2000

- **2003** L'Upupa und der Triumph der Sohnesliebe

2010

DIE BASSARIDEN

(Les Bassarides)

Opera seria, avec intermezzo, en un acte et quatre mouvements, 2 heures ½
1965

6 août 1966, Grosses Festspielhaus, Salzbourg
W. H. Auden et Chester Kallman, d'après *Les Bacchantes* d'Euripide (405 av. J.-C.)

Die Bassariden est un opéra profondément moderne bâti sur une intrigue de l'Antiquité grecque. La tragédie oppose Penthée, le nouveau roi de Thèbes, au dieu Dionysos, qui attire les Thébains dans des plaisirs sensuels sur le Mont Cithéron. Sur un livret de W. H. Auden et de Chester Kallmann, la musique de Henze est à la fois dramatique et très éthérée.

En 2005, la première française de l'opéra fut perturbée par une grève. Le matériel d'orchestre n'ayant pas été livré au théâtre, le chef d'orchestre Kazuschi Ono adapta la partition, passant d'un orchestre immense à 21 pupitres.

RÔLES PRINCIPAUX

Penthée, *baryton,* roi de Thèbes

Cadmos, *basse,* son grand-père, fondateur de Thèbes

Agave, *mezzo-soprano,* mère de Penthée

Autonoe, *soprano,* sa sœur

Dionysos, *ténor,* fils de Zeus et de Sémélé

L'INTRIGUE

À Thèbes et sur le mont Cythéron, dans l'Antiquité

MOUVEMENT I Lorsque Penthée devient leur nouveau roi, les citoyens de Thèbes se dirigent vers le mont Cythéron pour rencontrer le dieu Dionysos. Penthée fait lire une proclamation interdisant aux Thébains de croire en Dionysos. Mais sa mère, Agave, et sa sœur Autonoe, partent sur la montagne.

MOUVEMENT II Penthée fait capturer ceux qui sont partis sur le mont Cythéron. Lorsqu'on les lui amène, il tente de réveiller sa mère de sa transe et questionne un étranger parmi les prisonniers. Menacé de mort, l'étranger chante la gloire de Dionysos.

MOUVEMENT III Penthée ordonne de torturer l'étranger. Les prisonniers s'enfuient et retournent sur le mont Cythéron. L'étranger offre une vision à Penthée. (**INTERMEZZO** Dans un miroir, Penthée voit les Bassarides, disciples de Dionysos, interpréter une comédie). Enchanté par l'étranger, Penthée rejoint les Bassarides. Les membres frénétiques du culte découvrent Penthée. Il supplie sa mère de le reconnaître, mais il est chassé par les Ménades.

"Nacht öffnet weit, was Tag verschloss"

MOUVEMENT IV Agave présente « la tête d'un lion ». Puis, lorsqu'elle redevient normale, elle se rend compte, horrifiée, que c'est la tête de son fils. L'étranger déclare être Dionysos. Il envoie la famille royale en exil et ordonne de détruire le palais. Les Thébains adorent Dionysos.

"Ja, ich bin er: Ich bin Dionysos"

Kristine Ciesinkski interprète Agave, ici trempée de sang, au Nederlands Opera à Amsterdam, en 2005.

GYÖRGY
LIGETI

Né le 28 mai 1923 à Discöszentmárton (Hongrie)
Mort le 12 juin 2006 à Vienne (Autriche)

György Ligeti créa un nouveau monde sonore. Fuyant la Hongrie communiste en 1956, il s'installa à Vienne, où dans les années 1960 son écriture polyphonique le distingua des compositeurs les plus innovateurs de son temps. Pendant que des Européens comme Luciano Berio, Karlheinz Stockhausen et Pierre Boulez exploraient le sérialisme dérivé de la méthode à 12 tons d'Arnold Schoenberg, Ligeti fut attiré par le surréalisme. Son *Poème symphonique* de 1962 était écrit pour 100 métronomes remontés, la durée de l'œuvre dépendant du temps que prenaient les mécanismes de tous les appareils pour s'arrêter. *Le Grand Macabre*, son seul opéra, est joyeux et provoquant.

LE GRAND MACABRE

Opéra en deux actes (version originale) ; opéra en quatre tableaux (version révisée), 2 heures
1972-1976, révisé en 1996
12 avril 1978, Royal Opera, Stockholm (Suède) ; 28 juillet 1997, Festspielhaus, Salzbourg (version révisée)
György Ligeti et Michael Meschke

Le Grand Macabre est un opéra exubérant, inspiré de la farce de 1934 de Michel Ghelderode. Débordant d'humour et de provocations, il affirme que la vie ne doit pas être vécue dans la crainte de la mort, ni d'ailleurs dans la crainte de quoi que ce soit. L'exterminateur de l'opéra est Nekrotzar, prince de la mort, dont le propos est d'anéantir le monde. Mais même lui est un clown aux proportions cosmiques. Quelle que soit la tradition opératique que l'œuvre se propose de dévorer, depuis le duo d'amour à la scène de mort, elle est métamorphosée en divertissement iconoclaste. L'opéra fut révisé pour une nouvelle production en 1997. S'il reste marqué par cette double vie où se mêlent éléments postmodernes et vestiges de la Guerre froide, la musique – tour à tour tapageuse, poignante, magique et désinvolte – rend l'opéra irrésistible.

RÔLES PRINCIPAUX

Piet de Bock, *ténor bouffe*, un ivrogne aimant la vie
Nekrotzar, *baryton*, le Grand Macabre
Astradamors, *basse*, astrologue de cor et travesti
Mescalina, *mezzo-soprano*, son épouse sadique
Gogo, *contre-ténor*, prince de Breughelland
Gepopo, *soprano*, chef de la police secrète

Visuel du CD du *Grand Macabre* de Ligeti, montrant un cheval à bascule, image-clé de la mise en scène de l'opéra.

Dans le petit monde de Breughelland, tout est sujet à moquerie, y compris la vie après la mort. Lorsque Piet et Astradamors reviennent en fantômes, dans la scène IV, la musique de la harpe souligne l'ironie de l'action.

L'INTRIGUE

À Breughelland, lieu imaginaire

TABLEAU I Dans un cimetière, Piet, ivre, fait l'éloge du paradis qu'est Breughelland. Les amants Amanda et Amando veulent mourir ensemble.

"Heute noch, um Mitternacht"

Nekrotzar prévient que tous périront à minuit. Piet reconnaît en Nekrotzar le Grand Macabre et implore sa pitié. Des esprits préviennent que tout sera détruit.

"Es naht schon das Verderben"

Les amants se jurent leur amour jusqu'à la mort.

TABLEAU II Mescalina torture son mari Astradamors. Elle implore Vénus de lui envoyer un amant puis s'endort. Nekrotzar arrive, à cheval sur le dos de Piet. En rêve, Mescalina demande à Vénus un homme « bien monté ». Nekrotzar a une violente relation sexuelle avec Mescalina. Elle jouit et s'écroule, morte.

"Feuer und Feuersnot"

Nekrotzar se prépare à sa mission. Il chevauche Piet. Astradamors remarque : « Au moins suis-je maître chez moi. »

TABLEAU III Deux ministres placent leur prince régnant, Gogo, sur un cheval à bascule. Il tombe. Gepopo, le chef de la police secrète, annonce qu'il y a des troubles publics. Les ministres courtisent le peuple de Breughelland mais acclament Gogo.

"Uns'ren Fürsten!"

Informés de l'arrivée d'une comète, les ministres abandonnent Gogo, qui remarque qu'il est finalement maître chez lui. Gepopo et les autres s'enfuient, craignant le Grand Macabre. Nekrotzar entre à cheval sur Piet. Les gens paniquent. Piet, Astradamors et Gogo festoient, boivent et se moquent de Nekrotzar, qui demande à boire du sang humain dans un calice.

"Ex! Trink! Ex!"

Des éclairs retentissent, et Nekrotzar renouvelle sa motivation. Mais lorsqu'on le met sur le cheval à bascule, il tombe, ivre.

TABLEAU IV Dans le cimetière, Piet et Astradamors, maintenant des fantômes, s'éloignent en flottant. Des voyous massacrent tout le monde mais Gogo se relève. Au lever du soleil, Nekrotzar s'effondre et disparaît. On entend Amanda et Amando faire l'amour dans une tombe. Les amants expliquent que pour eux aussi c'était la fin du monde, mais qu'ils étaient en extase. Tous disent que la mort n'est pas à craindre.

La mezzo-soprano hollandaise Jard Van Nes interprète Mescalina, et la soprano allemande Sibylle Ehlert est Vénus, dans la deuxième scène de l'opéra, au Théâtre du Châtelet, à Paris, en 1998.

LUCIANO BERIO

Né le 24 octobre 1925 à Oneglia (aujourd'hui Imperia) (Italie)
Mort le 27 mai 2003 à Rome (Italie)

Les opéras du compositeur italien Luciano Berio ont galvanisé les cercles de musique internationale durant la deuxième partie du XXe siècle. Ses expérimentations en musique électronique ont replacé les instruments et les voix au centre. À ce propos, il écrivit avec Italo Calvino un opéra étonnant, *Un Re in ascolto*.

Berio commença son éducation musicale chez lui, bien avant d'entrer au Conservatoire de Milan en 1945. Il avait espéré être pianiste, mais une blessure l'obligea à renoncer. Au conservatoire, il rencontra la soprano américaine Cathy Berberian, qu'il épousa en 1950. Les œuvres les plus influentes de Berio furent influencées par des chefs-d'œuvre littéraires ou musicaux, dont il était nourri. À Milan dans les années 1950, puis à Paris dans les années 1970, Berio fonda des studios électroniques où ses expérimentations musicales redéfinirent les contours de la musique classique. Ses six grandes œuvres de théâtre musical comprennent *La Vera Storia*, sur un livret d'Italo Calvino, créé à La Scala en 1982.

MUSIQUE ÉLECTRONIQUE

À Milan, en 1955, Luciano Berio et son ami Bruno Maderna fondèrent le *Studio di fonologia musicale*, un studio électronique d'expérimentation. Le compositeur italien Luigi Nono les rejoignit bientôt, mais avec des invités comme les compositeurs John Cage (américain) et Henri Pousseur (belge), l'impact du studio fut international. Il créa notamment *Thema (Omaggio a Joyce)* et *Visage*, sortes de collage d'enregistrements de musique vocale écrits pour la soprano Cathy Berberian.

Luciano Berio et son épouse Cathy Berberian, pour qui il écrivit en 1966 un chef-d'œuvre vocal, le solo *Sequenza III*.

UN RE IN ASCOLTO

(Un roi à l'écoute)

Action musicale en deux parties, 1 heure ½
1979-1984
7 août 1984, Kleines Festspielhaus, Salzbourg (Autriche)
Luciano Berio, d'après Italo Calvino, W. H. Auden et Friedrich Gotter

Un Re in ascolto aborde un sujet qui préoccupa Berio durant toute sa carrière : trouver son propre point d'écoute. L'opéra fonctionne sur plusieurs niveaux, notamment celui de la quête de Prospero d'une voix singulière. Dans une œuvre consacrée au son, à la mémoire et aux sens qu'on peut glaner à partir de la voix, les solos fascinants et d'intenses passages d'ensemble se distinguent comme autant d'îlots musicaux.

Les opéras de Berio utilisent souvent un chef-d'œuvre opératique ou un classique littéraire comme point de référence. *La Tempête* de Shakespeare sert de toile de fond à cet opéra, et donne au rôle-titre un nom de roi : Prospero.

RÔLES PRINCIPAUX

Prospero, *baryton-basse*, imprésario de théâtre dont le « royaume » est son théâtre

Le Producteur, *ténor*, répète une pièce

L'Acteur, *rôle parlé*, répète le rôle de Vendredi

Soprano 1, *soprano*, auditionne pour Prospero

La Protagoniste, *soprano*, incarne la quête de Prospero pour une voix

L'INTRIGUE

Le bureau et le théâtre de Prospero

PARTIE I Prospero se remémore son rêve de théâtre. Les acteurs entrent peu à peu et répètent une pièce qui se déroule sur une île. Prospero écoute une chanteuse et son accompagnateur, puis se dispute avec le Producteur sur la nature de l'écoute. Le Producteur affirme que la pièce parle d'un roi qui doit écouter pour sauver son royaume. Prospero se retire dans son bureau pour réfléchir sur la nature du son, tandis que la scène devient un paysage maritime. Une deuxième chanteuse vient chanter une aria. Resté seul, Prospero entend une voix qui dit : « vous êtes en train de mourir. » Il s'évanouit.

"Oh notte grave, immensa chiara"

PARTIE II Prospero revient à lui et appelle Ariel. Les artistes retournent sur scène mais Prospero a des convulsions. Un médecin et une infirmière interviennent. Prospero, assis en silence sur un trône, auditionne un autre chanteur qui est enlevé par des hommes armés. Prospero se rend compte que son royaume ne peut être ni vu ni touché mais ressemble à une mer de musique. La protagoniste, vêtue de haillons, informe Prospero que sa voix est bien à elle et que son chant funèbre lui est destiné. Tous se dispersent. Resté seul sur la scène obscure, Prospero écoute ses souvenirs oubliés et par jeu de miroir, le futur. Il meurt.

"C'è una voce nascosta tra le voci"

Georg Nigl est l'Acteur au Grand Théâtre de Genève (Suisse) en 2002.

KARLHEINZ STOCKHAUSEN

Né le 22 août 1928 à Mödrath, près de Cologne (Allemagne)

Karlheinz Stockhausen, grand compositeur de la fin du XXe siècle, a électrisé le monde de la musique depuis les années 1950 avec ses explorations sonores d'avant-garde. Il mit 27 ans à écrire son cycle opératique *Licht : Die Sieben Tage der Woche (Lumière, les sept jours de la semaine)*, et il faut 29 heures pour le représenter.

Stockhausen s'est ouvert aux potentiels illimités de la composition lorsqu'en 1948, il entendit le *Concert de Bruits* produit par Pierre Schaeffer pour Radio France. Schaeffer manipulait des enregistrements de sons naturels, ou d'instruments, pour créer de la musique concrète. En 1952, étudiant au Conservatoire de Paris avec Olivier Messiaen, Stockhausen rejoignit le studio de Schaeffer. Un an plus tard, il entrait dans l'histoire de la musique comme fondateur de la musique électronique. La passion insatiable de Stockhausen pour repousser les frontières de la musique – sa relation au son, au bruit, à la vibration « silencieuse » – n'a jamais cessé. Sa curiosité l'a aussi bien conduit dans des laboratoires qu'en Asie.

Son *summum opus* est le monumental cycle opératique, *Licht*, qui dépeint des interactions musicales et mythologiques et qui dure les sept jours de la semaine. La première production du cycle entier – et l'expérience spirituelle et sonore qu'il promet – est impatiemment attendue par les fervents disciples de Stockhausen dans le monde.

PREMIÈRES REPRÉSENTATIONS

1980 – 1985 – 1990 – 1995 – 2000 – 2005 – 2010

- **1981** Donnerstag aus Licht
- **1984** Samstag aus Licht
- **1988** Montag aus Licht
- **1992** Dienstag aus Licht
- **1996** Freitag aus Licht (Freitag – Versuchung)
- **1998 Composition** Mittwoch aus Licht
- **2003 Composition** Sontag aus Licht
- **2008 Projet** Licht : Die Sieben Tage der Woche

Karlheinz Stockhausen dans un studio. Depuis le début, il s'est intéressé à la technologie d'avant-garde.

DONNERSTAG AUS LICHT

(Jeudi de lumière)

Opéra en trois actes, avec salut et adieux, 3 heures ¼

1978-1980

3 avril 1981, La Scala, Milan (Italie)

Karlheinz Stockhausen

Jeudi de lumière fut le premier des sept opéras que Stockhausen a composé entre 1977 et 2003 pour son cycle *Licht (Lumière)*. Trois mélodies structurent le cycle et chacune est liée à un personnage : Michael et ses parents Eva et Luzifer. Un des points forts est le chœur invisible, qui crée des atmophères alternant temps et espace lorsque Michael entreprend un voyage, commençant par son enfance.

RÔLES PRINCIPAUX

Michael, *ténor/trompette/danseur,* héros cosmique

Eva, *soprano/cor de basset/danseuse parlante,* sa mère

Luzifer, *basse/trombone/mime-danseur parlant,* son père

Cinq trompettistes jouèrent la section de clôture de l'opéra, *Les Adieux de jeudi,* depuis cinq balcons extérieurs, entre 23 h 30 et minuit à la fin de chaque représentation à La Scala en 1981.

L'INTRIGUE

Chez Michael et au-delà

DONNERSTAG-GRUSS / SALUT DU JEUDI. Un ensemble instrumental accueille les spectateurs qui arrivent dans le hall du théâtre.

ACTE I JEUNESSE DE MICHAEL *L'enfance* La jeune mère de Michael, Eva, tente de se suicider et est envoyée à l'asile. Le père de Michael, Luzifer, boit, puis part à la guerre. *Lune-Eva* Michael s'éprend de Lune-Eva, une femme oiseau venue des cieux pour le voir. La mère de Michael est tuée par un médecin et son père est abattu d'une balle. Lune-Eva disparaît. *Examen* Michael doit passer un examen pour entrer au Lycée de Musique. Lorsqu'il répond aux examinateurs, Michael ne reconnaît pas ses parents dans le jury. Il décrit son enfance en chantant, en jouant de la trompette et en dansant. Il est admis.

Donnerstag aus Licht a été représenté en 1985 au Royal Opera House, à Londres, avec d'étonnants décors conçus par Maria Bjørnson.

ACTE II VOYAGE DE MICHAEL AUTOUR DE LA TERRE Michael grimpe dans un globe. Il émerge d'un portail pour s'entretenir avec l'orchestre en jouant de la trompette. Il entend un cor de basset. C'est Eva, qui joue avec son fils et s'éloigne en dansant avec lui.

ACTE III LE RETOUR DE MICHAEL *Festival* Michael rentre chez lui. Eva l'accueille et Michael lui rend grâce pendant qu'un chœur invisible chante. Mais Luzifer provoque une dispute. *Vision* Michael voit sept instants de sa vie, dont le dernier est Lumière. Michael annonce à ses parents qu'il est devenu humain afin que Dieu et les humains puissent communiquer.

"Wunderbare Dinge erscheinen"

"Mensch geworden bin ich"

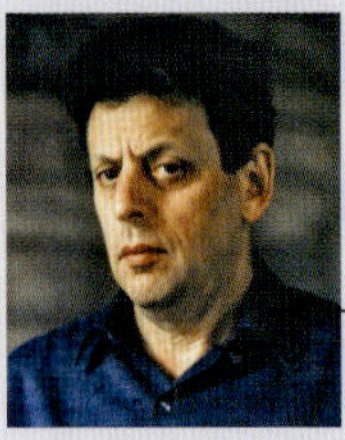

PHILIP GLASS

Né le 31 janvier 1937 à Baltimore (États-Unis)

Philip Glass est devenu le compositeur d'opéra le plus populaire parmi les compositeurs minimalistes américains de la fin du XXe siècle. Son *Einstein on the Beach*, issu d'une collaboration avec le metteur en scène Robert Wilson, porta l'opéra à de nouveaux sommets conceptuels.

Glass a obtenu une maîtrise à la Juilliard School of Music, à New York, puis a étudié avec Nadia Boulanger à Paris. Mais il a aussi été influencé par le joueur de cithare Ravi Shankar et des voyages en Inde. Il utilisa des instruments électroniques pour expérimenter des combinaisons d'idées musicales. La répétition délibérée, comme dans une transe, de notes ou d'accords, est un de ses traits caractéristiques. Glass a écrit plus de 20 œuvres majeures pour la scène, parmi lesquelles : *Satyagraha : M. K. Gandhi in South Africa* et *Akhnaten ; The CIVIL warS ; The Juniper Tree ; The Fall of the House of Usher ;* et *The Voyage.*

ROBERT WILSON

Né en 1941, Rober Wilson fut diplômé du Pratt Institute, à Brooklyn (New York) avant d'étudier la peinture avec George McNeil à Paris. Influencé par la chorégraphie de Merce Cunningham et de Martha Graham, Wilson appliqua des conceptions visuelles aux mouvements sur scène. Si son travail avec Glass est légendaire, Wilson a inspiré d'illustres collaborateurs, y compris Susan Sontag, William S. Burroughs, Lou Reed, David Byrne, Laurie Anderson et Jessye Norman.

Robert Wilson *(à gauche) et Philip Glass créèrent une nouvelle approche de l'opéra avec* Einstein on the Beach. *Wilson a depuis monté des opéras dans le monde entier.*

Philip Glass, ici en répétition en 1993 avec le Philip Glass Ensemble, a aussi composé des musiques de films comme *The Thin Blue Line* d'Errol Morris.

EINSTEIN ON THE BEACH

Opéra en quatre actes et cinq interludes, 4 heures ½
1974-1975
25 juillet 1976, Théâtre municipal, Avignon

Philip Glass, Robert Wilson, Christopher Knowles, Samuel M. Johnson et Lucinda Childs

Einstein on the Beach est un opéra d'avant-garde qui a eu une grande influence. Répétés électroniquement à grande vitesse, certains passages peuvent avoir un effet hypnotisant ou désorientant. L'action non-linéaire de l'opéra maintient l'attention sur ses atmosphères et sur les motifs musicaux et visuels. Einstein, incarné par un violoniste sur scène, en costume, préside librement à la logique de l'œuvre. De sa théorie de la relativité surgissent des surprises conceptuelles, à la fois visuelles, musicales et théâtrales.

RÔLES PRINCIPAUX

Einstein, *violoniste,* auteur de la théorie de la relativité
Ensemble, *soprano,* alto, ténor, acteurs, danseurs

La plupart des compositeurs d'opéra s'adaptent à un livret. Glass fonctionna différemment avec Wilson, qui fit appel à l'imagination du compositeur grâce à des dessins et des éléments visuels.

L'INTRIGUE

Ni lieu ni époque spécifiques

Robert Wilson a monté l'opéra pour la deuxième fois au théâtre MC de Bobigny, près de Paris, en 1992.

Einstein on the Beach est un opéra non-narratif, composé de répétitions verbales, visuelles, et musicales sans intrigue particulière. Il explore des myriades d'idées, notamment la théorie de la relativité d'Einstein, dont le mouvement d'un train de chemin de fer est une métaphore. La structure atypique de l'œuvre est renforcée par la conception de la représentation : dans cette longue pièce sans entracte, les spectateurs sont invités à aller et venir librement, sans pour cela manquer les moment clés de chaque « histoire ». L'opéra est notamment structuré par ce que Glass et Wilson appellent des *knee-plays* ou « scènes d'articulation ». Ces interludes ont lieu entre des scènes demandant d'importants changements de décor. L'opéra ouvre avec le 1er interlude (Knee 1), où l'ensemble crée des effets hypnotiques en chantant des chiffres. L'acte I comprend une scène de train et une scène de procès, avec des textes sur Mr Bojangles, et se conclut dans le 2e interlude (Knee 2). L'acte II est chorégraphié et reprend le motif du train dans une variation intitulée « Night Train ». Après le 3e interlude (Knee 3), l'acte III reprend le motif du procès en relation au thème de la « Prison ». Un Témoin récite le texte de Lucinda Childs sur fond de mélopée chorale mécanique. Il y a une autre chorégraphie avant le 4e interlude (Knee 4). L'acte IV déploie les thèmes « Bâtir », « Lit », et « Vaisseau spatial ». L'opéra se conclut dans le 5e interlude (Knee 5).

"Two. Eight. Two, three, four"

"I was in this prematurely air-conditioned supermarket"

JOHN ADAMS

Né le 15 février 1947 à Worcester (Massachusetts - États-Unis)

L'Américain John Adams et le metteur en scène Peter Sellars ont ouvert une nouvelle voie opératique. Avant Adams, des compositeurs minimalistes comme Philip Glass ont bâti leur musique d'opéra sur des concepts et des images plutôt que sur des trames narratives. Avec Sellars, Adams dépassa le langage minimaliste de la répétition et de la symétrie pour créer une forme d'opéra narratif doté de nombreux personnages. En 1985, Adams et Sellars ont fait sensation avec *Nixon in China*, sans doute le premier opéra à s'adresser à des spectateurs qui avaient grandi avec la télévision. Parmi les opéras suivants, on peut signaler *The Death of Klinghoffer*, *El Niño* et *Doctor Atomic*.

NIXON IN CHINA

Opéra en trois actes, 2 heures ½
1985-1987
22 octobre 1987, Brown Theater, Wortham Center, Grand Opera de Houston (Texas – États-Unis)
Alice Goodman

Nixon in China décrit la visite du président Richard Nixon à Pékin en 1972, pour rencontrer le dirigeant chinois Mao Tsé-toung. L'opéra bénéficie d'un remarquable livret d'Alice Goodman. Les événements très protocolaires sont équilibrés par des échanges privés, et une approche plus subtile des mécanismes propres aux figures politiques. Si la musique est fluide et dynamique, elle se transforme au gré de l'action, passant de la méditation à l'explosion. *Nixon in China* a suscité l'enthousiasme des cercles opératiques lors de sa création à Houston en 1987. Comme les tout premiers opéras, les spectateurs étaient censés connaître le sujet de l'œuvre puisqu'elle était fondée sur l'histoire récente, et ils pouvaient même l'associer à ce qu'ils vivaient. L'opéra fut un succès immédiat.

L'équipe qui créa l'opéra : Adams, Sellars, Alice Goodman et le chorégraphe Mark Morris, est restée identique pour *The Death of Kinghoffer* en 1991.

RÔLES PRINCIPAUX

Richard Nixon, *baryton*, président des États-Unis
Pat Nixon, *soprano*, la Première Dame
Henry Kissinger, *basse*, conseiller à la Défense nationale
Chou En-lai, *basse*, premier ministre chinois
Mao Tsé-toung, *ténor*, président du parti
Jiang Qing, *soprano*, son épouse

Lors de sa première à Houston (Texas), en octobre 1987, un appareil de la Air Force dépose Nixon et son entourage en Chine, au début de l'opéra.

L'INTRIGUE

À Pékin (aujourd'hui Beijing), en Chine, en février 1972

ACTE I Sur un terrain d'aviation à Pékin, le personnel militaire chinois accueille le président Richard Nixon. Nixon se réjouit en privé que « le monde écoute », avant d'éprouver l'implication de cette situation. Dans le bureau de Mao, Nixon discute avec le dirigeant. Kissinger, conseiller à la Défense nationale, ajoute des remarques maladroites. Lors du banquet. Chou En-lai lève son verre aux Américains et Nixon aux Chinois. Une vague de bonne volonté inonde tout le monde. Lorsque la Première Dame, Pat, rappelle que c'est l'anniversaire de George Washington, Chou et Nixon, galvanisés, portent de nouveaux toasts.

"The people are the heroes now"

"It's prime time in the USA"

"Ladies and gentlemen, Comrades and friends"

"Cheers!"

ACTE II Visitant Pékin, Pat s'interrompt pour prédire un avenir aux vertus simples. Ce soir-là, les Nixon et Jiang Qing, l'épouse de Mao, assistent à la première d'un ballet révolutionnaire. L'héroïne est fouettée par un contre-révolutionnaire, Lao Szu, interprété (étrangement) par Kissinger. Bouleversée, Pat se précipite sur scène pour mettre fin à cette scène. L'héroïne est battue jusqu'à ce qu'elle perde conscience. Après une scène de tempête, l'héroïne, maintenant armée, est poussée par Jiang Qing à quitter le parterre avant que ce soit son tour d'entrer en scène. Elle crée la stupeur dans l'ensemble de ballet en ouvrant le feu sur Lao Szu et ses camarades. Jiang Qing monte sur scène pour exprimer sa vision révolutionnaire.

"I am the wife of Mao Tse-tung"

ACTE III Lors de la dernière soirée du président à Pékin, tous sauf le président Mao, sont las. Lorsque Jiang Qing demande de la musique, un solo de piano exprime la nostalgie de Pat pour la Californie. Nixon se souvient de la Deuxième Guerre mondiale. Dans un solo final, Chou remarque avec perspicacité que « tout semble se mouvoir sans que nous puissions y remédier. »

TAN
DUN

Né le 18 août 1957 à Si Mao (Province de Hunan – Chine)

Né en Chine et résident aux États-Unis, Tan Dun est devenu le compositeur représentant le mieux la culture mondiale opératique du nouveau siècle. Après son premier opéra, *Marco Polo*, ses œuvres pour la scène ont mêlé thèmes et musiques classiques et asiatiques.

Tan Dun a grandi dans la Chine rurale, où il travailla dans les rizières durant la Révolution culturelle, puis fut violoniste et arrangeur pour la troupe provinciale de l'Opéra de Pékin. En 1986, il s'installa à New York pour étudier à Columbia University avec Chou Wen-Chung et Mario Davidovsky. Les opéras de Tan Dun explorent les traditions asiatiques et occidentales. Ses partitions pour ensembles orchestraux sont souvent mises en valeur par des musiciens et des chanteurs chinois. Il mêle également des éléments traditionnels chinois comme l'opéra *kunju* avec, par exemple, le chant médiéval européen. Alors que les compositeurs occidentaux comme Britten et Glass ont depuis des décennies introduit des éléments asiatiques dans leur art, Tan Dun a fait de l'union de l'Asie et de l'Occident une priorité musicale. Ses deux premiers opéras, *Marco Polo* et *Peony Pavilion* ont été créés en Occident. Son troisième opéra, *Tea*, fut d'abord donné au Suntory Hall, à Tokyo. Mais quels que soient les lieux où ils sont représentés, les opéras de Tan ont redéfini le théâtre musical en terme de globalisation.

Les costumes et la mise en scène invitent le public à s'imprégner de l'atmosphère cérémonielle du troisième opéra de Tan Dun, *Tea*, au Nederlandse Opera, à Amsterdam, en 2005.

ASIE ET OCCIDENT

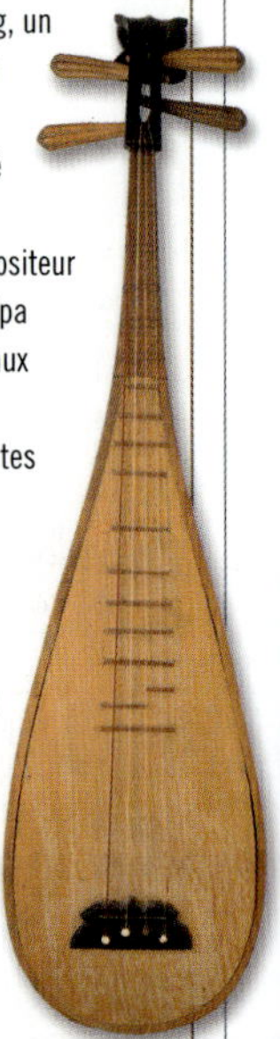

Comme Bright Sheng, un compositeur d'opéra américain né en Chine, Tan Dun a été influencé par Toru Takemitsu, un compositeur japonais qui émancipa les langages musicaux occidentaux et asiatiques des attentes traditionnelles. Les opéras de Tan Dun utilisent des instruments comme le pipa chinois ou la cithare indienne en plus des orchestres occidentaux. L'opéra le plus éclectique de Sheng, *The Silver River* comprend lui aussi des danseurs, des chanteurs et des instruments asiatiques.

MARCO POLO

✍ Opéra dans un opéra, 1 heure ¾
⌛ 1995
Ⓟ 7 mai 1996, Biennale, Munich (Allemagne)

📖 Paul Griffiths, d'après son roman *Myself and Marco Polo* (1989)

Dans ses notes, Tan Dun décrit ainsi le thème central du voyage de *Marco Polo* : « Paul Griffiths et moi avons conçu trois voyages : physique, spirituel et musical. » Le personnage central, Marco Polo, est partagé en deux personnages : Marco est le moi actif du héros, tandis que Polo est sa mémoire, sa voix contemplative. Le livret de Griffiths est en anglais mais le Chinois et d'autres langues sont aussi utilisées.

Tan Dun a structuré l'opéra de telle sorte que le spectateur est plongé dan différents espaces sonores : le Moyen Âge, le Moyen Orient, l'Inde, le Tibet, la Mongolie et enfin la Chine.

RÔLES PRINCIPAUX

Marco, *mezzo-soprano*, le moi actif de Marco Polo

Polo, *ténor*, la mémoire de Marco Polo

Rustichello, *chanteur d'opéra chinois*, personne qui interroge

Water, *soprano*, amant de Marco Polo

Dante, *baryton*, guide

Kublai Khan, *basse*, empereur mongol

L'INTRIGUE

À Venise (en Italie), et en Asie

LE LIVRE DU TEMPS ET DE L'ESPACE : L'HIVER Marco lit son passé dans son Livre et, avec Polo, son autre moi, trouve l'histoire incomplète. **PIAZZA** Dante et les Ombres obligent Polo à regagner la lumière et la vie. Marco invite Polo, sa mémoire, à l'emmener en voyage.

LE LIVRE DU TEMPS ET DE L'ESPACE : LE PRINTEMPS Marco et Polo hésitant à partir, les Ombres leur parlent de l'« or » et de la « soie » ♪. **MER** Marco part sur l'Eau. Une tempête menace, puis s'éloigne. **BAZAR** Marco voit un marché et Dante pense qu'il est dangereux. Mais lorsque Marco et Polo ne font plus qu'un, tous avancent.

"Such a moment"

LE LIVRE DU TEMPS ET DE L'ESPACE : L'ÉTÉ Marco et Polo sont sans voix ; Rustichello les pressent d'avancer. **DÉSERT** Marco et Polo sont séparés lorsque la séductrice du désert, Shéhérazade, tente de conquérir Polo. **HIMALAYA** Dans une atmosphère rituelle, Polo est silencieux tandis que d'autres chantent. **LA MURAILLE** Marco et Polo avancent vers la Muraille.

Pour la première de l'opéra de Tan Dun à Munich en 1996, Martha Clarke a mêlé des éléments traditionnels et modernes dans sa mise en scène.

LE LIVRE DU TEMPS ET DE L'ESPACE : L'AUTOMNE Tous tentent de se remémorer le voyage et suggèrent que la vie est un rêve. **LA MURAILLE** Devant la Muraille, Polo chante à la reine du Khan ♪. Le Khan et la Reine invitent Marco et Polo à rester dans leur royaume. Mais à l'instigation de Polo, Marco se fraye un passage dans la Muraille.

"tsong gou feng"

THOMAS ADÈS

Né le 1er mars 1971 à Londres (Grande-Bretagne)

Thomas Adès était adolescent lorsqu'il fit irruption dans le monde musical de son Angleterre natale, en 1990, avec *Chamber Symphony*. Pianiste, chef d'orchestre et compositeur, il étudia à la Guildhall School of Music de Londres et fut élève du compositeur hongrois György Kurtag. Son premier opéra, *Powder her Face*, fut créé en 1994. Sur un livret de Philip Hensher, il raconte l'histoire du scandale du divorce de Margaret Sweeny d'avec le duc d'Argyll en 1955. Mais avec *The Tempest (La Tempête)*, Adès conquit un public international. Avec Mark-Anthony Turnage, compositeur de *The Silver Tassie*, Adès est le compositeur d'opéra le plus prometteur de sa génération.

THE TEMPEST

(La Tempête)

- Opéra en trois actes, 2 heures
- 2002-2004
- 10 février 2004, Royal Opera House, Londres (Grande-Bretagne)
- Meredith Oakes, d'après la pièce de William Shakespeare (1611)

La Tempête de Shakespeare a inspiré de grands compositeurs, dont Beethoven, Debussy et Tchaïkovski et servi de matière aux opéras de Jacques Halévy, *La Tempesta* (1850), et de Luciano Berio, *Un Re in ascolto* (1984). Adès donna une nouvelle vie à la célèbre pièce avec une musique rendant la magie scintillante de l'histoire tout en préservant ses atmosphères plus sombres. Son librettiste, Meredith Oakes, suscita la controverse en s'éloignant librement du langage shakespearien et en modifiant parfois l'intrigue. Mais Shakespeare n'est jamais très loin, même lorsque des personnages comme Prospero et Caliban prennent le ton de la psalmodie. On admire en particulier la virtuosité de l'esprit Ariel, dont les acrobaties vocales de soprano scintillent à chaque articulation de l'opéra.

RÔLES PRINCIPAUX

Prospero, *baryton léger*, duc de Milan évincé
Miranda, *mezzo-soprano*, sa fille
Ariel, *soprano légère*, un esprit
Caliban, *ténor*, un monstre
Le roi, *ténor*, roi de Naples
Ferdinand, *ténor*, son fils

The Tempest, deuxième opéra de Thomas Adès, fut créé au Royal Opera House, à Londres. Avant le soir de la première, la tension était à son comble car les critiques disaient que c'était le deuxième opéra de Britten, *Peter Grimes*, qui avait été son chef-d'œuvre.

L'INTRIGUE

Une île isolée

ACTE I Après une tempête décrite dans l'ouverture de l'opéra, les victimes d'un naufrage appellent au secours sur une île isolée. Émue par leurs voix, Miranda questionne son père, Prospero. Il explique que le destin lui a livré ses ennemis : son frère Antonio, qui usurpa son titre de duc de Milan, et le roi de Naples. Pendant que Miranda dort, Prospero ordonne à l'esprit prisonnier, Ariel, d'aller chercher les victimes. Caliban, un monstre né sur l'île, dit en être le roi, mais Prospero l'accuse de démence. Ariel annonce qu'il a sauvé les victimes et rappelle à Prospero qu'il lui a promis la liberté. Miranda se réveille et s'éprend d'un naufragé, Ferdinand, le fils du roi. Prospero utilise la magie pour immobiliser ce dernier.

"Abhorrent slave"

"Five fathoms deep"

ACTE II Les naufragés se réjouissent d'être vivants. Caliban va à la rencontre des nouveaux arrivants et leur promet de leur montrer les secrets de l'île. Le roi les encourage à chercher Ferdinand tandis que Caliban et ses nouveaux amis, Stephano et Trinculo, s'imaginent engendrer une « nation » lorsque le roi mourra. Ailleurs sur l'île, Prospero observe le pouvoir de l'amour lorsque Miranda libère Ferdinand.

"Alive, awake"

"Friends don't fear"

ACTE III Caliban et Trinculo, ivres, lèvent leur verre au futur règne de Stephano. Ariel réveille la cour et présente un festin magique. Mais prenant la forme d'une harpie, il réprimande les ennemis de Prospero. Ce dernier est ravi de voir l'expression d'Antonio et du roi lorsqu'ils comprennent qu'ils lui ont fait du tort. Miranda et Ferdinand annoncent leur mariage. La soif de vengeance de Prospero est apaisée. Le « roi Caliban » revient, avec l'intention de faire de Miranda sa reine. Prospero accorde sa liberté à Ariel. Ensorcelé par Prospero, le roi s'émerveille de voir son fils et Miranda. Les visiteurs ont hâte de rentrer chez eux, sur leur bateau qui a été réparé de façon magique. Prospero brise son bâton de magicien. Resté seul, Caliban se demande s'il a rêvé des humains.

"You are men of sin"

Ian Bostridge a créé Caliban (*à gauche*) et Simon Keenlyside, Prospero, pour la première de l'opéra au Royal Opera House de Londres en 2004.

Index

Les numéros de pages en gras font référence aux entrées principales ; les numéros en italique indiquent les pages des illustrations

L

M

Crédits photographiques

Les éditeurs tiennent à remercier les personnes suivantes pour avoir permis de reproduire leurs photographies :

h = en haut; b = en bas; c = au centre; g = à gauche; d = à droite; tc = sur le titre courant; e = l'extrémité

AA = The Art Archive; AE = Agence Enguerand; AKG = akg-images; AL = Alamy Images; BAL = Bridgeman Art Library; Co = Corbis; GI = Getty Images; Leb = Lebrecht Music and Arts Photo Library; RJ = Robbie Jack Photography

1 Fondazione Teatro La Fenice: Michele Crosera; 2-3 Rex Features: Olycom Spa; 4 Co: Bettmann; 5 TopFoto.co.Royaume Uni: Clive Barda; 6-7 TopFoto.co.uk: Clive Barda/PAL; 9 AL: Steve Sant (cg). AA: Bibliothèque des Arts Décoratifs Paris/Dagli Orti (bd). DK Images: Judith Miller/Gorringes (c). Leb: Richard Haughton (e); 10 GI: Keystone/Stringer; 11 Rex Features: Nils Jorgensen; 12-13 Státní Opera Praha: Ondr˘ej Kocourek; 14 AL: Jeremy Hoare; 15 Co: (e); 15-21 AL: image100 (ec); 16 Co: Bettmann; 17 BAL: Yale Center for British Art, Paul Mellon Collection, États Unis (b). Co: Christie's Images (ec); 18 Leb (ec); 19 Leb (e); 20 Co: RJ (bg). Leb (ed); 21 AE: Marc Enguerand (b); 22 AL: Garry Gay; 23 Co: (e); 23-27 Photospin.com (ec); 24 AA: Museo Civico Modène /Dagli Orti (A) (ed). BAL: Private Collection, The Stapleton Collection (b); 25 AA: Hospital Institute Vérone/Dagli Orti (A) (bd). Leb (ec); 26 Co: Bettmann (b). Leb (ec); 27 BAL: Private Collection, Archives Charmet (ed). Co: Wally McNamee (b); 28 Co: RJ; 29 Co (e); 29-33 AL: Steve Sant (ec); 30 BAL: Collection privée (ec). Co: Philippe Caron/Sygma (b); 31 Co: Annebicque Bernard/Co Sygma (cg). Leb: Laurie Lewis (b); 32 Co: Annebicque Bernard/Co Sygma; 32-33 Bregenzer Festspiele: Karl Forster (b); 34 Rob Moore Photography; 35 Co (e); 35-42 DK Images: Eddie Gerald/Rough Guides (ec); 36 BAL: Civica Raccolta Stampe Bertarelli, Milan, Italie (e). Co: Origlia/Pizzoli/Co Sygma (b); 37 Staatsoper Unter den Linden: bildTeam Berlin (b); 38-39 SuperStock: Photick; 40 Archiv der Salzburger Festspiele: Fritz Haseke (b); 41 Co: Gail Mooney (b); Patrick Ward (ec); 42 Co: Tim Graham/ Collection Hulton-Deutsch; 43-47 AL: Comstock Images (ec); 44 Leb (ed); Toby Wales (b); 45 GI: Johan Elbers/Time Life Pictures; 46 Empics Ltd: AP Photo/Uwe Lein (b); 47 Co: Reuters (ed). Mary Evans Picture Library: (b); 48-49 GI: Francesco Ruggeri; 50 Leb (e); 50-121 Fotosearch: Iconotec (ec); 50-51 AA: National Portrait Gallery Écosse/ Dagli Orti (A) (b); 51 BAL: Collection privée, The Stapleton Collection (e); 52 Leb (tc, b); 53 Leb (c); 54 RJ; 55 Leb (ed); 56 RJ (b); 57 BAL: Collection privée, Archives Charmet © ADAGP, Paris and DACS, Londres 2006 (cd). Festival d'Aix-en-Provence: Elisabeth Carecchio (b); 58 BAL: Bibliothèque Nationale, Paris, France, Lauros (b); 59 AL: David Sanger Photography (b). RJ (e); 60 Staatsoper unter den Linden: Monika Rittershaus (b); 61 Leb: Colette Masson (b); 62 Bayerischen Staatsoper: Wilfried Hösl (b); 63 Staatsoper unter den Linden: Marion Schöne (b); 64 Leb (tl, b); 65 AE: Pascal Gely/Agence Bernand (cd); 66 AE: Tristan Jeanne-Vales (b); 67 Opera Atelier, Canada – The Elgin Theatre: Bruce Zinger (b); 68 Leb (ed); 68 AE: Agence Bernand (b); 69 Opera Atelier, Canada: Bruce Zinger (b); 70 Leb: Royal Academy of Music Coll (eg), (b); 71 RJ (b); 72 RJ (b); 73 Alamy: Malcolm MacGregor (e); 73 Leb (b); 74 Leb (tl, b); 75 Státní Opera Praha: Frantisek Ortmann (b); 76 AA: Pinacoteca Civica Iesi/ Dagli Orti (A) (ed). Leb (bg); 77 Colette Masson (b); 78 AE: Tristan Jeanne-Vales; 79 Leb (ed); 80 Opéra, Zurich: Peter Schnetz (b); 81 AE: Tristan Jeanne-Vales (cg). GI: George F Mobley (b); 82 TopFoto.co.uk: Clive Barda/PAL; 83 Colette Masson; 84 RJ; 85 Leb (ed); 86 BAL: Guildhall Library, City of London (ed). Museums and Art Gallery, Birmingham (b); 87 Topfoto: Clive Barda/PAL (b); 88 GI: Johan Elbers/Time Life Pictures (b); 89 BAL: Louvre, Paris, France, Lauros/Giraudon (e). Leb (b); 90-91 Hamburgische Staatsoper: Brinkhoff/Mögenburg; 92 AE: Ramon SENERA Agence Bernand (c); 93 Leb: Tristram Kenton (b); 94 Leb: Laurie Lewis (b); 95 Leb: Laurie Lewis (c); 96 RJ; 97 Leb (ed); 98 BAL: Musée Central du théâtre d'État en l'honneur d'A.A. Bakhrushin, Moscou (b); 99 RJ (b); 100 RJ (b); 101 Leb (c); 102 akg images: Marion Kalter; 103 AA: Société des Amis de la Musique de Vienne/Dagli Orti (A) (ed); 104 Leb (ec); 105 Leb: ColouriserAL (cd), (b); 106 Leb (bg). RJ (b); 107 Leb: Tristram Kenton (c); 108 De Munt La Monnaie: Johan Jacobs (b); 109 Staatstheater Stuttgart, Opernhaus: A. T. Schaefer (b); 110 Teatro Massimo, Palerme: Franco Lannino/Studio Camera (b); 111 Co: Reuters (c); 112 AL: Beateworks Inc/Tim Street-Porter (bd); 113 AE: Pascal Gely/Agence Bernand (e). Co: RJ (b); 114-115 The Banff Centre: Donald Lee; 116 AKG: (b); 117 Leb: Laurie Lewis (b); Collection privée (ed); 118 Leb: (b); 119 TopFoto.co.uk: Keith Saunders/ArenaPAL (e); 120 AKG: Erich Lessing (b); 121 GI: Angelo Cavalli (b). Leb: Colette Masson (eg); 122-123 PunchStock: Image Source; 124 BAL: Collection, Roger-Viollet, Paris (c). Leb (b); 124-201 Co: (ec); 125 BAL: Musée Condé, Chantilly, France, Lauros/ Giraudon (b); 126 Leb (b); 127 Leb: J. Massey Stewart (cd); 128 Leb: Tristram Kenton; 129 Leb: H.Weidner-Weiden Interfoto (ed); 130 Leb (tc, b); 131 Teatr Weikl Pologne: Juliusz Multarzyn´ski (cd); 132 Riccardo Musacchio & Flavio Ianniello: (cg); 133 Hamburgische Staatsoper: Karl Forster (b); 134 Riccardo Musacchio: (b); 135 De Nederlandse Opera: Hans Hijmering (ed). Leb: Collection privée (b); 136 Opéra Royal du Danemark : Martin Mydtskov Rønne (b); 137 Co: Massimo Listri (e). TopFoto.co.uk: Clive Barda/ArenaPAL (cd); 138 Topfoto: Colin Willoughby/ArenaPAL (b); 139 Leb: Collection privée (b); 140 Ken Howard: Opera, San Diego ; 141 Co: Krause, Johansen/Archivo Iconografico, SA; 142 Co: Mimmo Jodice (e); 143 Met, NY: (b); 144 Festival Della Valle D'itria; 145 RJ (b); 146 Teatro alla Scala: Erio Piccagliani (b); 147 Co: Raymond Gehman (b). Leb: HIS Interfoto (ed); 148 RJ; 149 Leb (ed); 150 AA: Musée Donizetti, Bergame/Dagli Orti (A) (b). Leb (ed); 151 Fondazione Teatro Regio di Torino: Ramella & Giannese (b); 153 Leb (eg). RJ (b); 154 Co: Sandro Vannini; 155 RJ (b). Leb (eg); 156 RJ (b); 157 Leb: Collection privée (b); 158 TopFoto.co.uk: Clive Barda (b); 159 Riccardo Musacchio: (b); 160 Leb (ed). Topfoto: Ron Scherl/Arena Images (b); 161 Leb (ed); 161Topfoto: ArenPAL (b); 162 BAL: Bibliothèque de l'Opéra, Paris, France (b). Co: Hulton-Deutsch Collection (ed); 164 Riccardo Musacchio; 165 AA: Société des amis de la Musique de Vienne/Dagli Orti (A)]; 166 Leb: ColouriserAL (cg); 166-167 Mary Evans Picture Library: (b); 167 Leb: TAL RA (cd); 168 Co: Ira Nowinski (cd); 169 Co: Bill Cooper/epa (b); 170 Leb (b); 171 Leb (b); O. Rotem; 172-173 Teatro alla Scala: Andrea Tamoni (b); 173 Co: RJ (eg). Leb: O. Rotem (ec); 174 Co: Leonhard Foeger/Reuters; 175 BAL: Bibliothèque de la Comédie Francaise, Paris, France, Archives Charmet (b). Teatro alla Scala: Andrea Tamoni (e); 176 Deutsche Oper Berlin: Bernd Uhlig; 177 Co: Bettmann; 178 Colette Masson; 179 Co: RJ; 180 Co: Ira Nowinski; 181 Teatro Regio, Turin: Ramella & Giannese (e). GI: National Geographic/Kenneth Garrott (b); 182 183 GI: AMR NABIL/AFP; 184 The Lordprice Collection: Tony Price; 185 TopFoto.co.uk: Clive Barda/ArenaPAL (b); 186 BAL: Collection privée (b); 187 GI: Patrick Riviere (e); Leb: Laszlo Vámos (b); 188 Co: Alinari Archives/Gaetano Puccini; 189 Leb (ed); 190 The Lordprice Collection: Tony Price (ec). AKG (b); 191 Co: Eduardo Abad/epa (b); 192 AL: Mary Evans Picture Library (c); 193 Co: Vittoriano Rastelli (b). Leb: Collection privée (ed); 194 Leb: Collection privée (b); 195 Co: Gianni Giansanti/Sygma (e); Hulton-Deutsch Collection (b); 196 The Lordprice Collection: Tony Price; 197 Co: Bettmann (cg); 197 Leb: Gilles Bouquillon (b); 198 Leb: Tristram Kenton (b); 199 Leb: MetropolitanOperaArchives (b); 200 Topfoto: Clive Barda/ArenaPAL (b); 201 Ken Howard: Opera, San Diego (bg); 202-203 Co: Robert Matheson; 204 Mary Evans Picture Library: (c); 204-205 Leb (b); 205 AKG (cb); 207 Leb (eg). TopFoto.co.uk: Ron Scherl/Arena Images (bd); 208 AA: Beethoven House Bonn/Dagli Orti (A) (eg). Co: Sandro Vannini (b); 209 Staatsoper Unter den Linden: Monika Rittershaus; 210 AKG (b). AA: Musée Bonnat Bayonne France/Dagli Orti (A) (eg); 211 TopFoto.co.uk: Roger-Viollet (bd); 212 Science Photo Library: Mike Agliolo (b); 213 AKG (cd). Staatsoper Unter den Linden: (b); 214 Bildarchiv Preußischer Kulturbesitz, Berlin: 007081Willi Saeger (bg). Co (ed); 215 Theater Erfurt: (bc); 216 Colette Masson; 217 Leb (ed); 218 AL: nagelestock.com (b). Leb (eg); 219 AKG: Richard-Wagner-Museum (b); 220 Staatsoper Unter den Linden: Monika Rittershaus (b); 221 Leb: S.Lauterwasser (b); 222 GI: Bryan Peterson (b); 223 Co: Bettmann (b). Empics Ltd: Stephen Chernin/AP (e); 224 Leb (bg); 225 Leb (eg). Los Angeles Philharmonic: Kira Perov/Bill Viola (Artist, b); 226 TopFoto.co.uk: Clive Barda (b); 227 AKG: (bg). Staatsoper Unter den Linden: Monika Rittershaus (e); 228 Co: Christie's Images (b); 229 AA: Neuschwanstein Castle Allemagne/ Dagli Orti (ec); 230 Leb (b); 231 Bayreuther Festspiele: Jorg Schulze (ed). Leb: S Lauterwasser (b); 232 Leb: Tristram Kenton (b); 233 Leb (b). The Metropolitan Opera: (d); 234 Leb: Collection privée (b); 235 Bayreuther Festspiele: (b). Leb (ec); 237 Bayreuther Festspiele (b). AE: Marc Enguerand (e); 238 GI: Beatriz Schiller/Time Life Pictures; 239 BAL: Bibliothèque des Arts Décoratifs, Paris, France, Archives Charmet (ed). Redferns: Ron Scherl (b); 240 Leb (ed). RJ (b); 241 Pat Bromilow: Cape Town/Opéra,Le Cap Opera (ed); 242 Leb (ed), (b); 243 Deutsche Oper Berlin: Bernd Uhlig (bd); 244 Co: Hulton-Deutsch Collection (eg). Leb (b); 245 TopFoto.co.uk: Ron Scherl/

Arena Images (b); 246 Leb (eg), (b). Kobal: Warner Bros (cd); 247 GI: Andreas Schaad/AFP (b); 248 Leb: Laurie Lewis; 249 Leb (ed); 250 GI: Hulton Archive (b); 251 AKG: Coll. Archiv f.Kunst & Geschichte (b). Leb: Collection privée (e); 252 Leb: Colette Masson (bg); 253 GI: Theo Allofs (e). TopFoto.co.uk: (b); 254 TopFoto.co.uk: Clive Barda/PAL (cd); 255 Co: Herwig Prammer/Reuters (b); 256 AE: Tristan Jeanne-Vales (b); 257 Leb (cd); 258 AE: Marc Enguerand (c); 259 Leb: Laurie Lewis (b); 260-261 Co: Nathalie Darbellay/Sygma; 262 Co: Gianni Dagli Orti; 262-305 PunchStock: Photodisc (ec); 263 Co: Swim Ink 2, LLC (ec); 264 Co: Patrice Latron (b); 265 Co: Alfredo Dagli Orti/Succession de Jean Beraud ADAGP, Paris et DACS, Londres 2006 (cd); 266 Co: Bettmann (ed); 266-267 AE: Ramon Senera/Agence Bernand (b); 268 AKG: (bg). Co: Bettmann (eg); 269 Co: Archives autrichiennes (d); 270 AL: Sami Sarkis (b); 271 RJ (bg). Leb (eg); 272 RJ; 273 AA: San Pietro Maiella Conservatoire Naples/Dagli Orti (A) (ed); 274 Opéra national du Rhin: Alain Kaiser (b); 275 RJ (b); 276 GI: Beatriz Schiller/Time Life Pictures (b); 277 TopFoto.co.uk: ArenaPAL (b); 278 Leb (eg). Réunion des Musées Nationaux Agence Photographique: Droits réservés/Musée d'Orsay, Paris (b); 279 Leb (b); 280 Leb Collection privée (b); 281 Colette Masson: (eg). Co: Ted Spiegel (bd); 282 Topfoto: Roger-Viollet; 283 Co: Hulton-Deutsch Collection (ed); 284 Leb (b); 285 Leb: Colette Masson (b); 286 Opéra, Los Angeles: Robert Millard (b); 287 RJ (c); 288 AE: Agence Bernand; 289 AA: San Pietro Maiella Conservatoire Naples/Dagli Orti (A) (ed); 290 Leb (b); 291 Leb: Private Collection (eg); 291 Ken Howard: Opéra, San Diego (b); 292 TopFoto.co.uk: Ron Scherl/Arena Images (b); 293 Co: Bettmann (ed). Photolibrary: P Berchery (bg); 294-295 TopFoto.co.uk: Gianfranco Fainello/PAL; 296 Co: Gianni Dagli Orti (b). Leb (eg); 297 AE: Pascal Gely/Agence Bernand (cd); 298 Leb: Brian Morris (b); 299 Deutsche Oper Berlin: Bernd Uhlig (b); 300 Co: Michael Nicholson (ed). AA: Bibliothèque des Arts Décoratifs Paris/Dagli Orti (b); 301 Opéra, San Francisco: Ken Friedman (b); 302 Leb (tl, b); 303 Teatro alla Scala: Lelli & Masotti (cd); 304 GI: Bruce Forster (ed); 304-305 AE: Tristan Jeanne-Vales (b); 306-307 AL: Diomedia; 308 Co: Catherine Panchout (b); 308-338 Co: (ec); 309 Co: Helen Atkinson/Reuters (ed). Leb (c); 310 Co: Peter Turnley (b); 311 Co: Stefano Bianchetti (cd); 312 Co: Bettmann (ed). Mary Evans Picture Library: (b); 313Théâtre Mariinsky: Natasha Razina (b); 314 RJ; 315 Leb (ed); 316 AKG (b); 317 Leb (ed). RJ: (bg); 318 AA: Bibliothèque des Arts Décoratifs Paris/Dagli Orti (b); 319 RJ (e). Opéra national de Paris: Eric Mahoudeau (b); 320 RJ; 321 Leb (ed); 322 AKG (b); 323 GI: Gary Holscher (ed). RJ: (b); 324 AKG: (b); 325 RJ (e); 326 BAL: Musée Pouchkine, Moscou, Russie/The BAL (b). Leb (ed); 327 Colette Masson: (b); 328 Co: Burstein Collection (b). Leb (ed); 329 Opéra, San Francisco: Ken Friedman (e); 330 Leb (eg). Topfoto: Zoe Dominic/Boosey & Hawkes Collection/ArenaPAL (bg). GI: Time Life Pictures (bd); 331 De Nederlandse Opera: Hans van den Bogaard (b); 333 Leb (cg). RJ (b); 334-335 AE: Marc Enguerand; 336 Co: Bettmann (cd); Underwood & Underwood (eg). Leb (b); 337 The Opera Group (b); 339 Théâtre Mariinsky: Natasha Razin (b). TopFoto.co.uk: (ed); 340-341 Co: Ladislav Janicek/Zefa; 342 Leb (c); 343 Leb (bg); 344-345 Co: Liba Taylor (b); 345 Leb: Jim Four (cd); 346 AA: Conservatoire Prague/Dagli Orti (b). Leb (ed); 347 Théâtre National, Prague : František Ortmann (b); 348 Leb (ed); 348 BAL: Collection privée, RIA Novosti (b); 349 GI: Beatrz/SchillerTime Life Pictures (r); 350 RJ; 351 Leb (ed); 352 RJ (b); 353 RJ (cd); 354 Opéra d'État de Prague (b); 355 GI: Terje Rakke (ed). Leb: Moravské Zemské (cd); 356 RJ (b); 357 Leb (cd); 358 Institut Bohuslava Martinu, o.p.s. (b). Leb: PB Martinu (ed); 359 Fondation du Festival de Ravenne (e); 360-361 AL: OJPhotos; 362 Leb: Collection privée; 362-423 AL: Chris Ivin (ec); 363 GI: Denis De Marney/Stringer (b). Leb: Fondation Kurt Weill (ec); 364 Leb (bd); 365 GI: AFP (ed); 366 BAL: Stadtische Galerie im Lenbachhaus, Munich, Allemagne © ADAGP, Paris et DACS, Londres 2006 (cd). Co: Sylvia Salmi/Bettmann (eg). Leb (b); 367 Hamburgische Staatsoper: Hermann und Clächen Baus (b); 368 RJ; 369 Co: Bettmann (ed); 370 GI: Marc Moritsch (b); 371 TopFoto.co.uk: Ken Howard/PAL (b); 372 AKG: Gert Schütz (b); 373 RJ (b); 374 Co: John Springer Collection (b). Leb: Kurt Weill Foundation (eg); 375 DRAMA. Agentur fuer Theaterfotografie: Iko Freese (b); 376 Leb: Fondation Kurt Weill (b); 377 AKG (b). GI: Norbert Millauer/AFP (e); 378 AA: (b). Co: CollectionHulton-Deutsch (ed); 379 RJ (b); 380 Co: Bettmann (b). GI: Hulton Archive (cd). Los Angeles Philharmonic: Betty Freeman (eg); 381 RJ (b); 382 Co: Bettmann (tl, cr). Leb (b); 383 Co: Jacques M. Chenet (b); 384 Leb (eg). Ullstein Bild (b); 385 Orff in Andechs e.V.: Stefan A. Schuhbauer-von Jena (b); 386 Leb: (ed); 386-387 AE: Pascal Gely/Agence Bernand (b); 387 Co: Hulton-Deutsch Collection; 388 Co: Hulton-Deutsch Collection; 389 Co: Hulton-Deutsch Collection (ed). Mander & Mitchenson Theatre Collection: (b); 390 Co: Hulton-Deutsch Collection (b). Leb: Time Life Pictures (ec); 391 Mander & Mitchenson Theatre Collection: (bd); 392 GI: Kurt Hutton/Picture Post/Hulton Archive (bg); 393 Opéra de Zurich: Suzanne Schwiertz (ec). TopFoto.co.uk: Zimmermann/Boosey & Hawkes Collection/ArenaPAL (bd); 394 Leb: Collection privée (b); 395 Leb: ArenaPAL (ed); B. Rafferty (b); 396-397 RJ; 398 AE: Pascal Gely/Agence Bernand (cd); 399 Hamburgische Staatsoper: Brinkhoff/Mögenburg (bd); 400 Leb: Drew Farrell (bg); 401 Leb: Nigel Luckhurst (cd); 402 BAL: San Francesco, Pescia, Italie (bg). Leb: Suzie Maeder (ed); 403 AE: Agence Bernand (bd). Neue Oper Wien: Peter Grubinger (b); 404 Co: Bettmann (cd). Leb (bg); Mike Evans (eg); 406 Leb (tr, bl); 407 Hans van den Bogaard: (e); 408 Leb: Richard Haughton (eg); Nigel Luckhurst (bg); 409 De Nederlandse Opera: Ruth Walz (bg); 410 Leb: Sony Classical (bg); Horst Tappe (ed); 411 TopFoto.co.uk: Clive Barda/PAL (d); 412 Leb (bc); Betty Freeman (eg); 413 Grand Théâtre de Genève: (bd); 414 Co: Hulton-Deutsch Collection (b). Leb: Laurie Lewis (e); 415 Leb: Laurie Lewis (c); 416 Co: Nubar Alexanian (bg). Leb: Betty Freeman (eg). TopFoto.co.uk: Richard Mildenhall/Arena Images (bd); 417 Tilde de Tullio: (cd); 418 Leb: Betty Freeman (ed); 418-419 TopFoto.co.uk: Jim Caldwell/Arena Images (b); 420 De Nederlandse Opera: Hans van den Bogaard (b). Leb: Laurie Lewis (eg); 421 Regine Koerner: (cd); 422 AL: Patrick Medd (b). Leb: T. Martinot (ed); 423 Leb: Alastair Muir (b). Images de la jaquette: Première de couverture: AL: Chad Ehlers (e); Leb (bg); Jeff Morgan (bd); Leb (bg). Quatrième de couverture: ArenaPAL: Clive Barda Co (g). Clarke (c); RJ (eg); Francis G. Mayer (bd); Leb (cra); Dos : ArenaPAL: Clive Barda (e), Corbis (b)

Toutes les autres photographies © Dorling Kindersley
Pour de plus amples informations voir: www.dkimages.com

Remerciements des auteurs

Les auteurs tiennent à remercier Michael Berger-Sandhofer, James Conlon, Sergei Dreznin, Robert Minder, David Stern et Augusta Read Thomas pour leurs lectures et commentaries avisés. Ils expriment leur reconnaissance à EMI et à Mariko Tada pour leurs documents de recherche; à Opera News pour l'accès à leurs archives à New York; à Liza Vick et au personnel de la Bibliothèque musicale Loeb de Harvard University; à John Varney et au Handel House Museum à Londres. Pour leur soutien affectueux et leur partience, Marlise, Alexander, Jordan, et Naira ne seront jamais oubliés.

Remerciements des éditeurs

Les éditions DK tiennent à remercier Robert Weinberg for reading the manuscript, et Liz Moore pour la recherche iconographique supplémentaire.

Le studio Cactus tient à remercier Lindsey Brown pour la relecture et Robbie Jack pour ses archives et ses conseils.